国家社科基金项目

"基于中国'制造业强国'需求的技能人才队伍建设问题及保障机制研究"

（项目批准号：13BGL076）资助

基于中国"制造业强国"建设的技能人才队伍建设研究

李志　金莹　等著

中国社会科学出版社

图书在版编目（CIP）数据

基于中国"制造业强国"建设的技能人才队伍建设研究／
李志等著．—北京：中国社会科学出版社，2017.10
ISBN 978 - 7 - 5203 - 0857 - 1

Ⅰ.①基… Ⅱ.①李… Ⅲ.①制造工业—人才培养—研究—中国
Ⅳ.①F426.4②C964.2

中国版本图书馆 CIP 数据核字(2017)第 210431 号

出　版　人	赵剑英
责任编辑	吴丽平
责任校对	郝阳洋
责任印制	李寡寡

出　　　版	中国社会科学出版社
社　　　址	北京鼓楼西大街甲 158 号
邮　　　编	100720
网　　　址	http://www.csspw.cn
发　行　部	010 - 84083685
门　市　部	010 - 84029450
经　　　销	新华书店及其他书店

印　　　刷	北京明恒达印务有限公司
装　　　订	廊坊市广阳区广增装订厂
版　　　次	2017 年 10 月第 1 版
印　　　次	2017 年 10 月第 1 次印刷

开　　　本	710 × 1000　1/16
印　　　张	24.5
插　　　页	2
字　　　数	381 千字
定　　　价	99.00 元

凡购买中国社会科学出版社图书，如有质量问题请与本社营销中心联系调换
电话：010 - 84083683

目　录

前　言

2010 年，时任国务院总理温家宝在夏季达沃斯论坛上提出要促进我国由制造业大国转变为制造业强国。在新兴发展中国家基于低成本优势的低中端竞争和西方发达国家基于技术优势的制造业重振的双重压力下，我国要实现"制造大国"向"制造强国"的转变，必须突破技术创新瓶颈，增加制造业的技术含量，提升附加价值。技能人才恰是制造业技术创新的重要载体、最重要的资本。然而，中国制造业的发展不仅面临着技能人才数量不足、素质偏低的困境，而且面临着来自行业间、国家间的人才争夺战。因此，借鉴国际先进制造业国家技能人才培养的经验，把握中国制造业技能人才队伍建设中的问题，寻找有效的方法和机制开发中国制造业技能人才成为我国战略发展的迫切需要。

正是基于这样的背景，我在前期重庆市多项技能人才课题的基础上于 2013 年申报了国家社会科学基金一般项目"基于中国'制造业强国'建设的技能人才队伍建设问题及保障机制研究"课题并获得成功（项目批准号：13BGL076）。项目批准后，我带领课题组成员经过长达两年的研究，顺利完成了研究项目并结题。呈现在读者面前的本书正是此项国家社科基金项目的研究成果。

本书主要由重庆大学李志教授（博士、博士研究生导师）牵头，并完成研究设计、工具编制等工作。西南政法大学金莹副教授、成都信息工程学院向征副教授、西南政法大学李苑凌讲师、重庆科技学院陈仙歌讲师、四川旅游学院周卓华副教授，以及李志教授的部分硕士研究生蒋雨珈、张译文、邱萍、贺菲、陈梦婷、姚明、周孟婕等参与了课题研究和著作撰写工作，最终成果由李志教授、金莹副教授统稿定稿。

各章作者如下：绪论李志，第一章李志、李苑凌、蒋雨珈，第二章李志、向征、张译文,第三章李志、陈仙歌、贺菲,第四章李志、金莹、姚明、向征,第五章金莹、邱萍、陈梦婷,第六章李志、周卓华、周孟婕。

此外,重庆交通大学纪委的宋飞书记、重庆大学陈永进教授、赵泽洪教授等参与了本课题的相关讨论工作,我的硕士研究生周伟智、杨蕾歆等研究生为本书的完成做了大量的资料收集与分析等工作。

本课题在完成过程中参阅了大量国内外文献资料,引用了许多相关研究成果,谨向文献资料的著作权人和作者们致以衷心的感谢!同时要特别感谢那些帮助我们完成访谈和问卷调查的各类人员,正是因为他们的支持才使我们的研究更加贴近现实、更加充实、更加科学。在本书的编写过程中,获得了中国社会科学出版社的大力支持与帮助,对他们的辛勤工作一并致以衷心的感谢!

课题在研究过程中得到了重庆市委组织部、重庆市人力资源和社会保障局等单位的大力支持,在此一并表示感谢。

中国制造业技能人才队伍建设问题是一个复杂的系统工程,尽管我们在研究中力求科学、系统、深入,但是由于问题本身的动态性和复杂性,研究成果尚存不少遗憾之处。我们期待读者能够给我们提出宝贵意见和建议,我们也将在本课题基础上进一步深入加以研究,以期为中国制造业强国建设做出自己更大的贡献。

李志　于重庆大学

2016 年 12 月

绪　　论

技能人才是指在生产和服务等领域岗位一线，掌握专门知识和技术，具备一定的操作技能，并在工作实践中能够运用自己的技术和能力进行实际操作的人员，包括无技能证书的普工及获得技能证书的技能人才。[①]

随着技能人才在经济社会发展中的地位越来越凸显，各国对技能人才竞争的加剧，技能人才短缺问题越来越严重。有研究报告显示，技能人才供需失衡问题将是 21 世纪困扰全球企业的主要问题之一。[②] 英国、新加坡、韩国等发达国家先后就如何吸引国外技能人才，特别是发展中国家的技能人才，做了大量细致深入的研究，并付诸人才引进实践。[③] 面对技能人才的国际争夺和国内技能人才短缺严重的现实，近年来，我国党和政府高度重视技能人才队伍建设工作，先后出台了《中共中央、国务院关于进一步加强人才工作的决定》《中共中央办公厅、国务院办公厅印发〈关于进一步加强高技能人才工作的意见〉的通知》《国务院关于加强职业培训促进就业的意见》等文件。2014 年，习近平总书记在对职业教育工作的指示中明确提出，要树立正确人才观，培育和践行社会主义核心价值观，着力提高人才培养质量，弘扬劳动光荣、技能宝贵、创造伟大的时代风尚，营造人人皆可成才、人人尽展其才的良好环境，努力

---

① 参见李志、徐涵《重庆地区技能人才队伍建设研究》，《重庆大学学报》（社会科学版）2014 年第 1 期。

② KATE M. K. , "The Information Technology Workforce: Trends and Implications 2005", *Society For Information Management Advocacy Research Team*, 2006, 1.

③ SCHON B. , IAN C. W. , "The Global 'War for Talant'", *Journal of International Management*, No. 15, 2009, 273 – 285.

培养数以亿计的高素质劳动者和技术技能人才。可以说当今社会技能人才得到了空前的重视。但是，必须注意的是，伴随着中国制造业的发展，中国要从制造业大国发展成为真正意义上的制造业强国，必须切实解决面临的技能人才队伍建设问题。

一 技能人才队伍建设质量是中国成为"制造业强国"的关键因素

在 2014 年国际工程科技大会未来机械工程分会上，中国工程院院士李培根指出：中国建设制造强国应具备四个主要特征：一是雄厚的产业规模；二是优化的产业结构；三是良好的质量效益；四是持续的发展能力。[①] 在当前制造业技能人才短缺的情况下，要有效解决产业规模和持续发展能力问题，必须着力解决制造业技能人才队伍建设问题。

综观美国、德国、日本等世界制造业强国可以发现，这些世界一流的制造业强国普遍具有先进的制造技术、高质量的制造业产品、素质优良的技能工人、可持续发展的制造业保障条件。从世界一流制造业强国的发展历史看，英国为了解决制造业技能人才问题，很早就提出学徒制。在高层次技能人才的数量和质量越来越不能满足社会发展需求的情况下，日本政府开始放宽政策限制，以吸引更多外来高技能人才到日本工作。

根据李培根院士对 2012 年制造业指数的计算，美国、德国、日本等国位居制造业的第一、第二方阵，而中国则处于第三方阵。[②] 中国制造业的产值虽然在国际上位居前列，但质量问题没有得到很好解决，能够主导世界的一流产品明显缺乏；制造业利润不高，对技能人才的吸引力不足等问题十分突出。加之当前世界制造业强国产业转移，以及制造业发展对发展中国家技能人才的争夺，中国制造业发展所需要的技能人才问题长期得不到有效解决。要成为制造业大国，技能人才队伍建设问题成

---

① 参见李培根《"中国制造"要有升级版》，《企业观察家》2014 年第 7 期。
② 同上。

为一个非常重要的制约瓶颈。

二　中国"制造业强国"建设进程中的技能人才问题凸显

"没有一流的技工就没有一流的产品，没有一流的制造业"。这已经成为世界制造业强国的普遍共识。技能人才素质的高度在很大程度上制约着产品质量的好坏，决定着制造业的可持续发展。由于历史的原因，中国"学而优则仕"的传统观念致使家长不情愿把子女送进职业技术学校就读，进职业技术学校学习往往是家长和学生不得已的选择，从而形成"读职业学校没出息、当技能工人社会地位低"的社会现象。伴随着全球性的"技工荒"，技能人才的紧缺对经济社会影响越来越大，忽视技能人才的深刻教训和长达十年左右的技能人才短缺现实已经警示中国必须高度重视技能人才队伍建设。为此，中国各级政府先后出台了诸多加强技能人才队伍建设的政策措施。2014 年 6 月《国务院关于加快发展现代职业教育的决定》指出，采取试点推动、示范引领等方式，引导一批普通本科高等学校向应用技术类型高等学校转型，重点举办本科职业教育。可以说，中国重视职业技术教育的力度是开先河的，这对中国制造业发展将有着里程碑的意义。但不可否认的是，中国在迈向制造业强国的过程中仍然有诸多问题需要加以研究和解决，有的问题还非常严重。

一是当前我国技能人才总量不足的问题依然十分突出。人社部一项统计显示，中国 2.25 亿第二产业就业人员中，技能劳动者总量为 1.19 亿人，其中高技能人才约 3117 万人，且严重缺乏，仅制造业高级技工缺口就达 400 余万人。2013 年，人社部通过对全国 104 个城市公共就业服务机构市场供求信息的统计分析显示，高级技师、高级工程师的岗位空缺与求职人数的比率较大，前三个季度均超过 2，第四季度略低于 2。① 国务院副总理马凯在全国教育工作会议上指出，"我国技能劳动者的总量严重不足，仅占就业人口的 19%，高技能人才数量还不足 5%；技能劳动者

---

① 参见《中国信息报》2014 年 7 月 3 日第 2 版。

的求人倍率一直是 1.5∶1 以上，高级技工的求人倍率甚至达到 2∶1 以上的水平，技工紧缺现象逐步从东部沿海扩散至中西部地区，从季节性演变为经常性"。随着我国经济社会发展对技能人才的需求日益强劲，无论是走新型工业化道路，加快传统产业的升级改造，还是加快发展以现代服务业为代表的第三产业，抑或是发展低碳经济和绿色产业，都迫切需要培养一批相关领域的技能人才。据预测，2015 年和 2020 年中国技能劳动者需求将分别比 2009 年增加近 1900 万人和 3290 万人（不含存量缺口930 万人）。[①] 从劳动力市场中频发的"用工荒"现象也不难发现，全国性和区域性的技能人才争夺现象日趋加剧，技能人才短缺已经成为各地经济发展的"瓶颈"。[②] 从全国各省市的技能人才规划中可以看出，几乎每个省市都存在技能人才短缺的问题。技能人才的短缺实际上是制造业技能人才的短缺，中国要实现制造业强国目标必须有充足的技能人才数量，如何保证成为一个难题。

中国制造业技能人才短缺的影响因素是多方面的，其中技能人才缺乏应有的社会地位、薪酬福利不高是主因。社会地位直接影响着人们主动从事技能人才工作的意愿，人们的职业理想总是倾向于选择受人尊重、待遇丰厚、成长机会多的职业。从我国的现实情况看，技能人才尽管得到了党和政府的高度重视，成为我国六支人才队伍的重要一支，但技能人才受社会尊重的环境远远没有形成，舆论地位高而实际地位低的问题没有从根本上得到解决；物质待遇不高也是不争的事实。制造业技能工人"脏、累、苦"情况较为突出，加之我国制造业普遍生产成本高，生产效率不佳，难以全面提升技能人才的收入水平，因而，没有人或者很少有人发自内心地愿意去从事技能工作。

二是技能人才的素质问题。素质是技能人才的本质属性。当前我国制造业的技能人才主要来源于我国的职业院校，以及农民工队伍。但是从职业院校的情况看，面临着生源质量差、培养与制造型企业需求脱节

---

① 2011 年 7 月 6 日，中央组织部、人力资源社会保障部发布《高技能人才队伍建设中长期规划（2010—2020 年）》。

② 参见李志《三峡库区人力资源开发研究》，重庆出版集团、重庆出版社 2010 年版，第142 页。

等诸多问题。在职业院校的生源中，大多来源于中学学习成绩相对较差而分流出来的学生。这些学生往往学习成绩不好、学习兴趣不浓、学习习惯不佳，而基于成绩优劣分流的直接结果是技能人才社会地位的低下，由此严重制约社会对技能人才的认可度。加之以前较差的学习成绩基础及伴随的意志水平不高等不良个性，直接影响着职业学校对学生的培养质量。此外，在培养方式方法上，学校与企业的衔接不充分，合作不足，学与用的问题得不到很好解决，人才培养与人才使用两张皮的问题依然比较突出。就农民工队伍而言，面临着文化水平不高、所接受的职业技术教育缺乏等问题，如果没有系统而有效的教育也难以担当制造业技能人才大任。

三是技能人才队伍建设的持续保障机制问题。要使技能人才队伍能够持续保障我国经济社会发展的要求，能够为制造业强国建设输送数以亿计的高素质人才，就必须着力解决技能人才的保障机制问题。从当前技能人才的保障机制看，职业院校对技能人才的培养机制、吸引青年学生以及社会从业人员从事技能工作的激励机制等方面都还有诸多需要完善和构建之处，制造业的发展迫切需要加强系统化研究，打造促进技能人才成长成才的长效机制。

三　研究的基本思路、主要研究内容与研究设计

（一）基本思路

着眼于中国从制造业大国走向制造业强国发展进程的实际，力图从制造业强国对技能人才的需求出发，分析中国在迈向制造业强国发展进程中技能人才供给与需求之间的矛盾和问题，再结合当前中国技能人才队伍建设的实际问题，探索如何有效保障制造业技能人才队伍建设的措施和机制。

（二）主要研究内容

第一章世界制造业强国及其技能人才队伍建设研究。主要通过文献研究法对世界制造强国美国、德国、日本等国家的制造业发展战略路径、

制造业强国的技能人才职业教育体系，以及技能人才短缺治理的措施进行研究。

第二章中国制造业及技能人才队伍建设的现状及国际比较。通过相关文献资料和调查问卷，对中国制造业的现状特征及发展趋势、中国制造业的国际差异及问题、中国制造业技能人才队伍建设的现状分析、中国制造业技能人才队伍建设的国际差异及问题进行分析研究。

第三章中国"制造业强国"进行中的技能人才需求预测研究。通过相关的统计年鉴等数据资料，采用时间序列等多重分析方法，全面分析了中国制造业迈向制造业强国进程中未来5—10年对技能人才数量、素质以及结构的需求。

第四章中国制造业技能人才队伍供给问题研究。采用问卷调查、文献分析等方法，从职业技术教育、企业内部、社会培训机构等不同路径探讨中国制造业技能人才的供给问题，并对中国"制造业强国"进程中的技能人才供给与需求之间的矛盾进行分析。

第五章中国"制造业强国"相适应的技能人才队伍开发问题与策略研究。通过文献研究和问卷调查方法，从职业院校教育、企业内部、社会培训机构方面探讨技能人才队伍开发中存在的问题，并在此基础上探讨了技能人才队伍开发的措施和办法。

第六章中国建设"制造业强国"的技能人才队伍长效保障机制研究。从政府的视角探讨了解决中国制造业强国技能人才队伍建设的机制问题。分别从导向机制、动力机制、协调控制机制等方面系统地分析如何有效保障中国制造业强国所需求的技能人才队伍建设。

（三）资料收集与处理的方法

1. 文献研究法

文献研究法是将现有的信息资料进行收集、整理，在此基础上，借助一定的研究方法，对其内容、框架、思路进行分析、总结。目的在于获取相关信息，进而应用于相关课题的研究。本课题研究中，通过CNKI、书生之家电子图书等中文数据库及 Science Direct、SpringerLink 等英文数据库收集国内外关于世界制造业强国以及中国制造业技能人才相关的研究文献。同时，通过百度、Google 等搜索引擎收集我国相关职业教育、技能人才队伍建设相关的政策法规等文献。对所收集的文献资料进行系统的编码、内容分析、筛选梳理，为本研究做好了充分的资料准备，搭建了扎实的理论基础。

2. 问卷调查法

问卷调查法主要通过邮寄、个别分送或集体分发等多种方式发送问卷，经调查对象填答，从而收集有关调查对象对某项问题的态度、意见，然后比较、分析研究的方法。本课题在文献分析的基础上，结合访谈和开放式问卷调研的结果，编制了具有较高信度和效度的调查问卷，收集企业的技能人才队伍建设情况、存在问题以及解决的意见建议，技能人才、农民工、职校学生、本科生对制造业技能人才队伍建设的意见和建议。

3. 访谈法

访谈法是访问者通过对被访问者进行访问而对社会现象进行调查的方法。为了更全面地收集信息，深度分析制造业技能人才队伍建设存在的问题及建设性意见和建议，课题组在问卷调查基础上对部分企业人力资源管理者、技能人才、职校学生进行了集体访问和个别访问，收集到了相关文献资料。

4. 统计分析法

运用 Excel、SPSS 等统计软件对调研收集到的数据进行统计分析，揭示相关数据的统计特征。

（四）调研设计

1. 调查工具的编制及主要内容

本项目的主要研究数据通过调查问卷获取，具体包括五种调查问卷：《制造业用人单位调查问卷》《制造业技能人才调查问卷》《职业院校学生调查问卷》《农民工调查问卷》和《本科生调查问卷》（问卷的主要内容结构见表1—1），以期从用人单位、现有技能人才、增量技能人才等方面获得具体的信息。调研工具的编制遵循从技能人才概念出发，查阅了大量的国内外技能人才研究文献，并通过开放式问卷收集相关的内容信息，在此基础上编制了用于正式调查的封闭式调查问卷。

表 1—1 调研工具的类别与主要内容

调研工具类别	调研工具内容
制造业用人单位调查问卷	该问卷主要用于了解用人单位在技能人才招聘、配置、培训、薪酬、人员流失、激励等方面的管理现状及用工存在的问题
制造业技能人才调查问卷	该问卷主要用于了解技能人才工作满意度、离职意愿、工作压力、工作需求等方面的情况
职业院校学生调查问卷	该问卷主要用于了解职校学生的求职需求、就业标准、就业意向、就业观点等内容（特别是对技能岗位的就业意愿）
农民工调查问卷	该问卷主要用于了解农民工的求职需求、就业标准、就业意向、就业观点等内容（特别是对技能岗位的就业意愿）
本科生调查问卷	该问卷主要用于了解"三本"学生的求职需求、就业标准、就业意向、就业观点等内容（特别是对技能岗位的就业意愿）

为保证问卷的信度和效度，每种问卷的编制均按照以下程序进行：①根据研究目的细化出研究的主要内容框架后，针对每一项需通过问卷收集资料的内容设计出问卷中的问题。②通过文献整理、开放式问卷和访谈等方式，收集整理出各个问题的选项条目。③将初选的问题及选项，重新放入研究内容框架下，检查是否遗漏、多余及效度。修改后形成问卷初稿。④对问卷用语、问题顺序、排版格式等进行推敲和完善，以方便填答者阅读、理解和填写，保障信息收集的全面性和准确性。形成问卷二稿。⑤将问卷二稿发送至相关专家，听取修改意见，完善后形成问卷三稿。⑥在被试中选取部分样本，对问卷进行试测，根据结果修改问卷，保障信度和效度的基础上，形成定稿。

2. 调研对象的确定

①制造型企业

制造业是为了满足市场需求，对可利用的制造资源（采掘工业和农业所生产的原材料）进行加工或再加工，以及对零部件进行装配的工业的总称。按照中国国家统计局统计标准的制造业定义，制造业属于 C 类，包括 13—41 共 29 个大类。按照中华人民共和国国家标准 GB/T4754 - 94，制造业包括 29 个行业。本次调研的企业在这 29 个行业中选取。

②制造业技能人才

技能人才是指在生产和服务等领域岗位一线，经过专门培养和训练，具备必要的理论知识，掌握了较高水平的应用技术（经验技术），并具有创造性能力和独立解决关键性问题的能力，主要从事操作和维修的人才。通常在技术工种岗位上能够达到国家职业资格1—5级职业水平（包括高级技师、技师、高级工、中级工、初级工）。

本次调研对象包括在中国制造型企业生产一线，经过一定培养和训练，掌握一定水平应用技术（经验技术），从事操作和维修的人才，包括无技能证书的普工及获得技能证书的技能工人。

③职业学校学生

职业学校是承担学历性职业教育任务的机构，包括中等职业学校和高等职业学校。本次调研的职校学生主要是来源于中职和高职学院各个专业、年级的学生。

④本科学校学生

考虑到本科有一本、二本、三本之别，其中三本、二本学生较有可能供给到制造业从事技能岗位，因而，本次调查的本科学校学生是指二本学校或三本学校的学生。

⑤农民工

本问卷调查的农民工是指具有农村户籍的在城务工人员。主要包括非制造型企业务工的农民工以及在农民工培训基地接受培训的人员。

3. 调研地区与样本分布

调研地区覆盖我国东、中、西部区域，并将中国制造业大省广东、江苏和浙江等涵盖进来，具体调研地区见表1—2。

表1—2　　　　　　　　　　　调查问卷地区分布

区域	具体地区
东部	广东东莞、广东深圳、江苏莱芜、江苏苏州、浙江杭州
中部	河南郑州、江西南昌、安徽合肥、河南洛阳、湖南长沙
西部	重庆涪陵、重庆永川、四川德阳、云南昆明、云南楚雄、贵州瓮安

4. 样本结构

本次调查共发放问卷 7270 份，收回有效问卷 6098 份，有效回收率为 83.88%（表1—3）。其中，《制造业用人单位调查问卷》178 份，《制造业技能人才调查问卷》2238 份，《职业院校学生调查问卷》2333 份，《农民工调查问卷》888 份，《本科生调查问卷》461 份。各问卷调查样本的具体结构是：

表 1—3　　　　　　　　　　　调查问卷发放情况

	西部		中部		东部		总计	
	发放	有效回收	发放	有效回收	发放	有效回收	发放	有效回收
制造业用人单位调查问卷	110	92	12	2	110	84	232	178
制造业技能人才调查问卷	550	453	840	704	1418	1081	2808	2238
职校院校学生调查问卷	1300	1246	600	539	550	548	2450	2333
农民工调查问卷	80	52	600	428	500	408	1180	888
本科生调查问卷	600	461	0	0	0	0	600	461

①制造业用人单位调查问卷

在 178 份企业问卷样本结构中，调查对象主要分布在中国东部和西部，从具体所在省份上看，广东占比为 44.1%、重庆占比为 32.2%、云南占比为 13.6%、江苏占比为 5.1%、山东占比为 2.8%、浙江占比为 1.1%、湖南和湖北占比均为 0.6%；从企业人员规模上看，企业人员 500 人以下占比为 71.2%、500—1000 人占比为 17.8%、1001—3000 人占比为 6.8%、3001—5000 人占比为 2.1%、5001 人以上占比为 2.1%。

②制造业技能人才调查问卷

在 2238 份技能人才问卷样本结构中，从性别上看，男女占比分别为 72.1% 和 27.9%；从技能人才年龄上看，25 岁及以下占比为 30.5%、26—35 岁占比为 38.0%、36—45 岁占比为 24.7%、46—55 岁占比为 6.1%、56 岁及以上占比为 0.7%；从文化程度上看，初中及以下水平占比为 24.5%、高中占比为 22.1%、技校/中职占比为 26.0%、高职/大专占比为 21.9%、本科及以上占比为 2.5%；从资格证书获得情况看，未取得资格证书占比为 52.5%、取得初级工证书（国家职业资格五级）占比为 14.9%、取得中级工证书（国家职业资格四级）占比为 18.8%、取得高级工证书（国家职业资格三级）占比为 9.9%、取得技师证书（国家职业资格二级）占比为 3.1%、取得高级技师证书（国家职业资格一级）占比为 0.8%；从在制造型企业从事技能工作的持续性上看，一直从事技能工作者占比为 61.4%，以前不是、现在从事的占比为 38.6%；从工作的单位性质上看，国有企业占比为 15.1%、民营企业占比为 43.0%、外资企业占比为 30.0%、合资企业占比为 7.3%、其他企业占比为 4.7%；从地区分布上看，东部地区占比为 48.3%、中部地区占比为 31.4%、西部地区占比为 20.3%。

③职校院校学生调查问卷

在 2333 份职校学生问卷样本结构中，从性别上看，男女占比分别为 66.1% 和 33.9%；从不同职校学生所在的院校性质上看，中等专业（职业）技术学校占比为 24.3%、技工学校占比为 2.0%、职业高中占比为 14.5%、成人中等职业学校占比为 0.2%、高等职业技术学院（高职）占比为 31.1%、高等专科学校（高专）占比为 27.9%；从年级上看，一年级占比为 42.0%、二年级占比为 28.6%、三年级占比为 28.7%、四年级占比为 0.8%；从独生子女与否上看，独生子女占比为 38.9%，非独生子女占比为 61.1%；从家庭人均收入上看，8000 元以下占比为 53.8%，8000—15000 元占比为 21.9%，15000—20000 元占比为 8.3%，57000 元以上的占比为 2.7%；从家庭户口上看，城镇户口和农村户口分别 21.3% 和 78.7%，其中户口处于西部地区占比为 43.0%、中部地区为 35.1%、东部地区为 19.1%、东北部地区为 2.9%。

④农民工调查问卷

在 888 份农民工问卷样本结构中，从性别上看，男女占比分别为 56.3% 和 43.7%；从不同年龄上看，16—25 岁占比为 29.9%、26—35 岁占比为 33.1%、36—45 岁占比为 25.9%、46—55 岁占比为 10.1%、55 岁以上占比为 1.1%；从文化程度上看，小学及以下占比为 13.1%、初中占比为 40.1%、高中占比为 24.3%、中专/中技（中职、职高）占比为

10.0%、大专（高职）占比为 7.2%、大专以上占比为 5.3%；从月收入上看，1500 元以下占比为 7.7%、1501—3000 元占比为 58.9%、3001—4500 元占比为 22.3%、4501—6000 元占比为 6.4%、6000 元以上占比为 3.5%、其他占比为 1.1%；从是否曾从事技能人才上看，曾从事的占比为 40.4%、没有从事的占比为 59.6%；从获得资格证书情况看，没有取得占比为 82.4%、取得初级工证书占比为 10.0%、取得中级工证书占比为 4.9%、取得高级工证书占比为 1.9%、取得技师证书占比为 0.8%；从外出务工时间来看，从未外出务工占比 6.5%、外出务工 1 年以内占比为 17.1%、外出务工 1—3 年占比为 25.5%、外出务工 4—6 年占比为 19.2%、外出务工 7—10 年占比为 15.6%、外出务工 10 年以上占比为 16.1%。

⑤本科生调查问卷

在 461 份本科生问卷样本结构中，从性别上看，男女占比分别为 68.0% 和 32.0%；从院校性质来看，二本院校本科生占比为 57.6%、三本院校占比为 42.4%；从年级上看，大一到大四占比分别为 22.5%、17.0%、34.0%、26.5%；从独生子女与否看，非独生子女与独生子女分别为 60.1% 和 39.9%；从本科生父母职业上看，父母职业为农民的比例高达 44.0%；从家庭人均年收入上看，家庭人均收入主要集中在 15000 元以下，占比为 70.9%，且主要分布在 8000 元以下，占 50.3%；从家庭户口所在地上看，农村占比为 70.4%，城镇为 29.6%；从所在区域上看，西部占比为 59.3%、中部为 21.9%、东部为 11.9%、东北部为 7.0%。

中国"制造业强国"建设是中国制造业发展的一个目标，也是一个尚需努力而当前并未实现的目标。因而，本课题的研究虽然有所创新、有所发现，也自觉略有成就感，但是由于研究的是一个尚未实现的目标，尽管我们付出了诸多的主观努力，力求研究做得更系统、更深入、更完善，问题和不足依然难免，课题组将继续致力于本课题的研究，期待在中国"制造业强国"建设道路上做出更多的实际贡献。

第 一 章

世界制造业强国及其技能人才
队伍建设研究

制造业是国民经济的支柱产业，其发展能力和水平，标志着一个国家的经济实力及综合竞争能力的强弱。它起源于手工业，在人类文明发展的进程中，作为工业社会的主导产业，制造业创造了大量的物质财富，把人类社会由落后的农业时代带入了发达的工业时代。在随后的电力技术革命和第三次科技革命的影响下，制造业更是发生了天翻地覆的变化，直接将人类社会由工业时代推进到了后工业时代。可见，制造业在世界工业化进程中始终发挥着主体作用，其不断发展和升级为世界各国的经济发展奠定了雄厚而坚实的基础，带领世界逐渐走向辉煌。然而世界制造业的发展不是一蹴而就的，把握世界制造业的发展脉络对于探究制造业强国特征具有重要的意义。

一　世界制造业的发展轨迹

从世界范围看，制造业的萌芽阶段出现在 16—18 世纪工业革命前这一时期。而在 16 世纪之前，世界范围内的制造业可以说几乎相当于手工业，个人、家庭和小规模的手工作坊是人们生产的主要方式。16 世纪中期，英国、法国、中国相继开始出现手工工场，随后手工工场在欧洲得到了极大的发展。而到了 18 世纪，美国的工场手工业在家庭手工业的基础上初步形成，此时，德国处于资本主义工场手工业的初级阶段，英国的工场手工业已发展至极盛时期。至此，近代制造业开始萌芽，制造业成为直接改变人类社会的重要利器。受各国制造业既有优势相对变化的影响，全球范围的制造业中心也在短短三百余年间完成了国与国之间的三次转换，英国、德国、美国、日本等国牢牢抓住了历史赋予的使命和契机，在不同时期相继成为称霸全球的制造业强国。

（一）世界制造业的第一个中心：大英帝国（18 世纪中后期到 19 世纪中期）

18 世纪 60 年代，第一次工业革命在英国爆发，英国各主要工业部门先后出现了从手工生产过渡到机器生产的趋势。[①] 这场声势浩大的技术革命随后向整个欧洲大陆乃至北美传播，同时也引起了天翻地覆的社会革命。正是由于这一时期资本主义政治、经济的飞速发展，为制造业的崛起提供了蓬勃发展的契机。

1765 年"珍妮纺纱机"的发明，拉开了英国工业革命的序幕，而随后各种新式纺织机器的发明和应用，使得纺织业最先成为一项产业。随后，蒸汽机的发明提供了更加便利的动力使其得到广泛应用，大规模制造工厂在英国纷纷出现。由于新的棉纺机和蒸汽机对铁、钢和煤的需求不断增加，促使采矿和冶金技术快速发展，催生了一系列完整的钢铁工业链。[②] 同时矿石、钢铁以及纺织产品等的运输迫切地需要交通运输事业的同步发展，在公路和水路无法满足人们运输需求的情况下，蒸汽机车应运而生。可见，交通运输等基础设施的建设既出制造业所推动，又为制造业发展提供了便利。1840 年前后，英国的大机器生产已基本取代了工场手工业生产，工业革命基本完成。英国被誉为"世界工厂"，成为世界制造业第一个中心。[③]

这一时期，欧洲其他各国也相继抓住第一次工业革命的机会迅速发展，但由于历史遗留、政治环境等问题未能赶上英国发展的脚步。例如，法国工业革命起步很早，但法国大革命以及长时间的战乱和金融资产阶

---

① 参见孙林岩等《全球视角下的中国制造业发展》，清华大学出版社 2008 年版，第 31 页。

② 参见《工业革命》，2014 年 8 月，百度百科（http://baike.baidu.com/subview/8751/5044850.htm? fr = aladdin#6_ 1）。

③ 参见凌云、王立军《先进制造基地建设的理论与实践》，中国经济出版社 2004 年版，第 64—66 页。

级操纵市场阻碍了工业革命的进程，经济一度倒退，直至 19 世纪 60 年代才完成第一次工业革命。而德国由于在工业革命开始时还未完成统一，各地工业发展并不均衡，直至 19 世纪后期完成国家统一后，德国的工业才得以迅速发展并有超越英国的趋势。

（二）世界制造业的第二个双中心：德国和美国（19 世纪中后期到 20 世纪中期）

19 世纪中后期到 20 世纪中期，正值制造业大力发展时期，其代表行业由原先的轻工业和以基础原材料为重点的制造业转向了重化工业，主要包括汽车制造业、钢铁制造业、新化学工业、电力设备制造业和军工制造业，代表技术为化工技术和电力技术，代表国家为德国和美国。

19 世纪后期，英国进入工业高涨时期，传统工业在制造业中仍占主导地位，并开始出现了一系列以重工业为主体的新兴工业。虽然英国的工业继续向前发展，但发展速度较工业革命完成时期缓慢，加上英国国家政府和民众对本国职业技术教育的忽略，英国技术的滞后以及农牧业衰退的影响，使得英国的经济逐渐衰退。相反，此时的德国，化学工艺生产取得了巨大进步，已完全取代了手工配置炸药。德国利用煤和化学的科学成就，迅速开创并发展了合成化学技术和工业，19 世纪中期德国生产的合成染料产量已经占到世界总产量的一半。① 合成染料产量的激增，促进了油漆、制药、合成纤维、合成橡胶、造纸、酸碱工业的快速发展，可以说，人类已经迈入了合成化学时代和人工制品时代。此外，由于新式炼钢炉的推广运用，钢的产量和质量得到成倍的提升，帮助企业实现了钢铁的大批量生产，这间接为汽车以及其他制造业的飞速发展奠定了扎实的基础。至 1895 年，英国的各个产业几乎已经全面落后于德国，德国在 40 年的时间内完成了英国 100 年的事业，实现了工业化。由此，德国取代英国成为第二个世界制造中心。

与此同时，一场在整个欧洲和北美兴起的新的技术革命浪潮——电力技术革命席卷而来，推动了各国电力设备制造业的发展，尤其是美国

---

① 参见凌云、王立军《先进制造业基地建设的理论与实践》，中国经济出版社 2004 年版，第 65 页。

和德国。此次技术革命又称第二次工业革命，电力技术的广泛应用推动了汽车和飞机工业的发展，20世纪初期，"福特制"的生产方式开始在美国汽车制造业大量使用，使得汽车的产量大幅提升，价格下降，美国汽车制造业开始飞速发展。同时，各国开始进入垄断资本主义，工厂制得到大量的推广，垄断制造企业占据主导地位。此后，两次世界大战的发生促使各国制造业向军需工业发展。在战争的影响下，英国与德国的制造业受到了巨大的破坏，虽然日本的军需工业在第一次世界大战时期得到了大量发展，但第二次世界大战使日本工业受到了破坏，而美国却借助世界大战的契机让本国军工制造业得到了惊人的发展。1913年，美国工业生产的总产量占全世界的1/3以上，相当于英国、德国、日本和法国四个国家的总和。1914年的工业生产总值为240亿美元，比南北战争爆发前的不足20亿美元增长了12倍以上。① 可见，20世纪第二个十年前后，美国已经取代德国，成为世界制造的又一个中心。

（三）世界制造业的第三个增长极：日本（1945年至今）

20世纪40年代开始，世界第一台电子计算机问世标志着一场新的科学技术革命爆发，即新技术革命（第三次工业革命）。新技术革命是指以计算机为代表的信息工业为主，包括生物工程、新能源、新材料、光导纤维、激光、海洋开发、太空技术等新兴科学技术的研究、开发和在生产过程中的推广应用。② 由此，高新技术成为制造业增长的首要动力，制造业发展也进入新技术革命时期，高新技术的掌握成为各国竞相争夺的法宝。抓住新技术革命的机遇，日本制造业作为后起之秀迸发强劲势头，顺利跻身世界制造业强国，成为当前世界制造业中心，高新技术的不断研发和投入使用是助推日本制造业发展的主要动力。数据显示，1983年时，据日本《通商白皮书》统计，在159项关键技术中，日本同时领先于美国、西欧的有39项，与美国、西欧接近的有38项。③ 新兴的半导体

---

① 参见凌云、王立军《先进制造业基地建设的理论与实践》，中国经济出版社2004年版，第68页。

② 参见张卓元《政治经济学大辞典》，经济科学出版社1998年版。

③ 参见凌云、王立军《先进制造业基地建设的理论与实践》，中国经济出版社2004年版，第68—69页。

产业更是世界领先水平。凭借高水平的科学技术，日本的钢铁、汽车、造船、电子机械制造等制造业产业发展迅速，赢得了全球制造业中心的地位。

日本的崛起，推动了整个亚洲国家制造业的发展，形成了亚洲"四小龙"等制造业联盟。制造业发展的新技术革命时期，已经不再是过去"各自为政"的发展轨迹，经济全球化和一体化促使各国实现战略合作，以国家联盟或地区联盟的形式谋求共同发展。中国当前要从制造业大国向制造业强国转型，就必须抓住此次新技术革命的机遇，在国家和地区联盟中实现合作共赢。

二　制造业强国的制造业发展战略路径

根据世界制造业中心理论，将德国、美国和日本这几个曾经和当今的全球制造业中心的国家作为研究对象，探讨世界制造业强国在发展路径上的共性和差异，为中国向制造业强国发展能够提供有益借鉴。

（一）世界制造业强国发展的共同战略路径

综观世界各国制造业的发展脉络，虽然世界制造业的中心总是从一个国家或地区向另一个国家或地区不断转换，不同时期的世界制造业"头号"强国在发展道路上路径也各不相同，但成为影响全球制造业发展的超级大国，总是存在一些相似的先决条件或共同路径，梳理美国、德国和日本等制造业强国的发展轨迹，我们可以发现以下几条普适的战略路径选择规律。

1. 政府在法律、资金和交通运输等领域为本国制造业保驾护航

（1）颁布扶持产业的政策和法律法规

政府颁布的产业扶持政策、法律法规等，是促进各国工业发展的重要前提，同时，也是各国成为"世界工厂"所必须具备的重要条件之一。因此，各制造业强国为了促进制造业的发展，相继制定了适应本国国情的产业促进政策和法律。

①美国：高额关税保护政策

美国成立之初，政府即秉承"工业立国"的思想，设置高额关税以

保护国内脆弱的制造业。1816 年美国关税率为 7.5%—30%，1824 年提高到 40%，1828 年再提高到 45%。① 此外，政府还出台了一些措施，例如限制国外产品进入美国市场，对发展制造业必需的原材料实行免征关税，对于本国产品出口实施奖励政策，同时阻止国内制造资源出口等，利用高额关税保护国内制造业市场，美国工业得以避免国外的竞争而顺利发展。进入信息化时代后，美国政府又出台了一系列促进制造业的法律法规。如关于鼓励科技创新的政策（据统计，自 20 世纪 80 年代以来美国颁布的关于鼓励技术进步和科技创新方面的法规达 20 余部②）、"引进人才战略"的政策和鼓励出口的政策等。此外，围绕制造业的发展，美国政府出台了一系列行政法令，如 2004 年 2 月，布什总统发布了"鼓励制造业创新"的总统行政令。③

以上措施都显示出美国政府对制造业发展给予了相当的重视和大力支持，其颁布的政策法令无疑为美国制造业的发展打开了方便之门，促进了美国工业的蓬勃发展。

②日本：产业振兴和扶持政策

第二次世界大战后的日本能迅速从战争的废墟中崛起而成为制造业强国，与政府的扶持和保护是分不开的。战后日本面临着制造业装备陈旧、技术落后、劳动生产率低下、企业规模小、市场狭小等诸多问题，为此政府颁布了一系列产业振兴和扶持保护政策。如"倾斜生产方式"政策的实行，保证了日本在资源匮乏、原料不足的情况下，重点发展钢铁工业、汽车制造业等产业；针对劳动力紧缺制定了《职业训练法》《职业安定法》《雇佣对策法》等，确保了技能人才的数量和质量；针对生产线设备制定了设备"特别"折旧制度、对重要机械设备实行免税进口等，都有效地促进了装备制造业的现代化。而在对外贸易方面，日本通过"高关税"政策限制国外产品进口，保护并支持本国制造业的发展。

日本政府实行的各项产业扶持和保护政策，为促进本国制造业的发

---

① 参见金波《主要资本主义国家近现代经济发展史》，当代中国出版社 1994 年版，第 114 页。

② 参见王志《美、日、印装备制造业政策比较与借鉴》，《北方经济》2009 年第 21 期。

③ 参见董书礼《美国制造业：在创新中调整和发展》，《求是》2006 年第 23 期。

展营造了一个安心的政策环境，为日本工业的发展提供了法律保障。

③德国：重工业优先政策

政府支持是德国制造业发展中最突出的特点。自工业革命以来，德国制造业的发展就是在政府的主导下进行的。工业革命期间，德国政府采取重工业优先的政策，大力发展采矿业和钢铁工业，在此基础上循序渐进地发展其他制造业。① 至第一次世界大战前德国制造业一直处于良好健康的发展中。而在第一次世界大战和第二次世界大战期间，出于满足战争需要，政府调整了制造业的产业布局，全国制造业均以军事装备生产为主，产业结构十分畸形，但高质量的军备制造也促进了德国制造业的技术进步和生产能力的提高。第二次世界大战后的德国分为两区，西德区确立了社会市场经济，必要情况下国家干预经济，基本上取消了对经济的强行控制，以纺织业为首的工业得以迅速恢复，随后化学工业、机器制造业以及电子电器业都发展迅猛。② 此外，为扶持中小制造型企业，德国还先后颁布了《中小企业组织原则》《关于提高中小企业效率的新行动纲领》等法规，特别是 1957 年颁布、1965 年修改的《反对限制竞争法》，对中小企业的长期保护效果显著③；1994 年颁布的《小型股份企业及国家放松对其股权干预法》，给予小型制造企业在融资集资方面许多便利和优惠。④

德国政府对本国制造业的鼓励和支持，不仅包括对制造业发展的政策支持，还包括对制造业技能人才的优惠政策、职业教育方面的政策以及鼓励科技创新等政策，全方位地支持制造业的发展。

（2）充裕的资金储备和支持

充裕的资金是制造业得以发展的前提，只有具备强大的资金储备，本国或地区的经济发展才有雄厚的基础，同时，资本的引进也变得更为容易。政府对制造业发展提供的财政支持，包括设备投资、企业补贴、教育和交通运输投资等，是促进各国工业发展的重要支撑条件。

---

① 参见杨海洋《德国制造业优势产生并保持的原因分析》，《改革与战略》2013 年第 1 期。

② 参见孙林岩等《全球视角下的中国制造业发展》，清华大学出版社 2008 年版，第 35—36 页。

③ 参见罗莹《德国现代化进程研究》，中国物价出版社 2004 年版，第 57 页。

④ 参见李秦阳《德国制造业发展战略对中国的启示》，《生产力研究》2006 年第 6 期。

①美国：富足的农业和金融业资金储备和外资引进

美国工业的发展有着充足的资金保障。据统计，1869—1881 年约有240 亿美元，1882—1914 年约增加到 600 亿美元。这些资金主要来源一是公司发行的股票、债券和企业本身的积累以及银行的贷款，二是相当可观的外资引进，三是传统农业的长期收益积累。美国在工业革命期间引入了大量外资，1880 年，美国引进外资 20 亿美元，1890 年为 35 亿美元，1914 年达到 67 亿美元。利用这些外资，美国相继引进技术、更新设备、修筑铁路、大兴教育，从而加速了本国制造业向深度和广度发展。① 特别是联邦政府把教育视为"利率最高的贤明投资"，不断增加教育经费。1950 年为 88 亿美元，占国民生产总值的 3.3%；到 1960 年，增加到 247 亿美元，占国民生产总值的 5%。② 此外，美国工业化前期，农业一直是美国国民收入的主要来源，其在国民经济中占有重要的地位，可以说，农业为工业的发展积蓄了充足的资金保障，另外加上美国在两次世界大战期间大发横财，也为美国工业的发展集聚了大量资金。可见，雄厚的资金为美国大力发展制造业奠定了坚实基础，这也进一步为美国日后雄踞世界作了铺垫。

②日本：充裕的战时及战后资金引进和积累

第一次世界大战期间对中国大量资源、资金的抢夺以及中国冶金工业、煤矿工业等的控制，为日本制造业的发展储备了丰富的财力，并助力其走上工业革命的道路。第二次世界大战后日本经济的飞速发展，也为世界制造业中心向日本转移奠定了雄厚的物质基础。此后，日本政府对工业发展进行长期且大量的投资和贷款。如 1958—1973 年，日本政府对工矿、农林、通信运输、国土保护等生产设施的投资，从 5000 多亿日元增加到 75000 多亿日元，15 年内增长了 12 倍以上。③ 同时，外资的引进也是日本资金积累一个很重要的渠道。据统计，1950—1970 年，日本

---

① 参见金波《主要资本主义国家近现代经济发展史》，当代中国出版社 1994 年版，第132—133 页。

② 同上书，第 171 页。

③ 参见［日］统计指标研究会《日本经济统计分析》上卷，新日本出版社 1978 年版，第69 页。

共引进外资 126 亿美元,其中证券投资为 59 亿美元,贷款为 67 亿美元。① 运用这些外资,日本主要对以钢铁、机械、电力和化学为首的基础工业部门的设备进行重点投资,这促进了日本经济的高速增长。而随着资金的迅速积累,日本的固定资本投资也急剧增长。据官方资料,1955—1973 年,政府和私人的固定资本投资累计达 258 万亿日元。按不同时期的官方汇率,折合美元共达 7770 亿。② 生产设备的不断更新和扩大促进了技术的革新,进而大大地增强了日本产品在国际上的竞争力。

③德国:美国政府的战后经济援助

德国第二次世界大战后作为战败国受到了经济上的制裁,再加上战争期间基础设施毁坏严重,高科技人才被挖走,工业一度停滞,发展极为缓慢。美国的资金援助成为德国再次崛起的重要力量。据统计,从 1945 年 9 月至 1955 年 6 月 30 日,美国通过"战后地区行政与救济援助"和"马歇尔计划"等,向联邦德国提供的援助达 39 亿美元。③ 有了美国这一股强劲的资金注入,重建基础设施,大力培养专业技能人才发展职业教育,德国的工业开始复苏,并逐步转向新兴技术产业。

(3)完善的交通运输设施

交通运输设施既是制造业发展的结果,也是制造业兴盛的前提。制造业的发展既推进了交通运输业的发展,同时,各国政府对铁路、公路、运河等交通运输网络的建立,也相应便利了各国制造业产品的出口,推进了工业进一步发展。

①美国:发达的水陆交通运输系统

美国政府对交通运输设施,如收费公路、运河、铁路等的兴建,对美国工业革命起了重要推动作用。首先,收费公路的修筑一定程度上改变了美国交通运输的落后状况;其次,运河的修建加速了美国各地交通枢纽的联系;最后,铁路的兴起和完善革新了美国的交通运输事业,助力美国工业形成了全国统一市场。

---

① 参见高强《日本美国城市化模式比较》,《经济纵横》2002 年第 3 期。
② 参见金明善《现代日本经济问题》,辽宁人民出版社 1983 年版,第 100 页。
③ 参见金波《主要资本主义国家近现代经济发展史》,当代中国出版社 1994 年版,第 296—297 页。

美国政府对这些交通运输设施的建立，一方面统一了全国市场，在集中各地自然资源进行加工生产的同时，方便这些产品于各地市场的运销；另一方面公路、铁路、运河等交通运输业本身收入数额巨大，仅1890年的铁路运输总收入就达10亿美元，为联邦政府总收入的2.5倍。①兴盛的交通运输业还带动了汽车制造业、钢铁业、造船业等有关工业，进而推动美国工业革命迅速发展。

②日本：完备的铁路网和海上运输航线

铁路建设和海上运输是日本建设本国交通运输设施的两大着力点。出于扩大国内市场和对外侵略的军事目的，日本政府对铁路投资给予了优厚的保护条件。如1881年政府免征日本铁道公司的土地租税，并保证开业前付给股东8%的年利。政府的鼓励和保护，刺激私人资本竞相对铁路进行投资，修筑的铁路长度从1884年的421千米激增到1894年的3402千米，10年间增长了7倍。此外，在政府特别保护下，海上运输行业也得到了相当大的发展。一些大航运公司相继建立。1884年，日本拥有的500吨位以上的船只有25艘，1894年增加到91艘，开辟了通往中国、朝鲜和东南亚国家的数条航线。②

铁路建设和航海运输业的迅速发展，使得日本垄断了太平洋的绝大部分运输，这对日本扩大对外贸易，继而推动其汽车制造业、钢铁工业、造船业等制造产业的发展具有重要的作用。

③德国：点、线、面完善的交通运输网络

德国的交通运输网络发达，主要包括公路运输、铁路运输、水上运输、航空运输和管道运输5个部分。③1850年，德国的所有大城市已通过铁路相连，铁路线长度5859千米，1870年达18876千米，1913年增加到63378千米。铁路的修建拉动了机械制造业、钢铁冶炼业和煤炭业的发展。德国的公路在第二次世界大战当中几乎全部被毁，联邦政府先后制定了《联邦公路法》《公路建设筹资法》，为德国修建完善的公路

---

① 参见金波《主要资本主义国家近现代经济发展史》，当代中国出版社1994年版，第133页。

② 参见樊亢、宋则行《外国经济史近代现代》第二册，人民出版社1965年版，第238页。

③ 参见罗莹《德国现代化进程研究》，中国物价出版社2004年版，第84页。

网提供了保障。1970 年德国已建成高速公路 4416 千米，基本上形成了以高速公路为主干的公路运输网。德国的水运分为河运和海运，其内河航道是世界上最发达的国家之一。德国内河航道总长达 7348 千米，而海运则是进出口最为重要的运输工具。空中运输和管道运输是德国在第二次世界大战以后逐渐发展起来的重要运输方式。20 世纪 80 年代，机械产品、纺织品、服装产品等占到空中货物运量的 1/3 左右。而管道运输则为石油产品的主要运输途径。

由此可见，德国公路、铁路和水运建设起步早、覆盖面广，是制造行业原料及成品主要的运输方式；航空运输和管道运输起步较晚、但发展十分迅速，当前已经成为德国工业运输的重要渠道。这些点、线、面完全覆盖的发达交通网络成为德国制造业发展的重要依托。

2. 引导技能人才着力创新技术是各国走上强国之路的内引擎

纵观各国制造业发展史，技术创新能力往往在制造业的国际实力较量中占有极其重要的地位。由于推崇技术创新，重视将技术转化为现实生产力，使得劳动生产率大大提高，各国的工业进入"大跃进"式的发展阶段，并相继成为"世界工厂"。而后起国家要想成为"世界工厂"，必须重视技术的创新，改造一些传统产业，发展新的优势产业。

（1）美国：鼓励和保护发明创造

美国工业的快速发展在很大程度上归功于技术革新。美国在引进国外先进技术的同时，十分重视本国的发明创造和技术革新，第二次产业革命期间美国的发明创造不胜枚举，如电话、电灯、留声机、轧棉机、高压蒸汽机等，极大提高了劳动生产率，从而推动制造业新工业的发展。据美国专利局统计，1790—1811 年美国平均每年有 77 项发明。此后发明数量不断增多，1830 年为 544 项，1841—1850 年为 6460 项，1851—1860 年为 25250 项。而 1860—1890 年，美国有 676000 项发明，约占全世界发明总数的 80%，至此，美国成为闻名世界的"发明之家"。[①]

此外，美国十分维护个人的知识产权。为了保护和鼓励发明创造，1790 年美国国会通过了首部专利法，1898 年修订的专利法延长了专利的

---

① 参见王垂仍《科学、技术、能源》，中国对外翻译出版公司 1986 年版，第 2—4 页。

保护年限，并对专利评审过程和审查员数量作了规定。①　而美国的反垄断政策，对技术垄断不作限制，阻止企业之间过度合并、防止形成产业垄断等措施，也为美国技术创新起到了很好的推动作用。

总而言之，美国运用最新的技术和工艺，将科学技术转化为生产力，不断改进生产，提高生产率。1894 年，美国借助发明创造快速革新生产技术，助力其制造业攀登至高峰，跃居世界首位。

（2）日本：倡导先进技术的自主研发

技术创新是战后日本经济高速增长的主导动力，因此，日本主张在引进国外先进技术的基础上，根据本国的国情进行自主研发。可见，日本的制造业技术总是处在一种不断改进、不断革新、不断发展的螺旋上升的过程之中。此外，日本积极搭建技术研发平台，促进日本产官学的合作，以提高民间企业研究开发能力。据统计，"1868—1970 年，日本在科学技术方面的成就有近 400 项，其中有些项目在国际上也是首创"。②由于日本如此重视技术的革新，总是试图不断改进和完善生产技术，因此极大提高了劳动生产率，进一步推动了日本工业的发展。

（3）德国：坚定走"技术兴国"之路

"德国制造"之所以世界畅销，很大程度上依赖于产品的高技术含量，而产品的高技术含量又取决于科技的发展与创新。战后德国走技术兴国的道路，不仅使原有的传统制造行业得到了发展，新兴领域也取得了举世瞩目的成就。这是政府、企业和学校联合作用的结果。德国政府确立了制造业的三大发展目标："绿色制造""信息技术"和"高端制造"③，鼓励和支持德国企业、研究所或大学坚持科学技术创新。同时立法部门通过了一系列知识产权的法律，保护并鼓励本国的科技创新。

德国企业十分注重技术的创新与研发，对研发投入毫不吝啬，研发经费约占国民生产总值的3%，位居世界前茅。即便在经济危机期间，德国企业的研发投入不仅没有减少，反而逐步增加。德国企业还十分注重

①　Charles Sawyer, *Historical Statistics of the United States*1789 - 1945, Washington: Bureau of the Census, 1949.

②　刘天纯：《日本产业革命史》，吉林出版社 1984 年版，第 80 页。

③　秦俊峰：《德国制造业长盛不衰的秘密（二）》，《中国有色金属报》2013 年 3 月 16 日。

与科研院所、大学联合，对应用前景广阔和市场急需的技术或产品委托科研部门或大学进行开发研究。同时坚持引进国外先进技术，并通过信息咨询中介机构来寻觅所需的科技成果。① 通过政府、学校和企业三方共同的努力，不仅提高了制造行业企业的科技含量，也推动了国内科学技术的发展，实现了真正的技术兴国。

3. 尊重、重视技能工人为制造业发展嵌入有利的人文环境

制造业的发展离不开技能人才，而技能人才培养的关键在于创造重视技能、尊重技能工人的氛围。从世界制造业强国的发展看，各国都十分重视营造尊重制造业、尊重技能工人的文化环境。

（1）美国："工业立国"思想带动大量人才涌入制造产业

美国"工业立国"的思想始终贯彻于美国的工业发展中，这从根本上确认了制造业在美国的地位和经济发展的方向。为此，美国格外重视制造业人才的培养，除了积极给予资金、政策的支持，营造尊重技能人才的氛围，还积极接纳大量的国际移民，以为美国制造业带来资金和技术，对美国工业的发展起到了很大的促进作用。但随着 21 世纪美国的经济重心逐渐转向第三产业——服务业，大量的人才开始向服务业、金融行业看齐，倾向当坐办公室的管理人员而不愿当生产车间的技能工人，为此，美国慢慢形成了对技能人才不看好的社会氛围，进而导致美国制造业渐渐下滑。可见，创造重视制造业的文化氛围、重视技能人才对制造业强国而言有着非同寻常的意义，只有重视技能人才、重视制造业行业，才能建立制造业王国。

（2）日本："技术立国"与"教育立国"的战略繁荣了高技能人才队伍

日本强调"技术立国""教育立国"的思想，主张开拓创新，重视创建和谐的企业文化。此外，日本民族强调"务实、团结和实干"，尊重手工劳动者，在此文化氛围下，日本社会形成了崇尚制造业、以作为制造业技能人才为荣的风气。因此，日本制造业技能人才的社会地位很高。受日本崇尚制造业发展的文化影响，日本培养了大量高素质的技能人才，这些高素质的技能人才为制造高质量产品贡献了巨大的力量，而高质量

---

① 参见罗莹《德国现代化进程研究》，中国物价出版社 2004 年版，第 47 页。

的产品又提高了日本产品的国际竞争力,从而进一步促进了日本制造业的发展。

(3)德国:全民尊重制造业,推崇手工技能和实干家

德国人"尊重制造业"的文化是德国制造业繁荣的强大武器,制造业的长期发展中又积累了优秀的制造业文化,两者都是德国制造业发达的文化基础。德意志民族很早就有崇尚手工制造的文化传统,后又经过工业革命的洗礼,制造业为德国经济创造了大量的财富,成为德国经济的支柱产业,使得德国人更加注重技能的培养。同时进入制造业成为技能工人必须经过严格的职业教育培训、通过考试之后才能上岗。成为一名制造企业的技能工人是社会所推崇的工作。可以说,长期积累的制造业文化是推动德国制造业走向高、精、尖的强大助推器,这种文化可总结为:专注精神、标准主义、精确主义、完美主义、程序主义、厚实精神。①专注让员工更少出差错,标准让产品更优质,精确让顾客更满意,完美让产品更美观,程序让过程更科学,厚实让顾客更信任。

4. 技能人才的充分供给为各国制造业持续创造竞争优势

纵观美、德、日的制造业发展历程,我们亦可得出这样的结论:制造业的竞争优势离不开人才资源的持续推动,而技能人才的数量和质量直接决定制造业发展的好坏;没有足够的技能人才,制造业工厂就无法正常运转,不具备高素质的技能人才,就生产不出高质量的产品。电力技术革命时期,美国借助电力的广泛应用,一大批科学家和技能人才投身于电力技术的发明和制造中,电话、电灯、电报等具划时代意义的发明创造直接推动了电力部门及行业的快速发展;日本产品的质量及其技术在国际上一直享有很高的知名度,正是由于日本国内先进的用人育人理念,学校源源不断地向制造业供给高技能人才,才造就了日本的制造业及其高质量的产品。可以说,充足的高质量劳动力是日本赖以建立世界一流制造业的强大支柱。

职业教育,作为提供技能人才最重要的渠道,各国对其都十分重视。如美国独具特色的社区学院和后来的"一贯制、融通型"职业教育办学模式、德国的"双元制"教育体系和日本学校教育和企业教育相互协同

---

① 参见葛树荣、陈俊飞《德国制造业文化的启示》,《企业文明》2011年第8期。

组成的严密职业技术教育体系等，这些职业教育有一个共同点：根据各国国情，以培养实用性技能人才为主。发达的职业技术教育体系，保证了各国制造业发展所需的高技能人才充分供给，为各国向世界工厂迈进创造了持续的竞争优势。而世界制造业的各个强国在技能人才队伍建设上做了哪些卓有成效的尝试？本章的第三节我们将重点分析这一问题。

（二）世界制造业强国的差异化战略路径选择

德国、美国和日本等世界制造业强国在发展路径上虽然有共同之处，但鉴于当时各国面临的不同国内外环境和条件，在战略选择上都呈现出较为明显的路径差异，这种差异既是各国应对环境变化和资源条件的智慧表现和必然选择，也为其超越别国成为世界制造业中心提供了必要条件。

1. 标准化作业和质量认证体系助力德国制造业稳步发展

"德国制造"作为全球产品高品质的象征，是各国争相学习的典范。正是由于对产品质量严格把关，德国制造业才能有今天的成就。而要做到对每一件产品都严格把关，则需要一系列严谨的工业标准和质量认证体系。早在第一次世界大战期间，德国就开始推广国家标准化。①到 19 世纪末 20 世纪初，德国成立了确立工业标准和质量认证的组织，随着时间的推移，德国的标准化和质量认证已经形成了一套相当健全的体系。

首先是标准化学会建立和工业标准的发展。标准化是科技发展的产物，同时也能使技术利用达到效益最大化。第二次科技革命推动了电力的广泛应用，电插头、电阻丝、插座等普及迫切要求标准化的管理。1917 年成立的德国标准化学会（DIN），是德国迄今为止最大的公益性标准化民间机构，其宗旨是："通过有关方面的共同协作，为了公众的利益，制定和发布德国标准及其他标准化工作成果并促进其应用，以有助于经济、技术、科学、管理和公共事务方面的合理化、质量保证、安全和相互理解。"② 目前，德国标准化学会制定的标准涵盖化工、采矿、建

①　参见王竞楠《德国标准化与德国崛起》，硕士学位论文，山东大学，2013 年。

②　洪生伟：《质量认证教程》，中国标准出版社 2008 年版，第 18—19 页。

筑工程、冶金等多个领域。联邦德国商品标志协会有限公司（DGWK）代表 DIN 工作，主要任务是以 DIN 标准为基础，参照其他标准，建立认证体系，并进行管理和监督执行。[①] 到 1998 年年底，DIN 共颁发了大约 2.5 万个标准，其中 80% 以上都被欧洲各国所采纳。[②] 随着标准化的发展，质量认证也就应运而生。

其次是质量认证体系的完善。1985 年，德国标准化学会和联邦德国质量保证学会（DGQ）联合成立了新的质量认证机构——联邦德国质量体系认证组织（DGS），主要负责评定和认可企事业的质量认证体系。随后 1987 年，发布了有关质量体系的国家标准 DIN9000—9004，成为质量体系认证的重要依据。[③] 该标准的发布为德国制造业的质量管理打下了良好的基础，逐步打造了"德国制造"的优势地位。

德国标准化的生产和对产品质量的认证，对于德国制造业的发展可谓是功不可没。如果没有对产品生产过程以及结果的监督，"德国制造"也仅仅是一个普通的标志。就像今天的中国制造，没有灵魂和生命的产品，不会取得真正的成功，因此，中国要向德国制造学习，狠抓质量体系，让大批量的中国产品变成有质量有品质的中国制造。

2. "吸收型战略"大幅缩短日本制造业技术与其他国家的技术差距

产业革命时期的日本采取"吸收型战略"，注重有选择地引入西方先进科学技术，同时又非常看重对技术的"再造"，即技术自立。第二次世界大战以后，日本为了重振本国制造业，尽快缩小同世界先进国家技术水平的差距，提出了"科技立国"的方针，开始走引进国外先进技术并加以改进和提高的道路。1950—1977 年，日本花费 60 多亿美元，引进 2.9 万多项先进技术，成为主要资本主义国家中最大的技术输入国。[④]

日本技术引进的道路大致可以划分为两个阶段。第一个阶段是第二

---

① 参见金波《主要资本主义国家近现代经济发展史》，当代中国出版社 1994 年版，第 372 页。

② 《DIN》，2013 年 12 月 27 日，百度百科（http：//baike. baidu. com/link？ url ＝ xk4e4URlB BpI － 5dGb1stu。

③ 参见小淇《德国质量认证概述》，《中国质量技术监督》2008 年第 6 期。

④ 参见金波《主要资本主义国家近现代经济发展史》，当代中国出版社 1994 年版，第 366 页。

次世界大战后日本经济的高速增长期，这段时期由于日本本国技术落后，主要以大量引进国外先进技术为主，以低成本的技术开发推动产业发展。第二个阶段是 20 世纪 80 年代以后，日本开始走自主性的技术开发之路，由原先完全纯粹的技术输入转向技术输出。这一时期，日本主要是在吸收消化国外先进技术的基础上，进行本国的自主创新。此外，日本在进行技术自立的同时，也自创发明了相关的管理方式，如日本在汽车制造业提出的目标成本解析法、准时制生产（JIT）、"6S"活动、全面质量管理等科技管理方法，在有效控制成本的同时，确保了效率的提高和质量在较小范围内波动。[①]

从日本制造业的技术引进发展之路，可以总结出日本在引进技术方面有以下特点：一是技术引进符合本国国情、国民收入水平和国家经济发展水平。例如，战前，日本主要引进的是美国通用汽车公司与福特公司的汽车生产技术；而战后，日本企业认为美国汽车虽然技术水平高、性能好，但车身大、耗油高，不适合日本当时的消费需求，因此，逐渐把技术引进的目光转向欧洲。[②] 二是引进面广且规模大。从世界各国和地区引进，哪儿有新技术可以"为我所用"，就从哪儿引进。三是形式多样化且突出重点，遵循由低级到高级的规律。20 世纪 50 年代以引进机器设备和比较低级的技术专利为主，60 年代以引进先进的大型技术项目为主。四是引进与消化吸收、创新相结合。日本引进技术并不是原封不动地照搬，而是在消化吸收的基础上加以完善和提高。在"第一台机器引进，第二台机器自造，第三台机器出口"的理念下，日本有很多技术通过不断改进超过了原输出国。据统计，日本战后引进、推广的外国先进技术，如果全靠自己去研究和试制，则可能要花费 3000 亿美元，所需时间恐怕在半个世纪以上。因此，人们认为日本这种"拿来主义"，花钱少，费时短，可尽快地缩短日本产品与世界先进水平的差距。[③]

① 参见李毅明、王秋凤《中国正成为一间世界汽车配件工厂》，2005 年 5 月 16 日，经济观察报（http://www.p5w.net/news/cjxw/200505/t105683.htm.）。
② 参见中国科技促进发展研究中心技术创新课题组《日本专家谈中日两国技术引进的比较》，《科技导报》1997 年第 3 期。
③ 参见金波《主要资本主义国家近现代经济发展史》，当代中国出版社 1994 年版，第366 页。

值得注意的是，日本在技术引进过程中也存在着一些问题。一是大量引进国外现成的技术，造成了对本国基础理论研究发展的忽视，一定程度上酿成了依赖于外国科学技术发明的习惯，致使自己的发展创造甚少。二是经过大量引进外国先进技术之后，日本同欧美发达国家之间的差距日益缩小，想要再引进日本所需要的先进技术也变得越来越困难，从而使以引进外国现成的先进技术来促进日本技术革新的余地大大缩小，技术革新趋于停滞，进而促使日本经济衰退。[①]

总之，日本实施的"吸收型战略"加速缩小了其同欧美等国的技术差距，也通过技术的进步，提高了劳动和资本等生产要素的质量，实现了规模经济，使日本经济出现了稳定增长的良好态势。

3. 充足的资源保障成就美国制造业跨越式发展

劳动力和物质资源（包括自然资源和资金）是制造业发展的关键因素。自然资源提供了工厂所需的原材料，而廉价丰富的劳动力与充足的资金保障则是成为"世界工厂"的重要条件之一。由于拥有丰富的自然资源，加上大量的移民和外资的助推，美国的制造业有了飞跃性的进步。

首先，富足的自然资源为美国工业的发展提供了雄厚的物质基础。美国自然资源得天独厚，矿产中的煤、铁、天然气、钾盐、磷酸盐等储量均居世界前列，森林覆盖面大，水力充沛，此外得克萨斯和俄克拉荷马的油田开发、加利福尼亚的金矿、科罗拉多钢铁基地的建立等，为美国日后重工业的发展奠定了坚实的基础，推动了美国的工业发展。

其次，大量外资的引进为美国工业发展积累了丰厚的资金储备。美国在工业革命期间引进了大量外资，据统计，1839 年以前美国共引进外资 15000 万美元，1854 年达到 22200 万美元。1860 年外资总数约为 4000 万美元。20 世纪 60 年代以后，在工业发展速度加快与铁路建设进入高潮的双重影响下，美国外资数额直线飙升。1880 年为 20 亿美元，1890 年增至 30 亿美元。在外资中，英国盈利最大的铁路部门所占的份额几乎是最大的。直到 1907 年，美国铁路总值的 1/4 以上还掌握在欧洲国家手中。

① 参见金波《主要资本主义国家近现代经济发展史》，当代中国出版社 1994 年版，第 372 页。

斯大林曾指出："甚至资本主义国家中最强大的美国，在内战以后也不得不费了整整三四十年的工夫，靠着外国的借款和长期信用贷款以及对邻近国家和岛屿的掠夺，才把自己的工业建立起来。"①

最后，人口的自然增长和外来移民为美国的制造业提供了充足的劳动力。19 世纪下半叶，美国本土人口增殖很快，至 1915 年时已有 1 亿多人。国外移民源源不断流入，1860—1915 年移民总数高达 2850 万人，其中 85% 是 14 岁至 44 岁的精壮劳动力。② 1910 年，移民占制造业中劳动力的三分之一以上，占建筑、运输两个行业全部劳动力的四分之一。③ 移民的大量流入除了为美国工业革命带来了廉价的劳动力外，还为美国带来了先进的科学技术，包括技术人员、先进的工具设备和技术资料等。特别是来自德国、法国、荷兰和英国等欧洲先进国家的移民，为美国带来了先进的冶炼、纺织和其他工业部门的知识和技术。例如，19 世纪初，新罕布什机械工匠乔治·基奔根据法国传来的技术设计了美国最早的新式水轮机。无烟煤炼铁法则是德裔美国工匠美森·海默尔首先试验成功的。工业革命的带头人，美国"制造业之父"史莱特原来也是英国的技工。④ "正是欧洲移民，使北美能够进行大规模的农业生产"，"这种移民还使美国能够以巨大的力量和规模开发其丰富的工业资源，以至于很快就会摧毁西欧的工业垄断地位"。⑤

正因为拥有丰富的物质资源和人力资本等条件，美国制造业发展强劲，为日后取代德国一跃成为"世界工厂"奠定了基础。而随着时间的推移，针对 21 世纪的知识经济时代，我们必须意识到：要想成为"世界工厂"，除了本身需具备一定的物质基础外，先进的技术资源和高素质的人力在"工厂"中扮演的角色越来越重要。

总结世界制造业强国的发展轨迹和战略路径，不难看出，要想成为

---

① 赵晓明：《浅析美国内战后经济高速发展的主要原因》，《群文天地》2013 年第 2 期。

② 参见杨生茂，陆境生《美国史新编》，中国人民大学出版社 1990 年版，第 230 页。

③ ［美］H. N. 沙伊贝、H. G. 瓦特等：《近百年美国经济史》，彭松建、熊必俊等译，中国社会科学出版社 1983 年版。

④ 参见韩毅、张琢石《历史嬗变的轨迹：美国工业现代化的进程》，辽宁教育出版社 1992 年版，第 63—64 页。

⑤ ［德］马克思、恩格斯：《马克思恩格斯选集》第 1 卷，人民出版社 1972 年版，第 230 页。

制造业强国或者"世界工厂",除了政府的扶持、经济的保障、人力资源的支持和先进技术的保证,各国根据本国国情,抓住发展机遇,制定适宜的制造业发展策略也是助长制造业发展的重要驱动力。而其中人力资源的支持是影响各国成为制造业强国至关重要因素,只有具备了充足且高素质的劳动力,才能生产出高质量的产品,进而打造世界一流的制造业。因此,各国必须重视人才队伍的建设,大力建设数量充足、结构合理的技能人才队伍。

三 制造业强国的技能人才职业教育体系研究

制造业的兴衰强盛,主要以技能人才尤其是高技能人才作为重要基础和前提条件,这已为美国、德国和日本等制造业强国的发展实践所证实。知识经济时代的到来,高新技术产业逐渐成为制造业发展的主力军,制造业逐渐呈现"技术化"甚至"高技术化"的趋势,对高素质技能人才的需求愈加强烈。这客观上对人的素质提出了巨大的挑战,迫切要求提升员工的素质、更新员工的知识和技能,以迎接全球化趋势下国与国之间愈演愈烈的竞争。因此,制造业强国是通过什么途径开发技能人才队伍是最值得深入研究和借鉴参考的。

对美国、德国和日本三个制造业强国技能人才开发的文献研究发现,制造业强国历来重视人才队伍建设,技能人才队伍的开发途径并不局限于职业学校,还包括企业、培训机构、政府、社会组织等,这些统称为职业教育体系,因此,本节所讨论的职业教育是指广义的、宽范围的、多途径的全方位职业教育,有别于我国单纯指职业学校教育的狭义概念。

(一) 美国职业教育体系特点及其成功机制

美国作为当今世界的超级大国之一,拥有绝大多数国家无法比拟的财富,而要创造这些财富,发达的制造业则是中流砥柱。环顾推动美国制造业发展的因素,完善、健全的职业教育体系绝对是不可忽视的重要一环。美国出色的职业教育培养了一大批优秀的应用型人才,不仅促进了制造业的发展,也为科学技术的进步创造了可能。

1. 美国职业教育体系特色:社区学院主导的高等职业教育

美国职业教育起源于英国的学徒制,经过几个世纪的长足发展,当前美国的职业教育已建立了一套比较庞大的体系。同时,职业教育(vocational education)演变为今天的职业和技术教育(career and technical education,CTE)。到 20 世纪 60 年代,美国职业教育初步形成了由中等职业教育、高中后职业教育和高等职业教育构成的全国职业教育体系,主要形式为社区学院主导下的高中后和高等职业教育。① 形成了农业、工业、商业、医疗卫生、文秘和家政六个版块的职业教育内容②,以及丰富的职业教育模式:合作教育模式、青少年中专模式、生计教育模式、企业—教育契约模式、技术准备计划模式、青年学徒制模式、职业—学术群集模式、学校—工作多途径模式。③

2. 社区学院职业教育的特点

社区学院在美国单轨制的职业教育体系中扮演了十分重要的角色。当前美国社区学院的教育功能是综合性的,既能提供高等职业教育,也能提供其他社会教育,是集学术、文娱、职业教育于一身的"人民的大学"。④ 1956 年,美国全国教育研究会年鉴把社区学院的办学目标归纳为四个方面:大学前教育、职业教育、普通教育、社区教育。⑤ 这也反映出了美国社区学院四个主要的教育功能。

社区学院授予证书的课程属于职业教育,涉及 200 多个职业领域。社区学院的职业教育大多由学校顾问委员或专业指导委员会根据社会、市场的需求,参与、制订学院专业、课程和教学计划等的设置,分为两年制、一年制和不到一年的短期培训课,主要以就业岗位知识和技能的培

---

① 参见刘尧《美国职业教育特点述评》,《世界教育信息》2007 年第 9 期。

② 参见李青《美国职业教育的历史与现状》,《杭州师范学院学报》(社会科学版)2002 年第 5 期。

③ 参见孙中义、刘英民《浅析美国职业教育模式及其思考》,《安徽电气工程职业技术学院学报》2008 年第 2 期。

④ 参见李丹《美国社区教育及其借鉴》,《绍兴文理学院学报》(哲学社会科学版)2006 年第 2 期。

⑤ 参见任钢建《美国社区学院升学与就业双重功能研究》,博士学位论文,西南大学,2008 年。

训为重心。① 学生修满这些课程的相应学分后,几乎都能直接获得相应的准职业资格。"准职业资格"是指介于传统的高等教育培养的专业职业资格与中等学校培养的熟练工人资格之间的资格。②

除此之外,社区学院还注重与企业雇主之间的合作,以突出教育的实用性和针对性,主要包括职业课程(vocational program)设置、合作教育(cooperative education)以及教育与生产实践相结合。概而言之,其主要特点如下:

(1)政府的资金支持

美国政府对社区教育的支持,是通过"以'劝导性'而非强制的政策或立法以及财政援助引导之"③,其中,财政上的资金支持最为重要。比如,在1963年的《高等教育设备法》中,社区学院首次出现在美国联邦政府的法律中,并以立法形式规定政府财政拨款确保其教育经费。而且,政府对社区学院的财政支持力度仍在不断加大,奥巴马总统2012年宣布,"计划将在今后10年向美国社区学院投入120亿美元"。④ 各州政府对社区教育在联邦法的基础上也有自己的立法与财政援助,且相较之下,各州政府的措施更加直接、有效,例如通过设立专门管理机构对社区教育进行规范的管理。⑤ 无论是联邦政府还是各州政府对于社区学院的建设和发展都发挥了极大的作用。

(2)实用主义特征明显

纵观美国社区学院的几个历史发展阶段,实用主义价值导向表现得十分明显。社区学院的很多专业和课程是在充分的社会调查的基础上设置的⑥,因此,十分符合市场和个人的需求,同时有针对性的教学和实践

---

① 参见王亚琼、周丹《美国社区教育的经验及其对我国社区教育的启示》,《湖北广播电视大学学报》2012年第8期。

② 参见高鲁民《德国的职业教育和职业技能鉴定》,《山东劳动保障》2002年第1版。

③ 厉以贤:《社区教育原理》,四川教育出版社2003年版。

④ 《大学学费飞涨 美社区学院"吃香"》,2012年8月,光明网(http://int.gmw.cn/2012-08/21/content_4845688_2.htm)。

⑤ 参见王亚琼、周丹《美国社区教育的经验及其对我国社区教育的启示》,《湖北广播电视大学学报》2012年第8期。

⑥ 参见《美国社区学院制度概况》,2013年8月,江西工艺陶瓷美术职业技术学院(http://www.jxgymy.com/news_view.asp?id=19359)。

相结合更加突出了技能的实用性。进入 21 世纪以来，电子信息等新兴技术的迅猛发展需求更加高水平的技术人才，社区学院紧跟时代步伐调整战略，采用合同培训的新型职业培训模式，有针对性地为企业培养所需的特殊高级技术人才。[①] 根据社会需求培养实用技能人才，正是美国社区学院成功的法宝之一。

（3）费用较低，经济实惠

社区学院学费十分低廉，一般来说，只有州立大学学费的三分之一。有数据显示，1995—1996 年，美国四年制大学学费平均为 10315 美元，但社区学院的年均学费不到 450 美元[②]，十分经济实惠，是家庭经济状况不佳学生的首选。此外，由于学生均可选择在本社区学院就学，大部分学生都不需要住校，则省去了很大部分的食宿、生活和交通费用。政府的财政拨款保证了社区学院的资金来源，因此，才能以低廉的成本服务于教育，吸纳更多愿意接受职业教育的学生，为制造业的发展提供了人才储备。

（4）办学、教学方式灵活

美国的社区教育是依托社区开办的职业教育，在办学和教学方式上具有很强的灵活性。从办学上来看，开放性的招生制度，年满 16 岁的全体社区居民均可报名参加，没有入学考试，只需中学文凭即可[③]，没有繁杂的硬性条件的规定，只要是愿意选择某个专业进行职业教育的大众均可享受社区职业教育，灵活的入学制度吸引了很大一部分社区居民。从教学方式上来看，学生可根据自己的文化水平以及感兴趣的专业方向选择教学计划，社区学院会提供多种选择。同时，学生可以在 1—3 年不等的时间里完成个人教育计划，只要修满学分就可毕业[④]，毕业之后的选择也十分自由。而且还可以根据不同的学习方式选择不同的教学方式，有

---

① 参见左星《美国社区教育的内涵、实施及特色》，《西南科技大学高教研究》2008 年第 4 期。

② 参见杨奇美《美国社区教育对舟山职业教育发展的启示》，《浙江国际海运职业技术学院学报》2005 年第 1 期。

③ 参见杨奇美、宋艳《美国社区教育对经济转型城市职业教育发展的启示——以浙江省舟山市为例》，《科技信息》2009 年第 4 期。

④ 参见周岩《美国社区学院的办学特色及启示》，《教育与职业》2012 年第 7 期。

全日制和半日制的学习班，也有晚上或节假日的学习班，还有函授和面授相结合的学习班[1]，教学的方式多种多样，可由学生自由选择。正是由于这种灵活性强的办学和教学方式，所以美国的社区学院才能得以发展壮大，并为制造业发展提供了很多技能人才。

3. 美国职业教育成功机制探讨

(1) 逐步完善的职业教育法律约束机制

美国职业教育能有今天的成就，离不开相关法律法规的保障，并且美国的职业教育法律体系也已较为完善。从 1862 年《莫雷尔法案》开始通过立法规范职业教育。1917 年《史密斯—休士法案》确立职业教育制度。1963 年颁布《职业教育法》形成职业教育体系，1990 年《卡尔·伯金斯法案》对职业教育与普通教育进行融合[2]，再到 1993 年，克林顿政府颁布的《2000 年目标：美国教育法》推动技能标准和职业标准的制定。[3] 这一系列的相关法律推动了美国职业教育的发展，解决了其发展过程中的突出问题。

(2) 美国社区学院拥有广泛的资金来源保障机制

社区学院的资金来源相对比较广泛，主要包括四种主要来源。一是当地的组织机构，包括社区基金会、国家慈善事业和企业投资者。二是联邦政府层面，政府主要是以一特定的目的制定项目以加强社区和学校的联系，比如 21 世纪社区学习中心、保障社区学校安全或为有需要帮助的社区家庭提供医疗或临时援助。[4] 三是州政府层面，州政府主要通过拨款等来提供资金，其中部分来自当地政府和当地的学校系统等。但各项经费来源在不同的时期呈现不一样的比例。州和地方政府拨款作为社区学校的经费来源之一，一方面体现了政府对社区学校教育的重视程度；另一方面有了地方政府及相关教育行政部门对学校有效、负责任的

① 参见续润华《美国社区学院的办学特色及其启示》，《河南工业大学学报》（社会科学版）2005 年第 1 期。

② 参见彭爽《美国职业教育立法及其启示》，《湖南经济管理干部学院学报》2006 年第 2 期。

③ 参见赵敏《美国职业教育立法研究》，硕士学位论文，苏州大学，2008 年。

④ 参见何培元《美国社区学校的历史发展与改革研究》，硕士学位论文，福建师范大学，2013 年。

管理，才能保证社区学校的发展适应当地社区的各种需求。此外，企事业单位对社区学校的投资也是重要来源，通过对社区学校的投资和合作，企业雇主希望社区学校培养出来的人才能充实和提升自身组织人才队伍。

（3）终身学习的理念导向机制

越来越多的美国人认为学习是一个终身坚持的过程。而社区学院恰好能提供了几乎是无限制的学分和非学分课程、活动以及计划等学习活动，只要他们有学习的需求，愿意接受新的知识或专业知识的深化，都可以通过社区学院提供的这一切来实现，同时也体现了社区学院扎根社区、服务社区的精神。新近的趋势是越来越多的学生，在完成了硕士课程或其他高等学位课程后又返回社区学院继续进修①，可以学习到更多的其他知识和技术丰富自己的生活，也可以进一步提高自己的专业水平。这种活到老学到老的学习理念不仅能促进个体的不断成长，也能推动整个社会科技水平的不断提升，所以倡导终身学习理念的社区学院得到了广泛的认可。

（二）德国职业教育的特点及其成功机制

德国职业教育是德国工业发展乃至经济腾飞的重要助推力，而综观当今世界，也只有德语文化圈国家（德国、奥地利、瑞士）将职业教育学作为大学的一门独立学科，集中了大批专门从事职业教育学研究的专家学者，建立了高水平的研究机构，既培养了大批高水平的职业教育的师资，又取得了许多具有国际影响力的职业教育科研成果。② 所以，德国的职业教育可以说是全世界较为完善的职业教育之一。

1. 德国职业教育体系内核：举世闻名的双元制

德国的教育体系包括基础教育、职业教育、高等教育和继续教育四个基本层次或阶段③，其中，职业教育贯穿于从基础教育到高等教育甚至

---

① 参见《美国职业教育发展概况》，2011 年 2 月，海南省职业教育研究院（http：//www. 232526. com/Article/ShowArticle. asp？ ArticleID =160）。

② 参见《德国职业教育》，2014 年 12 月，百度百科（http：//baike. baidu. com/view/1086299. htm）。

③ 参见王莉《德国职业教育体系的特色及借鉴》，《中国成人教育》2013 年第 4 期。

工作后的继续教育当中。对职业教育的体系进行梳理，多位学者持有不同的观点。高鲁民（2002）认为职业教育体系包括三方面内容：职业教育预备年、首次培训和再次培训。① 这是从职业发展的角度对德国职业教育进行的分析。而陈长江（2005）则认为德国的职业教育分为三种：一是双元制教育；二是纯学校式的教育；三是采用以师带徒的形式。② 这又从职业教育的方式方法研究了德国职业教育的体系。王莉（2013）则更加概括地总结德国职业教育可直接分成双元制职业教育和全日制职业教育两种。③ 不同的学者们从不同的角度出发，不仅可以看出德国职业教育的体系十分完善，也可以看出其内容十分丰富灵活。而根据 2005 年 4 月 1 日颁布并生效的新《联邦职业教育法》，职业教育则包括职业准备教育、职业教育、职业进修教育以及职业改行教育，这同高鲁民从职业发展的角度研究德国职业教育的思路相似，将职业教育分为就业前、就业中以及就业后继续教育。

无论何种分类思路下的德国职业教育，其内核皆为举世闻名的"双元制"（也称"双轨制"）职业教育。"双元"就是指学校和企业两方，"双元制"职业教育简单来说就是企业和学校合作办学，但以企业为主导。德国"双元制"职业教育是由中世纪的学徒制发展而来，经过后期学徒教育改革、成立进修学校，再加上工业的大规模发展，于 1948 年，德国教育委员会在《对历史和现今的职业培训和职业学校教育的鉴定》文中第一次使用"双元制"一词，民间存在了上百年的校企合作办学的"双元制"职教模式被正式确定下来。1969 年《职业教育法》颁布实施后，联邦德国"双元制"培训体系在此基础上就基本形成了。④

2. 双元制职业教育特点

"双元制"职业教育主要是职前教育，以中学时期为主，高等教育领域的"双元制"培养模式近年来也逐渐发展起来。德国一般规定 6 岁可

---

① 参见高鲁民《德国的职业教育和职业技能鉴定》，《山东劳动保障》2002 年第 1 期。
② 参见陈长江《德国职业教育的特点及启示》，《科技创业月刊》2005 年第 2 期。
③ 参见左星《美国社区教育的内涵、实施及特色》，《西南科技大学高教研究》2008 年第 4 期。
④ 参见李红琼《德国"双元制"职教模式研究》，硕士学位论文，四川师范大学，2009 年，第 10—11 页。

上学，4 年的小学义务教育完成后学生就开始第一次分流，并进入第二阶段教育。[①] 该阶段教育分为三类学校：主体中学（Hauptschule，5 年），文理中学（Gymnasium，8 年），实科中学（Realschule，6 年），主体中学和实科中学都偏向于职业学校，而文理中学类似于普通中学，但要求学习第二门外语，对文化成绩要求高。第二阶段中学教育毕业后开始第二次分流。选择文理中学的学生毕业后，大多会直接报考综合大学，而大部分主体中学和实科中学的学生毕业后都会选择进入职业学校，主要有"双元制"职业学校和全日制职业学校。"双元制"职业学校是以企业为主导，学校辅助培养的模式，更加适用于动手能力强的职业，而全日制职业学校则适用于依靠脑力的职业。[②] 选择"双元制"职业学校的学生需要到企业报名，与企业签订合同，签订合同后的三个月内，学生和企业双方都可提出中止。合同签订后一般由企业或学生自己寻找相应的职业学校同企业一起实行"双元制"联合培养，学制一般为 2—3.5 年。学生在学习期间相当于企业的雇员，作为"双元制"中"一元"的企业方必须为学生承担全部责任，例如学生选择学习的工种该企业没有，则该企业就应负责送学生到其他有该工种的企业接受培训。学生学习期满通过考核取得相应证书后，即可选择成为该企业的正式雇员。[③] 通过这种法律的方式明确企业和学生之间的权利和义务。同时，"双元制"中另"一元"的职业学校则以培养学生的动手能力为宗旨，传授相关的专业基础知识，文化课一般为每周 12 学时，以每周 1 天到 2 天或每学期集中 1 周到 2 周的方式进行课堂教学，其他时间则由企业在培训场地或企业内部从事技能培训，将理论知识和实践相结合。[④] "双元制"学习期满后，学生需要通过行业协会组织的结业考试，即"满师考试"，考试合格后获得三份证明：学校成绩单证明、企业实习证明和职业资格证书。如果选择某一工种而没有通过其统一的考试，则需要重新选择另一职业并再次接

---

①　参见国家发改委东北振兴司赴德职业教育培训团《感受"双元制"德国职业教育考察报告》，《职业技术教育》2013 年第 6 期。

②　参见王莉《德国职业教育体系的特色及借鉴》，《中国成人教育》2013 年第 4 期。

③　参见高鲁民《德国的职业教育和职业技能鉴定》，《山东劳动保障》2002 年第 1 期。

④　参见陈国军《德国双元制职业教育的分析与启示》，《天津电大学报》2008 年第 1 期。

受培训，或从事不需证书的简单体力工种。[①]

"双元制"职业教育作为德国最为成功的职业教育方式并不是简单地将企业和学校捆绑在一起，而是通过法律保障、政府协调、企业支持、学校培养以及行业协会监督等多方协作的一个庞大的教育系统，其主要特点如下：

（1）完善的法律体系保障

德国职业教育的相关法律体系十分完善，有效促进了德国职业教育的发展。如《职业教育法》《劳动促进法》《青年劳动保护法》《手工业条例》等。[②] 正是有了健全的法律体系保证，才能让企业、学校以及学生个人信任"双元制"这项较为创新的教育方式。当然也正是有了法律的约束，"双元制"才得以长时间地延续下来并成为德国迅速恢复并崛起的秘密武器。

（2）企业主导、政府支持

德国政府在"双元制"职业教育中并没有起到主导的作用，从联邦政府下至州政府都是在法律框架下起协调支持的作用。以企业为主导的职业教育，既能针对企业自身需求培养人才，又能大大减少教育资源浪费。这样两者相结合，政府不仅为企业和相关部门解决矛盾协调合作，还适当地为企业提供财政支持，为企业和学校的友好合作搭建了一个可持续发展的平台。[③]

（3）职业学校的多方面作用发挥

"双元制"职业教育中极其重要的"一元"，职业学校发挥了多方面的作用。首先，提供了优秀的师资队伍。"双元制"中职业学校的老师分为理论课和实践课老师，他们都必须经过长期的学习和严格的选拔，才能保证为学生提供良好的受教育环境。其次，学校还提供了科学的专业设置和课程设计。"双元制"是以职业为导向设计课程，不同的职业所学

---

① 参见何培元《美国社区学校的历史发展与改革研究》，硕士学位论文，福建师范大学，2013 年。

② 参见易峥英《德国"双元制"校企合作的成功因素及其对我国的启示》，《职业技术教育》2006 年第 17 期。

③ 参见孙琰《德国双元制职业教育管理体制中的政府角色》，《职业技术教育》2012 年第 19 期。

习的课程重点不同，除了对专业职业能力的培养以外，还有对关键能力（schluessel qualifikation）的培养①，是所有学生都需要具备的普遍能力，例如学习能力、解决问题能力、交流能力、团体能力等。还有高效的教育教学方法，"双元制"职业教育将抽象的理论与实践结合起来，通过更加直观、深刻的方式方法教授专业知识，同时还采用一些引导式的教学方法让学生更加独立地思考问题。

（4）行业协会客观监督

德国"双元制"职业教育将培训和考核分离开来，结果考核委托第三方独立的行业协会客观进行。行业协会专门成立由雇主联合会、工会及职业学校三方代表所组成的考试委员会（雇主和工会代表人数相同并且至少有一名职业学校的教师）。②从出题到评分都严格按照一定的标准进行，杜绝了徇私舞弊的行为，这种公平、公正的考核环境也提高了颁发证书的可信度。

3. 德国职业教育成功机制探讨

（1）对政府、企业和学校多方法律约束和保障机制

德国职业教育经过长期积累和发展，相关法律法规体系已相当健全，也正是由于法律法规体系的保障，德国才涌现出大批的制造业人才，推动了制造业快速发展。如1969年8月4日颁布的《联邦职业教育法》是职业教育法律体系中最基本、最具权威性的法规③，并且是"双元制"职业教育的主要法律依据；另有《实践训练师资规格条例》《手工业学徒结业考试条例》《联邦职业教育促进法》等一系列的法律法规。其中，《职业教育法》规定，"企业的训练承担者和受训学徒之间必须订立包括职业训练的性质、内容、期限等方面内容的训练合同"。④这从法律上规定了学徒和企业以及培训机构之间必须明确的权利义务关系。2005年，德国对1969年的《联邦职业教育法》以及1981年的《联邦职业教育促进法》

---

① 参见杨群祥《德国职业教育技能培养模式及启示》，《职教论坛》2002年第15期。

② 参见李红琼《德国"双元制"职教模式研究》，硕士学位论文，四川师范大学，2009年。

③ Clarke Linda, "Politico-Economic Aspects of Vocational Education", *The Federal Republic of Germany and Great Britain Compared*, No. 3, 1994, 374–375.

④ 参见李红琼《德国"双元制"职教模式研究》，硕士学位论文，四川师范大学，2009年。

进行了修订，再次颁布新的《联邦职业教育法》，可见德国立法机构对于职业教育的重视，随着职业教育的发展而相应地更新法律法规，新出台的职业教育法更加适应当代职业教育的新特点，也更加有利于培养更多的高素质人才。

（2）经费来源的法律约束机制

按照《联邦职业教育法》的规定，德国的职业教育经费是由公共财政和企业两方共同资助。其中，维持职业学校运转的经费，由公共财政，主要是州政府和地方政府共同承担。从法律上明确了政府对于职业教育的资金支持，以 2000 年为例，德国财政教育支出，包括各级政府和联邦劳动部对教育的拨款高达 920 亿欧元，占国内生产总值的 4.1%，其中，7.9% 的教育支出被用于"双元制"的职业培训，共计约 72 亿欧元。① 同时，企业作为职业教育的最终受益者责无旁贷的是职业教育主要的资金提供者，培训的基础设施器材、学徒在培训期间的津贴以及老师的工资等都由企业自行承担。同时，企业还能通过对外集资的途径获得资金注入。②

（3）职业主义文化影响机制

浓厚的职业主义文化氛围是德国职业教育发展的沃土。制造业长期繁荣致使德国职业教育起源较早，国人普遍认为职业教育是企业生存和发展的原动力，也是个人职业生涯发展的基础。因此，德国整个社会都十分重视职业教育的普及和推广，同时也积极支持职业教育的发展，良好的社会氛围促使德国的职业教育进一步发展，也推动了德国制造业的创新和进步。

（4）终身教育理念导向机制

德国联邦教育部在《2001 年职业教育报告》中明确指出，"德国要致力于建立一个专业化、个性化，面向未来、机会均等、体制灵活且相互协调的高质量职业教育体系"。③ 这个思想体现出了"终身教育"的理

---

① 参见辛斐斐《德国职业教育财政政策述评及对我国的启示》，《外国中小学教育》2010 年第 1 期。
② 参见胡永东《德国职业教育的经费模式》，《中国职业技术教育》1996 年第 5 期。
③ 冯琳娜：《德国职业教育质量保障机制研究》，硕士学位论文，陕西师范大学，2010 年。

念。同时德国职业教育涵盖了就业前、就业中以及离职或换职的整个职业生涯，也体现了德国人民强烈地追求学习知识、不断提升自己的一种思想。正是有了这样的终身教育理念才能更好地促使德国人民不断学习、创新，给制造业发展带来勃勃生机。

（三）日本职业教育的特点及其成功机制

日本对人才队伍的培养可以划分为正规教育和企业职业教育两种，其中企业职业教育因独具特色而闻名于世。日本企业向来重视人才，在日本企业家看来，"人"远居于"财、物"之上，生产竞争的关键在于人的培养。因此，日本企业特别重视企业内部的职业教育培训，将发展企业职业教育当作分内责任。

据日本劳动省 1986 年对雇员为 30 人以上的企业进行调查的结果表明，94% 的企业都在施行企业内职业教育。[①] 例如，大荣百货公司的"大荣流通大学"，丰田公司的"丰田工业大学"，日立公司的"日立工业专科学校"，松下电气公司的"松下电气商学院"和"松下电气工学院"等企业私立教育机构，每年都会培训大批企业职工。帕辛教授甚至认为，"今日的日本，几乎所有的大企业都不大依靠学校教育，他们期待公司内训练"。[②] 而对实力较弱的中小企业而言，为降低职业教育的成本和提高职业教育的效率，它们根据企业自身的特点，积极寻求教育方式，如校企合作或企企合作，表现出了企业对员工负责的态度和对职业教育的高度热情。

1. 日本职业教育体系特色：连续终身的企业职业教育

日本现代职业教育的发展始于明治维新，历时两个世纪到现在业已形成一个较为完备的现代职业教育体系，共包括三大部分：学校教育体制下的职业教育、企业职业教育和社会办的公共职业训练。其中，日本企业职业教育独树一帜，被世界公认为是支撑日本企业发展与壮大以及经济成功的重要因素，这种体系是保持日本经济活力的必然需要。

---

① 参见吉光瑜《战后日本的职业教育及其特点》，《日本研究》2002 年第 1 期。
② 张锁柱：《日立公司经营管理的特点》，《日本问题研究》1990 年第 4 期。

日本的企业职业教育是指企业对雇用的员工进行从录用到退休的长期教育和职业培训。它是一种以本企业的工作人员为对象、以车间为中心、以提高工作能力为目的的教育训练，具有明显的连续性和终身性特征。这样的技能人才培养方式被称为企业内职业培训，它是持续开发和提高员工技能的一种机制。① 此外，这种企业内技能人才的培养方式不是仅局限于企业内部培训，还包括了企业的外部培训。

2. 日本企业职业教育的特点

日本企业职业教育是产学合作的外延形式，其采取分层次系统教育，以企业所有员工为培训对象。培训内容主要涵盖职业道德教育、技能培训、技术教育与提高能力的教育和经营教育等，具体分为新工人教育、技术人员教育、管理人员和领导人员的教育培训。在职业教育形式上，其培训方式可分为三种形式：一是由工作现场的直接管理人员负责实施在岗职业培训（OJT），这种方式高效省力，针对性、实用性较强；二是专门的教育机构进行系统学习的离岗培训（OFJT），这种方式虽然耗费时间较长，开支大，但是有利于员工整体把握和理解培训的内容；三是自我启发式培训，这种培训方式旨在开发员工的创造性，以员工自学为主，企业主要承担辅助的角色。员工在学习过程中，自行选择学习内容和方式，企业为其创造有利条件。无论哪种培训方式，企业职业教育都具有以下几个特点：

（1）职业教育和企业文化相结合

一个可以为企业做出贡献的真正的高素质人才，首要条件是具备健康的心理素质和较高的忠诚度。因此，企业对员工不仅注重知识、技能和能力或经验的培训，而且强调对员工工作积极性、创新性、团队合作意识与忠诚度的培养。"新雇员一进入公司，应立即在公司内部接受训练，公司有一个完整的道德训练计划，它把公司的习俗反复地灌输给这些新人"。② 例如，丰田公司将"先造人，后造车"视为企业发展的动力。通过这种教育，让员工深刻了解企业的文化，培养员工的归属感和

---

① 参见张燕《日本企业内职业教育与培训的文化透视》，《中国职业技术教育》2007 年第 26 期。

② 森岛通夫：《日本为什么"成功"》，四川人民出版社 1986 年版，第 176 页。

荣誉感，增强团队的凝聚力，促进人际关系的和谐融洽，反过来在这样的企业氛围下，员工也会为了维护企业的利益而更加自觉学习先进的技术知识。

（2）技能培训与职业技能鉴定相互促进，共同发展

职业技能鉴定，通过对工人所具有的技能程度进行鉴定并予以公证，可为员工提供努力的目标，增进其掌握技能的热情，同时提高社会对职业训练成果和员工技能的评价，以达到提高员工技能和经济社会地位的目的，反过来员工技能的提升又进一步促进了职业技能鉴定制度的完善。在双赢互利的基础上，日本将技能培训与职业技能鉴定结合起来，既促进员工能力的提高，又完善了职业技能鉴定制度。

（3）企业教学密切联系生产实际

日本企业职业教育重应用、讲实效，将"职业和实际生活需要的能力"作为企业的培养目标。企业教学注重实际工作水平和能力的提高，课程内容去旧更新，删繁就简，重点突出，课程设置结合实际工作或产品来源，教师的角色主要是启发和引导学生，而不是一味"填鸭式"的教学。此外，在职业训练中还注重利用企业的现有条件加强对学员的技能训练。例如，日本制造型企业无论是中小企业，还是大企业，在生产车间都提供有手工制造实习场地——"道场"，供员工进行训练实习，力求学用一致，将职业与岗位实践结合在一起开展教学，以培养他们的实践能力。

经过多年的积累与发展，日本企业职业教育已经发展成为技术学校教育和企业职业教育相互协同的严密体系，即产官学合作形式。这种方式主张以人为本，强调素质本位理念和实践生产，培养全面发展的高素质人才。此外，企业对员工的职业教育体现出了一种人文主义关怀，注重员工为本企业效力的同时还关注员工的职业生涯发展。总之，企业职业教育为日本培养大量的实用型人才和强化员工的技术素质奠定了必要的组织基础。

3. 日本职业教育的成功机制探讨

（1）法律法规对职业教育的保障机制

日本一直重视实用型人才队伍的培养，而职业技术教育是培养实用型人才的基本途径。因此，为促进职业教育事业的稳步发展，日本高度

重视职业教育立法，通过职业教育立法，使职业教育正规化、制度化、科学化，以为培养各类技术人才及优秀劳动者提供法律指导和重要保障。如 1969 年日本制定了《职业训练法》，对企业教育产生了良好的影响，促使很多企业采取学校形式对职工进行有计划的培训；20 世纪 70 年代末，又相继制定了《职业安定法》和《雇佣对策法》，这两部法律的颁布标志了日本从劳动力过剩时代的政策向劳动力流动政策转换的开始。此外，"职业技能鉴定制度"和"工作卡制度"的建立也驱使了技能人才进行自我提升。总之，日本职业教育的立法保证了职业教育的持续发展，立法过程力图与日本职业教育的发展变化和社会经济形势的变化相适应，促进日本职业教育体系逐渐臻于完善。这一体系既为企业保障了持续发展所需要的人才，又使劳动者获得了不断提高自己、充实自己的机会，保障了劳动者受雇佣的安稳性。

（2）投资教育事业的动力机制

日本将兴办教育视为"立国之本"，始终把发展教育作为一项基本国策，对于投资教育事业具有巨大的动力。1905—1960 年的 55 年间，日本教育经费投资增长近 22 倍。① 据统计，2013 年日本政府对教育的投入占 GDP（国内生产总值）比例达到 5% 左右。同时政府对制造型企业展开"实践型人才培养体系"提供了巨额的补助。

日本政府对职业学校作了一定的政策倾斜，对职业高中的设施、设备经费实施国库补助金制度，1951 年，日本国会通过了《产业教育振兴法》。根据该法精神，初中、高中、大学的产业教育机构，都可列为申请国库补助金的对象。国库补助金制度对充实职业高中的设施、设备，在一定程度上做出了贡献。

（3）重视制造业人才培养和职业教育的战略导向机制

日本产品的质量及其技术在国际上享有相当高的知名度，归功于日本企业，尤其是制造业内活跃着大量的高技能人才。很多人都认为，正是这些高技能人才，造就了日本的制造业及其高质量的产品。② 可以说制造业的竞争在一定意义上就是技能人才的竞争。日本企业将"企业

① 参见沈学初《当代日本职业教育》，山西教育出版社 1996 年版，第 86 页。
② 参见张炳阳《日本企业怎样开发高技能人才》，《理论导报》2008 年第 10 期。

的成败，关键在于人"作为其发展制造业的战略思想，同时秉承"企业管理的职能是调动人才队伍的积极性"的理念，不遗余力地培养文化素质和技术水平与高新技术产业相关的高层次技能人才队伍，尤其是创新型人才。譬如1870年10月日本工业部聘请了大批外籍专家和技术人员、熟练技工，培养指导日本国内资本主义工业化的高级技术人才。[①]

（4）尊重制造业强调实干的环境熏陶机制

受强调"民族团结、实干和竞争"文化的影响，日本人追求精益求精，渴望成为强者。此外，他们十分务实，动手能力强，制作出来的东西品质精良，可以说日本人有一种与生俱来的手工艺者的气质，他们尊重手工业者，以拥有一门制造技术为荣。由此，日本职业技术学校在培养学生时，经常教导学生要热爱所学专业，强调"动手"，注重实验实习活动。

四　"世界制造业强国"制造业技能人才短缺及治理

随着科技的进步和工业经济的繁荣，全球制造业都面临着技能人才短缺的问题，制造业强国也不例外。老牌制造业强国英国、德国，以及新兴制造业强国美国和日本制造业纷纷出现了技能人才短缺现象，特别是高技能人才的短缺，而且越来越严重。2005年，由全美制造商协会（National Association of Manufacturers）联合德勤咨询公司（Deloitte）对800多家制造企业进行调查后发布的《2005年技术缺口报告》显示，被调查的制造型企业中，81%称其缺乏足够技术的工人。[②] 2010年11月，德国《金融时报》（*Financial Times Deutschland*）报道：德国大部分制造型企业包括大型企业和中小型企业都出现人才短缺，著名的戴姆勒公司、宝马公司以及制药公司拜耳等都表示"求贤若渴"，急需工程师等高技能

---

① 参见樊亢、宋则行《外国经济史近代现代》（第二册），人民出版社1965版，第233页。
② 参见《美国制造业技术工人严重短缺》，2005年11月，山东省商务厅（http://www.shandongbusiness. gov. cn/index/content/sid/19243. html）。

人才。① 2012 年，麦肯锡全球研究所（McKinsey Global Institute）的一项研究显示，到 2020 年预计全球制造业领域的技术人才空缺将达到约 1300 万人。② 2014 年，英国就业和技能委员会（UK Commission for Employment and Skills）针对 91000 家公司进行调查，结果显示，因为技能不足或者缺乏技能工人，使制造业等行业严重受创。③ 技能人才短缺，特别是高技能人才短缺不仅制约了本国制造业乃至经济的发展，也加剧了世界各国的"人才大战"，还有可能导致全球技能人才分布失衡，影响世界经济的整体发展。

虽然科学技术的发展是造成全球制造业技能人才短缺的根本原因④，但各个国家拥有自身特殊的国情以及面临不同的国际环境，探究各个制造业强国制造业技能人才短缺的成因、产生的影响，以及各国都采取了什么措施进行治理、是否有所缓解或解决了制造业技能人才短缺，或能为解决中国当前制造业技能人才短缺提供有力的借鉴和学习。本节以美国、英国和日本三个国家为个案，研究其技能人才短缺的成因和采取的措施，探索制造业强国技能人才短缺出现的原因和治理措施。

（一）美国制造业技能人才短缺的成因及其治理

1. 美国制造业技能人才短缺成因

美国制造业在经济危机后一度萧条，但近年来美国经济呈现出复苏态势，制造业也随之再次发展壮大起来。制造业作为国家经济的中流砥柱，其繁荣是国家经济稳定的保障，对于一个国家来说是极其重要的。然而当前美国制造业复苏却出现了技能人才短缺的突出问题，明显制约了美国制造业的发展。

---

① 参见《德国大型企业人才短缺》，2007 年 11 月，德国经商处（http://www.mofcom.gov.cn/aarticle/i/jyjl/m/200711/20071105201846.html）。

② 参见彼得·马什《研究显示全球技术人才短缺》，2012 年 9 月，FT 中文网（http://www.ftchinese.com/story/001047579）。

③ 参见《调查：应聘者技能短缺导致大量职位空缺》，2014 年 1 月，英伦网（http://www.bbc.co.uk/ukchina/simp/uk_education/2014/01/140131_edu_skills_shortage.shtml）。

④ 参见杨伟国《全球遭遇技能短缺》，《求是》2007 年第 8 期。

（1）科技因素：科技发展对技能工人要求越来越高

20世纪初期美国制造业由于机械化程度低，需要的技能工人大多是没有较高学历和技能的低技术工人。1973年，一半的制造业工人都没有完成高中学业，只有8%的工人接受了高等教育。[①] 20世纪80年代，随着信息技术的开发和应用，制造业进入自动化的时代，早期的低技术工人被机器所取代，这一时期的制造业需求具备操作计算机和机器能力的技能工人。到了今天，制造业已经进入高度集成化的时代，对技能工人的要求越来越高——不仅需要生产产品，更需要了解产品是如何生产的，以便完成对生产产品的系统进行维护和升级等工作。然而，技能工人的受教育程度并没有赶上科学技术的发展速度，这就导致了技能工人无法迅速掌握新的科学生产技术，因此当前制造业对高技能人才的需求十分迫切，这是一种结构性的技能短缺。同时，这种结构性的技能人才短缺还会随技能工人受教育培训程度而变化。[②]

（2）教育培训因素：教育目标与实际需求有缺口，企业培训减少

美国一直重视制造业的发展，也意识到教育对制造业的重要意义，但针对制造业的职业教育仍然存在一些缺陷，主要表现为以下两方面：一方面，普通学校不提倡选择制造业作为职业。美国劳工部曾报告"很少有人选择制造业作为自己的职业，同时也很难意识到需要先进的教育来培养制造业所需的技能人才，而且美国的基础教育既不会教授学生任何必要的技能，也不会指导学生选择制造业"[③]，还有调查显示"61%的美国人认为他们当地的学校不提倡选择制造业作为职业"。[④] 普通学校倾

---

① Emily Stover DeRocco, J. D. "Manufacturing the future: education for a changing Industry" (http://www.courtneyvien.com/wp-content/uploads/2012/05/ManufacturingtheFuture.pdf.).

② 参见《调查：应聘者技能短缺导致大量职位空缺》，2014年1月，英伦网（http://www.bbc.co.uk/ukchina/simp/uk_education/2014/01/140131_edu_skills_shortage.shtml）。

③ Fabricators & Manufacturers Association, International, "The Manufacturing Predicament: Sector Primed to Surge, Yet Skilled Labor Shortage an Obstacle" (http://www.nutsandboltsfoundation.org/wp-content/uploads/WP-MFG-Predicament_FinalSecure.pdf.).

④ The Manufacturing Institute, *The Facts About Modern Manufacturing* (*the 8th edition*) (http://www.themanufacturinginstitute.org/~/media/D45D1F9EE65C45B7BD17A8DB15AC00EC/2009_Facts_About_Modern_Manufacturing.pdf.).

向于鼓励学生选择四年制的大学教育，越来越少的学生会选择制造业而接受职业教育，这是导致技能人才短缺的一个重要因素。另一方面，职业教育与行业实际需求脱节。[①] 2011 年，制造业研究所（The Manufacturing Institute）联合德勤咨询公司发布的《沸点？美国制造业的技能短缺》（*Boiling point？The skills gap in U. S. manufacturing*）报告中显示，解决问题的能力、基本的技术培训（学历、行业认证或职业培训）和就业技能（出勤率、职业道德等）为被调查的制造型企业选出的当前雇员最为缺乏的三项技能。[②] 可见，职业教育的课程设置以及培训中未能根据行业或企业需求来制定，导致被调查企业认为缺乏合格的技能人才，从而出现技能人才缺口。

此外，企业减少学徒和培训也是造成技能人才短缺的一个重要原因，特别是在经济衰退期，企业为了减少开支而不招收学徒、减少学生培训[③]，这就造成了很多愿意去当学徒或毕业后进入制造企业工作的学生没有机会到企业学习宝贵的技能，从而失去了一部分愿意从事制造业技能工作的学生。

（3）文化因素：忽视手工制作，对制造业存在偏见

现在的美国社会当中重视手工制作或对手工制作感兴趣的人已越来越少。由 Nuts Bolts & Thingamajigs 赞助的全国性民意调查结果显示，美国再也不是"能工巧匠"的代表，60%的成年人避免房屋重大修缮，或转而选择聘请勤杂工，再或者联系专业的物业经理。同时约有58%的人说他们从来没有手工制作一个玩具，57%的人认为他们不会或只能简单修理家里的东西。[④] 在这样的文化氛围中，缺乏榜样

---

① The Manufacturing Extension Partnership, "America's Manufacturing Workforce: Make or Buy? Strategic Choices for Building a Strong Manufacturing Workforce" (http: //www. nist. gov/mep/upload/Workforce_ report. pdf.).

② Deloitte and The Manufacturing Institute, "*Boiling point? The skills gap in U. S. manufacturing*" (http: //www. deloitte. com/view/en_ US/us/Industries/Process-Industrial-Products/6a67e7a878ee2310Vgn VCM3000001c56f00aRCRD. htm? id = us: el: fu: boilpoi: awa: pip: 011314.).

③ U. S. Department of Labour, "Youth Education and Training Activities" (http: //www. benefits. gov/benefits/benefit-details/95.).

④ Matthew Montoya, "America's Most Wanted: Skilled Workers" (http: //www. nacce. com/news/48079/Americas-Most-Wanted-Skilled-Workers-. htm.).

的年青一代就更加忽视手工制作而对从事制造行业工作不感兴趣。再者，美国社会，尤其是年轻人，仍然认为制造企业的工作任务十分繁重、工作环境脏乱、工作危险，并且制造业技能工人不需要过多的思考以及相关的技能，同时个人成长和职业发展机会受限。[①] 这显然是对当今制造业的一个误解，这是由历史原因造成的一种需要被淘汰的社会文化。今天美国的制造业其实应该是相当吸引年轻人的，企业几乎都采用先进的生产设备，同时要求具有专业素养的技能工人，技能工人不仅可以采用先进的水射流、离子切割机和激光等切割钢铁，也可以利用机器人对产品进行喷漆、包装和整理。这都是现代美国年轻人所热爱的机器操作方式，并且在制造业工作比在服务行业更有乐趣。但由于长时间积累下来的忽视手工制作和对制造行业的偏见，导致了美国很多年轻人不愿意选择进入制造行业做技能工人，这是美国制造业技能人才短缺的文化因素。

（4）人口因素："婴儿潮"一代退休而减少大量劳动力

第二次世界大战结束后的二十几年内，一大批婴儿出生并成长，俗称"婴儿潮"（baby boom）一代。自 20 世纪 60 年代起，"婴儿潮"一代逐渐成为制造业工人中的骨干力量，是他们推动了美国制造业的快速发展。然而，近年来"婴儿潮"一代进入退休年龄阶段，美国制造业即将失去一大批骨干工人。2011 年，美国劳工统计局估计从事制造业的工人中约有 280 万人 55 岁或以上，将近所有制造业工人的四分之一。[②] 尽管企业采取了一些措施延缓"婴儿潮"一代的退休，但这并不是长久之计，这一批人的离开又将制造业技能人才缺口再次拉大。

2. 美国制造业技能人才短缺的治理措施

面对近年来制造业技能人才短缺这一越来越严峻的问题，美国各界采取了多种措施进行治理，取得了一定的成效。这些措施的核心主要在于多方合作以留住现存的技能工人和培养潜在的技能工人。下面就主要

---

① GERALD SHANKEL, "Skilled labor shortage is hurdle for manufacturers" (https://www.advancedtech.com/news-releases/03/11/2011/skilled-labor-shortage-is-hurdle-for-manufacturers-en-us.).

② Herth, "Why is There a Lack of Skilled Workers With Such High Unemployment?"

从政府政策、制造业行业协会措施以及企业措施三个方面来阐述美国治理制造业技能人才短缺的措施。

(1) 政府政策和公共服务

政府作为决策的制定者和公共服务的提供者，在治理制造业技能人才短缺中发挥了极其重要的作用。美国总统克林顿于 1992 年就在竞选演讲中强调了全社会应该关注美国工人，特别是初级工是否能够适应现代化的工作环境①，在此后的经济发展过程中，美国政府不断制定新的政策和提供新的公共服务来解决技能短缺的问题，主要包括教育培训政策和项目、就业政策以及相关的移民政策来促进美国技能人才的增加。

教育培训政策和项目体系庞大，既有联邦政府制定的政策和项目，也有各州政府根据自己实际情况制定的教育政策和提供的项目，同时教育培训对象包括学生和其他潜在劳动力。美国劳工部负责的"劳动力投资法案（WIA）——青年计划"，主要针对 14—21 岁的青年，提高他们的职业技能，教授工作伦理，提供或介绍带薪工作等，提供技能人才补给。② 美国联邦教育部负责的"美国原住民职业技术教育计划"（NAVTEP），为原住民提供职业技术教育和补助，鼓励其进入企业工作。③ 美国商务部提供的"学生就业体验计划"（SCEP），由商务部协调学校、企业和学生共同合作，鼓励学生在校学习的同时进入与专业相关或未来想从事职业的企业实习，完成学业的优秀者可直接进入实习企业工作。类似的还有"学生临时就业计划"（STEP），与前者不同的是，这个计划不涉及专业以及职业规划，是灵活的一日临时工作或短期实习。④

在就业方面，美国就业中心（American Job Centers）是美国政府提供

---

① Arnold Packer, "Skill deficiencies problems policies and prospects", *Journal of Labor Research*, No. 3, 1993, 227–247.

② U. S. Department of Labour, "Youth Education and Training Activities" (http: //www. benefits. gov/benefits/benefit-details/95.).

③ U. S. Department of Education, "Career and Technical Education-Grants to Native Americans and Alaska Natives" (http: //www. benefits. gov/benefits/benefit-details/756.).

④ U. S. Department of Commerce, "Student Employment Programs" (http: //hr. commerce. gov/Practitioners/HRFlexibilities/DEV01_ 006387.).

就业咨询、指导以及培训等多方面就业服务的核心机构，它不仅为工人提供信息、培训、求职等服务，同时也是企业寻找所需求的工人之处。[①]就业中心既是工人和企业之间的桥梁，又能为工人提供培训，同时大多都开办在社区，这样便利的方式为美国提供了不少技能工人。

在移民政策方面，美国自 1990 年开始就实施 H - 1B 签证计划，吸纳优秀人才。这是一种有效期为 6 年的临时工作签证，允许有特殊专长的外国人赴美工作。[②] 此后，美国也多次修订移民法，吸引鼓励国外的优秀人才入美。据美国国家科学基金会统计，约 25% 的外国留学生学成后定居美国，被纳入美国国家人才库；在美国科学院的院士中，外来人士约占 1/5。[③] 这为美国制造业带来了一批优秀的高级技能人才，短期内缓和了技能人才短缺的问题。

（2）行业协会的作用

行业协会作为推动制造业发展的重要组织，对解决技能人才短缺有着重要的作用。美国制造商协会（The Fabricators and Manufacturers Association）和美国社区学院创业协会（The National Association for Community College Entrepreneurship）等联合举办了"制造业夏令营"，主题是小工具训练的独特夏令营活动。[④] 在夏令营中，青少年学习从构思到创造东西，他们被要求利用计算机辅助设计软件（CAD）设计产品，并且有专门的机构负责全程监督。通过这样的活动促进学生热爱手工制作，培养动手的精神，同时培养重视制造业的意识，为从事制造业打下文化基础。

全美工具及加工协会（The National Tooling and Machining Association）提供了有关先进制造业的教育计划，主要针对中学生和大学生，提供机器人技术课程、教室培训的工作坊和展示自己制作的机器人争夺大奖的

①　U. S. Department of Labour, "American Job Centers"（http://www. benefits. gov/benefits/benefit-details/87.）.

②　Wikipedia, "H - 1B visa"（http://en. wikipedia. org/wiki/H - 1B_ visa#cite_ note - 1.）.

③　参见《世界各国对人才的重视——人才才是最宝贵的资源》，2011 年 8 月，赣州人事人才网（http://www. 0797rs. com/New. aspx? ID = 4950）。

④　Mark Albert, "Manufacturing Summer Camps: Inspiring The Next Generation Of Skilled Workers"（http://www. mmsonline. com/columns/manufacturing-summer-camps-inspiring-the-next-generation-of-skilled-workers.）.

活动。① 这个教育计划鼓励学生选择制造业作为自己的职业，改变过去忽视制造业的陈旧观念。

（3）企业采取的措施

2012 年，通用电气（General Electric）联合波音公司（Boeing）和洛克希德·马丁公司（Lockheed Martin）提供"获取工作技能联盟"计划（The Get Skills to Work coalition），为先进制造业培养退伍军人成为合格的技能工人。②"获取工作技能联盟"将负责对美国退伍军人进行技能培训，并根据先进制造业岗位的需求来培训相关的军用装备制造技能。同时雇主企业可以带着产品来招聘，做好企业需求和技能工人技能之间的衔接。2013 年，联盟与 10 个城市的社区大学和技术学院合作，目标是帮助15000 名退伍军人完成从军人到先进制造业技能工人的蜕变③，并在这个日新月异的行业中获得相应的技能资质。企业自身通过这样以及类似找寻潜在技能工人培训的方法寻求需要且合格的技能工人，从一定程度上缓解了美国制造业特别是先进制造业技能人才短缺的问题。

（二）英国制造业技能人才短缺的成因及其治理

1. 英国制造业技能人才短缺的成因

英国曾经作为世界第一个制造业中心，长期处于制造业大国的地位。然而随着科技的进步和全球一体化进程的加快，制造业出现了世界范围内的技能人才短缺，英国也未能"幸免于难"。对于英国技能人才短缺，英国教育与技能部（The Department for Education and Skills）在《1986—2001 英国工作技能报告》（Work Skills in Britain 1986 – 2001）中给出的官方说法，将技能人才短缺分外部技能短缺（skills shortages）和内部技能短缺（skill gaps）两种类型。④ 学术界也有学者研究认为技能短缺是外部

① Michele Nash-Hoff, "Why We Don't Need a New Program to Train America's Manufacturing Worker" (http： //savingusmanufacturing. com/blog/general/why-we-don% E2% 80% 99t-need-a-new-program-to-train-america% E2% 80% 99s-manufacturing-workers/.).

② Manpower, "Closing the ManufaCturing skills gap" (http： //www. shrm. org/about/founda-tion/products/documents/4 – 13% 20skills% 20gap% 20briefing. pdf.).

③ Ibid.

④ Felstead, Alan and Gallie, etc. "Work Skills in Britain 1986 – 2001" (http： //kar. kent. ac. uk/4863/.).

劳动力市场供应不足和企业内部技能工人不具备所要求的技能。① 其中，外部技能短缺一般指的是企业在劳动力市场中招聘不到技能人才；而内部技能短缺一般是指技能工人的技能水平不达标而无法满足工作的需求。用通俗的说法即是，外部技能短缺主要是指技能人才数量不足，而内部技能短缺主要是指技能人才素质不高。本节采用英国教育与技能部对技能人才短缺的划分，从外部技能短缺和内部技能短缺两个方面来探究一下英国制造业技能人才短缺的具体成因。

（1）外部技能短缺的成因

①科技因素：科技发展创新，对技能工人的要求越来越高

随着科学技术的快速发展，制造业的方方面面都日新月异，从产品的设计、生产到销售每个环节都在向高科技化转变。这就需要技能工人具备相匹配的技能，不再是以前流水线上安装螺丝钉这样的简单技能，而是需要对各种可能的应用进行监测、评估，引进、管理新技术，还有对产品售前和售后的指导和支持等新技能。② 因此，新的技术淘汰了一部分原有的低技能工人。同时，技能工人进步的步伐也并没有跟上科技进步的步伐，因此，在现在的先进制造业中，高技术的技能人才极为匮乏，不少制造商不惜重金引进国外的技术人才。

②人口因素："退休潮"到来的影响

英国正在逐步进入老年社会，这就会有越来越多技能工人进入退休状态。《制造业：行业技能评估 2012》（Manufacturing：Sector Skills Assessment 2012）报告中显示，在未来几年英国老龄化的技能工人将不断退休不再从事制造业行业，他们多年以来学习并积累的相关技能经验也将随之消失③，这对于英国制造业来说，无疑是一个消极的影响，进入退休年龄的人越来越多，那么技能人才缺口就会越来越大。

---

① Francis Green, David Ashton. "Skill Shortage and Skill Deficiency：A Critique", *Work, Employment and Society*, No. 2, 1992, 287 - 301.

② UK Commission for Employment and Skills, "Manufacturing：Sector Skills Assessment 2012" (https：//www. gov. uk/government/publications/manufacturing-sector-skills-assessment.).

③ Francis Green, David Ashton, "Skill Shortage and Skill Deficiency：A Critique", *Work, Employment and Society*, No. 2, 1992, 287 - 301.

（2）内部技能短缺的成因

①教育因素：职业教育与企业需求脱节

英国的教育制度与产业发展一直以来缺乏紧密的联系①，特别是职业教育，未能与企业发展和需求相结合，而导致职业教育存在诸多问题。2011 年，Alison Wolf 发布了《英国职业教育综述》（Review of Vocational Education）的报告，其研究发现，英国大批的年轻人持有的职业资格证书却不被劳动力市场认可，也就是说，他们所学习的知识和所考取的资格证书并不能帮助他们找到一份工作。② 这一情况在 2014 年公共政策研究机构发布的《能在全球竞争中取胜吗？》（*Winning The Global Race*?）一文中得到了证实。③ 造成这种情况的原因，一方面是由于学生所接受的、学习的知识并没有赶上企业技术更新的脚步，陈旧的技术知识不能适应新的技术工作；另一方面由于政府对职业资格的重视，催生了一大批兴办职业资格考试培训的机构，这些为了考而考的资格证书在劳动力市场上并无太大意义，这就导致了学生既无技术又无有实际价值的资格证书，成为教育的牺牲品。这种职业教育和企业需求的脱节，不仅仅是教育机构和企业的责任，政府的导向以及为了敛财而大肆开办的职业资格证书培训机构等多方造成了今天英国职业教育与企业需求的脱节。

②企业因素：缺乏相应技能培训

技能人才短缺，主要是由于企业未能有效地从事培训和人力资源开发工作，同时在招聘和留住员工方面存在种种问题，以及企业快速成长发展的需求所导致。④ 由于企业培训项目不足或没有展开针对性的培训，

① 参见王雁琳《英国技能短缺问题的因素分析》，《比较教育研究》2005 年第 8 期。

② Alison Wolf，"The Wolf Report：Review of Vocational Education"（http：//www. education. gov. uk/publications/eOrderingDownload/The% 20Wolf% 20Report. pdf.）.

③ Jonathan Clifton，14009 ~ 9640 ~ Spencer Thompson ~ Spencer Thompson Spencer Thompson，14019 ~9666 ~ Craig Thorley ~ Craig Thorley Craig Thorley，"Winning the global Race? Jobs，skills and the importance of vocational education"（http：//www. ippr. org/publications/winning-the-global-race-jobs-skills-and-the-importance-of-vocational-education.）.

④ Hogarth，T.，Wilson，R. "Skills Matter：A Synthesis of Research on the Extent，Causes，and Implications of Skill Deficiencie"（http：//www2. warwick. ac. uk/fac/soc/ier/publications/2001/hogarth_ and_ wilson_ 2001_ synthesis. pdf.）.

现有员工的技能水平无法满足企业的需求，使得企业不得不对外招聘技术、高技能员工。

③个人因素：对入职培训重视不够

2013 年，英国就业与技能委员会（UK Commission for Employment and Skills）发布的《用人单位技能调查报告》（Employer Skills Survey）中显示，62%的用人单位选择内部技能短缺的主要原因是新员工刚入职或老员工升迁到新的工作岗位，未接受或未完整地接受该岗位上的培训而导致技能不足。[①] 这个因素所导致的技能上的欠缺是暂时性，只需要员工接受完整的培训就可及时弥补这个缺口。

资料 1—1　英国商家因面临技术劳工短缺考虑海外求才[②]

据英国广播公司（BBC）10 月 14 日报道，一项最新研究显示，三分之一的英国雇主因技术人才短缺考虑海外招聘。

英国主要的职业资格颁证机构"City & Guilds"针对超过 1000 家小型、中型和大型企业的调查显示，超过一半的受访雇主认为，英国的教育体系不能满足商家的需要；超过三分之二的雇主面临技术短缺。

调查报告显示，技术短缺最严重的行业包括计算机、工程和制造业。数学、语文和交流能力越来越被雇主重视，而不是只看学位证书。实际上，超过一半的雇主说，他们会考虑没有学位的申请者。

调查同时显示，一半以上的雇主认为，英国年轻人对就业的期望值太高，或者求职者不了解雇主的需要。雇主希望能更多地将教育与实践联系起来，提高求职者的素质。

2. 英国制造业技能人才短缺的治理措施

英国政府和企业很早就意识到制造业技能人才短缺对制造业乃至整个经济的重要影响，在制造业发展过程中采取了很多方法和措

---

① UK Commission for Employment and Skills, "UKCES Employer Skills Survey 2013" (https：//www. gov. uk/government/collections/ukces-employer-skills-survey – 2013.).

② 参见《英国商家因面临技术劳工短缺考虑海外求才》，2013 年 10 月，环球网（http：//finance. huanqiu. com/world/2013 – 10/4449111. html）。

施来缩小技能人才缺口。前文从外部技能短缺和内部技能短缺两个方面来对英国制造业技能人才短缺成因进行了分析，那么，探讨英国如何治理制造业技能人才短缺也从外部技能短缺治理和内部技能短缺治理两方面来研究。

（1）治理外部技能短缺的措施

治理外部技能短缺，主要是解决量的问题，政府在这个方面做出了极大的努力。1992 年专门成立培训与教育委员会，政府专项管理工人技能问题。[①] 2003 年，英国教育与技能部发布了英国技能战略白皮书《21世纪技能实现我们的潜力——个人、雇主和国家》，简称技能战略（the Skills strategy）。其中"改革资格和培训计划"中鼓励青少年走职业教育路线，并且改革了学徒制，同时还增加了成人职业教育方面的改革，鼓励更多的人学习、提高技能，从而为制造业的发展提供了一大批人才储备[②]。同时，英国政府鼓励高技术移民到英国，对符合条件的技术移民，政策相较于其他国家来说更为简单、宽松和快速，通过技术移民来缓解紧缺职业技术技能工人的需求。

企业方面，当前有很多企业通过外包的形式来缓解技能人才短缺的情况，特别是 IT 行业，但近年来不少公司也纷纷意识到外包不仅加剧了国内技能短缺，同时也让公司更加依赖于外包的地区，并且越来越影响自己公司的运营，因此，外包正在逐渐被英国企业放弃，转而从本国市场开发新的技能人才。

通过政府政策以及企业自身调整外，同时还有其他许多方法增加技能人才供应，例如，延长退休年龄、灵活退休等，增加妇女、少数民族及大龄劳动者的就业机会[③]，改善行业形象以吸引更多的人进入制造行业从事技能工作等方式方法。

① 参见杨伟国、孙媛媛《英国应对技能短缺的政策选择及其对中国的借鉴》，《中国人口科学》2006 年第 2 期。

② 参见张全雷《英国技能战略白皮书研究》，硕士学位论文，首都师范大学，2005 年。

③ 参见王雁琳《英国技能短缺问题的因素分析》，《比较教育研究》2005 年第 8 期。

资料 1—2 英国高技术新移民政策[①]

最近公布的英国高技术移民新政策显示,英国政府将有计划地吸收高素质的技术人才,高级技术人才和像教师、护士等英国紧缺职业的技术人才很容易获得英国公民身份。

(1) 不受年龄、职业和英语水平的限制

借鉴美国和加拿大的有关制度和"绿卡"体系,英国大力推行高技术移民新政策,该政策对高技术移民的年龄、职业类别和英语水平并没有任何限制,只要符合条件,任何人都可以申请全家移民到英国。目前,英国技术移民主要在学历、工作经验、年收入、专业成就几方面评分,只要达到 65 分即可申请。

(2) 申请时间只需 3—5 个月

在较短时间内移民申请即可获得批准,申请时间只需 3—5 个月,包括在英国移民局申请移民许可证及在英国大使馆申请移民签证的时间。根据新政策,在取得移民资格后,新移民可以在英国自由地寻找工作或创办企业。四年后,他们会成为拥有英国永久居留权的居民,第五年即可申请英国护照,成为英国公民。

(3) 就业形势空前灿烂

对高技术签证的申请人,由于不受工作许可的限制,到达英国后找工作相对容易得多。由于英国在不少领域都面临着劳动力不足的问题,有些带有普遍性,如公立医院缺少医生和护理人员、中小学普遍缺老师、制造业和零售业缺少工人和服务人员;有些问题是区域性的,如伦敦及英国东南部地区特别缺乏 IT 人才;还有的问题带有季节性,比如在农忙季节英国不少农场都雇不到足够的人手采摘果实。因此,新移民政策将与国内经济需求挂钩,为那些想在英国找工作或创业的人提供一条由政府控制的合法途径。

(4) 每年需要百万移民

英国是一个高福利的国家,国民享受免费医疗、教育等。近年来,

[①] 天道教育《英国高技术移民新政策,看紧缺职业》,2013 年 6 月,天道教育(http://uk.tiandaoedu.com/vi/immigration/108554.html)。

> 英国的就业形势更是达到了数十年来的历史最好水平，由于英国社会老龄化问题十分严重，所以迫切需要具有一定技能的社会成员支撑起国家推行的福利制度。
>
> （5）英国移民申请正当时
>
> 申请人移民英国后，申请人全家（本人、配偶及子女）将享受英国免费医疗；全家在英国居住、工作、学习，不受地域限制；子女将享受免费中小学教育，大学学费按当地学生标准收费；申请人及其配偶的工作无须申请工作许可，工作种类不受限制。目前，移民的人数越来越多，而英国也将吸引更多的专业技术人才到英国生活和工作，国内的申请人可能会成倍增加，目前申请将是最佳的时机。

（2）治理内部技能短缺的措施

从内部治理技能短缺，主要是依靠企业培训、行业协会培训和就业后职业教育等途径。企业培训方面，2005 年 3 月，英国教育与技能部发布了《技能——在商务中增强，在工作中提高》白皮书，实施"雇主培训计划"（National Employer Training Program—me NETP）[1]，通过鼓励企业根据自己的需求加强对员工的培训，提高在岗员工的技能。

行业协会培训方面，主要是避免某些企业担心自己培训的优秀员工被其他企业挖走而放弃培训，因而多家企业联合起来达成技能协议，然后通过行业协会联合来共同培训、共同承担风险。具体通过地区就业和技能行动框架（Framework for Regional Employment and Skill Action，FRESA）提供给地区技能合作伙伴，用来指导地方学习与技能委员会对各学院和培训提供者的资金分配。[2] 通过这种行业协会自己来制订培训计划，更加有针对性，也能提高整个行业技能人才的技能水平，从而从内部解决技能人才短缺。

就业后职业教育方面，主要指继续教育。就业后仍然继续接受新的技能水平以及资格证考试培训等继续教育，是英国政府提高成人技能、

---

[1] 参见徐建一、周玲《英国"技能立国"理念下的高技能人才开发新举措》，《职教论坛》2010 年第 1 期。

[2] 参见高丽《英国高技能人才培养政策研究》，硕士学位论文，华东师范大学，2005 年。

推动成人继续教育发展的方向。2006 年，英国政府教育与技能部颁布《继续教育——提高技能并改善生活机会》白皮书（*Further Education*：*Raising Skills*，*Improving Life Chance*），2007 年发布了《继续教育和培训法案》（*Further Education and Training Bill*）[①]，通过政府政策的保障，继续教育发展迅速，这就为在岗技能人才质量的提高提供了稳定的途径。其中，职业进修中心（Centers of Vocational Excellence，CoVEs）[②]，是继续教育中很具有代表性的培训机构，它是费用较高的、由私人开办的培训机构，通过提供高质量的培训和服务来提升技能人才的技能以满足雇主的需求。

（三）日本制造业技能人才短缺的成因及其治理

1. 日本制造业技能人才短缺的成因

进入知识经济时代时期以来，日本技能人才短缺，尤其是高技能人才短缺现象日益严重。相关调查表明，日本高技能人才不足的问题仅次于文化隔阂，居于第二位。[③] 2008 年《纽约时报》报道称，一向重视高技术的日本，当前工程师资源正在告急，这引发了人们对未来日本在国际上竞争力的担忧。[④] 同年，日本文部科学省（MEXT）公布的数据表示，1999 年以来，日本大学本科专业学习工程技术专业的学生数量较以往下降了 10%，现阶段只有约 50 万人。[⑤] 2013 年 2 月，日本总务省（Ministry of Internal Affairs and Communications）的劳动力调查结果显示，2012 年 12 月，日本制造型企业从业人数较上年同月减少 35 万—998 万人，1961 年 6 月以来首次跌破 1000 万人。这一数据较达到峰值的 1992

---

① 参见李潇、王钰莹《英国的成人教育法律法规》，《继续教育研究》2010 年第 2 期。

② Hogarth，T.，Wilson，R. "Skills Matter：A Synthesis of Research on the Extent，Causes，and Implications of Skill Deficiencie" （http：//www2. warwick. ac. uk/fac/soc/ier/publications/2001/hogarth_ and_ wilson_ 2001_ synthesis. pdf. ）.

③ 参见《亚洲各国面临技术人才短缺》，2007 年 8 月，中国财经报（http：//www. food-mate. net/hrinfo/news/17343. html）。

④ 参见《日本技术人才匮乏危及其竞争力》，2008 年 5 月，新华网（http：//www. cs. com. cn/xwzx/04/200805/t20080519_ 1463153. htm）。

⑤ 参见韩建军《日本技术人才短缺》，2008 年 5 月，新华网（http：//news. xinhua-net. com/newscenter/2008 – 05/19/content_ 8198818. htm）。

年 10 月 (1603 万人) 减少了约四成。① 汽车制造业、电子制造业和机械制造业等行业均不同程度地存在着"技工荒"的现象。以上这些数据充分反映出日本技能人才短缺的严峻形势，尤以制造业为短缺的"重灾区"。简而言之，日本制造业技能人才短缺的主要问题在于制造业发展对技能人才需求量的增加，以及市场上劳动力供给不足所致。

（1）科技革命和知识经济的快速发展导致劳动力需求日益增加

一方面，在日益发达的科技和快速发展的知识经济的双重刺激下，日本制造型企业的重心逐渐由传统制造产业转向高新技术产业，由此迫切需要技能人才更新他们的知识、提高他们的素质和能力，但市场上现有劳动力的质和量却难以满足日本企业的要求，导致企业某些需要高技能人才胜任的岗位存在"僧多粥少"的局面；另一方面，市场全球化背景下，各国对技能人才的需求量都大幅度增加，纷纷采取各种措施吸引和留住技能人才，从而加大了各国和不同区域对技能人才的争夺，这对于日本制造业技能人才短缺现状无疑是雪上加霜。

（2）人口结构变化和文化价值观转变导致劳动力供给后劲不足

从市场劳动力供给方面看，日本人口的结构变化、日本文化的性别歧视和日本现代年轻人价值观的偏颇是引发日本制造业技能人才短缺的主要起因。

首先，日本人口结构的变化是导致制造业技能人才短缺的直接原因。第二次世界大战结束后的二十几年内，与美国等国家一样，一大批婴儿出生并成长，"婴儿潮"一代逐渐成为制造业工人中的骨干力量，推动了日本制造业的快速发展。然而近年来"婴儿潮"时期的劳动力人口进入退休年龄阶段，开始陆续退出日本制造型企业，同时，日本过低的生育率使得 15 岁以上的青壮年人口大幅度下降，这两方面的因素加速导致技能人才的供给远远不能满足市场对劳动力的需求。2013 年，万宝盛华（Manpower Group）的一项调查显示，2009 年，55% 的日本制造型企业的雇主表示填补职位空缺存在困难，到 2013 年，这个数字攀升至 85%，而日本人口因出生率创下历史新低而大幅萎缩，65 岁以上公民的比例高居

---

① 参见《日本制造业从业人数 51 年来首次跌破一千万》，2013 年 2 月，中国新闻网（http://finance. chinanews. com/cj/2013/02 – 01/4540545. shtml）。

全球第一。① 显而易见，日本低生育率和老龄化率的走高造成了适龄劳动力人口数量的急剧下降，"少子化"和"高龄化"问题使得日本制造型企业技能人才不足问题显得尤为突出。

其次，日本文化"女主内，男主外"根深蒂固的观念是造成制造业技能人才缺失的潜在原因。现代社会，女性逐渐进入职场。2005 年，日本职业女性有 2750 万人，占了日本整个劳动力总数的近一半，劳动力参与率高达 48.4%。② 不难看出，日本职业女性已然占据日本劳动力人口的很大部分，但是长期以来，制造型企业的员工以男性居多。2011 年，东京研究机构 Works Institute 称，制造业和建筑行业 70% 的从业人员均是男性。③ 可见，制造业吸纳的女性劳动力偏低，而面对当前日本人口减少的情况下，吸引女性进入制造业也是解决当前技能人才缺口的一项有效措施。但 2013 年，日本《朝日新闻》中文网（Asahi Shinbun）报道：超过半数的独身在职女性仍然倾向扮演传统家庭角色，期望以"全职家庭主妇"为职业。④ 也就是说，在日本传统文化的影响下，女性更愿意成为全职家庭主妇，而制造型行业又倾向招聘男性员工，这也间接引发制造型企业对女性员工的不重视，只让她们做一些基础性的工作，缺乏职业上升空间，进而引发女性劳动力的闲置和大量流失。

最后，日本现代年轻人的职业价值取向是导致制造业技能人才短缺的重要原因。进入现代社会，日本第三产业在行业中所占比重越来越高，且相对制造行业而言，工人的人均收入更高，这使得年轻工人对工作的选择越来越挑剔，间接导致了日本制造业技能人才的短缺。⑤ 日本年轻人越来越不愿意在制造业从事"3－D"（"苦、累、脏"）工作，即使企业

① 参见郑勇《人口结构变化致使人才短缺》，《北京晚报》2013 年 8 月（http://bjwb.bjd.com.cn/html/2013－08/28/content_103384.htm）。

② 总务省统计局：《日本统计年鉴（平成 26 年第六十三回）》，《东京：日本统计协会 & 每日新闻社》2014 年版。

③ 参见《日本女性渐成养家主力，男性找工作越来越难》，2011 年 12 月，新浪财经（http://finance.sina.com.cn/stock/usstock/c/20111228/050011079789.shtml）.

④ 参见《日本媒体称日本职场阴盛阳衰"吃软饭"男增多》，2013 年 7 月（http://www.cq.xinhuanet.com/2013－07/16/c_116556410.htm）。

⑤ Japan Labor Bulletin, "Changing the Concept of Employment Policy", *Japan Labor Bulletin*, No.6, 1992.

提供好的职位也不愿意，相反，他们更愿意待在能提供高工资、高福利、具有发展前途的大公司工作。[1] 2008 年，美国《纽约时报》报道，随着日本经济的崛起，年青一代生活水平较以前更为富裕，这无形中滋生了日本年轻人好逸恶劳、贪图享乐和拈轻怕重的不良价值观。他们对技术行业的兴趣逐渐下降，更青睐到金融、药业等薪酬优厚又可以轻松挣钱的行业上班，而排斥到制造行业从事枯燥、辛苦的技术工作。由于受到"怕吃苦，享安逸"氛围的影响，日本学习艺术、经济类等专业的学生数量增加，而学习技术专业的学生数量大幅度下降。日本大学生把这种现象戏称为"逃离科学"，乃至一些技术专业在校生开玩笑地称自己这一群体为"正在消失的群体"。[2]

2. 日本制造业技能人才短缺的治理措施

针对日本国内制造业广泛缺少技能人才的现实，日本政府和企业采取了一系列措施来解决这个问题。

（1）制定企业雇员保障政策为企业节省人力开支

提高劳动生产率是日本解决"技工荒"的重要手段之一。通过技术创新、提高劳动生产率在一定程度上能降低企业对技能人才的数量依赖。为此，1991 年，日本政府制定了《小微型企业雇员保障法》。该法律的实施帮助企业通过引进节省劳力的技术和改进设备等，节省了大部分人力开支。[3] Teresko（1991）[4]指出，自 1980 年以来，除了极个别情况，日本劳动生产率由平均的 1.8% 逐渐呈现正增长趋势，尽管比同期韩国的 4.6% 低得多，但是高于美国的 1.7%。换句话说，《小微型企业雇员保障法》通过帮助经济实力薄弱的中小型制造企业引进先进技术、改进设备等，促进企业实现工厂机械化，提高企业劳动生产率和人员利用率，进而达到缓解技能人才短缺的困境。虽然

---

① Do Rosario L., "On the Ropes: Japan's Small Firms Reel from a Double Punch", *Far Eastern Economic Review*, No. 37, 1990.

② UK Commission for Employment and Skills, "UKCES Employer Skills Survey 2013" (https://www.gov.uk/government/collections/ukces-employer-skills-survey – 2013.).

③ Takanashi A., "Changing the Concept of Employment Policy", *Japan Labor Bulletin*, No. 6, 1992.

④ Teresko J., "Japan Today – Factory Automation", *Industry Week*, No. 17, 1991.

《小微型企业雇员保障法》的实行，一定程度上解决了部分技能人才短缺的问题，但自动化并不是完全解决技能人才短缺的一个完美方案，对于小型建筑企业来说，即使采用机械化或者外国企业直接投资，劳工短缺问题依然严酷。[①]

（2）重新返聘退休工人并实行延迟退休

为了解决技能人才匮乏的窘境，很多日本制造型企业开始重新返聘具备一定经验和技术的退休工人，并将他们的退休年龄由 60 岁延长至 65 岁。日本政府为此，甚至出台了关于老年工人就业稳定的法律，该法律为 60 岁以下的就业老人提供了就业保障，60 岁以上的老人提供津贴补助。2006 年，这条法律进行了修改，允许雇主将法定的退休年龄延长至 65 岁，设立重聘 60—65 岁工人或取消强制退休的雇佣体制。[②] 返聘退休工人并延迟他们的退休年限使得一部分具有经验和技术的老人得到了再就业的机会，避免了社会资源的浪费。这些拥有一定阅历和工作经验的老人无疑是企业的宝贵财富，他们除了对自身工作非常熟悉外，还能为新进工人进行指导，可以说，返聘退休老人并延迟他们的退休年限是短期内解决制造型企业技能人才短缺的一项非常有效的措施。随着经济的增长，面临市场对技能人才数量和质量的高需求，如何使企业吸纳达到退休年龄的技能人才继续留在制造型企业变得越来越重要。

（3）鼓励失业者和不在劳动大军中的人员重投劳动市场

由于市场劳动力的供不应求，日本政府试图通过制定相关法律政策保障妇女、残疾人、刚毕业大学生的权益，鼓励这些未参加就业的特殊人群加入技能人才大军，以期从供给源头克服技能人才短缺。首先，针对妇女，日本政府制定了"平等就业机会法"，该法律通过部分放松和减轻劳工标准法对妇女就业的保护限制（如禁止企业在对女性职工提供教育和培训时，进行性别歧视和年龄限制；延长产假等），借此扩大妇女的

---

① Inagami T., "Gastarbeiter in Japanese Small Firms", *Japan Labor Bulletin*, No. 3, 1992.

② Ueno S., Tsunoda Y and Hosokawa K, "Amendment to the Law Concerning the Stabilization of Employment of the Aged. Stay Current: A Client Alert from Paul Hastings" (www. paulhastings. com.).

就业机会。① 除此之外，政府为实行日托计划及延长日托时间至晚上 10 点的公共日托中心提供补助和津贴，而企业则主张实施女性员工灵活管理模式，以此吸引女性就业。② 其次，针对残疾人，日本政府颁布了"残疾人就业促进法"，该法律为残疾人提供了就业保障，规定了对残疾人士进行培训和再就业的职业介绍，并为他们设立了补助金制度，对他们进行经济上和精神上的支持。③ 此外，针对刚毕业的大学生，为了保证他们毕业后能顺利进入企业工作，日本政府与企业互相合作，对他们展开"产学研"模式的培养。

这一系列举措在一段时间内为缓解技能人才不足的问题起到了一定的作用。然而，这些举措也面临着诸多问题。一是日本文化对女性的性别歧视不是短时间内能改变的。作为一项被用来衡量女性政治、经济影响力的重要指标，2006 年联合国"性别权力测度"（GEM）指数显示，日本在 75 个被调查的国家当中排在第 42 位，美国位列第 12 位，挪威居于首位，日本的性别歧视在所有发达国家中是最严重的，其程度远远高于其他发达国家。处于这样一种性别歧视的文化氛围中，女性要想在以男性为主体的制造型企业中获得好的职业发展空间几乎是不可能的，由此，加剧了女性职工流失率的攀高。二是相对于技能人才不足的缺口，残疾人就业能弥补小范围内技能人才缺乏，但残疾人毕竟身体有缺陷，对他们的聘用仅限于某些特殊岗位，因此，治理效果也不是很显著。三是现代年轻人价值观偏颇，怕吃苦，渴望进入金融、药业等"轻松挣钱"行业工作，不愿意去制造业从事"3-D"工作。因而，尽管企业和政府重视对他们的培训，但面对他们对进入制造业当技能工人的消极态度也无能为力。

总之，妇女、失业人口、残疾人和刚毕业大学生投入劳动市场对于解决制造型企业技能人才供不应求的情况来说是杯水车薪。

---

① 参见《日本技术人才匮乏危及其竞争力》，2008 年 5 月 19 日，新华网（http://www.cs.com.cn/xwzx/04/200805/t20080519_1463153.htm.）。

② 参见李潇、王钰莹《英国的成人教育法律法规》，《继续教育研究》2010 年第 2 期。

③ Matsui R., "Employment Measures for Persons with Disabilities in Japan: Recent Developments", *Japan Labour Bulletin*, No. 8, 1993.

（4）放宽政策限制，吸引外来人员的加入

日本高层次技能人才的数量和质量越来越不满足社会发展的需求，为此，日本政府开始放宽政策限制，以吸引更多外来高技能人才到日本工作。例如，2000 年，日本首相咨询机构在"21 世纪日本构想恳谈会"上提出对在日本的高中、大学、研究生院毕业的外国人给予永久居住权。有关官方数据显示，2006 年，在日工作的外国高级技能人才达到 157719 人。① 此外，日本政府于 2014 年通过出入境管理法改正案，把对海外高学历、高技术的技能人才的居留限制由原先必须具备 10 年以上工作经验放宽至 2—3 年，意图为海外高端人才打造一个良好的新的法律环境。② 但由于日本目前吸引海外高技能人才的政策放宽仅限于高学历、高技术的技能人才，加上相较于美国、欧洲等发达制造业国家，日本吸引技能人才方面所做的工作还远远不够，因此，一些国外高技能人才宁愿去美国、欧洲等发达国家，也不愿意去日本，所以，处于这样的大背景下，日本制造业劳动力紧缺的问题仍然得不到根本解决。③

另外，日本政府和企业还采取了诸如制定货币奖励多子女家庭的政策、业务外包和重置等措施应对制造业技能人才短缺。例如，1991 年开始，日本政府实行给予一个家庭每月学龄前儿童 5000 日元和第三个孩子 10000 日元的补助金。④ 为了应对劳动力短缺和随之而来的工资及其他竞争压力引发的高昂成本，很多日本制造型企业甚至将自己所处的新工厂搬迁至原先旧的厂址或者农村，甚至海外。⑤

---

① UK Commission for Employment and Skills, "UKCES Employer Skills Survey 2013" (https: //www. gov. uk/government/collections/ukces-employer-skills-survey - 2013.).

② 参见郑勇《人口结构变化致使人才短缺》，2013 年 8 月，北京晚报（http: //bjwb. bjd. com. cn/html/2013 - 08/28/content_ 103384. htm）。

③ 参见邢熠《日本决议吸引海外高端人才劳动力紧缺问题仍难以解决》，2014 年 3 月，日本新华侨报网（http: //www. jnocnews. jp/news/show. aspx? id = 72051）。

④ British Broadcasting Company, "Japan Birth Rate Shows Rare Rise" (http: //news. bbc. co. uk/2/hi/asia-pacific/6222257. stm.).

⑤ 参见韩建军《日本技术人才短缺》，2008 年 5 月，新华网（http: //news. xinhua-net. com/newscenter/2008 - 05/19/content_ 8198818. htm）。

资料1—3　日本人力资源开发政策①

日本近年来结构性失业问题一直严重存在，为此，日本非常注重人力资源开发，采取各项针对边缘性群体的措施，如老龄者、残疾人、青年、妇女，让他们积极投身到工作中去。

1. 解决青年人就业问题，注重激发个人就业的积极性、自主性，并为其创造良好环境和条件

一是从学校开始就注重对青年人的就业指导和职业意识教育。

二是公共职业安定所联合企业、学校、培训机构共同对青年失业者开展就业援助。公共职业安定所对青年失业者实行一对一的帮助，针对青年人的实际情况，提供适合的工作信息以及可以获得工作经验的实习机会等。

三是实行工作卡制度，为青年人就业铺平道路。

四是针对"NEET"族（年龄在15—34岁，既不上学或参加培训，又不从事家务劳动的非劳动力人口），鼓励其树立信心，重返劳动力市场。

2. 采取切实措施，促进老龄者和残疾人就业

一是促进老龄者就业。日本的老龄化问题严重，为了促进老龄者就业，日本对《高龄者就业安定法》进行了修改，采取了将退休领取养老金的年龄从60岁推迟到了65岁，并在部分企业开展70岁退休的试点工作，促进中高年龄的人们再就业，禁止企业在招工时设置年龄限制，促进老龄者实现多样化就业等措施。

二是在促进残疾人就业方面，日本的基本方针是让残疾人能够自立，平等地参与社会生活，在社会中最大限度地发挥自己的能力，适应社会工作。

3. 促进妇女就业，创造一个有利于妇女的环境

一是从中央到地方、从政府到民间设立推进妇女就业的机构。

二是出台法律法规，保障雇佣领域男女机会和待遇平等。

三是缓解职业女性育儿与工资的矛盾。

四是建立和完善妇女兼顾家庭和工作的环境。

五是鼓励妇女以多种形式就业，为妇女再就业创造条件。

---

① 参见常荔《日本劳动就业政策》，2011年，学人堂（http://lpsi.whu.edu.cn/dfzf/ywcz/2011 – 04 – 17/159.html）。

（四）制造业强国技能人才短缺治理的相关启示

回顾美国、英国和日本制造业技能人才的开发以及技能人才短缺问题，我们不难发现，技能人才的劳动推动了制造业的发展，制造业的发展反过来又迫切需要技能人才数量的增加和质量的提高。制造业强国能有今天的地位，正是因为重视人才、善于利用人才。这也是中国现在发展制造业必须深刻意识到的问题。同时，中国目前制造业技能人才短缺的现象日益严重，从世界制造业强国克服技能人才短缺的经验和教训中，我们要去其糟粕，取其精华，立足于中国的实际解决好制造业技能人才短缺的问题，为制造业的发展做好充分的人才储备。

因此，基于美国、德国、日本、英国等世界制造业强国的制造业发展战略路径、职业教育体系以及世界制造业强国治理技能人才短缺的措施，我国要想从制造业"大"国迈向制造业"强"国，可从中得到如下启示：

第一，充足的资金投入是保障制造业快速发展的前提。强大的资金储备是奠定我国经济发展的基础，同时，也更有可能引进资本。政府对制造业发展提供的财政支持，包括设备投资、企业补贴、教育和交通运输投资等，是促进我国工业发展的重要支撑条件。目前我国对制造业的资金投入力度不够，应加大促进制造业发展的设备投资、教育投资等。

第二，完善的职业教育体系是确保制造业发展所需人才储备的主要来源。无论是美国的社区学院，还是德国的"双元制"，抑或是日本的"企业职业教育"，都彰显了世界制造业强国十分重视职业教育体系。我国目前职业教育体系尚不完善，企业与市场、学校脱节现象严重，因此，我国十分有必要借鉴制造业强国的职业教育体系完善自身，从而为今后输送技能人才创造先机、打下基础。

第三，政府系统的政策配套是保证制造业发展的基石。综观世界制造业强国制造业的发展路径，政府颁布的政策为本国制造业的发展起到了举足轻重的作用，如美国颁布的高额关税保护政策，日本的产业振兴和扶持政策，德国的重工业优先政策等都适时地为制造业的发展提供了机遇，助推了制造业的起飞。因此，我国可以根据我国国情，颁布有利于制造业发展的相关政策。

第四，尊重制造业的文化是稳定制造业发展的人文环境。德国历来重视制造业，尊重技能工人。美国、英国、日本早期也非常注重制造业技能工人的培养，但随着经济条件的好转，美国、英国、日本都不同程度地表现出"逃离科学"的现象，这都反映出了各国的年轻人不愿意从事制造业技能工作，更愿意去轻松的金融行业上班。从更深层次剖析，该现象反射出了制造业技能工人社会地位的下降。这种现象在我国也严重存在，因此，我国政府应呼吁社会共同营造尊重制造业、尊重技能工人的氛围，鼓励更多年轻人选择制造业技能工人的岗位。

第五，吸收型战略与自主创新的兼容并蓄是开辟制造业发展的新渠道。日本在第二次世界大战后能够从废墟中快速崛起，很大原因在于它采取了吸收型战略。我国制造业目前自主创新能力较弱，主要采取了"拿来主义"的吸收型战略，要想使我国迈入制造业强国的行列，真正该做到的是"吸收型战略"与"自主创新"的兼容并蓄，也就是说，注重有选择地引入制造业强国先进的科学技术，同时注重对技术的"再造"，即技术自立。

第六，边缘性群体的人力资源开发是保证制造业发展的重要条件。日本针对边缘性群体，如老龄者、残疾人、妇女等采取的措施，非常值得我国学习。例如，将老龄者的退休年龄从 60 岁延长至 65 岁；为鼓励残疾人就业，为其提供培训；为促进妇女就业，出台法律法规保障妇女权益，等等。

第 二 章

中国制造业及技能人才队伍建设的
现状及国际比较

面对世界制造业强国的发展，中国要建设制造业强国必须清晰地认识到自身的发展现状，把握自身在制造业发展中存在的问题，尤其是面对世界出现的"技工荒"问题，寻找自身在技能人才队伍建设中的问题，以及国际差距，具有非常重要的意义。为此，本章从中国制造业的现状特征和发展趋势出发，对中国制造业的国际差距进行了分析，并从技能人才对制造业的保障视角分析了中国制造业技能人才队伍建设的现状和国际差距，以期在第一章的基础上使研究更加切合中国的实际，并为构建中国"制造业强国"的供给与需求以及保障机制的建立提供相应的内容基础。

一　中国制造业的现状特征及发展趋势研究

进入 21 世纪以来，中国制造业不仅整体实力有明显增强，结构也有所改善，国际竞争力进一步提高，成为世界公认的制造业大国。

中国制造业的发展进步得益于内外因素的作用。从内部看，中央政府和各级地方政府普遍认识到制造业在国民经济中的主导地位和基础性作用，加快发展制造业，尤其是先进制造业的积极性空前高涨；2008 年的经济危机，让全世界普遍认识到了实体经济在国民经济体系中的重要作用，纷纷提出振兴制造业的口号，中国政府进一步加强了对制造业发展的重视。从外部看，改革开放以来，随着我国经济实力和国际影响力进一步提升，国际生产要素得到充分利用和国际市场不断进行开拓，为我国制造业产品走向世界创造了有力条件，制造业产品的出口，也成为拉动我国经济发展的重要因素。随着我国制造业产业结构进一步优化，以及制造技术的进一步提高，制造业将迎来新一轮发展质量的提升和发展速度的增长，将成为名副其实的国民经济主导产业。

（一）近十年中国制造业的发展状况与特征

1. 规模总量快速增长

近十年来，我国制造业规模总体上得到显著增长，制造业产值总量已位居世界第二位。制造业各行业均有较大发展，部分行业如有色、钢铁等年均增长达到30%，且很多产品产量已位居世界第一位。

①主要经济指标快速增长

我国制造业取得的快速发展，在总产值、主营业务收入、增加值、企业数及从业人员数等主要经济指标上都实现了稳步增长（表2—1）。

表2—1   2003—2012年我国制造业主要经济指标增长情况

年份	制造业主营业务收入（亿元）	制造业增加值（亿元）	制造型企业数（个）	制造业从业人员年平均人数（人）	制造业总产值（亿元）
2003	124035	34089	181186	48840000	—
2004	171837	51748.5	259374	56673426	—
2005	213844	60118	251499	59352500	217836
2006	270478	72437	279282	63470000	274572
2007	347890	87464.95	313046	68560000	353631
2008	432760	102539.5	396950	77320000	441358
2009	471870	110118.5	405183	77200000	479200
2010	606300	130325	422532	83910000	609558
2011	729264	150597.2	301630	80540000	733984
2012	805662	—	318772	83950000	—

注：1. 数据根据《中国统计年鉴》（2004—2013年）整理得出；

2. 统计数据为全国规模以上制造业主要经济指标。其中，经济指标均为现行价格；工业增加值数据为制造业各行业数据相加而得。

由表2—1可知，制造业总产值由2005年的217836亿元增长到2011年的733984亿元，年均增长29.62%；制造业主营业务收入由2003年的124035亿元增长到2012年的805662亿元，年均增长54.95%；制造业增加值由2003年的34089亿元增长到2011年的150597.2亿元，年均增长37.98%。制造型企业数10年间，增长137586个，制造业从业人员增加约3511万人。

根据有关数据资料，对2003年、2011年和2012年我国制造业主营业务收入、制造业增加值、制造业利润总额、制造型企业数及从业人员年平均数等情况（表2—2）进行统计分析发现，十年间我国制造业上述各项指标都得到了飞速的发展。

表2—2　　　2003年、2011年、2012年我国制造业生产经营状况

主要指标	2003年	2011年	2012年	十年平均增长率	2012年增长率
企业数（万个）	181186	301489	318772	7.6%	5.7%
从业人员年平均人数（万人）	4884	8054	8395	7.2%	4.2%
主营业务收入（亿元）	124035	729264	805662	55.0%	10.5%
利润总额（亿元）	6165	47843	48571	68.8%	1.5%
利税（亿元）	12119	78806	84909	60.1%	7.7%
出口交货值（亿元）	26526	99274	106321	30.1%	7.1%

注：数据来源于《中国高技术产业统计年鉴》（2004—2013年）。

根据表2—2，制造型企业数量，自2003年开始，我国制造型企业数年均增长7.6%，到2012年我国制造业数量达到318772个，从业人员年平均人数年均增长7.2%，总量达到8395万人，成为我国就业人口最主要的行业；主营业务收入2012年达到805662亿元，十年年均增长55.0%；制造型企业经济效益增长明显，2012年利润总额达到48571亿元，十年年均增长68.8%；利税额2012年达到84909亿元，年均增长60.1%，增长迅速；制造业走出国门的步伐同样加速明显，2003年制造业出口交货值26526亿元，到2012年已经达到106321亿元，年均增长30.1%。

②主要行业实现了高速增长

从 2003 年与 2011 年中国制造业主要行业的对比数据可以看出（表2—3），制造业各行业总产值均实现了高速增长，就增长速度而言，有 17 个行业达到或超过 50%，23 个行业超过 40%。其中，废弃资源和废旧材料回收加工业，有色金属冶炼及压延加工业，木材加工及木、竹、藤、棕、草制品业，通用设备制造业，农副食品加工业，非金属矿物制品业，家具制造业，专用设备制造业，化学原料及化学制品制造业，电气机械及器材制造业的年均增长率排在前十位。

表 2—3　　　　　　2003 年、2011 年规模以上制造业主要行业

总产值增长比较　　　　　　单位：亿元

排名	行业	2003 年	2011 年	年均增长率
1	废弃资源和废旧材料回收加工业	49.94	2624.21	572.7%
2	有色金属冶炼及压延加工业	3564.07	35906.82	100.8%
3	木材加工及木、竹、藤、棕、草制品业	992.79	9002.30	89.6%
4	通用设备制造业	5711.21	40992.55	68.6%
5	农副食品加工业	6152.32	44126.10	68.6%
6	非金属矿物制品业	5653.25	40180.26	67.9%
7	家具制造业	719.97	5089.84	67.4%
8	专用设备制造业	3831.65	26149.13	64.7%
9	化学原料及化学制品制造业	9244.86	60825.06	62.0%
10	电气机械及器材制造业	7916.19	51426.42	61.1%
11	黑色金属冶炼及压延加工业	10007.37	64066.98	60.0%
12	食品制造业	2290.07	14046.96	57.0%
13	金属制品业	3857.40	23350.81	56.2%
14	石油加工、炼焦及核燃料加工业	6235.26	36889.17	54.6%
15	交通运输设备制造业	11214.05	63251.30	51.6%
16	橡胶制品业	1312.90	7330.66	50.9%
17	工艺品及其他制造业	1306.62	7189.51	50.0%
18	饮料制造业	2233.22	11834.84	47.8%
19	医药制造业	2889.98	14941.99	46.3%
20	塑料制品业	3063.83	15579.54	45.4%

排名	行业	2003 年	2011 年	年均增长率
21	造纸及纸制品业	2526.05	12079.53	42.0%
22	仪器仪表及文化、办公用机械制造业	1636.72	7633.01	40.7%
23	化学纤维制造业	1448.40	6673.67	40.1%
24	纺织业	7725.20	32652.99	35.9%
25	通信设备、计算机及其他电子设备制造业	15839.76	63795.65	33.6%
26	纺织服装、鞋、帽制造业	3426.02	13538.12	32.8%
27	皮革、毛皮、羽毛（绒）及其制品业	2274.05	8927.54	32.5%
28	印刷业和记录媒介的复制	1027.22	3860.99	30.7%
29	文教体育用品制造业	965.90	3212.38	25.8%
30	烟草制品业	2235.81	6805.68	22.7%

注：1. 数据来源于《中国统计年鉴》（2004 年、2012 年）；

2. 2013 年《中国统计年鉴》缺乏 2012 年按行业划分的工业总产值数据，故采用 2011 年数据。

③ 制造业产品产量保持高速增长

对比 2003 年和 2012 年我国制造业主要产品产量可以发现（表 2—4），多数产品都保持了较高速的增长，特别是大规模半导体集成电路、微型电子计算机信息技术行业十年间实现了 100% 以上的翻番式增长。此外，矿山设备、大中型拖拉机的设备制造行业也以 80% 以上的速度领跑增长，全行业规模效应日渐明显。

表 2—4　　2003 年、2012 年中国制造业主要产品产量及年均增长率分析

行业	2003 年	2012 年	年均增长率
纱（万吨）	983.58	2984.00	20.3%
布（万吨）	353.52	848.94	14.0%
合成橡胶（万吨）	134.83	397.39	19.5%
家用电冰箱（万台）	2242.56	8427.00	27.6%
家用洗衣机（万台）	1964.46	6791.12	24.6%
彩色电视机（万台）	6541.40	12823.52	9.6%
照相机（万架）	6198.14	8801.71	4.2%

续表

行业	2003 年	2012 年	年均增长率
矿山设备（万吨）	79.08	767.44	87.0%
化工设备（万吨）	29.28	205.46	60.2%
发电设备（万千瓦）	3700.62	13005.52	25.1%
金属切削机床（万台）	30.58	88.23	18.9%
汽车（万辆）	444.39	1927.62	33.4%
轿车（万辆）	202.01	1077.00	43.3%
大中型拖拉机（万台）	4.88	46.33	84.9%
发动机（万千瓦）	31851.30	136111.48	32.7%
铁路客车（辆）	1525	7562	39.6%
铁路货车（万辆）	3.12	5.92	9.0%
移动电话机（万部）	18231.37	118154.57	54.8%
微型电子计算机（万部）	3216.70	35411.02	100.1%
大规模半导体集成电路（亿块）	68.63	823.28	110.0%
成品钢材（亿吨）	24108.01	95577.83	29.6%

注：数据来源于《中国统计年鉴》（2004 年）、《中国统计年鉴》（2013 年）。

2. 产业结构不断优化

2003—2012 年十年间，我国制造业产业结构不断优化，产业结构发展日趋合理，具体表现在四个方面：一是重工业转型日趋明显；二是资本结构呈现多元化；三是合资和民营制造企业发展迅速；四是产业规模在地区和产业结构上不断聚集。

表 2—5　　　　　　　　2011 年制造业各行业占总产值比例情况

行业	工业总产值（亿元）	主营业务收入（亿元）	各行业占工业总产值比例	各行业占主营业务收入比例
制造业总计	733984.01	729263.69		
黑色金属冶炼及压延加工业	64066.98	65909.31	8.7%	9.0%
通信设备、计算机及其他电子设备制造业	63795.65	63474.89	8.7%	8.7%
交通运输设备制造业	63251.30	63131.95	8.6%	8.7%

续表

行业	工业总产值（亿元）	主营业务收入（亿元）	各行业占工业总产值比例	各行业占主营业务收入比例
化学原料及化学制品制造业	60825.06	60097.89	8.3%	8.2%
电气机械及器材制造业	51426.42	50148.85	7.0%	6.9%
农副食品加工业	44126.10	43848.58	6.0%	6.0%
通用设备制造业	40992.55	40157.93	5.6%	5.5%
非金属矿物制品业	40180.26	39294.75	5.5%	5.4%
石油加工、炼焦及核燃料加工业	36889.17	37275.12	5.0%	5.1%
有色金属冶炼及压延加工业	35906.82	36869.42	4.9%	5.1%
纺织业	32652.99	32288.52	4.4%	4.4%
专用设备制造业	26149.13	26059.60	3.6%	3.6%
金属制品业	23350.81	22951.33	3.2%	3.1%
塑料制品业	15579.54	15281.75	2.1%	2.1%
医药制造业	14941.99	14484.38	2.0%	2.0%
食品制造业	14046.96	13875.73	1.9%	1.9%
纺织服装、鞋、帽制造业	13538.12	13214.41	1.8%	1.8%
造纸及纸制品业	12079.53	11807.01	1.6%	1.6%
饮料制造业	11834.84	11774.80	1.6%	1.6%
木材加工及木、竹、藤、棕、草制品业	9002.30	8804.01	1.2%	1.2%
皮革、毛皮、羽毛（绒）及其制品业	8927.54	8747.22	1.2%	1.2%
仪器仪表及文化、办公用机械制造业	7633.01	7468.83	1.0%	1.0%
橡胶制品业	7330.66	7279.95	1.0%	1.0%
工艺品及其他制造业	7189.51	7193.49	1.0%	1.0%
烟草制品业	6805.68	6666.90	0.9%	0.9%
化学纤维制造业	6673.67	6646.95	0.9%	0.9%
家具制造业	5089.84	4946.76	0.7%	0.7%
印刷业和记录媒介的复制	3860.99	3784.27	0.5%	0.5%
文教体育用品制造业	3212.38	3133.81	0.4%	0.4%
废弃资源和废旧材料回收加工业	2624.21	2645.28	0.4%	0.4%

注：数据来源于《中国统计年鉴》（2012 年）。

以 2011 年制造业各行业的相关数据分析（表 2—5）可以发现，我国制造业呈现以下特点：

一是制造业重工业特征明显。2011 年，工业总产值排名前 10 位的行业分别是：黑色金属冶炼及压延加工业，通信设备、计算机及其他电子设备制造业，交通运输设备制造业，化学原料及化学制品制造业，电气机械及器材制造业，农副食品加工业，通用设备制造业，非金属矿物制品业，石油加工、炼焦及核燃料加工业，有色金属冶炼及压延加工业。按照轻重工业的划分标准，有 9 种行业皆属于制造业重工业类别。除去农副食品加工业，前 10 位的制造业总产值达到 62.5%。这充分说明，我国仍处在工业化的中期阶段，制造业重工业化的特征比较明显。

二是资本结构呈现多元化。从国有及国有控股企业、私营工业企业及"三资"企业产值变化情况看，资本机构多元化趋势明显。私营工业企业及"三资"企业已经成为制造业发展的主力军。

十年来，制造业呈现产业结构多元化趋势。表 2—6 是 2003—2012 年制造业中国有及国有控股企业、私营工业企业及"三资"企业工业产值的变化情况，由表 2—6 可以看出，私营工业企业和"三资"企业增长速度较快。私营企业 7 年间工业产值年均增长 59.2%，"三资"企业 9 年年均增长 43.9%，发展迅速。

表 2—6　　　　　　2003—2012 年按资本结构分制造业产值
变化情况　　　　　　　　单位：亿元

年份	国有及国有控股企业	私营工业企业	"三资"企业
2003	—	—	42737.77
2004	—	—	77053.87
2005	56744.86	45973	77053.87
2006	65117.39	64382.29	97054.35
2007	79402.53	89736.35	123871.2
2008	94503.17	129094.5	144911
2009	96269.2	153387.4	147885.7

续表

年份	国有及国有控股企业	私营工业企业	"三资"企业
2010	122503.2	200698.7	184248.1
2011	144158.6	236462.5	211520.6
2012	—		
	22.0%	59.2%	43.9%

注：数据根据《中国统计年鉴》（2004—2013 年）整理得出。

　　三是大中型企业比例不断增加，企业规模结构趋向合理化。通过对 2003 年以来制造业大中型企业产值占规模以上制造型企业总产值比例的分析发现，制造业大中型企业产值占全部规模以上制造型企业的比例呈现不断上升的趋势，大中型企业的规模不断壮大（表 2—7），同时，我国进入世界 500 强的制造型企业也不断增多。图 2—1 是 2004 年以来，我国企业进入世界 500 强的相关情况。可以看出，2004 年《财富》杂志公布的世界前 500 强企业中，中国企业有 15 家（包括中国台湾），其中属于制造业领域的有 8 家。到 2013 年《财富》杂志公布的最新数据显示，中国有 95 家企业进入世界 500 强，其中主营或涉及制造业务的有 61 家。

表 2—7　　制造业大中型企业主要指标及其占规模以上制造型企业的指标

年份	规模以上企业工业总产值（亿元）	大中型企业	
		工业总产值（亿元）	规模以上企业占比（%）
2003	127352	84438.67	66.3
2004	—	—	
2005	217836	141737.42	65.1
2006	274571.67	176245.22	64.2
2007	353631	223825.79	63.3
2008	441358	269826.66	61.1
2009	479199.72	283758.09	59.2
2010	609558.50	367275.11	60.3
2011	733984.01	466529.27	63.6
2012	—	—	

注：数据根据《中国统计年鉴》（2004—2012 年）整理得出。

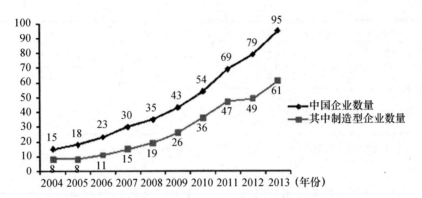

图 2—1　世界 500 强中国企业数量及制造型企业数量比较（单位：家）

注：1. 数据根据《财富》中国官方网站整理得出（http://www.fortunechina.com/）；

2. "中国企业数量"数据包括中国内地、香港、澳门、台湾上榜企业；

3. "制造型企业"指主营业务及包含制造业务的企业。

3. 对外开放程度加深

近十年，随着对外开放程度的进一步加深，对外经济联系的日益紧密，制造业的发展无论是外商对华投资还是我国制造企业走出国门均呈现出良好的态势，对外投资均稳步增长，我国制造业外向发展比较明显，出口交货值不断增长，产品的国际竞争力显著增强。

①开放程度不断加深，国际合作加强

2003—2012 年，我国制造业国际合作逐步扩大，外商对制造业直接投资和我国制造业对外直接投资均呈增长态势（表 2—8、图 2—2）。至2012 年，我国制造业国际合作程度不断加深，尽管合同项目数量呈下降趋势，但外商直接投资实际使用金额以及对外直接投资净额呈增长趋势。但同时也应注意，相比制造业领域外商直接投资，我国制造业对外直接投资净额规模相对较小，如 2012 年我国制造业对外直接投资净额只有外商直接投资额的 17.7%。

表2—8 2003—2012年制造业领域外商直接投资变化情况

年份	制造业外商直接投资合同项目个数（个）	制造业吸收外商直接投资项目数（个）	制造业外商直接投资实际使用金额（万美元）	制造业对外直接投资净额（万美元）
2003	—	—	—	62404
2004	30386	—	4301724	75555
2005	28928	28928	4245291	228040
2006	24790	24790	4007671	90661
2007	19193	19193	4086482	212650
2008	11568	11568	4989483	176603
2009	9767	9767	4677146	224097
2010	11047	11047	4959058	466417
2011	11114	—	5210054	704118
2012	8970	—	4886649	866741
2013	6504	—	—	—

注：数据来源于《中国统计年鉴》（2004—2013年）。

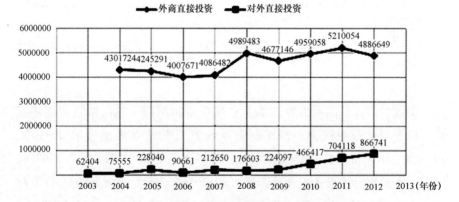

图2—2 2003—2012年我国制造业利用外资和对外直接投资
变化曲线（单位：万美元）

②产品出口额快速增长

2003—2012年，我国制造业产品的出口增势明显加快，产品出口率持续上升。表2—9是我国规模以上工业企业2003—2011年出口交货值的数据。① 数据表明，我国规模以上工业企业 2003 年出口交货值为 26941.8 亿元，到 2011 年已经达到 101946 亿元，是 2003 年的 3.78 倍，年均增长 30.9%，增长迅速。制造型企业出口交货值 2009 年已经达到 54180.6 亿元，2011 年达到 99171 亿元，三年年均增长 27.7%。

表 2—9　　　2003—2011 年我国规模以上工业企业出口交货值分析

年份	规模以上工业企业出口交货值（亿元）	制造型企业出口交货值（亿元）
2003	26941.8	／
2004	40484.2	／
2005	47741.2	／
2006	60560	／
2007	73393.4	／
2008	82498.4	／
2009	72882.2	54180.6
2010	90764.3	68136.6
2011	101946	99171
年均增长率	30.9%	27.7%

注：数据来源于《中国统计年鉴》（2004—2012 年）、《工业企业科技活动统计资料》（2010—2012 年）。

不难看出，我国不少制造型企业不断走出国门，外向型特征逐年明显。以专用设备制造业、汽车制造业和家具制造业为例（表 2—10），2013 年专用设备制造业出口交货值达到 2976.5 亿元，2011 年为 1503.46 亿元，占当年专用设备工业总产值（22526.65 亿元）的 6.67%；汽车制造业 2008—2011 年的出口交货值分别为 1866.16 亿元、1372.54 亿元、1991.6 亿元、2460.02 亿元，出口交货值不断增长，4 年年均增长 8%；再如家具制造业 2009—2011 年的出口交货值分别为 591.57 亿元、643.02 亿元、1245.38 亿元，3 年年均增长 36.8%。

① 因缺乏制造型企业出口交货值的数据，故使用"工业企业出口交货值"进行分析。

表 2—10　　　　2003—2013 年汽车制造业、专用设备制造业和
家具制造业工业总产值、出口交货值分析

年份	汽车制造业工业总产值（亿元）	汽车制造业出口交货值（亿元）	专用设备制造业工业总产值（亿元）	专用设备制造业出口交货值（亿元）	家具制造型企业工业总产值（亿元）	家具制造型企业出口交货值（亿元）
2003	—	—	3389.72		267.6567	334.4960
2004	—	—	4848.62		548.6450	
2005	—	—	5739.81	739	633.8714	
2006	14846.35	—	6456.03	1053.9	921.4775	
2007	19738.69	—	8769.79	1422.8	1103.1786	
2008	23150.4	1866.16	12219.36	1286.49	1246.7044	
2009	29530.35	1372.54	14182.25	961.51	1288.9533	591.5733
2010	40647.12	1991.6	18382.63	1260.71	1658.4134	643.0214
2011	46502.86	2460.02	22526.65	1503.46	5083.0826	1245.3836
2012	—	—	—	—	—	—
2013	—	2948.8	—	2976.5	—	—

注：数据来源于《工业企业科技活动统计资料》（2004—2014 年）。

③出口产品的结构发生变化

1980 年，我国出口商品中，初级产品出口额占出口贸易总额的
50.3%，工业制成品占 49.7%。[①] 到 2012 年，初级产品出口额占出口贸
易总额的比例仅为 4.9%，工业制成品占出口贸易总额的 95.1%（表
2—11）。随着我国对高新技术企业发展的重视，高新技术得以迅速发展，
在工业制成品的出口中，高技术产品占工业制成品出口贸易总额比重
2000 年为 16.6%，到 2009 年时，达到 33.1%。[②]

---

① 参见中国工程院"中国制造业可持续发展战略研究"咨询研究项目组《中国制造业可
持续发展战略研究》，机械工业出版社 2010 年版，第 1—100 页。
② 数据来源于《中国统计年鉴》（2000 年和 2010 年）中 20—52 高技术产品、工业制成
品、初级产品的进出口贸易，根据工业制成品占商品出口贸易总额数和高技术产品占商品出口
贸易总额数换算而来。

表 2—11 　　　　　　　　2003—2012 年中国产品出口情况分析

年份	初级产品出口额（亿美元）	工业制成品出口额（亿美元）	高技术产品占工业制成品出口贸易总额比重（%）	工业制成品占出口贸易总额比重（%）	初级产品占出口贸易总额比重（%）
2003	348.12	4034.16	27.3	92.1	7.9
2004	405.49	5527.77	29.9	93.2	6.8
2005	490.37	7129.16	30.6	93.6	6.4
2006	529.19	9160.17	30.7	94.5	5.5
2007	615.09	11562.67	30.1	95.0	5.0
2008	779.6	13527.4	30.7	94.6	5.4
2009	631.12	11384.83	33.1	94.7	5.3
2010	817	14960.69	—	94.8	5.2
2011	1005.45	17978.36	—	94.7	5.3
2012	1006	19484	—	95.1	4.9

注：1. "初级产品出口额"与"工业制成品出口额"数据来源于《中国统计年鉴》（2004—2013 年）；

2. "高技术产品占工业制成品出口贸易总额比重"数据来源于《中国科技统计年鉴》；

3. "工业制成品占出口贸易总额比重"与"初级产品占出口贸易总额比重"数据来源于《中国科技统计年鉴》（2004—2013 年）。

4. 产业竞争力水平进一步提升

十年来，我国制造业产业竞争力得到进一步提升。在装备制造、光伏制造、通信设备制造等产业已经取得明显的竞争优势。

根据世界贸易组织关于装备制造业的进出口数据，2009 年除了汽车产品，中国其他装备制造业产品的市场占有率都位列第一。在光伏制造业，2011 年我国光伏产品出口额已经达到 358.21 亿美元，是 2007 年的 10 倍，RCA 指数[①]从 2007—2011 年一直大于 1 而且呈上升趋势，

————————

① RCA 指数是指一国某类商品出口额占该国总出口额比重相对于世界上该类商品出口额占世界总出口额比重的大小。若 RCA 指数 <1，则表明该国在该产品上处于比较劣势；若 RCA 指数 >1，则表明该国在该产品上处于比较优势。

中国光伏制造业在国际市场具有明显的比较优势。[①] 我国通信设备制造业在国际上的产业竞争力水平也不断提升，2000 年我国通信设备产品 RCA 指数为 0.92，处于出口劣势。2012 年 RCA 指数增长为 1.9，充分说明我国通信设备产品在国际市场上已经具有较强的比较优势，产业竞争力增强（表 2—12、图 2—3）。

表 2—12　　2003—2012 年中国及全球通信设备制造业出口交货值和出口贸易总额分析

年份	A：中国通信设备制造业出口交货值（亿美元）	B：中国出口贸易总额（亿美元）	A/B	C：世界通信设备出口总额（百万美元）	D：世界出口总额（百万美元）	C/D	RCA 指数
2003	123.0	4382.3	2.81%	229786.0	7589571.5	3.03%	0.9
2004	228.5	5933.3	3.85%	298367.7	9223169.4	3.23%	1.2
2005	376.6	7619.5	4.94%	360144.9	10501737.4	3.43%	1.4
2006	506.1	9689.8	5.22%	430761.4	12126923.7	3.55%	1.5
2007	608.8	12204.6	4.99%	417488.4	14019870.6	2.98%	1.7
2008	708.3	14306.9	4.95%	452516.5	16147827.5	2.80%	1.8
2009	657.3	12016.1	5.47%	386093.2	12554744.2	3.08%	1.8
2010	720.8	15777.5	4.57%	447671.3	15300327.7	2.93%	1.6
2011	875.0	18983.8	4.61%	513207.9	18327705.8	2.80%	1.6
2012	1122.4	20487.1	5.48%	521441.6	18405280.5	2.83%	1.9

注：1. "中国通信设备制造业出口交货值"数据来源于《中国高技术产业统计年鉴》（2004—2013 年）；

2. "中国出口贸易总额"数据来源于《中国统计年鉴》（2013 年）；

3. "世界通信设备出口总额""世界出口总额"数据来源于联合国贸易暨发展会议（UNCTAD）官方网站发布统计数据（http：//unctadstat. unctad. org/ReportFolders/reportFolders. aspx；http：//unctadstat. unctad. org/TableViewer/tableView. aspx）；

4. "RCA 指数"在本表中的计算方式为：（A/B）／（C/D）；

5. "中国出口贸易总额"美元值根据当年人民币对美元汇率计算得出。

---

① 参见张凯竣、雷家骕《中国光伏制造业国竞争力评价分析》，《科技促进发展》2013 年第 2 期。

从总体上看，2003—2012 年的十年间，我国通信设备制造业国际竞争力实现了很大的提升，并且持续成长为我国出口竞争力较强的产业，同时出现诸如中兴、华为等一批在国际上拥有高知名度的通信企业。

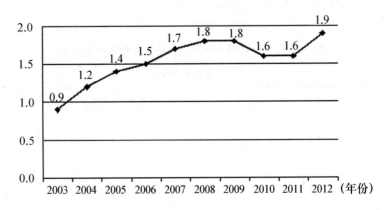

图 2—3 2003—2012 年我国通信设备制造业 RCA 指数

5. 自主创新能力显著提高

近十年间，我国制造业自主创新能力得到显著提高，首先体现在制造型企业创新投入力度不断增大。如表 2—13、图 2—4 所示，2006 年，我国规模以上制造型企业研究与试验发展（R&D）经费约为 1551.39 万元，占当年制造型企业主营业务收入的 0.45%。2012 年，规模以上制造型企业研究与试验发展（R&D）经费约为 6845.70 万元，占当年制造型企业主营业务收入的 0.74%，R&D 经费 7 年间年均增长 48.8%，R&D 人员全时当量年均增长 34.7%。企业专利申请及专利拥有数量也不断增多。2006 年，规模以上制造型企业发明专利申请数为 25298 件，2012 年为 469343 件，为 2006 年的 18 倍，年均增长 250%。2012 年企业发明专利拥有数是 2006 年的 9.6 倍，年均增长 123%。以上数据充分说明，制造型企业科技实力不断增强，自主创新能力不断提高。

表 2—13　　　2006—2012 年我国规模以上制造型企业 R&D 及专利情况

年份	R&D 人员全时当量（人年）	R&D 经费（万元）	发明专利申请数（件）	发明专利拥有数（件）	有效发明专利数（件）
2006	621991.33	15513884	25298	28168	14882
2007	777570	20095641	35479	42455	22191
2008	922833	25463702	118048	54223	23131
2009	1207550	30142351	162694	78905	31830
2010	1275445	37713267	192661	109721	50166
2011	1823783	56923792	374112	196521	67428
2012	2131537	68456981	469343	271080	97878

注：数据来源于《中国统计年鉴》（2007—2013 年）。

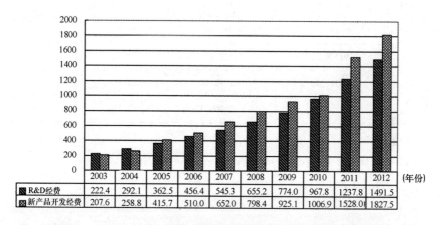

（年份）	2003	2004	2005	2006	2007	2008	2009	2010	2011	2012
R&D经费	222.4	292.1	362.5	456.4	545.3	655.2	774.0	967.8	1237.8	1491.5
新产品开发经费	207.6	258.8	415.7	510.0	652.0	798.4	925.1	1006.9	1528.0	1827.5

图 2—4　2003—2012 年中国高技术产业 R&D 经费及新产品开发
经费比较（单位：万元）

6. 国际影响力不断上升

世界银行发布的数据显示（表 2—14），2004 年我国制造业增加值为 6252.22 亿美元，世界制造业增加值为 67052.39 亿美元，中国占世界的比例为 9.3%。到 2011 年，中国制造业增加值已经达到 23316.59 亿美元，是 2004 年的 3.7 倍，占同年世界制造业增加值的 22.4%。8 年间，中国制造业增加值年均增长 34.1%，世界制造业增加值年均增长 6.9%，中国制造业增加值占世界比例年均增长 17.5% 。可见，中国制造业发展速度快，国际地位不断提高。

表 2—14　　　　　　2004—2011 年中国制造业增加值与同期世界
制造业增加值的比较

年份	制造业增加值（亿美元）		中国占世界比例（%）	世界位次
	中国制造业增加值	世界制造业增加值		
2004	6252.22	67052.39	9.3%	3
2005	7336.56	71654.64	10.2%	3
2006	8931.30	77217.92	11.6%	3
2007	11497.20	87200.73	13.2%	2
2008	14764.29	93484.68	15.8%	2
2009	16122.77	84181.94	19.2%	1
2010	19249.61	95319.65	20.2%	1
2011	23316.59	104152.16	22.4%	1
年均增长	34.1%	6.9%	17.5%	

注：1. 根据世界银行集团官网发布数据整理 World development Indicators，"Manufacturing, value added"（http：//data.worldbank.org.cn/indicator/NV.IND.MANF.CD）；

2. 中国制造业 2011 年增加值按照当年美元汇率换算。

与世界主要制造业强国的制造业增加值占世界制造业增加值比例比较（表 2—15），可以发现：2004 年，我国制造业在世界制造业增加值的占比远低于美国的 23.4% ，也低于日本的 13.9% 。但随着美、日等国制造业发展速度减缓，中国作为制造业大国在 2009 年时超越了美国，成为当时世界制造业增加值占比最高的国家，随后几年，中国制造业在世界制造业的份额逐年增加，至 2011 年时，已大大超越了其他主要国家，成为当之无愧的世界制造业大国。

表2—15　　　2004—2011年世界主要制造业国家制造业增加值占
世界制造业增加值比例变化情况比较

年份	世界制造业增加值（亿美元）	各国所占百分比（%）					
		英国	中国	美国	德国	日本	法国
2004	67052.39	9.3	23.4	8.1	13.9	3.6	3.6
2005	71654.64	10.2	23.2	7.7	12.6	3.4	3.5
2006	77217.92	11.6	22.3	7.7	11.2	3.1	3.3
2007	87200.73	13.2	20.6	7.9	10.1	3.2	3.2
2008	93484.68	15.8	18.3	7.7	10.2	3.1	2.8
2009	84181.94	19.2	19.0	6.8	10.6	3.0	2.4
2010	95319.65	20.2	17.8	6.8	11.3	2.5	2.2
2011	104152.16	22.4	17.3	7.1	10.5	2.4	2.2
年均增长	6.9	34.1	1.8	4.5	2.1	0.8	-0.9

注：根据世界银行集团官网发布数据整理（http://data.worldbank.org.cn/indicator/NV.
IND.MANF.CD）。

（二）中国制造业发展趋势展望

中国制造业的持续高速发展不仅表现为投入、产出的高速增长和主要产品产量的迅猛增加，而且还表现为制造业国际地位和国际竞争力的快速提升。未来中国制造业的发展趋势将呈现如下特点：

第一，投入和产出持续增长。未来我国制造业发展的投入还将进一步增大，表现为科技创新投入将与制造业发达国家差距进一步缩小。制造业主要产品产出质量将进一步提高，在国际上将出现具有国际竞争力的产品。制造业发展的效率不断提高，效益增长将更具可持续性。

第二，国际地位不断提升。在过去十年中，中国制造业的国际地位迅速提升，占世界制造业生产总量的比重上了一个新台阶。1980年时，中国制造业增加值仅占世界的1.5%[1]，而到2014年，根据世界银行数

---

[1]　参见刘爽《把握中国制造业现状，促进产业结构优化升级——〈中国制造业发展与世界制造业中心问题研究〉简介》，2006年9月16日（http://kyj.cass.cn/Article/2238.html.）。

据，中国制造业增加值在世界占比达到20.8%。① 未来，中国制造业的国际地位还将进一步提升，表现为制造业产业结构的不断优化，以及制造业主要产品的产量、质量，以及出口值将占主要地位。

第三，对外贸易规模快速扩大。改革开放以来，中国制造业的贸易规模不断扩大，贸易结构不断改善，贸易竞争力持续增强。未来，中国制造业制成品出口规模还将持续扩大，制成品出口占国际市场的份额将不断增多，制造业出口结构不断改善，更多高附加值的高新技术产品将逐渐成为出口的主要部分。制造业出口竞争力将不断增强。

第四，技能人才供需缺口明显。随着制造业的进一步发展，未来中国制造业对于技能人才的需求将进一步增加。主要表现为随着产业结构的进一步调整，以及国家间技能人才的激烈争夺，技能人才，尤其是高技能人才将会进一步紧缺。根据美国、德国、日本等制造业发达国家的技能工人职业技能等级比例经验来看，我国要成为制造业强国，需要建设一支初级工占20%、中级工占40%、高级工占40%的结构合理的技能人才队伍。这对于我国目前来讲，既需扩大技能人才的供给总量，更需大力发展职业教育，提升高技能人才在整个制造业技能人才队伍中的比例。

二 中国制造业的国际差异及问题

改革开放以后，中国迎来了制造业发展的春天，特别是近十余年来的快速发展，使得中国制造业在国际上扮演着重要的角色。中国制造业在制造型企业的数量、规模，以及制造型企业创造的价值、利润等方面取得了重大的成就，也创造了大量的就业机会和就业岗位。与此同时，"中国制造"也经历了毁誉参半的发展过程，与德国、日本等制造业强国的精良制造产品不同，"中国制造"的产品更多时候是与"价低质差"画上了等号。反观国内制造业现状，重复投资建设、创新研发后劲不足、科技含量低下等问题日益突出，加之国际贸易反倾销力度加大，信息技术日新月异的影响，中国制造业面临非常严峻的考验，改革与突破势在

---

① 参见《中国制造业增加值在世界占比超 1/5》，2014 年 10 月 5 日，中国新闻网（ht-tp：//finance. chinanews. com/cj/2014/10 - 05/6650782. shtml.）。

必行。要实现我国从制造业大国向制造业强国的转型，必须首先审视与当今世界制造业强国之间的差距，找出转型过程中最突出的问题和不足。

（一）研发投入比例低，创新能力差距大

尽管十年来，中国制造型企业的科研从业人员及 R&D 经费不断增多，投资规模巨大，同时也得到企业的大力支持。我们的高技术制造业十年间也取得了巨大的发展。然而，与国际先进制造型企业相比，我们在企业科研投入上依然不足，表现在规模上存在差距，科研资金投入产出不足，跟不上国际科技发展的趋势。尽管近年来企业申请的专利在国际上都居于领先水平，然而这仅仅体现在数量上，在专利技术的转化上我们依然不足。具体表现有以下几点：

一是 R&D 经费投入占 GDP 的比例较低。R&D 经费投入是衡量一个国家科技实力的重要指标，不仅能反映国家的综合国力，同时也是衡量国家科技竞争力的核心指标。从表 2—16 可以看出，随着中国工业化的不断发展，中国越来越重视科研工作，研发投入逐年增长，占 GDP 的比重也是逐年上升。与美国、德国、日本等制造业发达国家相比，2012 年，中国的 R&D 经费约为 1854 亿美元，显著低于美国的 3167 亿美元。中国居美国之后，成为仅次于美国的科研投入大国。然而，在 R&D 经费占本国 GDP 比例的比较上，中国一直以来处于比较落后的位置，2011 年的数据显示，日本是四个国家中占比最大的国家，中国低于美国、德国、日本。中国科技创新投入相对不足，未来应该加大对制造业创新的经费投入，提高使用效率，增加有开发价值的科技产出。

表 2—16　2007—2012 年中国、美国、德国、日本 R&D 经费投入及
占 GDP 的比例比较

年份	R&D 经费投入（百万美元）				R&D 经费占本国 GDP 比例（%）			
	中国	美国	德国	日本	中国	美国	德国	日本
2007	73990.7	269267.0	51765.6	114969.7	1.01	1.86	1.77	2.7
2008	88460.7	290681.0	56764.6	116687.8	1.08	1.97	1.86	2.72
2009	112784.0	282393.0	56164.8	103806.8	1.25	1.96	1.91	2.54

续表

年份	R&D 经费投入（百万美元）				R&D 经费占本国 GDP 比例（%）			
	中国	美国	德国	日本	中国	美国	德国	日本
2010	130332.6	278977.0	58927.7	107622.5	1.29	1.87	1.88	2.49
2011	157328.0	294093.0	65602.4	114204.6	1.39	1.89	1.96	2.61
2012	185365.8	316700.0	67082.9	——	1.51	1.95	1.95	——

注：1. R&D 数据来源于经济合作发展组织（OECD）《主要科学与技术指标数据库》（http://www.keepeek.com/Digital-Asset-Management/oecd/science-and-technology/main-science-and-technology-indicators/volume-2013/issue-2_msti-v2013-2-en#page44）；

2. R&D 经费占本国 GDP 比例数据来源于《中国科技统计年鉴》；

3. R&D 经费投入数据的计算购买力平价进行计算。

二是制造业 R&D 经费占增加值的比重较低。R&D 经费占制造业增加值的比重在统计学上被称作 R&D 强度，它是衡量制造业科研投入的核心指标。R&D 强度越高，表示该国越重视在制造业上的研发投入。

从统计数据可以看出，三个制造业发达国家非常重视对制造业研发的投入，美国在 2011 年的 R&D 强度达到了 18.33%，德国为 8.92%，日本为 10.47%，均显著高于中国，其中美国的 R&D 强度约为中国的三倍。具体见图 2—5 显示的四个国家 R&D 强度的变化对比情况。

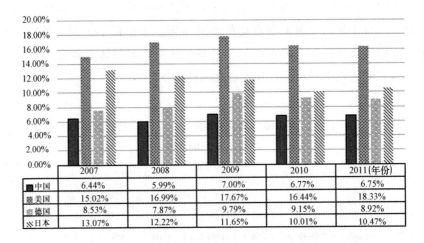

	2007	2008	2009	2010	2011(年份)
中国	6.44%	5.99%	7.00%	6.77%	6.75%
美国	15.02%	16.99%	17.67%	16.44%	18.33%
德国	8.53%	7.87%	9.79%	9.15%	8.92%
日本	13.07%	12.22%	11.65%	10.01%	10.47%

图 2—5 2007—2011 年中国、美国、德国、日本 R&D 强度比较

注：数据根据"企业 R&D 投入"与"制造业增加值"算出。

　　三是高技术制造业发展迅速，但研发能力还相对落后。高技术制造业的研发能力是一个制造业国家科研创新能力的重要研究指标，中国、美国、德国、日本都非常重视对高技术制造业的研发投入。从高技术制造业增加值的比重看，2005—2007 年三年间，我国高技术产业增加值有所增长，2007 年比重达到 12.7%。同期美国的比重为 19.1%，德国为12.8%，日本为 16.2%，美国最高。中国与世界主要制造业发达国家的差距正在不断缩小。然而，我国与美国、日本相比还有一定的差距，尤其是与美国的差距仍然较大（表 2—17）。

表 2—17　2005—2009 年中国、美国、德国、日本高技术产业增加值
占制造业增加值的比重比较　　　　　　单位:%

年份	中国	德国	美国	日本
2005	11.5	12.4	18.1	15.7
2006	11.5	12.2	19.2	16.1
2007	12.7	12.8	19.1	16.2
2008			19.7	15.4
2009			21.2	

　　注：数据来源于《中国高技术产业统计年鉴》（2013 年）。

　　各国专利申请的数量比较更能直接说明问题。为了方便国家间比较，经济合作发展组织（OECD）将在美国专利商标局、日本专利局及欧洲专利局的申请授权合为一个指标。在国际上通用的三方专利申请的专利数量上，四国"三方专利"授权数量与比例如表 2—18所示。

表 2—18　　2006—2010 年中国、美国、德国、日本"三方专利"
授权数量及占全球比重比较

年份	授权数量（项）				比例（%）			
	中国	美国	德国	日本	中国	美国	德国	日本
2006	316	13878	5184	13510	0.72	31.79	11.87	30.94
2007	412	13265	5177	13552	0.95	30.73	11.98	31.39

续表

年份	授权数量（项）				比例（%）			
	中国	美国	德国	日本	中国	美国	德国	日本
2008	446	12924	5030	12253	1.09	31.54	12.27	29.90
2009	664	12260	5070	12219	1.64	30.20	12.49	30.10
2010	708	12272	5057	12793	1.71	29.68	12.23	30.94

注：数据来源于经济合作发展组织（OECD）在线数据库《主要科学与技术主句库》（ht-tp：//www.keepeek.com/Digital-Asset-Management/oecd/science-and-technology/main-science-and-technology-indicators/volume – 2013/issue – 2_ msti-v2013 – 2 – en#page83）。

从表2—18可以看出，美国、德国、日本三国"三方专利"授权数量在数量及比重上都遥遥领先。2010年，美国获得"三方专利"授权的数量是中国的17.3倍，德国是中国的7.1倍，日本是中国的18.1倍。2010年，美国、德国、日本三国合计占总份额的72.85%，日本在这一年的"三方专利"授权数量的份额超过美国。尽管我国的"三方专利"授权数量逐年增长，但是我国跟世界主要制造业发达国家相比还有非常大的差距，我国科技人员需要提高科研经费产出效率，努力提高有使用价值的专利授权数量。

（二）低效率高能耗，本土优势逐渐丧失

一是劳动生产率低下。统计数据显示，中国从事制造业的就业人口最多。表2—20显示，2011年，我国制造业雇员数达到8053.96万人，美国居其次，1201.6万人。中国的制造业人口相比2010年，减少337.51万人，美国相比2010年，制造业雇员数增加18.7万人，德国增加13.3万人。尽管制造业成为吸纳就业人口最多的产业，然而中国制造业的劳动生产率，相比美国、德国、日本等制造业发达国家，却又有很大的差距。图2—6显示的是中、美、德、日四国劳动生产率的比较情况以及变化情况。

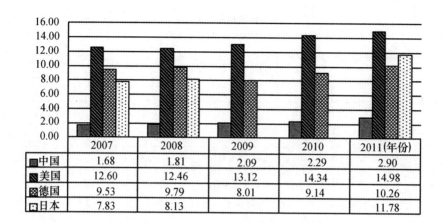

图2—6　2007—2011年中国、美国、德国、日本的制造业劳动生产率
比较（单位：制造业增加值/万人）

表2—19　　　　2004—2011年中国、美国、德国、日本的制造业
增加值情况比较　　　　单位：亿美元

年份	世界制造业增加值	中国	美国	德国	日本
2004	67052.39	6252.22	15687.00	5400.53	9327.29
2005	71654.64	7336.56	16622.00	5493.96	9045.58
2006	77217.92	8931.30	17228.00	5959.17	8621.56
2007	87200.73	11497.20	17930.00	6876.46	8795.00
2008	93484.68	14764.29	17106.00	7208.41	9545.97
2009	84181.94	16122.77	15982.00	5739.03	8907.89
2010	95319.65	19249.61	16967.00	6438.16	10746.54
2011	104152.16	23316.59	18005.00	7358.19	10911.75
年均增长	6.9%	34.1%	1.8%	4.5%	2.1%

注：数据来源于世界银行集团官方统计数据（http://data.worldbank.org.cn/indicator/
NV.IND.MANF.CD）。

表 2—20   2007—2011 年中国、美国、德国、日本的制造业
雇员数量比较   单位：万人

年份	中国	美国	德国	日本
2007	6855.51	1422.6	721.2	1123
2008	8146.4	1373.2	736.1	1174
2009	7719.53	1217.7	716.1	
2010	8391.47	1182.9	704.2	
2011	8053.96	1201.6	717.5	926.2

注：1. 中国制造业雇员数根据《中国统计年鉴》（2008—2012 年）整理得出；

2. 美国、德国数据来源于经济合作发展组织（OECD）官方统计数据（http://www.oecd-ilibrary. org/industry-and-services/total-employment-in-manufacturing – 2011_ 20743882 – 2011 – table1）；

3. 日本 2007 年、2008 年数据来源于经济合作发展组织（OECD）官方统计数据（http://www.oecd-ilibrary. org/industry-and-services/total-employment-in-manufacturing – 2011 _ 20743882 – 2011 – table1），2011 年数据来源于联合国统计司（UNSD）官方发布数据（http://unstats. un. org/unsd/databases. htm）。

中国制造业近年来虽然在制造业增加值，以及制造业就业人口方面居于世界前列，但是制造业劳动生产率却远远低于美国、德国、日本等制造业发达国家。2011 年，美国是中国制造业劳动生产率的 5.2 倍，德国是中国的 3.5 倍，日本是中国的 4.1 倍（表 2—21）。

表 2—21   2007—2011 年中国、美国、德国、日本的制造业
劳动生产率比较

年份	中国	美国	德国	日本
2007	1.68	12.60	9.53	7.83
2008	1.81	12.46	9.79	8.13
2009	2.09	13.12	8.01	
2010	2.29	14.34	9.14	
2011	2.90	14.98	10.26	11.78

注：数据根据表 2—19、2—20 计算整理得出。

二是制造业发展能耗高，生产效率较低。2006—2009 年，美国、

德国、日本等主要制造业发达国家的能源消耗量比重呈不断下降的趋势，而中国制造业的能源消耗量则不断增长。2009 年，中国制造业增加值为 16122.77 亿美元，同期美国制造业增加值为 15982 亿美元，而中国制造业能源消耗量占全国总消耗量的比重却是 59.1%，美国为 17.7%。这充分说明我国制造业与国际主要制造业强国相比，能源消耗还非常严重，制造业能源使用的数量巨大，生产效率较低。同时，也充分说明，我国制造业产业结构中高能耗的产业较多（表 2—22）。

表 2—22　　2006—2009 年中国、美国、德国、日本工业能源消耗量
占总消费量的比重　　　　单位:%

年份	中国	美国	德国	日本
2006	58.82	19.18	23.28	28.36
2007	59.05	18.8	24.17	28.47
2008	58.89	19.04	23.49	27.17
2009	59.1	17.7	21.4	26.19

注：数据来源于各国国家统计局官方公布数据。

三是我国制造业的本土优势正在逐渐丧失。十年来，随着改革开放程度的进一步加深，越来越多的国际制造型企业投资中国。它们或采取独资方式，或采取合资、合营方式占领中国市场，并逐渐深入制造业各个行业。中国在利用外商资金、技术发展本国制造业的同时，国际著名制造业品牌占领中国市场份额越来越大的问题也日益凸显。据统计，过去十几年间，外资企业已经控制了中国 1/3 的中国制造业增加值和一半以上的出口。[1] 尽管越来越多的中国制造型企业走向国际市场，然而"中国制造"在国际的发展依然步履维艰，与此形成鲜明对比的是，国外制造型企业在中国的发展确实异常顺利。有资料显示，超过 75% 的外国企业在中国实现盈利，有部分企业在中国的盈利水平超过全球平均水平。

---

[1]　参见于晓东《"中国制造"面临的发展困境分析》，《商业时代》2010 年第 15 期。

(三) 地区产业结构趋同,重复建设问题严重

尽管十年来制造业产业结构逐渐发生变化,但产业结构不够优化的问题依然十分突出。全国大部分省市地区在产业结构发展、规划上具有很大的相似性,除极少数边远省份,各省份产业结构的趋同性问题较为严重。为了地区 GDP 的创造,地区在规划制造业发展上,常常忽略地区实际,盲目攀比上马项目。如汽车制造产业,全国大部分省份皆有涉足。产业结构的趋同,一方面造成资源的巨大浪费,另一方面也造成了国内各省份之间的无序竞争。地区间重复建设严重,也加剧了低水平的竞争,这种低端无序竞争直接导致中国的制造业发展效率不高,与主要制造业发达国家相比,存在较大差距。高端制造业发展不足,主要行业居于国际价值链创造的低端,产品附加值低,核心技术缺乏。与美国、德国、日本等制造业发达国家相比,我国制造业在整个国际价值链上依然处于低端位置。未来中国制造业的发展,应该着手提高制造业劳动生产率,不断促进制造业产业结构升级,让制造业发展的"量"和"质"共同提升。

(四) 技能人才等级结构不合理,瓶颈问题突出

制造业的不断发展,需要大量的技能人才。2012 年,我国从事制造业的人员已经超过 8000 万人,但是从各省市的人才规划、各地紧缺人才信息报道中依然可以发现技能人才短缺问题在全国各地普遍存在,技能人才短缺成为中国制造业发展过程中的瓶颈制约。在数量不足的同时,从技能人才的素质结构看,也存在明显的不足:由于技能人才缺乏有效的激励,技能人才提升素质的积极性不足;技能人才等级结构中高技能人才明显不足,高技能人才缺乏已经成为我国制造型企业面临的严重问题。一般而言,美国、德国、日本等制造业发达国家的技能人才队伍结构比例为初级、中级、高级工分别占 20%、40%、40%,据本次全国课题组对全国抽样调查的结果看,在拥有技能等级的中国制造业技能工人中,初级工约占 30%,中级工约占 40%,高技能人才约占 30%。很明显中国技能人才等级结构中,高技能比例过低问题比较突出。随着产业结构的

进一步调整和优化，转型升级中的我国制造行业普遍需要更多拥有更高技能、更娴熟的技术工人，对此需要引起高度重视，并采取切实措施加以解决。

三　中国制造业技能人才队伍建设的现状分析

（一）中国制造业技能人才总量

我国制造业技能人才整体上的数量非常庞大，是吸纳新增劳动力的重要领域之一。[①] 中国制造业技能人才的具体数量，一直以来并没有一个权威的统计数据，国家统计年鉴仅对制造业从业人员数量进行了统计。根据 2010 年人口普查数据，制造业就业人数为 12059240 人，结合职业分类与制造业技能人才的对应值进行计算，发现技能人才约占制造业总人数的 71.96%。[②] 尽管我国制造业技能人才的数量总量在世界上处于领先地位，然而与制造业强国相比，我国制造业技能人才队伍整体素质偏低，质量上还相对落后。要想彻底改变"中国制造"在国际上的地位与名声，提高技能工人队伍整体素质刻不容缓。

（二）中国制造业技能工人的结构

1. 技能等级结构

根据本次 2238 名技能人才的调查结果统计，未取得任何国家职业资格证书的技能人才占 52.5%，获得初级及以上技能等级证书的技能人才为 47.5%。在获得技能等级证书的技能人才中，初级工占 31.3%，中级工占 39.6%，高级工占 20.9%，技师的比例为 6.5%，高级技师的比例为 1.7%，高技能人才的比例总体上达到 29.1%（图 2—7）。

---

① 参见杨克《中国制造业多元制技能人才培养模式研究》，博士学位论文，武汉理工大学，2009 年。

② 参见国务院人口普查办公室《中国 2010 年人口普查资料》，2014 年 12 月 22 日，中华人民共和国国家统计局（http://www.stats.gov.cn/tjsj/pcsj/rkpc/6rp/indexch.htm.）。

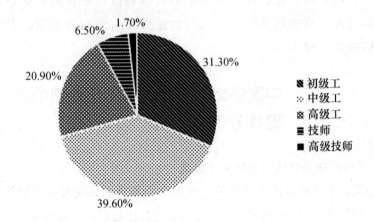

图2—7 中国技能人才技能等级结构

　　根据本次调查数据反映的全国技能人才水平来看，获取技能等级证书的技能人才占比不高，因此，进一步加强我国技能工人技能等级鉴定，提升技能工人等级水平成为一个非常重要的任务。同时，获取技能等级证书的技能工人中，中级工的数量已经超过初级工和高级工，逐渐成为技术工人的中坚力量。高技能人才的整体比重占到29.1%，接近1/3，但与制造业发达国家相比，该数据仍然存在一定差距，急需调整技能工人的技能等级结构，提升技能人才的素质，增加高技能人才的数量。

　　2. 学历结构

　　根据本次抽样调查的结果（图2—8），全部2238名技能人才中，初中及以下文化程度的技术工人占24.5%，高中文化程度的技术工人占25.1%，技校/中职文化程度的技术工人占26%，三者合计的比重为75.6%；拥有高职/大专文化程度的技术工人占21.9%，而本科及以上文化程度的技术工人比重仅为2.5%。以上数据充分说明，我国制造业技能人才的整体文化程度偏低。这无疑是对要求掌握高新技术的现代化先进制造业可持续发展的制约①，因此，我国制造业技能人才的文化水平亟待

――――――――――

　　① 参见阴惠苹《我国制造型企业技能人才梯队建设》，《科技经济市场》2008年第11期。

提高。同时也可以看出，大学本科及以上学历的毕业生不愿意从事制造行业技能工作，技能人才十分紧缺，但大学应届毕业生却年年遭遇"就业难"，可见，我国的高等教育与社会实际需求脱节，这也影响了技能人才的供给，加剧"技工荒"。

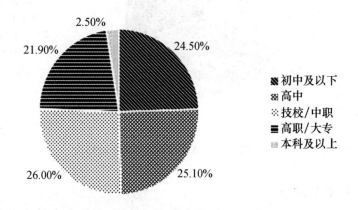

图 2—8　我国制造业技能工人的文化程度结构

注：数据来源于本次全国抽样调查样本分析。

3. 年龄结构

根据本次抽样调查的结果（图 2—9），技能人才 25 岁及以下的占 30.5%，26—35 岁的占 38%，36—45 岁的占 24.7%，46—55 岁的占 6.1%，56 岁及以上的占 0.7%。总体来讲，46 岁以下的技术人才比重为 93.2%，我国技能工人队伍愈来愈呈现年轻化的特征。留住和激励新生代"90 后"技能人才已经是当前制造业解决技能人才短缺的一个重要手段。同时，学习日本等制造业发达国家延长退休年龄、退休返聘以及"老师傅带徒弟"等方法，留住年龄较大且经验丰富的技能人才，有利于解决制造业技能人才队伍短缺问题，增加我国技能人才总量还有很大的空间。

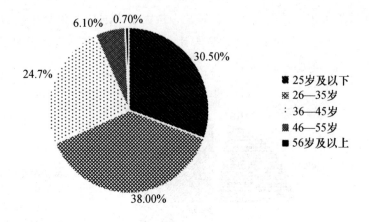

图 2—9 我国技能工人的年龄结构

4. 性别结构

由于制造业整个行业的工作性质，制造业从业人员中男性的比例一直高于女性。如图 2—10 所示，根据本次抽样调查结果，2238 个样本中，技能工人中男性占的比重为 72.1%，女性技能工人的比重为 27.9%。女性作为潜在的劳动力数量庞大，我国制造业可以借鉴日本鼓励家庭主妇等女性重新开始工作，并立法保障其平等就业权利和通过灵活管理的方式吸引她们进入制造行业，通过增加女性员工在制造业技能人才队伍中的比重，一定程度上缓解制造业技能短缺的压力。

从本次调查结果来看，整体而言，我国制造业技能人才的等级结构发生了比较大的变化，逐步趋于优化。高技能人才的比例进一步提高，与制造业强国的差距在逐渐缩小。但是，技能人才队伍的文化程度却令人担忧。只有中等教育及以下程度的技能工人的比例高达 75.6%，制造业技能人才整体文化程度、文化水平低下。同时，从年龄结构来看，制造业技能人才趋于年轻化，如何留住和激励他们，任务艰巨；而随着年龄的增大，如何控制技能人才的流失，如何稳定经验丰富的技能人才，也是迫在眉睫的问题。因此，如何稳定、提升和激励技能人才是当前技能人才队伍建设的重要问题。

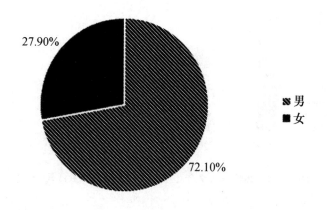

图 2—10　我国制造业技能工人的性别结构

（三）中国制造业技能人才的培养体系

1. 中国职业教育培养技能人才的现状分析

职业教育是技能人才供给的最重要渠道。职业院校、职业培训机构肩负着重要的技能人才培养重任。本研究从职业院校的数量变化、招生情况、培训机构的状况等角度对中国职业教育培养技能人才的情况进行分析。

首先，中职院校数量逐年下降、高职院校数量缓慢上升。2012 年，中国高职（专科）院校共 1297 所，2011 年为 1280 所，增加 17 所。中等职业院校，2012 年 12663 所，2011 年为 13093 所[①]，中等职业院校数量较 2011 年有所减少。如图 2—11 和图 2—12 所示，2008—2012 年，我国中等职业院校数量呈不升反降趋势，这说明我国中等职业技术教育逐渐由粗放型的数量教育向更注重质量教育的方向不断迈进。而代表职业教育高等阶段的高职（专科）教育院校数量呈不断上升趋势，这充分说明我国职业教育阶段不断向高等教育阶段迈进，同时也说明我国职业教育培养的技术人才质量不断提升。

———————

① 参见中华人民共和国教育部《2012 年全国教育事业发展统计公报》，2014 年 7 月 30 日，中华人民共和国教育部（http：//www. moe. edu. cn/publicfiles/business/htmlfiles/moe/moe_ 633/201308/155798. html）。

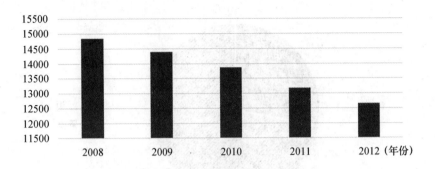

图 2—11　2008—2012 年中国中等职业院校数量比较（单位：所）

注：数据来源于《中国统计年鉴》（2008—2012 年）。

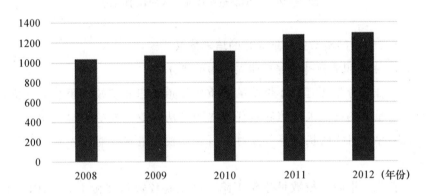

图 2—12　2008—2012 年中国高职（专科）院校数量比较（单位：所）

其次，中等职业学校招生数量和毕业生数量均呈下滑趋势。以加工制造类专业为例，从图 2—13 可以看出，2012 年，中等职业技术教育中，加工制造类专业学生招生数为 896233 人，在校生人数为 2658500 人，毕业生人数为 964112 人。2008—2012 年，加工制造类专业的中等职业技术教育学生，招生数与在校学生数逐年下降。5 年间，招生数年均下降 8.8%，在校学生数年均下降 7.5%。从 2010 年开始，毕业生人数连续两年下降，3 年间，中等职业技术教育加工制造类专业学生下降了 26.3%。另外，加工制造类专业学生获得职业资格证书的数量也有下降趋势。2012 年，中等职业技术学校加工制造类专业学生获得职业资格证书的人数为 700805 人，2011 年为 833267 人，2009 年为 925115 人①，三年间，获得职业资格证书的人数减少 24.2%。

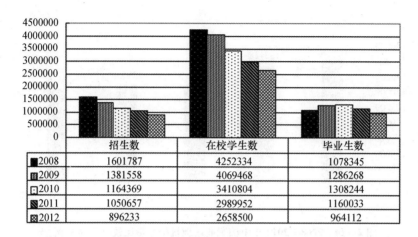

	招生数	在校学生数	毕业生数
2008	1601787	4252334	1078345
2009	1381558	4069468	1286268
2010	1164369	3410804	1308244
2011	1050657	2989952	1160033
2012	896233	2658500	964112

图 2—13 2008—2012 年中国中等职业技术教育加工制造类专业

学生情况（单位：人）

注：数据来源于《中国统计年鉴》(2009—2013 年)。

通过对全国 2333 名中职院校学生的调查发现②，仅有 31.8% 的学生明确表示在毕业之后，非常愿意或者比较愿意到制造型企业从事技能岗位的工作。27.3% 的学生明确表示不愿意从事技能岗位的工作。而与此同时，中国制造业技能工人的紧缺局势不断加剧，中职学生招生数、在校学生数、毕业学生数的下降，加剧了中国制造业技能工人的短缺形势。

最后，职业技术培训机构整合步伐加大，绝对数量减少。2012 年，中国职业技术培训机构数量为 123766 所，2011 年为 129530 所，比 2012 年略少。③ 其中，2012 年农村成人文化技术培训学校为 100009 所，2011

① 参见《中国统计年鉴—2013》，2014 年 7 月 30 日，中华人民共和国国家统计局（http://www.stats.gov.cn/tjsj/ndsj/2013/indexce.htm.）。

② 本次抽样调查，70% 左右的学生专业为加工制造类，30% 左右为其他。

③ 参见《中国统计年鉴—2013》，2014 年 7 月 30 日，中华人民共和国国家统计局（http://www.stats.gov.cn/tjsj/ndsj/2013/indexce.htm.）。

年为 103420 所, 减少 3411 所。① 如图 2—14 所示, 职业技术培训机构的绝对数量减少, 也说明职业技术培训机构的规范力度加强, 行业整合步伐加大。

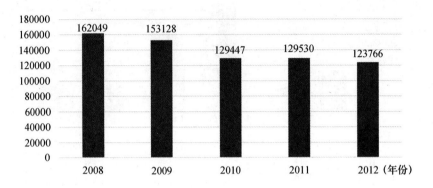

图 2—14　2008—2012 年中国职业培训机构数量比较（单位：所）
注：数据来源于《中国统计年鉴》（2009—2013 年）。

2. 中国职业技能鉴定机构的现状

职业技能鉴定机构是职业教育体系的重要组成部分, 承担着技能人才职业资格认证的重要作用。2011 年统计数据显示, 中国职业技能鉴定机构 10677 个, 比 2010 年增加 874 个。② 职业技能鉴定机构考评人员, 2012 年为 194795 人, 2011 年为 210497 人。③ 中国已经拥有一支庞大的职业技能鉴定队伍。

近年来, 职业技能鉴定机构鉴定考核的技能人才人数逐年递增。根据《中国统计年鉴》（2009—2012 年）显示, 2011 年中国职业技能鉴定机构全年鉴定考核人数为 17459327 人, 其中鉴定初级考核人数为 7254275 人, 鉴定中级考核人数为 6579593 人, 鉴定高级考核人数为 3098462 人, 鉴定技师考核人数为 428247 人, 鉴定高级技师考

---

① 参见《中国统计年鉴—2013》, 2014 年 7 月 30 日, 中华人民共和国国家统计局 (ht-tp：//www. stats. gov. cn/tjsj/ndsj/2013/indexce. htm.)。

② 参见《中国统计年鉴—2012》, 2014 年 7 月 30 日, 中华人民共和国国家统计局 (ht-tp：//www. stats. gov. cn/tjsj/ndsj/2012/indexce. htm.)。

③ 参见《中国统计年鉴—2013》, 2014 年 7 月 30 日, 中华人民共和国国家统计局 (ht-tp：//www. stats. gov. cn/tjsj/ndsj/2013/indexce. htm.)。

核人数为 98750 人。2008—2011 年，参加职业技能鉴定的人数不断增长，4 年间年均增长 7.6%。参加不同等级职业技能鉴定的人数也都呈增长趋势（表 2—23，图 2—15）。

表 2—23　　　2008—2011 年中国职业技能鉴定机构鉴定考核情况　　　单位：人

年份	职业技能本年鉴定考核人数	职业技能鉴定初级考核人数	职业技能鉴定中级考核人数	职业技能鉴定高级考核人数	职业技能鉴定技师考核人数	职业技能鉴定高级技师考核人数
2008	13374707	5104213	5758542	2029246	403738	78968
2009	14920761	6029998	6110523	2126028	544210	110002
2010	16575457	6768836	6531792	2722092	453762	98975
2011	17459327	7254275	6579593	3098462	428247	98750

注：数据来源于《中国统计年鉴》（2009—2012 年）。

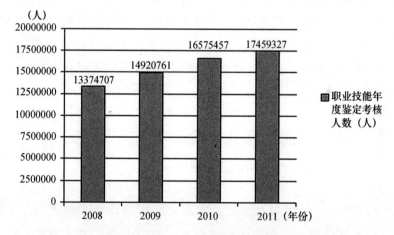

图 2—15　2008—2011 年中国职业技能鉴定考核人数

注：数据来源于《中国统计年鉴》（2009—2012 年）。

职业技能鉴定机构证书获取人数在很大程度上代表了职业技能人才队伍建设和发展情况。表 2—24 为 2008—2011 年中国职业技能鉴定机构考核人员获取职业资格证书人数的基本情况。2011 年，中国职业技能鉴定获取证书的人数约为 1482 万人，2008 年约为 1137 万人，4 年间，参加职业技能鉴定获取证书的人数增长了 30.3%，这充分说明，我国职业技能鉴定工作正蓬勃发展。

表 2—24　　　　2008—2011 年中国职业技能鉴定机构鉴定考核情况　　单位：人

年份	本年获取证书人数	获取初级证书人数	获取中级证书人数	获取高级证书人数	获取技师证书人数	获取高级技师证书人数
2008	11372105	4492273	4891989	1606473	318047	63323
2009	12320051	5251357	5134383	1516357	336623	81331
2010	13929377	5899097	5544598	2097432	316663	71587
2011	14820504	6533022	5464700	2464290	286769	71723

注：数据来源于《中国统计年鉴》（2009—2012 年）。

从以上数据不难看出，我国职业教育和职业技能鉴定发展迅速，为制造业的发展提供了一大批专业的技能人才。但是，我们也不能忽略与制造业强国之间的差距和存在的问题。职业院校的教育应当与社会实际需求接轨，而不是盲目扩大规模，职业技能鉴定机构应当提升其职业技能鉴定的质量，使其为提升技能人才素质服务，而不是流于形式。总体来说，我国的职业教育和职业技能鉴定要跻身世界先进还有很长的一段路要走。

四　中国制造业技能人才队伍建设的国际差异及问题

改革开放至今，我国制造业技能人才队伍建设发展迅速，为我国制造业的发展输送了不少优秀技能人才。然而，不可否认的是，我国的技能人才队伍建设仍然存在不少的问题，同世界制造业强国相比较我国技能人才队伍建设还有很大差距。因而，有必要通过人才队伍建设环境和开发途径两个方面的比较，找出我国制造业技能人才队伍建设与制造业强国的差距，从而更加有针对性地吸取教训、借鉴经验，提升我国技能人才队伍的培养和建设，为制造业发展做好充分的人才储备。

（一）制造业技能人才队伍的建设环境比较

通过对第一章制造业强国制造业技能人才队伍建设的分析研究，再结合我国实际国情，可以发现，我国在建设制造业技能人才队伍方面与制造业强国的差距和现实中存在着以下问题。

1. 政治方面：政府未能充分发挥指导、协调作用

制造业技能人才队伍的建设并不是某一个主体的责任，而是需要各个主体协调配合，在这个合作的过程中，政府就必须承担起指导、协调企业、学校、培训机构以及行业协会等主体的作用。反观制造业强国，其中德国政府在"双元制"职业教育中就扮演了良好的指导、协调的角色，这也是德国"双元制"职业教育能世界闻名的重要原因。但是，我国政府在制造业技能人才队伍建设中往往承担了相当多的职能——决策、领导、管理、协调等，反而未能真正起到指导和协调的作用。以广州为例，政府在技能人才的培养中，过多地参与培养的实际过程中，造成政府负担过重，很难长远地考虑技能人才的发展[①]，而且也造成企业、行业协会在培养技能人才中难以发挥能动性，不能更加有针对性地实施培养。这样的情况并非仅此一例，其他省市的现状也大多相似。因此，学习国外制造业强国的经验，理顺政府、企业、社会培训机构的关系，更好地发挥各自在技能人才培养中的作用很有必要。

2. 经济方面：技能人才培养资金投入不够

技能人才的培养必须有保证充足的资金投入。回顾制造业强国的发展，其充足的教育资金投入为其制造业技能人才的保障发挥了至关重要的作用。然而，在我国，制造业技能人才的培养教育却存在资金投入不够的问题。一方面，国家对制造业技能人才的教育资金投入不够，究其原因，由于我国对整个教育的资金投入就不大，再加上其中大量的资金都被投入高等教育[②]，因而职业教育投入就相对较少，再到针对制造业的

---

① 参见吴邑湘《广州市高技能人才培养问题研究》，硕士学位论文，华南理工大学，2012 年。

② 参见严慧《船舶制造业技能人才供需问题及对策研究》，《江苏船舶》2014 年第 2 期。

职业教育就更加少了。以山东为例，1998—2009 年普通高校的教育经费投入每年以 21.4% 的速度增长，而中等职业教育的经费投入增长速度只有 11.4%。[①] 另一方面，制造型企业对技能人才的培养费用偏低，有调查显示，我国企业职工每年每人的培训费只有 60 元左右[②]，相较于制造业发达国家来说远远落后。从这两方面来看，我国制造业技能人才队伍建设急需大量的资金投入。

资料 2—1　职教经费保障难在哪[③]

教育部门"哭穷要'奶'吃"，财政部门一直捂着"口袋"不松手，一说到教育经费，人们就会有这样的印象。对此，浙江省财政厅教科文处处长金涛对《中国青年报》记者说："财政工作要去神秘化，改变过去只顾埋头切'蛋糕'的做法。"这些地方财政官员不约而同地认为："职业教育一直处于弱势地位，历史上欠债比较多，与经济社会发展需要有很大差距。"

"一中建造了新校舍，腾出来的老校舍就给普通初中，普通初中原来的破校舍就给职业院校。"说起职业教育的问题，这些财政官员知道得不比教育官员少：一是重视度不高；二是条件差，设施、设备老化。

"食堂臭烘烘的，宿舍黑乎乎的，生活条件不如建筑工地上的农民工。"一位财政厅官员在调研几所省属职业院校后，深有感触地对《中国青年报》记者说："我是家长绝不让孩子去上职业院校，职业教育需要改善的地方太多了。"

据统计，2011 年全国高职高专生均经费投入为 7999.51 元，其中用于个人部分为 4022.12 元，占 50.28%；用于公用部分为 3546.23 元，占 44.33%；基本建设 431.16 元，占 5.39%。中等职业学校生均经费投入平均为 6408.77 元，其中个人部分为 3935.43 元，占 61.41%；用于公用部分为 2212.85 元，占 34.53%；基本建设 260.49 元，占 4.06%。

---

① 参见张双娜《山东省高技能人才培养经费问题探析》，《中国集体经济》2012 年第 16 期。

② 参见苏志刚《对完善高技能人才队伍建设的思考》，《经济问题》2003 年第 8 期。

③ 参见李剑平《职教经费保障难在哪》，《中国青年报》2013 年 8 月 9 日第 3 版。

"由此可以看出，公共财政对职业教育的投入，用于人员、公用等基本支出所占比例过重，用于提高教学质量、改善办学条件与基本建设的资金投入比例过低。"有关财政厅官员向《中国青年报》记者介绍说。

3. 文化方面：社会重学历轻技能，制造业难以吸引优秀人才

我国自古以来就有"劳心者治人，劳力者治于人"的唯仕唯学、重仕轻工、重学历轻技能的官本位思想[①]，然而社会发展到今天，这样的想法似乎愈演愈烈。教育导向高等教育，而并不重视职业教育；父母不愿意子女成为一名普通的工人，"鼓吹"上大学才是唯一出路；年青一代则坚信高等教育，不愿意选择职业教育，不愿意去工厂当工人。这样的理念潜移默化成为一种社会文化或社会时尚，尽管"三百六十行，行行出状元"，但现在却很少有人自愿以制造业工人为职业生涯选择，大多认为工人社会地位低。[②] 同时，社会对制造业偏负面的刻板印象难以改变，"薪资水平偏低、劳动强度较大、工作环境较差、工作危险性大"在一定程度上被视为制造业的代名词，"80后""90后"的年轻劳动力根本不愿意从事制造业这样的工作，这就造成了技能人才的供给越来越少。

4. 教育方面：职业教育体系不完善，教学水平低

制造业技能人才队伍建设的核心途径是职业教育，但我国的职业教育水平低下，问题诸多。从制造业强国制造业技能人才职业教育的研究中，我们不难发现，制造业的兴盛离不开完善的职业教育体系，美国的社区教育、德国的"双元制"以及日本的企业职业教育等世界闻名，同时职业教育不仅仅是学校的责任，政府、企业、行业协会、培训机构等是一个完整的体系，分工协作，井然有序。反观我国的职业教育，职业教育体系不完善，水平也较为低下，表现为：职业教育地区差异，即东部沿海和西部内陆、城市和农村差异，特别是农村，无论是基础设施

---

① 参见曾建权《我国高技能人才开发面临的问题与对策》，《中国人力资源开发》2008 年第 6 期。

② 参见张蕾《制造业升级中提高产业工人技能问题研究》，《继续教育研究》2012 年第 6 期。

还是教学水平都极为低下①；职业教育阶段差异，即中等职业教育、本科职业教育以及研究生职业教育差异，本科职业教育尚未大规模开展，仅少数学校试点，研究生职业教育尚属空白；继续教育极为匮乏；专业设置不具针对性②、课程设置不合理内容陈旧③；缺乏实习实训；④ 师资队伍匮乏，等等。

资料2—2 有劳动的尊严才有职业教育的春天⑤

当下我国职业教育的尴尬，正如纪宝成所概括的那样，"大家谈起来都认为很重要，现实生活中又离不开，打心眼里却瞧不上。"一旦大力发展职业教育的重要性和必要性只是停留在口头上，没有人愿意为之身体力行，其结果就是原本非常重要的职业教育与现实需求脱节，难以发挥应有的作用。

我国是一个制造业大国，但不是一个制造业强国。简言之，中国制造要转化为中国创造还有很长的路要走。造成这一状况的一个重要原因就是，滞后的职业教育难以为制造业输入更多的高技能人才。据统计，目前我国高级技工仅占工人总数的5%左右，与发达国家高级技工40%的比例相差甚远，高级技工的缺口数量巨大。

应该说，职业的尊严维系于体面的职业地位和受到尊重的职业价值。从这个意义上讲，虽然我们已经进入一个价值多元的时代，但是那种"劳心者治人"的价值观，由于制度、机制的原因，还在一定程度上大行其道，这使得原本应该平等受到尊重的职业，不幸有了三六九等之分。从这个意义上讲，劳动尊严的衰落，是职业教育沦落到今天如此境地的最好诠释——当职业教育无法成为个体体面人生的基础，它必然会随着劳动尊严的衰落而一同沉沦。

---

① 参见唐智彬、石伟平《农村职业教育发展现状及问题分析》，《职业技术教育》2012年第28期。

② 参见孙弼、付菊《浅谈我国职业教育存在的问题及对策》，《陕西师范大学继续教育学报》2003年第1期。

③ 参见贺修炎《高职院校高技能人才培养：问题与对策》，《高教探索》2008年第1期。

④ 参见肖士恩《河北省制造业技能型人才问题研究》，《石家庄经济学院学报》2009年第1期。

⑤ 参见贺方《有劳动的尊严才有职业教育的春天》，《中国青年报》2013年4月16日第2版。

5. 社会方面：行业协会、社会培训机构的实际效果不明显

在制造业发达国家中，行业协会以及社会培训机构承担了很大一部分的职业教育培训作用，某些国家的行业协会还起到了监督以及中介作用。德国的某些行业协会在考核中发挥了很大的监督作用，为证书增加了含金量。美国的某些行业协会则为大众提供政府政策、企业招聘以及培训咨询等多项功能。我国的行业协会虽在近年来得到发展，成为地区和行业经济发展的重要助推力量，但与发达国家相比，各种行业协会和民间商会在促进技能人才队伍建设方面做得还很不够。此外，社会培训机构的存在形式大多以考取证书而设立，功利色彩很重，且政府设立以及 NGO（非政府组织）性质的培训机构也较少，广大农村以及贫困人群很难享受这样的培训。总的来说，行业协会以及社会培训机构在促进我国制造业技能人才队伍建设上的作用不甚明显，这也说明二者是我国职业教育中具有极大发展潜力的主体。

（二）　制造业技能人才队伍开发途径的国际差距

制造业技能人才队伍建设开发是制造业发展的重中之重，综观制造业强国的技能人才队伍开发途径，可以发现，学校、企业、培训机构以及行业协会四大开发培养主体，也即四大开发途径发挥了非常重要的作用。而我国经过多年发展，也主要形成了学校、企业以及校企合作的开发模式[①]，但通过与制造业强国对比发现，我国的制造业技能人才队伍开发途径仍然存在很多问题。

1. 开发途径单一

制造业强国在制造业技能人才的开发上充分发挥学校、企业、行业协会以及培训机构在内的四大途径的合力作用，效果突出。然而，回顾国内的技能人才开发，虽然有学校和企业的开发，但企业的开发和培训在我国力度并不大[②]，这就造成了我国的技能人才基本上依赖于学校职业

---

① 参见毕结礼《未来五年高技能人才缺口有多大——关于企业高技能人才开发途径和需求趋势的报告》，《职业技术教育》2005 年第 36 期。

② 参见谢平楼《中国企业高技能人才开发研究》，硕士学位论文，湖南农业大学，2005 年。

教育这一途径。加之，职校教育由于自身的办学水平、生源质量、建设环境等存在诸多问题，这一开发途径的效果往往难以保障。

2. 校企合作推行效果不佳

校企合作，本是我国借鉴制造业发达国家的一个优秀经验，但由于"水土不服"，当前问题突出。首先，政府还未建立相应的政策法规和管理机制，导致了学校和企业自行摸索而状况百出①；其次，职业学校水平低，培养的学生素质不高，很难满足企业的需求，影响企业继续开展校企合作的积极性②；再次，企业往往不愿意接纳学生到企业参加实训，一是由于需要调整员工时间，二是由于要承担一定的风险，这样导致学生根本没有达到企业实训的目的，失去校企合作的意义③；最后，社会观念的转变并没有跟上校企合作的步伐④，也就是说，企业和学校并没有站在长远的角度看待校企合作，都仅仅是从自身出发，这就容易导致校企合作的破裂。国外的校企合作能达到理想效果的前提是各方需做好充分的保障，简单进行形式上的引进势必引起诸多问题。我国现有的校企合作人才培养还需从功能定位、合作模式、实现途径等多方面进一步探讨和修正。

3. 社会培训机构与行业协会的人才开发参与度低

我国社会培训机构在承担制造业技能人才开发和培养的力量上较为薄弱⑤，由于社会培训机构数量很少，所以办学质量水平也不太高。制造业发达国家极为重要的行业协会开发途径，在我国则很少发挥作用。国外经验表明，由于企业开发培养内部人才有可能出现培养的高技能成熟人才迅速流失到其他企业的情况，因此，企业通过行业协会来开发培养则能免去这种担忧；同时，行业协会对本行业的新科技新技术的发展动向最为敏感，行业协会培训能保证培训内容的前沿性和实效性。由于我国整体技能人才开发的政策法规体系并未完善，开办社会培训机构以及

---

① 参见张志强《校企合作存在的问题与对策研究》，《中国职业技术教育》2012 年第 4 期。

② 参见姜立之《职业院校校企合作存在的问题与对策探析》，《职业时空》2009 年第 11 期。

③ 参见王肇英《对校企合作几个现实问题的思考》，《新乡教育学院学报》2009 年第 2 期。

④ 参见许标、吴春芳《职业教育校企合作问题分析与对策》，《辽宁高职学报》2008 年第 6 期。

⑤ 参见郜永勤、陈荔《我国高技能人才培养模式的探讨》，《中国行政管理》2008 年第 5 期。

行业协会承办培训都存在很大的风险，这两个开发途径尚未发挥出应有的作用，进一步探讨其在技能人才队伍建设中的可行性十分必要。

4. 职业技能鉴定体系不完善，未发挥良好效用

职业技能鉴定是职业教育体系的重要组成部分，承担着技能人才职业资格认证的重要作用，同时，也是开发和提升技能人才素质的重要手段。制造业强国的职业技能鉴定体系都十分完善，其中日本建立了"职业技能鉴定制度"，以立法的形式将职业技能鉴定和技能培训结合起来，两者互相促进，在开发、提升技能人才上发挥了极大的作用。而在我国，虽然参加职业技能鉴定的技能人才逐年增加，越来越多的技能人才获取了职业机构鉴定资格证书，但是我国的职业技能鉴定仍然存在很多问题：相关法律法规亟待完善，条块分割信息不对称[①]；职业技能鉴定的质量有待提高，缺乏专业技能鉴定工作人员，考试题库局限性大，鉴定机构或人员随意性较大等[②]；第三方认证机构缺乏独立性等问题。[③] 作为技能人才开发和提升的一种重要手段，这些问题都影响着我国职业技能鉴定发挥良好的效用。

通过对我国制造业技能人才队伍建设进行梳理，我国制造业技能人才队伍建设取得了很大的进步，但同制造业发达国家相比仍能发现很大的差距和不足。通过借鉴制造业强国的经验，我国应该完善法律法规政策，发挥政府的指导协调作用，提高职业教育的水平，增加企业培训力度；同时不断完善"校企合作"，增加社会培训机构以及行业协会的作用。但是在借鉴国外经验的同时，一定要结合本国的国情，做好新措施的落地工作，避免出现国外经验的"水土不服"，浪费人力、财力、物力。

---

① 参见洪列平《我国职业技能鉴定工作中存在的问题及对策》，《职教论坛》2012 年第 10 期。

② 参见王俊恒《试论我国职业技能鉴定工作中存在的问题及策略》，《人力资源管理》2014 年第 7 期。

③ 参见代伟《职业技能鉴定工作中存在的问题及应对思路》，《职业技术教育》2005 年第 32 期。

第 三 章

中国"制造业强国"进程中的技能
人才需求预测研究

技能人才是制约制造业发展的重要因素。在世界各国都面临技能人才短缺的背景下，中国要从"制造业大国"向"制造业强国"迈进不可避免地会遇到技能人才短缺如何解决的现实问题。为了更好地把握未来制造业对技能人才的需求规律，有针对性地进行技能人才培养，以充分满足制造业可持续发展对技能人才的需要，本研究运用相关统计方法，从人才数量、质量和结构三方面对我国制造业未来十年的技能人才需求趋势进行分析，以为制造业技能人才的培养和开发提供依据和支撑。

一 制造业技能人才需求的影响因素研究

预测未来制造业对技能人才的需求是一项复杂的系统工程，需全面考察各项相关影响因素，尽可能选取最直接和重要的因素，运用恰当的统计方法加以分析检验。本研究主要运用文献分析法系统梳理影响制造业技能人才需求的主要因素，具体而言，制造业技能人才需求可能受到以下几个方面因素的影响：

一是政治因素。在分析人才需求影响因素时，应充分考虑政治因素。封莉（2012）、周会川（2012）等人的研究发现，影响人才需求的政治因素主要包括政局的稳定性和政策偏向因素①②。政局的稳定性，将会影响到产业发展的环境和人才供给的稳定性。良好的政局环境会为企业发展提供赖以生存的外部环境保障和稳定的人才供给；而政策偏向因素，将会影响到产业发展的机遇。我国提出加快制造业强国建设的政策，有利于促进劳动力的产业转移，为制造业的发展提供了更好的发展空间。

二是经济因素。经济因素是影响人才需求的重要因素，经济环境的变化会影响人才需求的变化。一般而言，经济越发达的地区对人才的需求量越大。经济因素的影响主要表现在经济发展的总水平，劳动生产率和固定资产投资方面。首先经济发展的总水平，可以用国内生产总值，一般经济发展程度越高，产业的发展程度也较高，对人才质量的需求也就越高；其次是劳动生产率，劳动生产率受到的影响因素很多，比如技术创新、管理模式创新、人员素质的提高等，其是一个综合性变量，行业的劳动生产率越高，需要的人才的整体数量将会减少；最后是固定资产投资，固定资产在制造型企业资产结构中占有较大比重③，固定资产投资越多，产业的发展规模将会扩大，对人才的需求将会增加。

三是社会因素。社会因素关系到人才发展的方方面面，其中对人才需求影响最为突出的是劳动年龄人口因素和教育水平因素。劳动年龄人口较多，人才的总供给量就比较丰富；对于教育水平因素，教育水平越高，人才质量越高，劳动生产率将会得到提高。刘菊香、胡瑞文（2013）在对制造业人力资源现状的分析中发现，当前我国劳动年龄人口已出现刘易斯拐点，劳动人口不再增长，我国制造业多年依赖于劳动力数量增长的外延发展模式将无法持续，今后必须转型为以依靠科技进步和提高就业人口文化科学素质为主的内涵发展模式，而其基础便是要提高从业人员的平均受教育水平和文化程度，加强在岗人员培训和终身教育④。

---

① 参见封莉《区域经济发展中的人才需求影响因素分析》，硕士学位论文，吉林大学，2012年。

② 参见周会川《沿海发达地区制造业人才需求与农村劳动力转移中的职业教育研究》，硕士学位论文，长江大学，2012年。

③ 参见李涛、黄晓蓓、王超《企业科研投入与经营绩效的实证研究——信息业与制造业上市公司的比较》，《科学学与科学技术管理》2008年第7期。

④ 参见刘菊香、胡瑞文《我国制造业人力资源现状及未来十年需求预测》，《高等工程教育研究》2013年第4期。

四是科技因素。科技是第一生产力，科技水平越高，需要的人才质量就越高，劳动生产率也就越高。李涛等（2008）发现，科研投入与制造业的成长能力具有显著影响，高研发密度和高效率的人工费用投入对制造业的未来资产收入影响显著。① 因此，研发人员的投入和研究经费的投入，是影响制造业发展和人才质量重要的科技因素。随着全球化程度和工业化进程的不断加快，促使许多低附加值、技术含量低的"劳动密集型"制造业将逐步向高附加值、技术含量高的"技术密集型"的先进制造业转变，高素质和高技能产业工人严重短缺，大量具备简单职业能力的产业工人失业②。鉴于此，加大研发人员和研究经费的投入，提高制造业科技竞争优势，既有利于提高制造业的综合竞争力，也有利于提高技能工人素质和吸纳更多优秀人才。

五是文化因素。陈淑丽（2010）认为，观念形态的文化环境会直接影响人才的精神境界和思维方式的形成。③ 文化因素中对人才的重视程度和产业的重视程度会对制造业人才需求产生影响。在我国，一般职业对应着一定的社会地位和薪酬，会影响劳动者乃至人才的从业意愿。如果一个职业处于不受重视，不被尊重的地位，薪酬又比较低，人们从事该职业的意愿就不会高。赵磊（2013）和陈静静（2007）对制造业从业人员社会地位的研究发现，目前社会上对制造业从业人员的观念比较落后，认为只有学历水平不高、家庭条件较差、无进取心的人才会从事这类工作。④ 这可能会对人才从事制造业的选择产生不利影响。

六是国际因素。国际因素主要包括国际产业竞争、国际环境稳定性和国际贸易额。在全球化竞争中，产业的竞争不仅是国内的竞争，更是国际实力的较量，行业国际化越明显，对国际化人才的需求也就越多。而国际环境的稳定性，对国际贸易中行业的发展具有重要的影

---

① 参见李涛、黄晓蓓、王超《企业科研投入与经营绩效的实证研究——信息业与制造业上市公司的比较》，《科学学与科学技术管理》2008年第7期。

② 参见张震《提升广东先进制造业产业工人职业能力的对策研究》，硕士学位论文，华南理工大学，2012年。

③ 参见陈淑丽《社会文化环境对人才成长的影响探析》，《理论研究》2010年第6期。

④ 参见赵磊、王影、王婷等《贵州省装备产业技术创新与创业环境之间互动关系探析》，《贵州师范大学学报》2013年第3期。

响，进而影响其人才需求。此外，国际贸易额代表着产业在国际市场中的收支，也将会影响到产业对人才的需求。面临着复杂的国际环境，中国制造业要想打破发达国家在高端市场上的打压，应对东南亚国家在低端市场上的侵蚀，就必须建立起以高素质、高技能人才为基础的人才储备体系。

二　"制造业强国"进程中的技能人才需求预测背景

随着全球化的发展和国际制造业政策的变化，中国制造业面临着重要的机遇和挑战。把握制造业技能人才需求发展规律，建立制造业发展的技能人才支撑体系，促进中国由"制造业大国"向"制造业强国"的转型，需在我国制造业发展现状、国家宏观战略调控、劳动力总量及其结构等因素基础上预测制造业未来对技能人才的需求趋势。因此，课题组对制造业技能人才的需求预测主要基于以下几个背景：

（一）我国劳动年龄人口呈现下滑的趋势，伴随技能人才的短缺各地人才竞争加剧

制造业的人口红利正在逐渐消退。2012 年国民经济运行新闻发布会上，国家统计局局长马建堂指出：15—59 岁劳动年龄人口 93727 万人，比上年减少 345 万人。继在 2012 年首度出现绝对量下降后，中国劳动年龄人口 2013 年继续缩水，16—59 岁劳动年龄人口 91954 万人，比上年末减少 244 万人。[①] 从增速的降低到绝对量的减少，劳动人口的缩水已经成为中国在未来相当长一段时间将面临的局面。

一方面，伴随着人口老龄化的加剧，全国就业人口减少的趋势更加显著；另一方面，各地为促进经济发展大力招商引资，人才需求逐渐扩大。为弥补人才缺口，大部分省份都出台了各种措施吸引和培训高端技术人才及一线操作人才。随着地区之间的人才竞争加

---

① 参见中国新闻网《中国劳动力持续缩水 专家称五年后或全面放开"二孩"》，2014 年 1 月，中国新闻网（http：//www.chinanews.com/gn/2014/01－20/5758272.shtml）。

剧，尤其是东部某些省份已经出现"技工荒"现象，严重制约着制造业的发展。

（二）产业结构升级调整，产业人才竞争加剧

产业结构与需求结构存在相互依存的关系，人才需求的分布、类型、规格、数量和质量等，都会受到产业结构调整状况的制约和调节。① 改革开放以来，我国经历了三次产业结构调整，产业结构已日趋合理化，但调整升级仍在继续。《中华人民共和国国民经济和社会发展第十二个五年规划纲要》显示，第二产业占国民生产总值比重明显下调，服务业比重明显提升。这种调整势必会引起劳动力的转移和技能人才的需求变化。据 2011 年 7 月 6 日中央组织部、人力资源社会保障部发布的《高技能人才队伍建设中长期规划（2010—2020 年）》对 2009—2020 年我国技能劳动者的预测，到 2020 年，农、林、牧、渔等第一产业技能劳动者需求占比为 1.40%；制造业、建筑业、采矿业、电力燃气生产等第二产业的主要行业中，技能劳动者需求占比为 72.14%，其中制造业需求占比为 37.95%；第三产业主要行业中，技能劳动者需求占比为 26.46%。这为三大产业的技能工人分布指明了方向，也加剧了行业内部人才的竞争。

同时，在各地区规划中，东部地区第二产业比重下调明显，中西部地区第二产业比重下调不明显，区域产业结构的差异对技能人才的分布、质量和数量等也会产生一定的影响。

（三）技能人才结构失衡，招工难与就业难问题并存

由于就业领域的结构化矛盾，各地出现了不同程度的"用工荒"现象。人社部新闻发言人李忠在 2013 年第四季度新闻发布会上指出：从地区分布看，目前"两难"（招工难、就业难）现象正从沿海地区向中西部地区蔓延；从人员构成看，出现了技能人才和一线普工的双短缺现象；从产业和企业来看，这种现象主要集中在劳动密集型企业、传统制造类

---

① 参见周保民、王璐《产业结构调整对高技能人才的需求趋势研究》，《职业教育研究》2013 年第 10 期。

企业和一些服务类的企业里；从时间上看，缺工问题基本覆盖了全年。[1]"用工荒"直接导致了企业赖以生存和发展的技能人才缺乏。

与制造业招工难相对应的是高等教育扩张、毕业生人数增加带来的"就业难"问题。高校毕业生人数持续增加，"最难就业年"频频出现，数以万计的大学毕业生处于未就业阶段。高等院校，特别是职业技术学院在人才培养模式、目标、方式上都存在与用人单位脱节的问题。人才供给与人才使用的结构性失衡，是当前摆在制造业人才队伍建设上的一个前端问题。

（四）科学技术的迅猛发展，迫切需要技能人才素质提升

科学技术是第一生产力。21 世纪正处于经济迅猛发展的时期，科学技术已成为经济增长的主要推动力和重要竞争力。科学技术的进步带来了劳动生产率的提高、产业结构的调整和经济增长方式的转变，也对技能人才的质量提出了更高的要求。

近年来，我国加大对科学研究的投入，规模以上工业企业研究和试验的经费从 2006 年的 567 亿元增加到 2012 年的 1548 亿元，接近 2006 年的三倍，研究人员和专利数都呈现了较快速度的增长。[2]特别是人工智能和信息技术在制造业的尝试应用，将对劳动力数量和质量的需求产生深远影响。作为科技成果应用前沿的制造业等劳动密集型企业，为适应科技的要求，满足发展的需要，必须以一批理论知识扎实、操作技术熟练的技能工人作为支撑。

（五）工业新型化进程加快，战略新兴产业人才缺乏

随着新技术、新产业的迅猛发展，新兴产业正在成为引领未来经济社会发展的重要力量。为抢占未来经济和科技竞争的制高点，我国推行了"十二五"国家战略新兴产业发展规划，大力培育新兴产业，推动中国特色新型工业化进程。

---

[1] 参见《人力资源和社会保障部 2013 年第四季度新闻发布会》，2014 年 1 月，中国网（http://www.china.com.cn/zhibo/2014-01/21/content_31260509.htm）。

[2] 根据 2006—2012 年《中国统计年鉴》进行统计分析。

战略新兴产业是以重大技术突破和重大发展需求为基础，对经济社会全局和长远发展具有重大引领带动作用，知识技术密集、物质资源消耗少、成长潜力大、综合效益好的产业。① 其具有先进性、科学性和可持续发展性，在建立现代产业体系，推进新型工业化方面发挥着重要作用。

为推动战略新兴产业发展，必须保障其当前和未来所需要的技能人才。但是由于目前劳动力的素质难以达到产业要求、技能培训制度无法与企业完全对接等问题，战略性产业人才缺乏的问题仍十分突出。

（六）国际重振制造业，高素质技能人才的国际竞争加剧

由于制造业在解决就业、稳定经济方面扮演着重要角色，美国等制造业强国实施重振制造业战略，由此引起国际上技能人才争夺加剧，对我国的制造业产业造成威胁。有研究指出，美国等国家重振制造业战略通过贸易、投资、外汇储备、人民币汇率、政府采购、节能减排和知识产权保护等途径，给我国经济发展方式的转变带来较大挑战。② 要适应国际制造业强国的一系列战略动向，我国制造业必须适应国际形势的新变化，打造自身制造业的优势。建设一批具有相应知识技能背景、能适应国际化交流的技能人才是有效形成制造业技能人才国际竞争力的关键，也是确保我国制造业在国际竞争中立于不败之地的根本保障。

三　制造业技能人才需求预测的基本思路与方法选择

（一）制造业技能人才需求预测的基本思路

基于制造业就业人数和技能人才现状，本研究期望通过对未来十年制造业技能人才需求的数量、质量和结构进行预测，把握制造业技能人才需求变动规律，为制造业技能人才的培养与开发提供支持与依据。基于此，本研究的需求预测目标有二，其一是分析制造业技能人才需求的

---

① 参见《"十二五"国家战略新兴产业发展规划》，国发〔2012〕28号。

② 参见杨长湧《美国重振制造业战略对我国可能的影响及我国的对策研究》，《国际贸易》2011年第2期。

数量、质量和结构现有特点，其二是预测制造业技能人才需求的数量、质量和结构未来变动特点。

结合王维①、朱树婷②、陈广英③、杨卫疆④等有关人才预测研究，本研究通过技能人才需求的背景及目标确定、选择人才需求预测方法、收集整理预测资料（历史数据）、建立数据选择与预测模型、应用需求与预测模型、分析并确定需求结果环节对未来十年制造业强国建设进程中的技能人才需求进行预测（图3—1）。

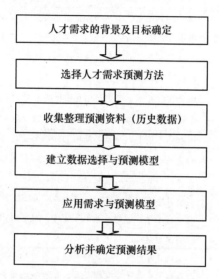

图3—1　制造业技能人才需求预测思路

（二）制造业技能人才需求预测的方法选择

在对人才需求进行宏观预测时，研究者采用的方法主要集中于定性和定量两个方面。定量预测方法既包含时间序列分析法、灰色系统理论法等基于历史趋势预测的方法，又包含回归分析法、BP神经网络模型法

①　参见王维《基于教育的四川省人才预测与分析》，硕士学位论文，电子科技大学，2005年。

②　参见朱树婷《区域科技人才需求预测模型研究》，硕士学位论文，天津大学，2008年。

③　参见陈广英《基于高新技术产业视角的山东科技人才需求预测研究》，硕士学位论文，中国海洋大学，2012年。

④　参见杨卫疆、周桂荣、王雪萍《我国人才需求预测模型的构造》，《天津师范大学学报》（自然科学版）2003年第4期。

等考虑环境重大变化的预测方法，而定性预测方法主要是德尔菲法和比较分析法等（表3—1）。

表3—1 人才需求预测方法汇总

方法分类	方法名称	方法描述
定量预测方法	时间序列分析法	适用于平稳的时间序列，主要通过将人才数量的历史资料按时间顺序排列起来，分析其随时间变化的趋势，从而外推出未来某个时刻人才需求量的方法①
	灰色系统理论法	以"部分信息已知，部分信息未知"的"小样本""贫信息"不确定性系统为研究对象，主要通过对"部分"已知信息的生成、开发，提取有价值的信息，实现对系统运行行为、演化规律的正确描述和有效监控的方法②
	回归分析法	两种或两种以上变数间相互依赖的定量关系的一种统计分析方法，关键是变量之间有没有相关性（主观分析与客观判断）
	BP神经网络模型法	随着计算技术的发展而提出的一种新方法，对于探寻多因素影响的变量之间的关系具有独到之处，不仅可以提高预测精度，而且具有很强的模型适应能力③
定性预测方法	德尔菲法	背对背的通信方式征询专家小组成员的预测意见，经过几轮征询，使专家小组的预测意见趋于集中，最后做出符合市场未来发展趋势的预测结论的方法
	比较分析法	基于近几年的统计资料和有关社会经济及人才理论对人才现状进行分析，找出人才系统与社会经济各方面的数量或结构关系，通过同领域同行业的人才现状对比研究预测所求人才需求的方法

1. 定量预测方法

（1）时间序列分析法

①时间序列分析法概述

时间序列分析法是中国人口预测研究经常采用的方法（赵进文，

---

① 参见王元元《基于神经网络组合模型的科技人才预测》，中山大学，2009年。

② 参见沈春光、陈万明、裴玲玲《区域科技人才创新能力评价指标体系与方法研究》，《科学学与科学技术管理》2010年第12期。

③ 参见李涛、宋光兴《区域人才资源需求预测方法研究》，《云南财经大学学报》2006年第3期。

2003[①]；陈爱平等，2004[②]）。该方法适用于平稳的时间序列，通过用时间描述影响人才数量的因素来找出时间与人才数量之间的关系，进而预测出未来人才数量的变化趋势。

常用的时间序列分析法为指数平滑法和 ARMA 模型。指数平滑法适用于中短期经济发展趋势预测，是所有预测方法中运用最广泛的一种。它是在移动平均法基础上发展起来的，主要通过计算指数平滑值，并配合一定的时间序列预测模型对现象的未来进行预测的方法。其原理是任一期的指数平滑值都是本期实际观察值与前一期指数平滑值的加权平均。[③] ARMA 模型则适用于长期追踪资料的研究，它将预测指标随时间推移而形成的数据序列看作一个随机序列，这组随机变量所具有的依存关系呈现了原始数据在时间上的延续性，它既受影响因素的影响，又有自身变动规律。

②时间序列分析法的应用步骤

A. 指数平滑法主要步骤

一次指数平滑适用于平稳型数据的预测，步骤如下：

第一步：设定时间序列为 Y_1，Y_2，Y_3，…，Y_n，则一次指数平滑公式为

$$S_t^{(1)} = \alpha Y_t + (1 - \alpha) S_{t-1}^{(1)}$$

预测公式为

$$\hat{Y}_{t+1} = \alpha Y_t + (1 - \alpha) \hat{Y}_t = S_t^{(1)}$$

式中：$S_t^{(1)}$、$S_{t-1}^{(1)}$ 表示第 t 期、第 t－1 期的一次指数平滑值；α 为平滑系数（$0 < \alpha < 1$）；Y_t 表示第 t 期的实际观测值；$\hat{Y}_t$、$\hat{Y}_{t+1}$ 表示第 t 期、第 t＋1 期的预测值。

第二步：初始值的确定，方法通常有三种：

方法一：$S_0^{(1)} = S_0^{(2)} = S_0^{(3)} = Y_1$，这种方法较为常用。

---

① 参见赵进文《中国人口总量与 GDP 总量关系模型》，《中国人口科学》2003 年第 3 期。

② 参见陈爱平、安和平《中国人口时间序列预测模型的探讨》，《人口与经济》2006 年第 6 期。

③ 参见 360 百科《指数平滑法介绍》，360 百科（http：//baike. haosou. com/doc/5196338. html）。

方法二：在时间序列较长、α 值较大时，初始值的大小对预测的影响也很小，根据一般经验可以取 $S_0^{(1)} = S_0^{(2)} = S_0^{(3)} = 1/3\ (Y_1 + Y_2 + Y_3)$。

方法三：

$$S_0^{(1)} = \frac{1}{n} \left| \sum_{i=1}^{n} Yi \right|;\quad S_0^{(2)} = \left| \sum_{i=1}^{n} S_i^{(1)} \right|;\quad S_0^{(3)} = \left| \sum_{i=1}^{m} S_i^{(2)} \right|$$

实际预测时，三次曲线指数平滑法的初始值依赖于前两个时期的观测值，一般取 $S_0^{(1)} = S_0^{(2)} = S_0^{(3)} = Y_1$。[①]

第三步：平滑系数 α 的选择。

指数平滑法的计算中，α 的取值大小非常关键，但 α 的取值又容易受主观影响，因此合理确定 α 的取值方法十分重要。一般来说，对于数据波动较大的情况，α 值应取大一些，可以增加近期数据对预测结果的影响；对于数据波动平稳的情况，α 值应取小一些。从理论上说，α 的取值区间为 [0, 1]。

选取 α 的方法主要有经验判断法、差分—比率—均值法和试算法。

经验判断法：第一，当时间序列呈现较稳定的水平趋势时，应选较小的 α 值一般在 0.05—0.20 取值，使观察值在现实的指数平滑中大小权数相当接近，从而使各期预测值对预测结果有相似的影响；第二，当时间序列有波动，但长期趋势变化不大时，可选稍大的 α 值，常在 0.1—0.4 取值；第三，当时间序列波动很大，长期趋势变化幅度较大，呈现明显且迅速的上升或下降趋势时，宜选择较大的 α 值，如可在 0.6—0.8 选值，以提升预测模型灵敏度，使之迅速跟上数据的变化；第四，当时间序列数据是上升（或下降）的发展趋势类型，应取较大的 α 值，介于 0.6—1。

差分—比率—均值法：α 取值的大小关键取决于 t 期数本身变化的幅度大小。具体求取步骤为先根据时间序列 y_t 的值求出 $\Delta y_t = y_t - y_{t-1}$，然后根据一级差分后的新序列 Δy_t，求出 Δy_t 的算术平均数，再分别用 ΔY_t 比上 Δy_t 各期的值得到新序列 $\Delta y_t{}'$，对 $\Delta y_t{}'$ 求算术平均值，即较为准确的 α 值。

---

① 参见徐建新、严勇、严富海《指数平滑法在典型城市 GDP 预测中的应用》,《水利科技与经济》2008 年第 7 期。

试算法：与经验判断法类同，确定额定的取值范围，然后取几个 α 值进行试算，比较不同 α 值下的预测标准误差，选取预测标准误差最小的 α。[1][2]

B. ARMA 模型主要步骤

统计学上，纯 ARMA（p, d, q）模型记作：

$$\Phi\,(\beta)\,(1-\beta)^{d}X_{i}=\Theta\,(\beta)\,\varepsilon_{i}$$

式中：i 代表时间，X_i 表示响应序列，β 是后移算子，p、d、q 分别表示自回归阶数、差分阶数和移动平均阶数；$\Theta\,(\beta)$ 表示滑动平均算子。

$$\Phi\,(\beta)\,=1-\varphi\beta-\varphi_{2}\beta^{2}-\cdots\varphi_{p}\beta^{p},\ \theta\,(\beta)\,=1-\theta\beta-\theta_{2}\beta^{2}-\cdots\theta_{q}\beta^{q}$$

式中：εi 代表独立挠动或随机误差；s 的值是一个季节循环中观测的个数；$\Phi\,(\beta)\,(1-\beta)^{d}X_{i}$ 表示同一周期内不同周期点的相关关系。

ARMA 模型主要包括五个步骤：

第一步：数据序列的平稳性检验。检查序列的平稳性，可以通过时间序列的散点图或折线图对序列进行初步的平稳性判断。一般采用 ADF 单位根检验来精确判断序列的平稳性。对非平稳的时间序列，如果存在一定的增长或下降趋势等，常需要对数据进行差分处理，直到成为平稳序列，此时差分的次数便是 ARMA（p, d, q）模型中的阶数 d。

第二步：模型识别。根据样本数据的自相关函数和偏自相关函数的性质来确定模型适当的阶数 p, q，若平稳时间序列的偏自相关函数在 p 阶截尾，而自相关函数是拖尾的，则可以判定该序列是 AR（p）模型。若平稳时间序列的自相关函数在 q 阶截尾，而偏自相关函数是拖尾的，则可以判定该序列是 MA（q）模型。若平稳时间序列的自相关函数和偏自相关函数都是拖尾的，则可以判定该序列是 ARMA（p, q）。

第三步：模型参数的估计。当一般序列被认定为某种模型后，必

---

① 参见张蔚洪、刘立《指数平滑法在销售预算中的应用》，《中国管理信息化》2008 年第 2 期。

② 参见徐建新、严勇、严富海《指数平滑法在典型城市 GDP 预测中的应用》，《水利科技与经济》2008 年第 7 期。

须利用统计理论对模型所包含的未知数推算出最佳的估计值。对于时间序列模型的参数估计方法有很多种，本文采用的是非线性的最小二乘法。

第四步：模型的诊断与检验。模型的诊断检验主要是检验模型对原时间序列的拟合效果，就是检验整个模型对信息的提取是否充分，即检验残差序列是否为白噪声序列。如果拟合模型通不过检验，即残差序列不是白噪声序列，那么要重新选择模型进行拟合。如果残差序列是白噪声序列，就认为模型拟合是有效的。

第五步：模型预测。根据模型参数诊断检验的结果，确定最终的方程模型；使用 Eviews 软件对模型进行预测，得到原始数据序列的未来预测数据。①

③时间序列分析法的优缺点

时间序列分析法基本上是从人才时序中寻找规律，较突出地反映了历史趋势，这种趋势又反映了综合因素影响的结果。② 它对资料的要求比较单一，但对数据的完整性及样本数量要求比较高。其缺点是难以根据社会经济的目标变化来调整预测结果，使用此方法时往往需要充分利用近期数据。

时间序列分析法应用中要注意历史变量是否能够反映未来的发展趋势，我国从 2006 年开始，国家规划中明确提高服务业的比重，这加剧了劳动力的竞争，第一产业就业人数不断向第二、三产业进军，同时第二产业的部分人才流向服务业，在未来很长一段时间，我国将大力发展服务业，增加服务业占 GDP 的比重。考虑到这一特殊的背景，制造业就业人数的历史数据选取中，主要考虑 2006 年之后。

（2）灰色系统理论法

①灰色系统理论法应用概述

灰色系统理论法是邓聚龙教授在 20 世纪 80 年代用于控制和预测的新

---

① 参见胡芬《时间序列在老龄人口预测中的应用》，《湖北成人教育学院学报》2011 年第6 期。

② 参见李涛、宋光兴《区域人才资源需求预测方法研究》，《云南财经大学学报》2006 年第 3 期。

方法，已广泛地应用于社会经济、农业和地质环境预测等各个科学领域（勾国华，2013[1]；马慧丽等，2011[2]；赵晓芬，2011[3]）。该方法根据过去以及现在已知或非确知的信息，通过建立一个从过去引申到将来的 GM 模型，来确定系统在未来发展变化的趋势。[4] 灰色系统理论最常用的模型是 GM（1，1）模型。

根据灰色系统理论，可以不去研究系统内部因素及其相互关系，而从人才的时间系列中挖掘有关信息，建立灰色模型来寻找人才需求量变化的规律，以此建立人才需求量预测模型。灰色模型对于预测历史数据的演变规律具有优势。在我国建立市场经济体制的过程中，人才系统及人才发展规律已经发生了变化，在建立人才预测模型时，就不能简单地用过去的发展规律去推测未来。为此，可以建立具有时变参数的灰色预测模型，通过时变参数来反映由于市场经济体制的完善而对人才需求量产生的影响。对于人才系统，由于受经济、社会、政策等环境因素的影响较大，如果选用较长时间的历史数据，则更能反映系统现状的近期数据会被大量旧数据淹没。[5]

②灰色系统理论法具体的应用步骤

第一步：设研究对象的一组原始数据

$$X^{(0)} = \left[x^{(0)}(1), \ x^{(0)}(2) \ \cdots x^{(0)}(n) \right]$$

对以上数据进行一次累加，得到 1 - AGO 序列：

$$X^{(1)} = \left[x^{(1)}(1), \ x^{(1)}(2) \ \cdots x^{(1)}(n) \right]$$

其中，$X^{(1)}(t) = \sum_{m=1}^{t} X^{(0)}(m), t = 1, 2, \cdots, n$

第二步：对原始数据处理后，建模前需要对数列 $x^{(0)}$ 进行准光滑检验，对数据 $x^{(1)}$ 进行准指数规律检验。根据：

①　参见勾国华《灰色神经网络模型在河南省未来人口总量预测中的应用》，《决策咨询》2013 年第 4 期。

②　参见马慧丽、胡春平《基于灰色理论的甘肃省非师范类人才有效供给预测》，《中国管理信息化》2011 年第 17 期。

③　参见赵晓芬《灰色系统理论概述》，《吉林教育学院学报》2011 年第 3 期。

④　参见邓聚龙《灰预测与灰决策》，华中科技大学出版社 2002 版。

⑤　参见李涛、宋光兴《区域人才资源需求预测方法研究》，《云南财经大学学报》2006 年第 3 期。

$$r\ (k)\ = \frac{X^{(0)}\ (k)}{X^{(1)}\ (k-1)}$$

如果对于 $r\ (k)\ <0.5\ (k>3)$，那么数列 $x^{(0)}$ 满足光滑条件。根据

$$\sigma\ (k)\ = \frac{X^{(0)}\ (k)}{X^{(1)}\ (k-1)}$$

如果对 k 有 $\sigma^{(1)}\ (k)\ \in\ [1,\ b]$，$d=b-1\leqslant 0.5\ (k>3)$，那么数列 $x^{(1)}$ 满足准指数规律，可以用 $x^{(1)}$ 建立 GM（1，1）模型，否则继续添加。

第三步：对序列 $x^{(1)}$，可以建立灰色预测模型的白化型微分方程：

$$\frac{dx^{(1)}}{dt} + ax^{(1)} = u \tag{1}$$

根据最小二乘法求解 a、u，可以得到灰色预测模型：

$$x^{(1)}\ (t+1)\ = \left[x^{(1)} - \frac{u}{a} \right] e^{-u} + \frac{u}{a} \tag{2}$$

方程（1）和（2）即为 GM（1，1）模型进行灰色预测的基本公式。

第四步：对灰色模型进行残差检验和后验差检验。

残差检验：通过计算残差和相对误差，检验判断误差变动是否稳定，判断模型的拟合度。残差的计算方法为：

$$\varepsilon^{(0)}\ (k)\ = x^{(0)}\ (k)\ - \hat{x}^{(0)}\ (k)$$

其中，$\hat{x}^{(0)}\ (k)$ 是根据 GM（1，1）模型计算得到的预测数据。相对误差的计算方法为：

$$D\ (k)\ = \frac{\varepsilon^{(0)}\ (k)}{x^{(0)}\ (k)} \times 100\%$$

如果 $D\ (k)\ <5\%$，则该预测模型拟合度较好。

后验差检验：使用 C，P 检验，根据计算所得的 C 和 P 值可确定模型的精度（表3—2）。

表3—2　　　　　　　　　　　　预测精度等级

精度等级	1 级	2 级	3 级	4 级
P 值	>0.95	>0.80	>0.70	≦0.70
C 值	<0.35	<0.50	<0.65	≥0.65

若所有 $|\ \varepsilon\ (k)\ -\varepsilon|\ <0.6745 S_1$，其中 S_1 是用于原始数据 $x^{(0)}$ 的标

准差，即 $P=1$，则模型是可靠的，精度为 1 级，可直接用于人才预测。

　　一般情况，如果残差和后验差都能检验通过，则可以用所建模型进行预测。否则，需要进行残差修正，以提高模型的精度。[①]

　　③灰色系统理论法的优缺点

　　灰色预测具有应用数据较少、对数据变化过程要求较小、原理简单、运算方便、预测精度高、可检验等优点，在预测历史数据的演变规律方面具有优势。杨青生、何明方等许多学者运用灰色系统理论方法对人口进行了有效预测。但是灰色系统进行长期预测时，可能会受到时间序列的长短和数据随机波动的干扰，尤其是数据波动变化较大时，其预测值的变动趋势越大，误差也会增大。

　　（3）回归分析法

　　①回归分析法概述

　　回归分析法是一种较为常见的分析方法，它被广泛应用于人口预测、经济预测和地质环境预测等领域中（甘蓉蓉等[②]，2010）。该方法从事物的因果关系出发，基于大量原始观测数据，通过建立自变量与因变量的函数关系，确定回归方程，预测事物今后的发展趋势。

　　本研究首先需要找出影响预测对象（因变量）变化的各种因素（自变量），才能采用回归方法建立回归模型。如用一元回归模型预测人才需求量时，可将劳动生产率作为自变量，人才需求量作为因变量，得出回归模型。但是对影响因变量的主要因素的确定存在较大难度，或者即便分析出一些主要因素，却又缺乏必要的统计数据，因此在建立模型之前需要正确确定人才需求量与相关因素之间的相关关系，这是回归分析的前提和关键。

　　②回归分析法的具体步骤

　　A. 一元线性回归主要步骤

　　假设有 2 个变量 x 和 y，x 为自变量，y 为因变量。则一元线性回归

---

　　①　参见马慧丽、胡春平《基于灰色理论的甘肃省非师范类人才有效供给预测》，《中国管理信息化》2011 年第 17 期。

　　②　参见甘蓉蓉、陈娜姿《人口预测的方法比较——以生态足迹法、灰色模型法及回归分析法为例》，《西北人口》2010 年第 1 期。

模型的基本结构形式为：

$$y_\alpha = a + bx_\alpha + \varepsilon_\alpha \tag{1}$$

（1）式中，a 和 b——待定参数；$\alpha = 1, 2, \cdots, n$——各组观测数据的下标；ε_α——随机变量。

记 $\hat{a}$ 和 $\hat{b}$ 分别为参数 a 和 b 的拟合值，则一元线性回归分析模型为

$$\hat{y} = \hat{a} + \hat{b}x \tag{2}$$

（2）式代表 x 和 y 之间相关关系的拟合直线，称为回归直线。$\hat{y}$ 是 y 的估计值，又称回归值。参数 a 和 b 的最小二乘拟合原则要求 y_i 与 $\hat{y}$ 的误差 ε_i 的平方和最小，根据最小二乘法得到 a 和 b 的拟合值：

$$\hat{a} = y - \hat{b}\bar{x} \tag{3}$$

$$\hat{b} = \sum_{i=1}^{n} x_i y_i - \frac{1}{n} \left(\sum_{j=1}^{n} x^i \right) \left(\sum_{j=1}^{n} y_i \right) / \left[\sum_{i=1}^{n} x_i^2 - \frac{1}{n} \left(\sum_{j=1}^{n} x_i \right) \right] \tag{4}$$

B. 曲线回归主要步骤

第一步：根据自变量 x 和因变量 y 的散点图所呈现的趋势来分析曲线的形状。

非线性函数关系分为两种：一种是本质性线性函数关系，即可以转化为线性关系，用最小二乘法求出相关系数；另一种为本质性非线性关系，不能转化成线性关系，仅能用迭代方法或分段平均值方法完成回归分析。

第二步：根据散点图，结合专业知识及经验选择合适的函数曲线。

第三步：结合散点图试拟合几种不同类型的曲线方程并计算 R^2，一般 R^2 越大，表示回归方程拟合效果较好。

第四步：常用曲线分析函数

双曲线：$\dfrac{1}{y} = a + \dfrac{b}{x}$

幂函数：$y = ax^b$

指数函数：$y = ae^{bx}$

对数函数：$y = b + a\lg x$

S 形曲线函数：$y = \dfrac{1}{a + be^{-x}}$

③回归分析法的优缺点

回归分析法可靠性高，适用范围广，但仍有一定的局限性。事物的发展变化是多种因素作用的结果，在现实中，对影响事物的主要因素的确定和分析非常重要，但难度较大。此外，单一模型只能显示事物在某个时段的简单变化，而要对事物发展趋势进行相对合理的预测，需要综合采用多种回归模型，施以不同权重，最终得到人口预测值。

（4）BP 神经网络模型法

①BP 神经网络模型法概述

BP 神经网络可视为输入输出集合之间的一种非线性映射，实现这种映射只需通过对有限数量样本的学习来达到对系统内部结构的模拟，而不需要知道系统的内部结构。它是一种隐式模型，将系统的结构隐含于网络的权值之中，对于有一个输入样本，经过权值和作用函数运算后得到一个输出，然后让它与期望的样本进行比较，若有偏差，则从输出开始反向传播，并调整权值，使网络输出与期望输出尽量一致，以找出各种输入和输出间的非线性关系。[①]

由于神经网络方法具有预测未来发展的非连续性变化的特点，可采用神经网络方法对未来经济和社会的发展进行预测。预测区域人才需求时，可将 GDP、劳动生产率、从业人数等作为输入，人才需求量作为输出，进而找出人才需求量与各因素的非线性关系。

②BP 神经网络模型法的实现步骤

BP 神经网络模型法可以通过 MATLAB 软件或者 SPSS 等统计软件进行计算，本研究重点介绍如何通过 MATLAB 软件实现 BP 神经网络模型预测。

第一步：初始化：置各权值和域值的初始值：$w_{ji}^{(1)}[0]$，$\theta_j^{(1)}$（$I = 0, 1, \cdots, L$）为小的随机数，一般取 0—1 的随机数。

第二步：输入样本和期望输出：提供训练样本及目标输出，对每个样本进行第三步至第五步。输入的训练样本为：$Y = (Y_1, Y_2, \cdots, Y_n)$，目标输出为：$X = (X_1, X_2, \cdots, X_n)$。

---

① 参见鲍一丹、吴燕萍、何勇《BP 神经网络最优组合预测方法及其应用》，《农机化研究》2004 年第 3 期。

第三步：计算各层输入：$x^{(I)} = f(s^{(I)}) = f(w^{(I)} x^{(I-1)})$。

第四步：计算训练误差：

输出层：$\delta_j^{(I)} = (d_{qi} - x_j^{(I)}) f'(s_j^{(I)})$；

隐含层和输入层：$\delta_j^{(I)} = f'(s_j^{(I)}) \sum(n)k = 1\delta_j(I) wkj(I+1)$。

第五步：$w_{ji}^{(I)}[k+1] = w_{ji}^{(I)}[k] + u\delta_i^{(I)} x_i^{(I-1)} + \eta(w_{ji}^{(I)}[k] - w_{ji}^{(I)}[k-1])$。

$\theta_j^{(I)}[k+1] = \theta_j^{(I)}[k] + u\delta_j^{(I)} + \eta(\theta_j^{(I)}[k] - \theta_j^{(I)}[k-1])$。

第六步：计算性能指标：当样本集中所有的样本都经历了第三步至第五步，即

$$E = (\sum_{q=1}^{Q} (E_q)^2)^{0.5}/Q, \quad 其中, \quad E_q = 0.5 \times \sum_{j=1}^{n} (d_{qj} - y_{qj})^2。$$

完成了一个训练周期，计算误差指标：

第七步：如果误差指标满足精度要求，即 $E < \varepsilon$ 那么训练结束，否则，转到第二步，继续下一个训练周期 ε 是小的正数，根据实际情况选取。①

③BP 神经网络模型法的优、缺点

BP 神经网络模型法具有很强的非线性映射能力，适用于解决一些非线性问题；结构简单，具有较高的误差精度和很强的可操作性；具备预测未来发展的非连续性变化的能力。因此，采用神经网络模型法进行制造业人才需求预测是一种可行的方法。

2. 定性预测方法

（1）德尔菲法

德尔菲法，指邀请某领域的专家或有经验的管理人员通过采用问卷调查或小组讨论的方式对单位未来人员需求量进行分析、评估和预测达成一致意见的方法。在实施德尔菲法时，要注意四个方面。第一，应对专家人数和问卷的返回率有一定的要求，保证调查的权威性和广泛性；第二，必须取得高层的支持，同时提供给专家充分的信息，确保判断和预测的质量；第三，问卷设置应突出主题，明确意向，保证专家判断角

---

① 参见许兴军、颜钢锋《基于 BP 神经网络的股价趋势分析》，《浙江金融》2011 年第 11 期。

度一致；第四，专家之间应保持独立性，不能相互讨论或交换意见。这种背对背的专家评价方法能使评价和预测更为客观和准确，适用于长期预测。

（2）比较分析法

比较分析法，就是通过对现有历史资料进行分析，比较影响人力资源需求的变化因素，探究人才数量与社会、经济、教育、科技等因素的统计关系，通过对比同领域同行业人才现状特点，结合确定的社会经济目标来预测人才需求量的方法。

综上所述，结合制造业技能人才变动特点、分析方法优缺点和需求预测时限，本研究将综合采用时间序列分析方法中的指数平滑法、回归分析法、BP 神经网络模型法和灰色系统理论法，并结合比较分析法对制造业技能人才需求特点和趋势进行分析和预测。

四　制造业技能人才总量需求预测

基于统计年鉴宏观数据和制造型企业调查微观数据，本研究选用多种预测方法对制造业技能人才总量需求趋势进行分析。为了增强预测的信度和效度，本研究注重历史数据的合理性与科学性，并选用平均相对误差作为判断预测方法准确性的标准。

（一）历史数据的分析与选择

由于制造业就业人数历史数据统计方法的变化，本研究在选择历史数据样本时，根据数据的不同统计口径，分为 1978—2002 年、2003—2012 年两个阶段进行分析。

1. 1978—2002 年制造业就业人数历史数据分析

改革开放以来，中国制造业就业人数变化较大。从总体上看，1978—2002 年我国制造业就业人数呈先增长后下降再趋平的趋势。1978—1995 年，我国制造业就业人数从 5332 万人发展到 9803 万人，就业人数缓慢上升；1996 年，制造业就业人数达到峰值，到 2000 年前后，就业人数出现拐点，呈较明显的下降趋势；2000—2002 年，制造业就业人数有所增加，但趋于稳定，增幅不明显（图 3—2）。出现拐点的原因与国家政策有关，从 1995 年开始，我国推进国有企业改革，随着改革的深入，企业内部管理更加规范，劳动生产率极大提高，减员增效的政策也使得大量的国有企业员工下岗或转移到其他行业中，导致了我国制造业就业人数呈下降趋势。考虑到人数预测指标的现实性和全面性，本研究将 1978—2002 年统计数据仅作为参考数据。

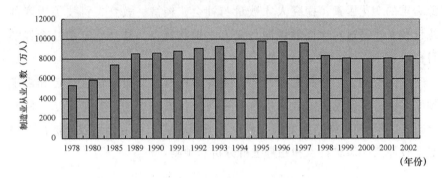

图 3—2　1978—2002 年制造业就业人数

数据来源：《中国统计年鉴》。

2. 2003—2012 年制造业就业人数分析与选择

自 2003 年起，《中国统计年鉴》不再对制造业就业人数进行专项综合统计，其主要对与制造业就业人数相关的城镇单位年末就业人数、私营企业和个体年末就业人数等指标进行了统计。为了得到最终的制造业就业人数数据，本研究借鉴三种方法，对城镇单位年末就业人数、私营企业和个体就业人数等数据进行了换算。

（1）按城镇单位就业人数和私营企业与个体就业人数估算

城镇单位就业人员指在各级国家机关、政党机关、社会团体及企业、事业单位中工作，取得工资或其他形式的劳动报酬的全部人员。不包括离开本单位仍保留劳动关系的职工。而制造业私营与个体就业人员数是指在 16 周岁及以上，从事一定社会劳动并取得劳动报酬或经营收入的人员。[①] 如果不考虑因为各种原因未被统计的制造业就业人数，我国的制造业就业人数等于制造业城镇单位就业人数加上制造业私营企业与个体就

---

① 参见中国国家统计局官网上对城镇单位就业人员和私营与个体从业人数的定义。

业人数的总和。照此计算方法，2003 年，我国制造业就业人数为 5512 万人，到 2012 年，制造业就业人数为 8730 万人，十年间制造业就业人数增加了 3218 万人（表 3—3）。然而根据 2010 年的工业统计年鉴，我国主营业务收入在 500 万元以上的制造型企业就业人数为 8380 万人，比此方法估算的 2010 年制造业就业人数高出约 570 万人。因此本方法具有一定的局限性。

（2）按制造业就业人数占城镇就业人数比例估算

中国统计局网站显示，2012 年我国第二产业就业人数为 23241 万人，而统计中的第二产业城镇单位就业人数和私营与个体就业人数仅有 12556 万人，相差 10000 万人，这表明很多临时性的员工并未被纳入统计。

张丽杰（2012）以 2002 年数据为基础，依据制造业就业人数占城镇就业人数比重的 35% 进行估算，发现 2003—2008 年，制造业就业人数由 8517 万人增加到 9815 万人，呈现不断增长的趋势。[1] 为了弥补统计口径问题，本研究借鉴张丽杰（2012）的方法，采用制造业就业人数在城镇就业人数比重的占比来进行制造业就业人数的估算，但在数据选择上，本研究认为，由于我国产业结构在最近几年发生了较大的变化，如果仅以 2002 年的数据推断 2003—2012 年的制造业就业人数欠妥。因此，本研究采用每年的制造业城镇就业人数和制造业农村就业人数两种指标，具体公式为：

$$制造业就业人数 = \frac{N1 + N2}{N3 + N4} \times N5 + N6 - N7$$

$$M1 = \frac{N1 + N2}{N3 + N4} \times N5$$

$$M2 = N6 - N7$$

其中，$M1$ 为制造业城镇就业人数，$M2$ 为制造业农村就业人数。$N1$ 为制造业城镇单位从业人数，$N2$ 为制造业城镇私营与个体从业人数，$N3$ 为城镇单位从业人数，$N4$ 为城镇私营与个体从业人数，$N5$ 为城镇就业人数，$N6$ 为制造业私营与个体从业人数，$N7$ 为城镇私营与个体就业人数。$M1$ 采用多种数据结合的方式有利于扩大数据口径，将更多的临时工纳入

---

① 参见张丽杰《中国制造业就业人数的波动预测》，《统计与决策》2012 年 3 期。

制造业统计体系中；M2 由于农村历史数据的滞后性和零散性，故将制造业农村私营企业与个体就业人数类同于制造业农村就业人数。

（3）按人口普查数据估算

上一种估算方法考虑了城镇就业人数未被统计的状况，但是未考虑农村未被纳入统计的制造业就业人数，比如半农半制造业的人数，得出我国制造业就业人数从 2003 年的 8157 万人上升到 2012 年的 10747 万人，但总体的制造业就业人数依然偏小（表3—3）。如果将所有一周内从事过与制造业相关工作的人数视为制造业就业人数，那么根据 2000 年和 2010 年的人口普查长表数据，可以采取 2000 年就业人数为基数的方式，具体公式如下：

$$下一年制造业就业人数 = \frac{N1 - N2}{10} + N3$$

其中，$N1$ 为 2010 年制造业就业人数，$N2$ 为 2000 年制造业就业人数，$N3$ 为上一年制造业就业人数。2000 年和 2010 年制造业就业人数计算方式为：抽查中制造业就业人数/抽查中的就业总人口×总的就业人数。就业人数估算结果见表3—3。按照第三种方法估算，我国制造业就业人数从 2003 年的 10135 万人上升到 2012 年的 13596 万人，增加了 3000 多万人。

表3—3 三种估算方法结果 单位：万人

年份	2003	2004	2005	2006	2007	2008	2009	2010	2011	2012
城镇单位就业人数	2980	3050	3210	3351	3465	3434	3491	3637	4088	4262
私营与个体单位就业人数	2531	2641	2988	3345	3645	3715	3866	4170	4317	4467
城镇私营与个体就业人数	1085	1156	1329	1557	1752	1901	1984	2151	2291	2357
方法一	5512	5693	6199	6698	7111	7150	7358	7807	8406	8730
方法二	8157	8397	8966	9575	10003	10000	10042	10530	10655	10747
方法三	10135	10520	10904	11289	11673	12058	12442	12827	13211	13596

注：①单位就业人员是指报告期末最后一日 24 时在本单位中工作，并取得工资或其他形式劳动报酬的人员数。该指标为时点指标，不包括最后一日当天及以前已经与单位解除劳动合同关系的人员，是在岗职工、劳务派遣人员及其他就业人员之和。

②数据来源于根据历年《中国统计年鉴》、2000 年和 2010 年《中国人口普查长表》计算得出。

通过比较可以发现，方法一考虑了城镇单位就业人数和全部私营单位和个体就业人数；方法二既考虑了城镇单位就业人数和私营与个体就业人数，又考虑了因特殊原因未被统计的人数（如失业人数等）；方法三考虑了城镇单位、私营与个体、灵活就业人数，还考虑了其他统计的人员，是一种普查数据，数据更为详细，但是数据不全，平均折算不是很科学。因此，本研究采用方法二作为制造业就业人数确定方法。

（二）技能人才需求指标体系选择及模型构建与应用研究

1. 指标体系的选择与需求模型的构建

（1）指标体系的选择

结合李廉水、杜占元等学者的研究[①]，基于对技能人才需求影响因素的文献分析，本研究在选取人才需求指标时主要考虑产值、劳动力市场、科技、教育、各行业增加值、进出口、投资等因素。根据《中国统计年鉴》和《中国科技统计年鉴》等资料，选取 2006—2012 年制造业就业人数与其影响因素数据进行相关分析，相关系数越高，表明相关性越大（表 3—4）。

表 3—4　　　　　　　　**关键因素与制造业就业人数相关分析**

名称	相关系数	排序	名称	相关系数	排序
国内生产总值	0.967	4	高等教育学校数	0.842	27
第一产业增加值	0.962	9	本专科在校人数	0.949	16
第二产业增加值	0.971	2	本专科招生数	0.933	22
第三产业增加值	0.963	8	研究生招生	0.936	21
人均国内生产总值	0.968	3	研究生在校人数	0.966	7
规模以上工业增加值	0.972	1	高等教育毕业生数	0.953	13
城镇人均可支配收入	0.956	12	高等教育教师数	0.951	15

---

① 参见李廉水、杜占元《中国制造业发展研究报告 2006》，科学出版社 2006 年版。

续表

名称	相关系数	排序	名称	相关系数	排序
居民消费水平	0.952	14	研究生毕业数	0.940	19
全国单位数	0.962	10	科研经费	0.949	17
全社会固定资产投资额	0.937	20	科研人员数	0.924	25
全国出口额	0.927	23	专利受理数	0.923	26
全国进出口额	0.944	18	技术市场交易额	0.927	24
全国总人口	0.961	11	劳动生产率	0.967	5
全国总就业人数	0.966	6			

注：根据《中国统计年鉴》数据分析整理。

根据相关性分析，相关系数排名前五的指标分别为规模以上工业增加值、第二产业增加值、人均国内生产总值、国内生产总值、劳动生产率，分别达到 0.965 以上。考虑到数据的稳定性、数据的结构性和相关性，本研究选取国内生产总值和劳动生产率两个因素作为预测变量。

2014 年第一季度国内生产总值 128213 亿元，按可比价格计算，同比增长 7.4%[①]，创金融危机以来新低。根据我国"十二五"规划中对经济发展目标的预测，2014 年的国内生产总值将按照 7.5% 的速度增长。《中国经济增长与发展新模式》报告认为，随着人口老龄化、劳动年龄人口停止增长以及人口抚养比停止下降，中国人口红利将会消失，并降低潜在 GDP 增长率，到"十三五"时期增速将进一步下降至 6.1%[②]，平均每年增速下降 0.23%。按此速度，可计算出 2014—2022 年我国的 GDP 值。另外，随着我国加大对研发的投入，大量高新技术的投入使用，将促进我国劳动生产率的进一步提升。在对 2006—2012 年的劳动生产率变化特点分析中发现，劳动生产率平均每年增长 0.64，据此可计算出 2013—2022 年的劳动生产率（表 3—5）。

---

① 参见金泽《中国 2014 年一季度 GDP 增速 7.4% 创金融危机以来新低》，2014 年 4 月，华尔街见闻（http://wallstreetcn.com/node/85834）。

② 中国社会科学院《十三五中国年均 GDP 增幅将降至 6.1%》。

表 3—5 2013—2022 年国内生产总值和劳动生产率预测

年份	2013	2014	2015	2016	2017	2018	2019	2020	2021	2022
国内生产总值（亿元）	568845	611508.4	657371.5	683405.9	731244.2	782431.3	829377.2	879139.9	931888.3	987801.6
劳动生产率	8.03	8.68	9.32	9.96	10.60	11.25	11.89	12.53	13.18	13.82

（2）总量需求预测模型的构建

通过历史数据和需求预测方法的结合，构建制造业就业人员需求预测模型，根据需求预测模型，本研究主要从数据的稳定性和数据的趋势性考虑，分别采用时间序列分析、灰色系统理论、回归分析和 BP 网络模型四种预测方法进行模拟，并对模拟结果进行平均相对误差比较，选择预测效度较好的模拟结果作为最终的预测结果（图 3—3）。

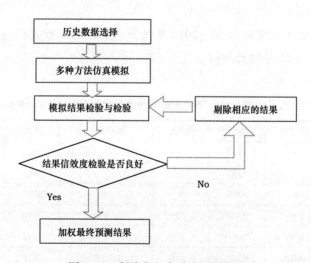

图 3—3 制造业人才需求预测模型

2. 需求模型的构建

（1）时间序列分析

①建立模型

基于制造业就业人数总体增长，增幅由大到小，呈现出近似衰减的线性趋势，本研究选用指数平滑法对数据进行相关处理。

②参数估计与检验

通过 SPSS 进行时间序列分析，模型统计结果（表3—6）。

表3—6　　　　　　　　　**预测模型参数估计**

平稳的 R^2	R^2	正态化的 BIC	P
0.315	0.940	11.408	0.000

在参数估计中，R^2、正态化的 BIC 和白噪音显著性是三个重要的指标。R^2 值越接近1，表明模型的解释率越高；正态化的 BIC 越小，表明模型的解释率越高；白噪音显著，表明模型合理，可用于预测。

分析结果显示，模型的决定系数为0.940，说明拟合模型可以解释原序列94.0%的信息量；正态化的 BIC 为11.408，相对较小；白噪音结果显示显著性为 P = 0.000，三类指标共同表明，模型的拟合效果较好。

③数据模拟

采用指数平滑法对2006—2012年的制造业就业人数进行分析，可以得出2013—2022年的预测值（表3—7）。

表3—7　　　　　　　**基于时间序列预测的制造业就业人数**　　　单位：万人

年份	模拟值	实际值	误差值	相对误差	年份	模拟值
2003	—	8157	—		2013	10975
2004	—	8397	—		2014	11166
2005	—	8966	—		2015	11357
2006	9599	9575	0.25%	2.6%	2016	11548
2007	9785	10003	2.18%	4.13%	2017	11740
2008	10020	10000	0.20%	1.45%	2018	11931
2009	10207	10042	1.64%	0.85%	2019	12122
2010	10365	10530	1.57%	1.17%	2020	12313
2011	10589	10655	0.62%	0.37%	2021	12504
2012	10794	10747	0.44%	2.25%	2022	12695

数据来源：历年《中国统计年鉴》。

④时间序列分析结论分析

通过计算，时间序列指数平滑法预测数据的平均相对误差①为
0.98%。从预测数据可以看出，按照 2006—2012 年的发展趋势，我国制
造业就业人数将从 2012 年的 10747 万人上升到 2022 年的 12695 万人，净
增加 1948 万人。

（2）灰色系统理论分析

采用灰色系统理论对制造业就业人数进行分析，结果显示，灰色系
统预测平均相对误差为 0.94%，预测的灰色关联度为 0.89，预测效果达
到一级精度（表 3—8）。根据灰色系统理论时间响应式进行模拟，得到
2006—2022 年的预测数据（表 3—8）。

表 3—8　　　　　基于灰色系统理论预测的制造业就业人数统计　　单位：万人

年份	模拟值	实际值	相对误差	年份	模拟值	
2003	—	8157	—	2013	10962	
2004	—	8397	—	2014	11152	
2005	—	8966	—	2015	11344	
2006	9575	9575	0.00%	2016	11540	
2007	9892	10003	1.11%	2017	11740	
2008	10063	10000	0.63%	2018（E）	11942	
2009	10236	10042	1.93%	2019（E）	12148	
2010	10413	10530	1.11%	2020（E）	12358	
2011	10593	10655	0.58%	2021（E）	12572	
2012	10776	10747	0.27%	2022（E）	12789	

预测方程：$\hat{x}^{(1)}(k+1) = 85.372e^{0.037156k} - 82.4986$

从预测的结果来看，从 2012 年到 2022 年，我国制造业就业人数需求
数量从 10747 万人增加到 12789 万人，十年间净增加了 2042 万人，说明
制造业就业人数将呈现不断增长的趋势。

---

① 相对误差 =（模拟值 - 实际值）/实际值 ×100%

（3）BP 神经网络模型预测分析

本研究主要通过 MATLAB 软件进行仿真运算，即首先通过代码进行模型的训练，寻找较好的训练模型，然后通过代入未来的估计数据进行计算，而最终达到预测的目的。首先以 2006—2011 年的数据作为初始数据，模拟 2012 年的值，调整隐含层从 2—20，训练次数为 1000 次，误差设置为最小，反复训练，最后通过归一化处理，模拟结果较为接近目标值分别为 4、5、8、12 四个隐含层。又通过 2006—2010 年和 2012 年的数据作为基础，分别进行模拟，通过归一化处理，结合 2012 年的模拟值接近目标值的隐含层是 4 和 5（表 3—9）。

表 3—9　　　　　　　　　　神经网络模型过程　　　　　　　　单位：万人

2012 年模型构建代码				2011 年模型构建代码			
P = ［0.09603　0.06367;				P = ［0.09603　0.06367;			
0.15508　0.10249;				0.15508　0.10249;			
0.21262　0.14069;				0.21262　0.14069;			
0.24466　0.16131;				0.24466　0.16131;			
0.31697　0.20800;				0.31697　0.20800;			
0.40238　0.26380;］';				0.45706　0.29897'］;			
T = ［0.292793723; 0.381168697; 0.380549246;				T = ［0.292793723; 0.381168697; 0.380549246;			
0.389221557; 0.489985546; 0.515795994］';				0.389221557; 0.489985546; 0.534792484］';			
net = newff（minmax（P），［8, 1］，{tansig',				net = newff（minmax（P），［8, 1］，{tansig',			
logsig}，trainbfg）;				logsig}，trainbfg）;			
net. trainParam. epochs = 1000;				net. trainParam. epochs = 1000;			
net. trainParam. goal = 0.001;				net. trainParam. goal = 0.001;			
net = train（net，P，T）;				net = train（net，P，T）;			
P_ test = ［0.45706　0.29897］'				P_ test = ［0.40238 0.26380］'			
Out = sim（net，P_ test）				Out = sim（net，P_ test）			
隐含层数	4	5	8	12	4	5	8	12
模拟结果	10675	10732	10745	10689	10403	10513	10027	10857

模拟结果较好的为 4 和 5，平均误差百分比为 1.52% 和 0.74%。将 2013—2022 年的国内生产总值和劳动生产率代入计算，可以得出 2013—2022 年的制造业就业人数的数据。

通过 BP 神经网络模型进行预测，2013 年制造业就业人数将会达到顶峰，峰值为 10802 万人，从 2016 年开始，我国制造业就业人数变化较小，但均高于 2012 年的制造业就业人数（表 3—10）。

表 3—10 　　　　　基于 BP 神经网络预测数据　　　　单位：万人

年份	2013	2014	2015	2016	2017	2018（E）	2019（E）	2020（E）	2011（E）	2022（E）
就业人数	10802	10786	10782	10781	10781	10781	10781	10781	10781	10781

（4）回归分析

由于国内生产总值和劳动生产率存在高度的共线性，不能进行二元回归分析，本研究将分别以国内生产总值和全国劳动生产率为自变量进行一元曲线回归，最终选取拟合效果较好的作为制造业就业人数的预测值。

①以国内生产总值为基础的曲线回归

根据需求预测模型，通过曲线回归分析，综合 R^2、F 和 sig. 的值，选取模型拟合度较好的三次方回归模型进行计算。各种回归模型汇总和参数估计值（表 3—11）。

表 3—11 　　　以国内生产总值为基础的预测模型汇总与参数估计

	模型汇总			参数估计			
	R^2	F	Sig.	常数	b1	b2	b3
线性	0.935	71.982	0.000	8849.121	0.004		
对数	0.942	80.574	0.000	−6815.311	1335.470		
倒数	0.916	54.516	0.001	11517.475	−4.312E8		
二次	0.943	33.340	0.003	8326.677	0.007	−4.114E−9	
三次	0.944	33.621	0.003	8475.611	0.005	0.000	−3.855E−15
复合	0.931	67.836	0.000	8929.429	1.000		
幂	0.942	80.856	0.000	1919.437	0.131		
S	0.920	57.739	0.001	9.359	−42408.229		
增长	0.931	67.836	0.000	9.097	3.718E−7		
指数	0.931	67.836	0.000	8929.429	3.718E−7		
Logistic	0.931	67.836	0.000	0.000	1.000		

注：因变量为制造业就业人数、自变量为国内生产总值。

通过比较，选择拟合度较好的三次方回归方程对未来制造业就业人数进行预计，按照 GDP 增速每年以 0.23% 左右的速度下滑来进行计算（表 3—5），预测方程和结果（表 3—12）。

表 3—12　　　　以国内生产总值为基础的制造业就业人数预测值

年份	GDP 值（亿元）	模拟值（万人）	实际值（万人）	误差值（万人）	相对误差（%）	年份	GDP 预测值（亿元）	模拟值（万人）
2003	135822.8		8157			2013	568845	10610
2004	159878.3		8397			2014	611508.4	10651
2005	184937.4		8966			2015	657371.5	10667
2006	216314.4	9518	9575	-57	0.60%	2016	683405.9	10662
2007	265810.3	9732	10003	-271	2.71%	2017	731244.2	10624
2008	314045.4	9926	10000	-74	0.74%	2018	782431.3	10541
2009	340902.8	10027	10042	-15	0.15%	2019	829377.2	10423
2010	401202	10232	10530	-298	2.83%	2020	879139.9	10252
2011	473104.0	10432	10655	-223	2.09%	2021	931888.3	10015
2012	518942.1	10531	10747	-216	2.01%	2022	987801.6	9698

制造业就业人数 $Y = 0.005 \times X - 3.855E - 15 \times X^3 + 8475.611$

以制造业就业人数为因变量、国内生产总值为自变量进行回归分析，结果发现，平均误差百分比为 1.59%。这表明未来十年，我国制造业就业人数将在 2015 年达到峰值，为 10667 万人，2016 年之后，呈现不断下降的趋势。

②以劳动生产率为基础的曲线回归

以全国劳动生产率作为自变量，制造业就业人数作为因变量进行曲线估计，通过对模型的参数进行分析可以发现，三次方回归拟合度较好，故本研究将采用三次方回归来预测未来十年我国制造业就业人数需求数量（表 3—13）。

表 3—13　　　　以劳动生产率为基础的预测模型汇总与参数估计

	模型汇总			参数估计			
	R^2	F	Sig.	常数	b1	b2	b3
线性	0.935	71.795	0.000	8811.900	296.268		
对数	0.941	79.336	0.000	8133.833	1372.366		
倒数	0.916	54.580	0.001	11553.949	-5861.762		
二次	0.943	32.815	0.003	8285.837	529.017	-23.903	
三次	0.943	33.069	0.003	8436.136	422.605	0.000	-1.706
复合	0.931	67.787	0.000	8896.871	1.029		
幂	0.941	79.633	0.000	8321.848	0.135		
S	0.920	57.735	0.001	9.363	-0.576		
增长	0.931	67.787	0.000	9.093	0.029		
指数	0.931	67.787	0.000	8896.871	0.029		
Logistic	0.931	67.787	0.000	0.000	0.971		

注：因变量为制造业就业人数、自变量为劳动生产率。

采用拟合效果较好的三次方回归作为回归预测模型，以 2006—2012 年的全国劳动生产率为自变量，制造业就业人数作为因变量，对制造业就业人数进行预测（表 3—14）。

表 3—14　　　　以劳动生产率为基础的制造业就业人数预测值

年份	劳动生产率（万元/人）	模拟值（万人）	实际值（万人）	误差值（万人）	相对误差百分比	年份	劳动生产率（万元/人）	模拟值（万人）
2003			8157			2013	7.41	10873
2004			8397			2014	8.06	10949
2005			8966			2015	8.70	10989
2006	2.89	9616	9575	41	0.43%	2016	9.34	10993
2007	3.53	9852	10003	-151	1.51%	2017	9.98	10957
2008	4.16	10071	10000	71	0.71%	2018	10.63	10879
2009	4.5	10182	10042	140	1.39%	2019	11.27	10756

续表

年份	劳动生产率（万元/人）	模拟值（万人）	实际值（万人）	误差值（万人）	相对误差百分比	年份	劳动生产率（万元/人）	模拟值（万人）
2010	5.27	10413	10530	−117	1.11%	2020	11.91	10587
2011	6.19	10647	10655	−8	0.08%	2021	12.56	10363
2012	6.77	10767	10747	20	0.19%	2022	13.20	10090

制造业就业人数 $Y = 422.305 \times X - 1.706 \times X^3 + 8436.136$

以制造业就业人数为因变量、以劳动生产率为自变量，预测我国制造业就业人数的变化趋势。结果显示，预测的平均误差百分比为 0.77%，2016 年制造业就业人数将会达到峰值，为 10993 万人。

通过比较分别以国内生产总值和劳动生产率为自变量的回归预测我们可以发现，人数都呈现先上升后下降的趋势，其中 R^2 的值为 0.944 和 0.943，相差 0.001，F 的值也都是 33—34，相差不大，但劳动生产率为自变量的回归误差百分比更小，故回归预测中选取劳动生产率为自变量的回归作为预测值。

（三）数量需求预测结果分析

1. 未来十年制造业年末就业人数呈先快速上升、再缓慢上升的趋势，2020 年达到 11510 万人，比 2012 年增加 1400 万人左右

由于上述四种预测方法的误差百分比均在 2% 以内，相对较低，模型拟合效果较好，因此本研究采用四种预测取算术平均的方法对 2013—2022 年的制造业就业人数进行预测（表 3—15）。

表 3—15　　　　　　　　不同方法下制造业就业入数预测　　　　单位：万人

年份	时间序列预测结果	灰色系统理论预测结果	BP 神经网络模型预测结果	回归分析预测结果	预测结果的算术平均数
2013	10975	10962	10802	10873	10903
2014	11166	11152	10786	10949	11013
2015	11357	11344	10782	10989	11118

续表

年份	时间序列预测结果	灰色系统理论预测结果	BP 神经网络模型预测结果	回归分析预测结果	预测结果的算术平均数
2016	11548	11540	10781	10993	11216
2017	11740	11740	10781	10957	11305
2018	11931	11942	10781	10879	11383
2019	12122	12148	10781	10756	11452
2020	12313	12358	10781	10587	11510
2021	12504	12572	10781	10363	11555
2022	12695	12789	10781	10090	11589
平均误差百分比（%）	0.98%	0.94%	0.74%	0.77%	

四种预测取算术平均的结果显示，我国制造业就业人数从 2013—2022 年呈现一种缓慢上升的趋势，十年间，制造业就业人数增长 842 万人。从 2012 年到 2017 年，制造业就业人数由 10747 万人上升到 11305 万人，平均每年增加 111.6 万人，2018 年之后，上升的速度明显减缓，到 2022 年，制造业就业人数增加 206 万人，平均每年增加 41.2 万人。2020 年制造业就业人数为 11510 万人，较 2012 年平均增加 1400 万人，平均每年增加 140 万人。

2. 制造业技能人才整体数量需求相对稳定，年净需求增长缓慢，呈先增长后下降的趋势

2000 年人口普查数据显示，制造业 2000 年就业人数为 8222044 人，制造业技能人才数量为 6347640 人（10% 的抽样比例），制造业技能人才占制造业就业人数的 76.17%。[①] 而结合 2010 年人口普查长表数据职业中分类与制造业技能人才的对应值，可算出技能人才约占制造业总人数的 71.96%。这种变化主要是由于科学技术的进步，企业经营管理人才和技术人才相应增多，技能人才占比逐步减少等因素引起的。综合

---

① 参见中国统计局《2010 年第六次全国人口普查主要数据公报（第 1 号）》，2011 年 4 月 28 日，中国统计局（http://www.stats.gov.cn/tjsj/tjgb/rkpcgb/qgrkpcgb/201104/t20110428_30327.html）。

2000 年、2010 年人口普查数据，制造业技能人才占制造业就业人数的比例由 76.17% 下降到 71.96%（表 3—16），每年减少 0.42%。按此速度，到 2022 年，制造业技能人才占制造业就业人数的比例将降到 66.91%。

表 3—16　　　　　　　　　制造业就业人数与技能人才预测

年份	2003	2004	2005	2006	2007	2008	2009	2010	2011	2012
制造业就业人数（万人）	8157	8397	8966	9575	10003	10000	10042	10530	10655	10747
比例（%）	74.91	74.49	74.07	73.64	73.22	72.80	72.38	71.96	71.54	71.12
技能人才预测人数（万人）	6110	6255	6641	7051	7324	7280	7269	7577	7622	7643
年份	2013	2014	2015	2016	2017	2018	2019	2020	2021	2022
制造业就业人数（万人）	10903	11013	11118	11216	11305	11383	11452	11510	11555	11589
比例（%）	70.70	70.28	69.85	69.43	69.01	68.59	68.17	67.75	67.33	66.91
技能人才预测人数（万人）	7708	7740	7766	7787	7802	7808	7807	7798	7780	7754

根据预测结果可以发现，2013—2022 年，我国制造业技能人才的需求整体保持平稳，并平均保持在 7800 万人左右。具体分析发现，制造业技能人才的需求量呈先上升后下降的趋势，其中制造业技能人才需求的峰值为 2018 年的 7808 万人。2012—2018 年，制造业技能人才需求增加约 160 万人，平均每年净上升 27 万人，年平均增速为 17.0%，2018—2022 年，制造业技能人才需求减少了 54 万人，平均每年减少约 14 万人。

技能人才在制造业就业人数中占比逐年下降和技能人才需求增长缓慢与科技发展、市场变化及国家政策导向密切相关。我国制造业 50 强化工、材料、家电、通信电子、汽车等上市公司年度报告统计，制造业技能人才占在职员工总人数最多的是海尔集团，为 63%，中石化为 57.97%，宝钢为 57.87%，上汽为 23.24%，上海电气为 50.04%，京东方为 55.22%。随着我国规模以上企业增加、战略新兴产业的发展和高新技术在制造业的应用，研发销售等人员需求量会更大，从而技能人才的需求比例将减少。

3. 制造业技能人才老龄化退出和非正常退出人数每年达到 200 万人，整体流失较为严重

技能人才退出主要包括正常退出和竞争退出。考虑到制造业技能工人的工作性质和年龄层次，将 40 岁以上的技能人才退出作为正常退出，也称老龄化退出，将 40 岁以下的技能人才退出作为非正常退出。

（1）制造业技能人才老龄化退出加重，退出人数呈现不断上升的趋势

采用对比 2000 年和 2010 年人口普查数据的方法对 40 岁以上的技能人才数量进行确定，发现制造业就业人数中 40 岁以上者十年间减少了近 1000 万人，40 岁以上制造业的退出比例为 45.76% ［退出比例 = （2000年 40 岁以上的人数 – 2010 年 50 岁以上的人数）/2000 年 40 岁以上的人数］，表明制造业就业人数的老龄化退出严重。而从 40 岁以上的技能人才从 2000 年的 2591031 人下降到 2010 年的 1730871 人，平均每年约退出 90 万人，退出比例为 33.2% （计算公式同制造业退出比例），说明技能人才退出数量较大，比例突出。综合两点说明，制造业老龄化退出和技能人才退出形势十分严峻（表 3—17）。

表 3—17　　　　　　　　　**制造业就业人数及技能人才年龄分布**

年龄段	制造业各年龄段比例	制造业技能人才各年龄段比例	2000 年制造业各年龄段人数（人）	2010 年制造业各年龄段人数（人）	2000 年技能人才人数（人）	2010 年技能人才人数（人）
16—19 岁	5.52%	6.53%				
20—24 岁	17.36%	18.73%				
25—29 岁	14.84%	14.47%				
30—34 岁	13.43%	13.12%				
35—39 岁	15.13%	15.12%				
40—44 岁	14.24%	14.24%	848351		1110589	
45—49 岁	9.89%	9.39%	703051		862965	
50—54 岁	4.82%	4.37%	345585	581059	388836	909204
55—59 岁	3.15%	2.72%	138861	379579	139091	572102
60—64 岁	1.05%	0.85%	58243	127040	55385	172714
65—69 岁	0.39%	0.29%	41423	46532	34165	53019

续表

年龄段	制造业各年龄段比例	制造业技能人才各年龄段比例	2000 年制造业各年龄段人数（人）	2010 年制造业各年龄段人数（人）	2000 年技能人才人数（人）	2010 年技能人才人数（人）
70—74 岁	0.13%	0.10%		15921		15241
75 岁及以上	0.07%	0.06%		8098		8501
			2135514	1158229	2591031	1730781

注：数据来源于中国 2010 年人口普查。

根据我国 2010 年的人口普查长表数据可知，2010 年制造业 40 岁以上的技能人才为 2778824 人，占制造业技能人才总量 8677937 人的 32.02%，按照前十年技能人才退出比例为 33.2%（计算公式：老龄化退出比例＝40 岁以上的净减少人数/十年前 40 岁以上的人数），根据 2010 年的制造业技能人才总人数 7577 万人进行计算，则未来十年制造业技能人才因为老龄化每年将退出 805 万人（计算公式：十年的退出人数＝制造业技能人数总量×老龄化退出比例×40 岁以上的人数比例），比前十年的 464 万人增长近 340 万人（计算公式：前十年退出人数＝技能人才总退出人数×制造业技能人才占总技能人才的比例），平均每年因为老龄化退出约为 80 万人。随着时间的推移，因老龄化退出人数呈现不断上升的趋势。

（2）制造业技能人才非正常流失非常严重，每年非正常退出制造业的人数约为 120 万人

采用比例推算法对 40 岁以下的制造业技能人才退出数量进行确定，其中涉及的比例有农民工进入制造业比例和技能人才在制造业人数中的占比。2011—2012 年，农民工进入制造业的比例分别为 36.0% 和 35.7%，技能人才在制造业人数中的占比为 71.54% 和 71.12%。

根据《中国统计年鉴》分专业毕业生统计，我国 2011 年中职和高职涉及制造类专业的主要有加工制造类、材料类、轻纺食品类、生化药品类总共 193 万人，2012 年为 171 万人。中职和高职为制造业 2011 年输送了 193 万人，2012 年输送了 171 万人。

2011 年和 2012 年初中未升学人数均为 193 万人〔初中未升学人数＝

当年初中毕业人数×（1－高中升学率）]，根据农民工进入制造业的比例和技能人才占制造业人数的比例进行计算，两年进入制造业从事技能工人的人数约为 50 万人和 49 万人（人数＝初中未升学人数×进入制造业比例×技能工人占制造业比例）。

综合起来，2011 年和 2012 年进入制造业的人数为 243 万人和 220 万人。但在制造业技能人才预测中，2011 年制造业技能人才相比 2010 年仅增加了 45 万人，2012 年相比 2011 年仅增加 21 万人（表 3—16）。因此，除掉 40 岁以上的退出人数，2011 年制造业技能人才 40 岁以下净退出人数为 118 万人，2012 年净退出 119 万人（净退出人数＝农民工进入人数＋中职进入人数＋高职进入人数－制造业技能人才净增加人数－老龄化退出人数）。这表明，我国 40 岁以下的技能人才每年退出 120 万人以上。

4. 我国现有制造业技能人才缺口巨大，约为 500 万人，企业缺工形势非常严峻

国家高技能人才"十二五"规划指出，2009 年我国技能人才总量缺口为 930 万人，高技能人才缺口为 440 万人。[①] 2010 年的人口普查长表数据统计发现，我国制造业技能人才总数为 8677939 人，全国技能人才总人数为 16087734 人，制造业技能人才在全国技能人才中占比约为 56%。根据制造业技能人才在全部技能人才中占比进行推算，我国制造型企业技能人才缺口约为 520 万人，高技能人才缺口约为 250 万人。人社部一项统计显示，截至 2012 年，中国 2.25 亿第二产业就业人员中，技能劳动者总量为 1.19 亿人，其中高技能人才约 3117 万人，且严重缺乏，仅制造业高级技工缺口就达 400 余万人。[②] 通过以上数据可以判断，我国制造业技能人才的整体缺口至少为 500 万人。

在对 178 家企业的调研中发现，近两年高达 86.3% 的制造型企业表示存在技能人才短缺现象，其中高达 59.4% 的制造型企业表示偶尔紧缺技能型员工，而 26.9% 的制造型企业表示经常或者长期紧缺技能型员工，

---

① 按照人口普查的比例折算高技能人才"十二五"规划中的人数。

② 参见欣华《高级技能人才缺乏影响产业升级》，2014 年 7 月 3 日，中国信息报（http://www.zgxxb.com.cn/xwzx/201407030002.shtml）。

仅有 13.8% 的制造型企业表示从不紧缺技能型员工（图 3—4）。可见目前制造型企业技能人才紧缺形势十分严峻。

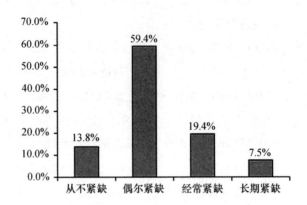

图 3—4 制造型企业技能人才紧缺程度分析

资料 3—1 南京一线工人离职率达 21.8% 高于全国 不满薪酬是主因[①]

> 2011 年全国人口普查显示，中国总劳动力在 2012 年达到顶峰后将开始负增长。可以预见，用工短缺的问题将成为常态。在离职率方面，南京地区 2012 年一线工人主动离职率水平为 21.8%，而长三角地区整体员工离职率更是高达 22.2%，高于全国整体员工离职率 18.9% 的平均水平。
>
> 根据怡安翰威特报告，对一线工人的持续需求是长三角地区人力资源市场的主要特征。用工紧张主要由于：本地劳动力供给不足，尤其是技术类工人。这部分人员数量偏低且存在技术断层，尤其以中高级以上技工缺口较大，在中小企业和民营企业中表现更为严重；另外，一些新兴行业，如 IT 业、高精尖机械制造业等，高技能人才不仅数量严重不足，而且年龄老化、结构断层、知识陈旧、实际能力弱化，难以适应新技术、新工艺、新设备的需要；原先江苏主要外来务工的来源大省，包括安徽、河南和江西近年来经济增长速度较快，工资水平涨幅较大，很多当地劳动力选择返乡就业，也进一步加剧了用工紧张的局面。

---

① 参见《南京一线工人离职率达 21.8% 高于全国 不满薪酬是主因》，2011 年 4 月，中国江苏网（http://news.jschina.com.cn/system/2013/04/16/016921394.shtml）。

　　至于离职原因，报告也得出了一个有趣的结论。对于一线劳动力而言，虽然薪酬依旧是离职原因中最大的因素，但是随着员工自身水平的提高，他们不再仅仅关注实际得到多少，而开始更多地关注个人综合所得，如福利、个人发展、工作环境等一些"软性因素"。对于企业来说，选取正确的沟通方式和激励方式，提升这一人群的敬业度来达成绩效优化是管理者无可避免的课题。

　　（注：技能人才受以薪酬等多种因素的共同作用，呈现出离职率较高的特点，加剧了制造业技能人才的短缺情况。）

　　5. 我国制造业技能人才总量年需求相对稳定，到 2020 年总量需求达到 12710 万人，平均年总量需求保持在 190 万人以上

　　根据宏观预测分析，我国制造业技能人才呈现先上升后下降的趋势，2018 年达到峰值。我国 40 岁以上的退出人数约为每年 80 万人，我国 40 岁以下的净退出人数呈现增长的趋势，如果每年都按照 120 万人进行计算，我国制造业技能人才年总量需求量保持在 190 万以上（年总量需求人数 = 年净增加人数 + 40 岁以上老龄化退出人数 + 40 岁以下非正常流失人数）。结合净需求增加人数和退出人数可知，到 2020 年，技能人才需求量达到 12710 万人（表 3—18）。

表 3—18　　　　　　　　2013—2022 年技能人才需求　　　　　单位：万人

需求人数＼年份	2013	2014	2015	2016	2017	2018	2019	2020
净需求年增加人数	65	32	26	21	15	6	-1	-9
40 岁以上退出人数	80	80	80	80	80	80	80	80
40 岁以下净流失人数	120	120	120	120	120	120	120	120
年总量需求人数	265	232	226	221	215	206	199	191

　　综上可以发现：

　　（1）制造业年末就业人数呈持续缓慢上升趋势，2020 年达到 11510 万人，比 2012 年增加 1400 万人左右。十年间，制造业就业人数增长 842

万人。2013—2017年平均每年增加111.6万人，2018年增幅减缓，2018—2022年平均每年上升41.2万人。

（2）制造业技能人才整体数量需求相对稳定，年净需求增长缓慢，呈先增长后下降的趋势。按制造业技能人才占制造业就业人数的比例进行推算，2013—2022年，制造业技能人才的需求整体保持平稳，并平均保持在7800万人左右。具体来说，制造业技能人才需求呈现先上升后下降的趋势，2013—2018年，制造业技能人才需求平均每年增加27万人，2019—2022年，制造业技能人才需求平均每年减少约14万人。

（3）制造业技能人才老龄化退出和非正常退出人数达到200万人，整体流失较为严重。制造业技能人才老龄化退出加重，退出人数呈现不断上升的趋势，年均老龄化退出80万人。制造业技能人才非正常流失非常严重，每年非正常流出制造业的人数约为120万人。制造业技能人才退出形势十分严峻。

（4）我国现有制造业技能人才缺口巨大，约为500万人，企业缺工形势非常严峻。基于高技能人才"十二五"规划进行推算，我国现有制造业技能人才缺口约为500万人。在问卷调查中，高达86.3%的企业表示存在技能人才缺乏的现象，26.9%表示经常或长期缺工。

（5）我国制造业技能人才总量年需求相对稳定，到2020年制造业技能人才总量达到12710万人，平均年总需求量保持在190万人以上。

五　制造业技能人才质量需求预测

在加快经济发展模式的转变和产业结构优化调整的背景下，制造业技能人才面临着更高的素质要求。《高技能人才队伍建设中长期规划（2010—2020年）》指出，要紧紧围绕国家产业发展目标，加快培养造就一支门类齐全、结构合理、技艺精湛、素质优良的高技能人才队伍，并带动中、初级技能劳动者队伍梯次发展，逐步形成与经济社会发展相适应的高、中、初级技能劳动者比例结构基本合理的格局。技能人才素质的提升成为推动经济发展的重要动力。为了了解制造业技能人才需求的特点，本研究对制造业技能人才的技能等级、学历和工作及相关素质进行了分析。

（一） 制造业技能人才技能等级预测

制造业技能人才技能等级，是衡量技能人才素质水平的重要因素。技能人才技能等级越高，表明人才素质水平越高。综合国际中等发达国家对技能人才的质量要求和问卷调研，本研究基于高技能人才规划中各等级技能人才占比，对制造业技能人才各等级的人才需求数量进行预测。

资料 3—2 高技能人才队伍建设中长期规划（2010—2020 年）

高技能人才是指具有高超技艺和精湛技能，能够进行创造性劳动，并对社会做出贡献的人，主要包括技能劳动者中取得高级技工、技师和高级技师职业资格的人员。高技能人才在加快转变经济发展方式、促进产业结构优化升级、提高企业竞争力、推动技术创新和科技成果转化等方面具有重要作用。随着中国社会主义建设进程的加快，技能人才建设面临着新形势。

加快转变经济发展方式和调整优化经济结构，对加强高技能人才素质培养提出新要求。重点产业调整振兴计划的实施和新兴战略性产业的发展，急需一大批掌握精湛技能和高超技艺的高技能人才作支撑。

经济社会发展对技能人员的需求日益强劲。一是走新型工业化道路，加快传统产业的升级改造，迫切需要提升技能劳动者队伍素质。二是加快发展以现代服务业为代表的第三产业，迫切需要一大批掌握现代服务技能的人员。三是发展低碳经济和绿色产业，迫切需要培养一批相关领域的技能人员。

缓解就业结构性矛盾对提高劳动者技能水平提出了更高要求。

人口和劳动力的规模与结构变化对就业形势产生深刻影响，对高技能人才队伍建设提出新要求。

（注：规划分析了发展高技能人才的背景，指出了高技能人才对于经济发展的重要性。）

1. 根据 2020 年达到中等发达国家水平的发展要求，我国制造业高技能人才年净需求量达 100 万人左右

2020 年，我国力争技能人才比例达到中等发达国家水平①，即一般高技能人才达到 30%—40%。到 2020 年，我国制造业技能人才具体需求比例如下：高技能人才（高级技师、技师和高级技工）占 35%；中级技工占 50%；初级技工占 15%。2015 年的比例大致按照 2009 年和 2020 年的算术平均数计算（表 3—19）。

表 3—19　　　　　基于国际比较的制造业技能等级预测　　　　单位:%

比例＼年份	2004	2009	2015	2020
高级技师所占比例	0.7	0.75	1.15	1.5
技师所占比例	3.4	3.9	5.35	6.8
高级技工所占比例	17.2	20.1	23.5	26.7
高技能人才所占比例	21.30	24.75	30.00	35.00
中级技工所占比例				50
初级技工所占比例	78.7	75.25	72	15

注：数据来源于高技能人才"十二五"规划（2015 年的数据根据 2009 年和 2020 年的算术平均值进行计算所得）。

根据这个目标，我国制造业高技能人才需求在 2009 年约为 1529 万人［制造业就业人数 8109 万人（统计年鉴）×技能人才占制造业的比例 76.17%（按照 2009 年的计算）×高技能人才的比例 24.75%］，到 2015 年，我国制造业高技能人才需求量将达到 2340 万人［制造业技能人才×高技能人才比例］，2020 年我国制造业高技能人才需求量将达到 2730 万人（按 7800 万人计算）。如果不算现有缺口，平均每年需要净增加 109 万左右的高技能人才［（2020 年高技能人才数量－2009 年高技能人才数量）/11］，尤其是高级技师和技师需求量将成倍增长。加上每年退出的高技能人才约为 16 万人［高技能人才的数量（1529）×技能人才的退出

① 参见中国东盟咨讯网《中国力争 2020 年技能劳动者比例达中等发达国水平》，2006 年 6 月，中国东盟咨询网（http://www.gx.xinhuanet.com/ca/2006－06/12/content_ 7232596.htm）。

比例（0.332）×2010年40岁以上的人数比例（0.3202）]，我国高技能人才每年需求量为125万人左右。

如果我国不考虑达到中等发达国家水平，只考虑进入制造业发达国家的行业，至少高技能人才比例达到30%，相当于2020年达到预测中2015年的高技能人才需求数量，即为2340万人，那么每年高技能人才的净需求量为74万人，加上退休的高技能人才，每年高技能人才的需求量为90万人。综上所述，我国2020年需要达到中等发达国家的水平，高技能人才年净需求量至少为100万人以上。

2. 高需求引发高紧缺，32.8%的企业表示缺乏高技能人才

当前制造型企业对技能人才需求量的提升，在一定程度上引发了制造型企业技能人才的紧缺现象。对178家制造型企业调查显示，在出现或者可能出现技能人才紧缺现象的制造型企业中，几乎对于技能人才的各种类别都有所需求。具体来说，41.5%的制造型企业表示缺乏技能等级为中级工，表示缺乏初级工和高级工的制造型企业比例均在20%左右。对技能人才等级紧缺类型中，有32.8%的制造型企业表示缺乏包括高级工、技师和高级技师在内的高技能人才（表3—20）。

表3—20　　　　　制造型企业紧缺技能人才技能等级类型　　　　　单位:%

紧缺类型	无	初级工	中级工	高级工	技师	高级技师
紧缺占比	16	18.5	41.5	20.2	8.4	4.2

进一步分析，发现46.9%的制造型企业对技能人才获得的国家颁发的职业技能等级证书表示比较认可，还有14.1%的制造型企业表示非常认可，不存在完全不认可的企业。可以说制造型企业对于国家颁发的职业技能等级证书具有较高的认可程度，这也间接反映出制造型企业比较看重技能工人的技能水平，重视技能工人的质量需求。

（二）制造业技能人才学历和工作经验预测

1. 调研显示，52%的企业表示紧缺大专以上的技能人才

制造型企业问卷调查发现，约17.9%的制造型企业表示缺乏本科及

以上的技能工人，34.1%的企业表示缺大专学历的技能人才，36.6%的企业表示缺乏高中及以上的技能人才，近80%的企业都表示缺乏高中及以上的技能人才（表3—21），表示对学历的需求程度将会越来越高，现有学历教育难以满足制造业企业的生存和发展。因而，提升职业教育层次，办好职业技术教育院校成为解决企业人才质量的重要途径。

表3—21　　　　　基于问卷调查和招聘广告的学历需求预测　　　　单位:%

紧缺类型	小学及以下	初中	高中及以上	大专	本科及以上
问卷百分比	0.8	19.5	36.6	34.1	17.9

2. 根据广东省学历和技能等级的对应关系，我国每年净需要大专以上技能人才约为100万人

广东省是全国的制造业大省，其技能人才的素质水平在全国具有代表性。对广东省2009—2013年技能鉴定统计报告进行分析，可以明显地发现学历与技能等级呈现一定的对应关系（综合劳动统计年鉴、人口普查等学历统计，我国制造业技能人才高中以上学历约为22%，大专以上约为11%），具体见表3—22:

表3—22　　　　　　　技能人才等级与学历对应　　　　　　单位:%

年份 学历和技能等级占比	2009	2010	2011	2012	2013
初中以下学历人数比例	30.39	32.16	31.69	32.17	30.6
初级技工比例	45.18	42.13	40.25	37.91	34.86
高中学历人数比例	56.29	53.99	51.42	51.95	47.2
中级技工比例	41.24	45.42	44.38	45.56	45.24
大专以上学历人数	13.32	13.85	16.89	15.88	22.2
高级及以上比例	13.58	12.45	15.47	16.54	19.90

注: 数据来源于2009—2013年广东省职业技能鉴定统计分析情况。[1]

————————

① 参见广东省职业技能鉴定指导中心《关于2013年全省职业技能鉴定统计分析情况的通报（粤人社职鉴〔2014〕6号）》，2014年2月，广东省职业技能鉴定指导中心（http://www.gdosta.org.cn/s/93-9818.html）。

　　从统计结果可以看出，技能人才等级占比与学历水平占比呈同向变动关系。随着时间的推移，技能人才的学历水平逐步提高，技能人才等级也有所提升，具体表现为大专以上学历的技能人才占比从2009 年的 13.32% 上升到 2013 年的 22.2%，平均增速为 13.62%，而高级技师及以上的技能人才也由 2009 年的 13.58% 上升到 2013 年的 19.9%，平均增速为 10.0%。从占比排序上看，技能人才学历水平占比从高到低排序为高中学历人数、初中以下学历人数和高级及以上学历人数，而技能人才技能等级排序为中级技工、初级技工和高级及以上技工。两者呈现出较高的一致性。结合访谈也发现，绝大部分的中等职校学生可以获得中级技工技能等级证书，绝大部分大专学历学生能够获得高级技工等级证书。这也证实了技能工人技能等级与学历的关系。

　　从技能等级的预测结果看，技师和高级技师在未来十年的需求量成倍增加，可以得知，我国制造业强国的建设对高学历人才的需求也将成倍增长。据此可以估计，我国 2020 年要进入制造业中等发达国家的行业，大专以上的技能人才至少每年新增 100 万人左右。

　　3. 对技能人才经验需求不高，工作年限要求主要集中在 1—3 年

　　技能人才工作年限是影响其技能水平和工作熟练程度的重要因素，随着工作年限的增加和工作经验的积累，技能人才的技能水平和工作熟练程度相应的会有所增加。基于本次调研发现，绝大多数的企业对技能人才的工作经验有一定的要求，尤其需要具备 1—3 年工作经验的技能人才。

　　通过对 178 家制造型企业调查问卷进行分析，发现有 89.5% 的制造型企业表示缺乏有 6 个月到 5 年工作经验的技能人才，其中，缺乏工作经验为 1—3 年的技能人才占比最大，需求企业比例高达 43.1%，而 5 年及以上工作经验的技能人才需求较少，需求企业比例仅为 12.2%。这表明，制造型企业对技能人才的工作经验要求不高。

　　此外，通过对 330 份招聘广告进行分析发现，企业要求的最低工作年限不是很高，工作年限为 0—3 年的技能人才需求占比为84.42%，其中要求工作年限在 1—3 年的技能人才需求占比最大，为

41.61%。招聘广告与制造型企业问卷分析结果基本趋同（表3—23）。

表3—23　　　　基于问卷调查和招聘广告的工作经验预测　　　单元:%

紧缺类型	6个月以下	6个月—1年	1—3年	3—5年	5—10年	10年以上
问卷比例	6.5	23.6	43.1	22.8	9.8	2.4
招聘广告比例	42.81		41.61		15.57	

综合两种分析发现，目前需求的技能人才经验水平不高，并且工作年限趋于1—3年，这与制造型企业岗位性质有关。技能人才通常从事的工作是缺乏科技含量的、易模仿和易取代的，因此在基本需求中，只要有足够的技能人才便可以满足企业的生产要求。在对技能人才经验的需求上，企业重视程度较低。

（三）制造业技能人才素质需求分析

本研究采用自编企业自评问卷，以李克特五点式量表为基础，要求各个制造型企业对当前技能人才完成工作所需的相关能力素质进行重要性和现状评分（1分代表非常不重要/非常差，5分代表非常重要/非常好）。基于问卷的理论构想和条目内容，将素质条目划分为三个维度：基本素质（主要表示工作的基本体质、知识要求）、职业素养（主要表示工作态度、道德素质等方面的要求）和工作能力（主要表示工作中相关能力等方面的要求）。以此对制造型企业技能人才的现状和企业需求情况进行分析。

对制造型企业对技能人才的素质重要性评分进行分析，可以看出制造型企业对技能人才的素质重要性评分较高，均值为4.36（满分为5），表明制造型企业很看重技能人才的素质。从具体维度来看，制造型企业对技能人才的素质重要性评分从高到低依次为职业素养（均值为4.49）、基本素质（均值为3.99）和工作能力（均值为3.39），表明制造型企业对技能人才的职业素养重视程度较高。从具体条目来看，重要性评价最高的五个条目分别是工作态度（均值为

4.57)、职业道德(均值为 4.52)、责任感(均值为 4.51)、服从安排(均值为 4.48)和团队意识(均值为 4.45),而这五个条目全部从属于职业素养维度,表明制造型企业非常看重技能人才的职业素养。而重要性评价最低的五个条目分别为技术指导能力(均值为 3.85)、基础知识(均值为 3.85)、组织与协调(均值为 3.72)、人际交往能力(均值为 3.53)和计算机运用能力(均值为 3.48),在这五个条目中,有四个条目从属于工作能力,可见企业对于技能工人工作能力的重视程度一般(表 3—24)。

而对制造型企业对技能人才的素质现状评分进行分析,可以发现制造型企业对技能人才的素质现状评分均值为 3.62(满分为 5),表明制造型企业对技能人才相关素质现状的评价一般。从具体维度来看,制造型企业对技能人才的素质现状评分从高到低依次为职业素养(均值为 3.58)、基本素质(均值为 3.45)和工作能力(均值为 3.32),表明制造型企业认为技能工人的职业素养相对较高,而工作能力相对较低。从具体条目来看,制造型企业对于技能工人能力素质的现状评价最高的五个条目分别为服从安排(均值为 3.73)、职业道德(均值为 3.63)、工作态度(均值为 3.62)、体能素质(均值为 3.61)和吃苦肯干(均值为 3.6),其中有四个条目从属于职业素养,说明企业对技能工人的职业素养评价较好;反观评价最低的五个条目,分别为学习能力(均值为 3.15)、组织与协调(均值为 3.13)、技术指导能力(均值为 3.08)、计算机运用能力(均值为 2.99)和创新能力(均值为 2.96),这五个条目都从属于工作能力,表明企业对于技能工人的一些工作能力现状不够满意。

对比素质重要性和现状评分,发现从总体上看,制造型企业对技能人才素质重要性的评分远大于素质现状评分,表明制造业技能人才的现有素质远低于企业需要的素质。此外,制造型企业对技能人才素质的重要性评价与其对技能人才的实际评价较为一致,均表现出重职业素养,轻工作能力的特点。

表 3—24 基于问卷调查的素质需求预测

维度名称	素质名称	重要性评价均值		素质重要性排序	素质现状评价		素质现状排序
		均值	标准差		均值	标准差	
基本素质	1. 体能素质	4.02	1.21	13	3.61	1.15	4
	2. 基础知识	3.85	1.18	17	3.38	1.21	11
	3. 专业知识	4.1	1.28	10	3.37	1.2	12
	均值	3.99	1.22	/	3.45	1.19	/
职业素养	4. 工作态度	4.57	1.15	1	3.62	1.23	3
	5. 职业道德	4.52	1.16	2	3.63	1.25	2
	6. 团队意识	4.45	1.19	5	3.44	1.33	6
	7. 吃苦肯干	4.39	1.2	6	3.6	1.26	5
	8. 服从安排	4.48	1.21	4	3.73	1.26	1
	9. 责任感	4.51	1.26	3	3.43	1.34	7
	均值	4.49	1.2	/	3.58	1.28	/
工作能力	10. 适应能力	4.13	1.21	9	3.42	1.25	8
	11. 沟通能力	3.86	1.23	16	3.26	1.19	14
	12. 观察能力	3.87	1.23	15	3.19	1.26	16
	13. 创新能力	3.9	1.27	14	2.96	1.23	22
	14. 学习能力	4.09	1.26	11	3.15	1.23	18
	15. 动手操作能力	4.27	1.27	7	3.39	1.31	9
	16. 问题解决能力	4.04	1.39	12	3.19	1.18	15
	17. 计算机运用能力	3.48	1.34	21	2.99	1.17	21
	18. 人际交往能力	3.53	1.2	20	3.19	1.2	17
	19. 岗位技能	4.19	1.25	8	3.38	1.21	10
	20. 组织与协调	3.72	1.27	19	3.13	1.17	19
	21. 技术指导能力	3.85	1.28	18	3.08	1.17	20
	22. 执行能力	4.21	1.32	22	3.29	1.27	13
	均值	3.93	1.27	/	3.2	1.22	/
总计		4.36	0.43	/	3.62	0.58	/

　　从招聘广告对于技能人才的要求中也发现,企业普遍希望所招收的技能人才拥有良好的身体素质(具有健康的体魄)、个性品质及职业操守(尤其看重技能人才吃苦耐劳、有责任心及爱岗敬业等品质),而对技能

人才的工作能力要求较低（相对重视技能人才的设备操作及管理能力）。
制造型企业需要大量质量相对较低的技能人才。进一步分析发现，
43.71%的招聘广告要求技能人才身体健康、无传染病，41.02%的招聘广
告要求技能人才要吃苦耐劳，29.94%要求技能人才要有责任心，而
27.84%要求技能人才要爱岗敬业（表3—25）。由此可见，制造型企业对
技能人才的身体素质和吃苦耐劳等个性品质的重视程度较高。这与技能
人才工作的易操作和易替代性有关。一方面，由于一般制造型企业技能
岗位并不需要经验积累便可经过简单培训直接就职，技能人才的工作能
力可以很快获得和提高；另一方面，技能人才的工作环境和工作强度条
件相对恶劣，因此企业在选择技能人才时更看重其职业素养、个性品质
和身体素质。

表3—25　　　　　　　基于招聘广告的素质需求预测

能力素质	关键词	频次	比例（%）
身体素质	身体健康、无传染病	146	43.71
	无文身、疤痕	29	8.68
	外貌/五官端正	14	4.19
	无色弱、视力良好	10	2.99
工作能力	设备操作及管理能力	83	24.85
	表达、沟通能力	25	7.49
	适应能力	20	5.99
	学习能力	19	5.69
个性品质	吃苦耐劳	137	41.02
	有责任心	100	29.94
	爱岗敬业/事业忠诚度	93	27.84
	服从管理、配合加班	59	17.66
	进取心	56	16.77
	工作认真仔细	56	16.77
	有团队合作精神	51	15.27
	踏实肯干	33	9.88
	无犯罪/不良记录	23	6.89
	有纪律性	19	5.69

综上可以发现：

良好的员工素质是促进企业发展的重要保障，随着产业结构的优化和升级，制造型企业为迎接新的机遇与挑战，对技能人才的素质需求越来越高。

（1）制造业高技能人才年净需求量巨大，年净需求量达 100 万人左右。根据我国与国外技能人才状况进行对比，高技能人才从 2009 年的 1529 万人增加到 2020 年的 2730 万人，平均每年需要新增 109 万人左右，加上每年退出的高技能人才数量，我国高技能人才每年需求量为 125 万人。若不考虑达到中等国家水平，只是进入制造业发达国家的行业，至少高技能人才比例达到 30%，那么每年高技能人才的净需求量为 74 万人，加上退休的高技能人才，每年高技能人才的需求量为 90 万人。综上所述，我国 2020 年需要达到中等发达国家的水平，高技能人才年需求量巨大，达 100 万人左右。

（2）高需求引发高紧缺，我国每年需要大专以上技能人才约为 100 万人。基于问卷调研发现，有 52% 的企业表示紧缺大专以上的技能人才。根据广东省学历和技能等级的对应关系，技能等级与学历存在一定的对应关系，依此关系进行推算，发现我国每年需要大专以上技能人才 100 万人左右。技能人才的学历需求相对较高。

（3）制造型企业对技能人才经验需求不高，工作年限要求主要集中在 1—3 年。在问卷调研中发现，绝大多数对技能人才的工作经验有一定的要求，其中 43.1% 的制造型企业表示缺乏有 1—3 年工作经验的技能人才；而在招聘广告分析中也发现，41.61% 的制造型企业表示缺乏有 1—3 年工作经验的技能人才。制造型企业均对工作经验有所要求，但对未来技能人才的经验需求不高，在人才引进中的工作年限要求主要集中在 1—3 年。

（4）制造业技能人才的现有素质远低于企业需要，制造型企业对技能人才的职业素养要求比较高。问卷调研发现，制造型企业对技能人才的素质有一定的重视，对技能人才的职业素养重视程度较高，而对基本素质和工作能力重视度较低。然而，在对技能人才素质现状的评价中发现，现有技能人才素质难以满足企业的需求。招聘广告分析结果类同。制造型企业对技能人才的职业素养及个性品质的需求较大。

六 制造业技能人才结构需求预测

制造业技能人才分布于不同的地区和行业，对应着不同的学历和专业结构，本研究对制造业技能人才的结构需求进行预测，重点考虑地区分布、行业分布、专业对应学历需求、行业对应专业需求等方面需求状况。

（一）各地区制造业技能人才结构预测

分析地域制造业技能人才的需求状况，对各地区更好地了解当地的产业分布状况，有针对性地制定未来发展战略，培养因地制宜的人才具有重要意义。本研究以 2010 年我国制造业各地区就业人数作为地域技能人才需求分析的基本数据，以最近五年的规模以上各地区的工业统计年鉴作为趋势估计数据，采用基于历史和现状的趋势分析，对各地区技能人才需求状况进行预测，以充分反映各地区制造业发展的趋势。

1. 广东、山东、江苏和浙江等地优势产业较多，制造业较为发达，西部地区制造业整体实力较为薄弱

任晓（2009）在对温州新兴制造业的研究中采用了产值状况和产业技术状况来评估制造业的发展重点。① 借鉴其方法，为了能够体现地域和产业的特点，本研究主要以当地该行业的产值占当地制造业产值的比重和当地该行业的产值占本行业产值的比重作为指标进行重点产业分析。本研究将"产值占每个制造业内部行业的 5% 以上，并且产值占本地工业总产值的 5% 以上"定义为重点产业，将"产值占到制造业内部行业的 5% 以上且占到本地区 2% 以上"定义为优势产业［用某省（产）表示］，将"产值占到本地工业总产值的 5% 以上且产值占到该行业的 2% 以上"定义为特色产业［用某省（特）表示］（表 3—26）。

---

① 参见任晓《温州新兴制造业发展重点的选择及其战略》，《浙江工贸职业技术学院学报》2009 年第 8 卷第 3 期。

表3—26 各省市产业分布

行业	重点产业、特色产业和优势产业省份
农副食品加工业	山东、河南、辽宁、湖北、江苏（产）、四川、吉林、黑龙江（特）、广西（特）
食品制造业	山东（产）、河南（产）
饮料制造业	四川
烟草制品业	云南
纺织业	浙江、山东、江苏、福建
纺织服装、鞋、帽制造业	江苏（产）、广东（产）
皮革、毛皮、羽毛（绒）及其制品业	福建
木材加工及木、竹、藤、棕、草制品业	—
家具制造业	广东（产）
造纸及纸制品业	山东（产）、广东（产）
印刷业和记录媒介的复制	—
文教体育用品制造业	—
石油加工、炼焦及核燃料加工业	辽宁、山东、河北、陕西（特）、甘肃（特）、新疆（特）、山西（特）、黑龙江（特）、广东（产）
化学原料及化学制品制造业	广东、浙江、山东、江苏
医药制造业	吉林、山东（产）、江苏（产）
化学纤维制造业	浙江（产）、江苏（产）
橡胶制品业	山东（产）、广东（产）
塑料制品业	浙江（产）
非金属矿物制品业	四川、河南、辽宁、山东
黑色金属冶炼及压延加工业	河北、天津、辽宁、山东、江苏、山西（特）、湖北（特）
有色金属冶炼及压延加工业	江西、湖南、河南、山东（产）
金属制品业	广东（产）、江苏（产）
通用设备制造业	辽宁、上海、江苏、浙江、山东
专用设备制造业	江苏（产）、山东（产）、湖南
交通运输设备制造业	重庆、上海、湖北、吉林、广东、辽宁、浙江、山东、江苏、北京（特）、天津（特）
电气机械及器材制造业	安徽、广东、浙江、江苏

行业	重点产业、特色产业和优势产业省份
通信设备、计算机及其他电子设备制造业	上海、广东、江苏、北京（特）
仪器仪表及文化、办公用机械制造业	广东（产）、江苏（产）
工艺品及其他制造业	广东（产）
废弃资源和废旧材料回收加工业	—

注：数据来源于2011年中国工业统计年鉴产值占行业总产业和地区工业总产值的比例计算。

结论一：从31个省市制造业重点产业来看，广东、山东、浙江、辽宁、江苏等省份重点产业和优势产业比较集中，制造业比较发达；而宁夏、青海、西藏、贵州等省份基本没有产值比较高的产业，没有任何一个该地区的制造业内部产业的产值占这个产业总产值比重的2%以上，并且占当地制造业总产值的5%以上，表明西部制造业基础较为薄弱，发展水平远低于东部地区和中部地区。

结论二：从地区的行业类型来看，以广东、山东、浙江、江苏等省市为代表的东部地区的制造业主要集中于纺织业、纺织鞋帽制造业、家具制造业、造纸及纸制品业、化学原料及化学制品制造业、化学纤维制造业、橡胶制品业、塑料制品业、金属制品业、通用设备制造业和通信设备、计算机及其他电子设备制造业等劳动密集型制造型行业，中部的制造业主要集中于农副食品加工业、石油加工、炼焦及核燃料加工业、黑色金属冶炼及压延加工业和有色金属冶炼及压延加工业等依托资源发展的制造型行业，而西部的制造业主要集中于饮料制造业、烟草制品业等以农业为主要推动的制造型行业。而饮料制造业、印刷业和记录媒介的复制业、文教体育用品制造业、废弃资源和废旧材料回收加工业等制造业内部行业本身总量较小，地域分布也较为分散。

结论三：从重合重点产业的地区来看，作为制造业强省的广东省与山东、江苏、浙江在重点产业上有较多重合。以山东为例，广东省在造纸及纸制品业、石油加工、炼焦及核燃料加工业、化学原料及化学制品制造业、橡胶制品业和交通运输设备制造业等产业中与之重合，这表明广东省与山东省制造业在产业选择上存在一定的相似之处。这与区位条件有关，同处沿海地区，劳动力资源丰富，在依托矿产资源优势上，两者对产业的选择具有相似性。以江苏为例，广东省在纺织服装、鞋、帽制造业、化学原料及化学制品制造业、金属制品业、交通运输设备制造业、电气机械及器材制造业、通信设备、计算机及其他电子设备制造业、仪器仪表及文化、办公用机械制造业等产业中与之重合，这表明广东省与江苏省在产业选择上也存在一定相似之处。由于广东省与江苏省都有劳动力资源丰富、人才丰富、政策支持和沿海的区位条件及面临着相同的产业升级的挑战，广东省与江苏省在重点产业的发展上存在相似。各地区重点产业出现重合的原因是以地缘为基础的经济、政治、文化、社会等多重因素共同作用的结果。

2. 东部地区制造业就业人数较多，中部地区制造业就业人数占比显著提高

根据《中国工业统计年鉴（2008—2011 年)》分地区平均就业人数统计数据，可以分析各地区工业（制造业约占 88%）就业人数的整体变化趋势（表 3—27)：

表 3—27　　　　　**各省份规模以上制造业就业人数变化趋势**　　　单位:%

区域（产值）	省份	2007 年	2008 年	2009 年	2010 年	2011 年	平均人数	产值百分比	排名
华北地区	北京	1.78	1.51	1.40	1.36	1.30	1.47	2.12	3
	天津	1.68	1.53	1.51	1.55	1.56	1.57	2.51	1
	河北	4.07	3.85	3.59	3.62	3.61	3.75	4.45	7
	山西	2.01	2.75	2.43	2.39	2.30	2.38	1.73	29
	内蒙古	1.07	1.18	1.18	1.25	1.31	1.20	1.74	2
东北地区	辽宁	4.10	4.17	4.14	4.38	4.21	4.20	4.93	9
	吉林	1.22	1.39	1.44	1.55	1.46	1.41	1.77	6
	黑龙江	1.18	1.82	1.77	1.64	1.55	1.59	1.35	24

续表

区域 (产值)	省份	2007 年	2008 年	2009 年	2010 年	2011 年	平均 人数	产值 百分比	排名
华东	上海	4.14	3.58	3.44	3.22	3.06	3.49	4.86	5
	江苏	12.50	10.93	12.49	11.62	12.09	11.93	13.45	10
	浙江	10.52	10.04	9.22	8.92	8.98	9.54	7.73	26
	安徽	1.97	2.26	2.39	2.63	2.78	2.41	2.43	14
	福建	3.71	4.56	4.30	4.30	4.31	4.24	3.08	30
	江西	1.54	1.79	2.02	1.98	2.09	1.88	1.77	20
	山东	11.22	10.55	10.33	10.49	9.76	10.47	12.31	8
华中	河南	4.45	4.85	4.72	5.09	5.02	4.83	4.91	13
	湖北	2.88	2.54	2.67	3.08	3.09	2.85	2.87	15
	湖南	2.43	2.48	2.55	2.73	2.85	2.61	2.50	17
华南	广东	16.65	16.60	16.90	16.26	16.43	16.57	12.65	27
	广西	1.25	1.26	1.30	1.39	1.58	1.36	1.28	19
	海南	0.14	0.16	0.14	0.14	0.13	0.14	0.20	4
西南	重庆	1.41	1.37	1.50	1.56	1.54	1.48	1.23	25
	四川	3.06	3.27	3.37	3.53	3.68	3.38	3.12	21
	贵州	0.75	0.85	0.83	0.85	0.84	0.82	0.60	28
	云南	0.91	1.04	0.95	0.95	0.97	0.96	0.97	16
	西藏	0.02	0.03	0.02	0.02	0.02	0.02	0.01	31
西北	陕西	1.56	1.58	1.49	1.56	1.58	1.55	1.48	18
	甘肃	0.93	0.85	0.78	0.78	0.75	0.82	0.72	23
	青海	0.16	0.20	0.20	0.20	0.21	0.19	0.20	22
	宁夏	0.28	0.32	0.29	0.31	0.30	0.30	0.27	22
	新疆	0.43	0.68	0.65	0.66	0.63	0.61	0.65	11
中部①		17.68	19.88	19.99	21.09	21.14	19.96	19.33	
西部②		11.83	12.63	12.56	13.06	13.41	12.70	12.27	
东部③		70.51	67.48	67.46	65.86	65.44	67.35	68.4	

注：人均产值④ = 产值/就业人数（数据来源于规模以上企业工业统计年鉴 2007—2011 年）。

———————

① 西部地区包括内蒙古、广西、重庆、四川、贵州、云南、西藏、陕西、甘肃、青海、宁夏、新疆 12 个省份。

② 中部地区包括山西、吉林、黑龙江、安徽、江西、河南、湖北、湖南 8 省。

③ 东部地区包括北京、天津、河北、辽宁、上海、江苏、浙江、福建、山东、广东、海南 11 个省份。

④ 人均产值指单位人数创造的产值。

结论一：从整体产值来看，东部地区工业产值巨大，占整个制造业产值的 68.4%，中部和西部地区分别只占了 19.33% 和 12.27%。从省份来看，广东、江苏、山东、浙江四个省份产值最高，占据总产值的 46.14%，就业人数占 48.11%，接近整个工业产值和就业人数的一半，仅广东省的工业产值就超过了整个西部 12 个省份的产值之和。

结论二：从整个工业就业人数来看，2007—2012 年，山东、上海、浙江等地百分比下降较多，下降幅度都达到 0.5% 以上。而安徽、福建、江西、河南和四川等地上升百分比较大，五年间上升幅度超过了 0.5% 以上。这与东部地区产业升级与调整，向中西部进行产业转移的战略有关。

结论三：从工业的人均产值来看，广东、浙江、山东、江苏等省份分别排名为 27、26、8、10，说明我国制造业大省中，尤其是广东、浙江地区的工业人均产值并不高，但整体来看，东部地区人均产值仍高于中西部。东部地区劳动密集型产业较多，虽然工业产值较高，但劳动力基数较大，因此人均产值并不高，但相对于经济实力较弱的中西部地区，人均产值较高。此外，制造业人均产值位于 20 名以后的有西藏、贵州、山西、四川、重庆、甘肃、宁夏等中西部 12 个省份，这主要与当地的产业结构密切相关。

结论四：从制造业就业人数的整体趋势变化来看，东部地区呈现整体下降的趋势，四年间平均下降了 3.95%；中部地区制造业就业人数增长较快，四年间增长了 2.92%，说明中部地区制造业发展迅速，就业人数显著增加；而西部地区就业人数也呈现增长趋势，四年间增长了 13.4%，平均每年增长 3.2%，表明西部地区制造业也获得一定发展。此外，北京、上海、浙江、山东地区呈现了下滑的趋势，这主要是因为第三产业的发展，对制造业造成一定影响。

3. 东部地区技能人才总量较大，占全国的 60% 以上，东部需求量呈现下降的趋势，中西部地区对技能人才的需求呈现快速增长的趋势

在对各地区制造业技能人才比例的统计中主要有两个数据来源，即工业统计年鉴和人口普查。工业统计年鉴中分地域统计包含了采矿业，电力、水、燃气等供应业，人口普查数据相对较为准确。本次各地区制造业技能人才百分比数据参照 2010 年第六次人口普查长表数据进行计算

（表3—28）。

表3—28　　　　　　　　**各省份技能人才预测**　　　　　　单位：

省份	工业就业比例（工业统计）	制造业就业比例（普查）	技能人才比例（普查）	变动比	2015年	2020年
北京	1.36	1.27	1.03	-37.50	0.80	0.49
天津	1.55	1.23	1.15	-7.36	1.15	1.06
河北	3.62	4.24	4.40	-11.86	3.78	3.30
山西	2.39	1.25	1.27	12.50	1.42	1.58
内蒙古	1.25	0.68	0.73	17.78	0.81	0.95
辽宁	4.38	2.63	2.38	2.74	2.74	2.78
吉林	1.55	0.81	0.73	15.79	0.95	1.09
黑龙江	1.64	1.10	1.06	25.34	1.40	1.73
上海	3.22	3.68	2.89	-36.73	2.36	1.47
江苏	11.62	12.67	13.06	-3.44	12.39	11.82
浙江	8.92	11.92	11.80	-19.62	9.70	7.71
安徽	2.63	2.82	2.97	28.13	3.66	4.64
福建	4.30	4.63	4.81	13.61	5.33	5.98
江西	1.98	3.96	4.69	24.89	5.01	6.18
山东	10.49	7.67	7.76	-15.57	6.56	5.48
河南	5.09	3.45	3.60	9.55	3.83	4.14
湖北	3.08	3.27	3.48	6.89	3.54	3.74
湖南	2.73	3.61	3.96	13.29	4.14	4.64
广东	16.26	17.99	16.55	-1.39	17.96	17.51
广西	1.39	1.58	1.73	20.63	1.93	2.30
海南	0.14	0.16	0.19	-7.69	0.15	0.14
重庆	1.56	1.30	1.24	8.18	1.42	1.52
四川	3.53	3.41	3.69	14.94	3.97	4.51
贵州	0.85	0.78	0.81	9.78	0.87	0.94
云南	0.95	1.25	1.33	6.06	1.34	1.40
西藏	0.02	0.03	0.03	0.00	0.03	0.03

续表

省份	工业就业比例（工业统计）	制造业就业比例（普查）	技能人才比例（普查）	变动比	2015 年	2020 年
陕西	1.56	1.36	1.30	1.17	1.39	1.39
甘肃	0.78	0.48	0.50	-27.69	0.35	0.25
青海	0.20	0.13	0.13	25.00	0.16	0.21
宁夏	0.31	0.20	0.22	6.06	0.21	0.23
新疆	0.66	0.48	0.51	29.85	0.63	0.81
东部	65.86	68.09	66.02	-11.35	62.93	57.73
中部	21.09	20.27	21.76	17.05	23.95	27.73
西部	13.06	11.68	12.22	9.31	13.11	14.54

注：变动百分比① =（2011 年的就业人数 - 2007 年的就业人数）/五年之间的平均数

（根据中国工业统计年鉴 2011 年统计整理、2010 年人口普查数据整理）。

结论一：从制造业技能人才占比来看，东、中、西部地区呈现梯度差异。东部地区技能人才在全国技能人才中占比为 66.02%，技能人才总量大。而中部地区次之，西部地区占比最小。

结论二：从东、中、西部工业人数就业变动百分比来看，东部地区呈下降趋势，五年下降了 5.2%。中部地区增长最快，五年增长了 3.78%，而西部地区增长速度较慢。从地区工业就业人数变动的百分比来看，北京、上海和甘肃等地下降幅度较大，而新疆、青海、广西、江西、安徽、黑龙江等地上升幅度较大。这与地区的产业调整有关。

结论三：从 2015 年和 2020 年技能人才占比预测数据来看，到 2020 年，东部地区制造业技能人才比例下降约 10%，需求量呈下降趋势，而中部地区将上升 3.95%，西部地区将会上升约 3%。中部地区将成为制造业技能人才需求上升最快的地区。

4. 地区制造业技能人才结构需求预测总结

从地区结构预测来看，我国东部地区制造业重点产业较为集中，产值贡献率大，从 2007—2011 年各地区工业就业人数的就业比例来看，东

① 变动百分比指五年间各地区工业就业人数的变动百分比与五年间平均人数百分比的比值。

部地区 11 个省份中仅有辽宁和福建两个省份就业人数百分比呈现上升的趋势，其他省份都有不同程度的下降，整体上东部地区制造业就业人数在全国中占比有所降低，对技能人才的需求呈现减少的趋势，而中西部地区就业人数都呈现了上升的趋势。尽管中西部地区制造业重点产业相对较为分散，产值贡献率较低，就业人数较少，但中西部地区制造业就业人数在全国中占比有所提高，对技能人才的需求呈现增加的趋势，其中中部地区技能人才需求增加显著。未来十年，中部地区技能人才的需求量将达到 3.95%，而西部地区也将达到 3%，比较而言，东部地区技能人才下降幅度较大，对技能人才总量的需求量会减少。

（二）制造业内部行业就业人数预测

行业需求预测主要是通过对制造业 30 个细分行业未来的发展趋势的分析来预测各行业未来就业人数需求数量。本研究基于 2006—2012 年制造业各行业的发展趋势，结合未来我国的制造业行业发展政策，采用基于历史现状的经验预测方法，选取 2010 年人口普查的相关数据作为基数，对比各年的工业统计年鉴，进行各行业发展趋势预测。

1. 我国制造业行业发展现状

根据中国工业统计年鉴，分析 2007—2011 年各内部行业制造业就业人数及其五年间的变化趋势，推断未来十年左右各行业发展状况，为技能人才的开发提供依据。依据行业、技能人才、高职专业的对应关系，本研究将制造业分为食品类、纺织服装类、轻化工类、石油化工类、材料类和装备制造类六大类别，烟草制造、包装印刷业、文教体育用品、医药、工艺品、废弃资源等行业未做归类。

表 3—29　　　制造业内部行业就业人数变化分析　　　单位:%

行业类型	2007 年	2008 年	2009 年	2010 年	2011 年	就业均值	产值均值	人均产值排名
农副食品加工业	3.86	4.08	4.87	4.40	4.48	4.34	5.62	9
食品制造业	1.97	2.00	2.10	2.10	2.20	2.07	1.84	16
饮料制造业	1.47	1.46	1.53	1.55	1.70	1.54	1.51	12

续表

行业类型	2007 年	2008 年	2009 年	2010 年	2011 年	就业均值	产值均值	人均产值排名
烟草制品业	0.27	0.26	0.26	0.25	0.25	0.26	1.00	2
纺织业	9.14	8.43	7.95	7.71	7.31	8.11	4.84	24
纺织服装、鞋、帽制造业	6.04	5.93	5.79	5.33	4.75	5.57	2.08	29
皮革、毛皮、羽毛（绒）及其制品业	3.75	3.53	3.32	3.29	3.23	3.42	1.33	28
木材加工及木、竹、藤、棕、草制品业	1.55	1.70	1.68	1.70	1.60	1.64	1.15	22
家具制造业	1.33	1.35	1.27	1.33	1.32	1.32	0.71	26
造纸及纸制品业	2.02	1.96	1.97	1.88	1.82	1.93	1.74	14
印刷业和记录媒介的复制	1.06	1.06	1.06	1.01	0.88	1.01	0.59	25
文教体育用品制造业	1.74	1.72	1.58	1.53	1.37	1.59	0.53	30
石油加工、炼焦及核燃料加工业	1.18	1.11	1.09	1.10	1.19	1.14	4.92	1
化学原料及化学制品制造业	5.55	5.56	5.68	5.65	5.65	5.62	7.86	7
医药制造业	2.00	1.95	2.07	2.06	2.22	2.06	1.91	13
化学纤维制造业	0.66	0.58	0.53	0.52	0.57	0.58	0.92	6
橡胶制品业	1.28	1.26	1.26	1.23	1.16	1.24	0.99	19
塑料制品业	3.27	3.30	3.35	3.38	3.16	3.29	2.26	23
非金属矿物制品业	6.54	6.45	6.56	6.49	6.42	6.49	5.04	20
黑色金属冶炼及压延加工业	4.44	4.05	4.16	4.12	4.22	4.20	9.20	3
有色金属冶炼及压延加工业	2.28	2.40	2.29	2.28	2.39	2.33	4.75	4
金属制品业	3.99	4.23	4.12	4.11	3.87	4.06	3.31	18
通用设备制造业	6.14	6.38	6.27	6.43	6.14	6.27	5.60	15
专用设备制造业	3.74	3.99	3.99	3.98	4.02	3.94	3.40	17
交通运输设备制造业	5.96	6.12	6.42	6.84	7.19	6.51	8.38	8
电气机械及器材制造业	6.55	6.83	6.89	7.20	7.44	6.98	7.01	11

行业类型	2007 年	2008 年	2009 年	2010 年	2011 年	就业均值	产值均值	人均产值排名
通信设备、计算机及其他电子设备制造业	8.58	8.76	8.55	9.21	10.17	9.05	9.66	10
仪器仪表及文化、办公用机械制造业	1.56	1.51	1.45	1.49	1.55	1.51	1.11	21
工艺品及其他制造业	2.00	1.85	1.76	1.67	1.54	1.77	0.95	27
废弃资源和废旧材料回收加工业	0.10	0.18	0.18	0.17	0.19	0.16	0.30	5
食品大类①	7.30	7.54	8.50	8.05	8.38	7.95	8.97	3
纺织服装大类②	18.93	17.89	17.06	16.33	15.29	17.10	8.25	6
轻化工类③	9.45	9.57	9.53	9.52	9.06	9.42	6.85	5
石油化工大类④	7.39	7.25	7.30	7.27	7.41	7.34	13.70	1
材料大类⑤	13.26	12.90	13.01	12.89	13.03	13.02	18.99	2
装备制造类⑥	36.52	37.82	37.69	39.26	40.38	38.32	38.47	4

注：产值均值 = 产值百分比/就业人数百分比（根据 2008—2012 年中国工业统计年鉴规模以上企业统计整理）。

结论一：从制造业内部行业产值来看，产值大于 5% 的产业分别有农副食品制造业、黑色金属、化学原料、非金属矿物制品、通用设备制造业、通信设备与计算机及其他电子设备制造业、交通运输设备制造业和电气机械及器材制造业八个行业。产值小于 1% 的产业有橡胶制品、化学纤维、工艺品制造、文教用品制造、印刷业、家具业和废弃资源回收加工业七个行业。六个大类中，产值最高的是装备制造大类，产值占整个

---

① 包含农副食品加工业、食品业和饮料制品业三个细分行业。
② 包含了纺织业、纺织服装、皮革羽毛等三个细分行业。
③ 包含了造纸业、家具业、木材加工、橡胶、塑料等五大细分行业。
④ 包含了石油加工、化学原料、化学纤维业等三大细分行业。
⑤ 包含了非金属矿物、黑色金属冶炼与加工、有色金属冶炼与加工业三个细分行业。
⑥ 装备制造包含了金属制品业、通用设备制造业、专用设备制造业、电气机械制造业、通信设备制造业、仪器仪表、交通运输设备制造业七大细分行业。

制造业产值的 38.47%。

结论二：从各内部行业就业人数来看，就业人数超过 5% 的行业分别有纺织业、纺织服装鞋帽业、化学原料、非金属矿物、黑色金属、通用设备、通信设备、交通运输设备、电气机械设备九个行业，就业人数小于 1% 的行业有化纤、烟草和废弃资源回收及加工业三个行业。六大类制造业中，就业人数最多的是装备制造类，就业人数占整个制造业就业人数的 38.32%。

结论三：从制造业内部行业就业人数变化趋势可以看出，就业人数占比增幅最大的是装备制造类，五年间上升了近 4%，而降幅最大的是纺织服装类制造业，五年间下降了约 4%。食品类行业保持了一定幅度的增长，而石油化工、材料类和轻化工类变动不大。制造业内部行业就业人数需求变化与政策环境密切相关。装备制造业是高新技术制造业的重要组成部分，也是战略新兴产业的主要组成部分，其出口占据制造业出口总值的 55% 左右，国家对其重视程度较高。而由于纺织服装类劳动生产率低下，从"十一五"开始我国大力发展第三产业，劳动市场的竞争导致劳动力成本上升，这促使纺织服装企业开始转型或者转移到劳动力成本低下的越南、柬埔寨等国家。此外，轻工、石油化工、材料类、食品类产业主要是满足国内需求，出口值不到制造业整体出口的 30%，其需求较为稳定。

2. 我国制造业未来发展趋势

（1）大力发展高新技术制造业

高新技术产业是以高新技术为基础，从事一种或多种高新技术及其产品的研究、开发、生产和技术服务的知识密集、技术密集的企业集合。这种产业的主导技术必须属于所确定的高技术领域，包括高技术领域中处于技术前沿的工艺或技术突破。其所拥有的关键技术往往开发难度很大，但一旦开发成功，便具有高于一般的经济效益和社会效益。[①] 制造业产业中高新技术产业主要包含了六大类，即医药制造业、航空航天、电子及通信设备、计算机及办公设备、医疗设备及仪器仪表制造业和信息

———————————

① 参见中商情报网《高新技术产业发展战略与规划》，2014 年 12 月，中国情商网（ht-tp：//www.askci.com/industry/fxgh/gaoxingjishu.shtml）。

化学品制造业。温家宝在 2012 年的政府工作报告中对 2013 年的政府工作建议指出："必须加快改造提升传统产业，大力发展高新技术产业，提高产品质量和市场竞争力。要加强政策引导，鼓励企业跨行业跨区域、跨所有制兼并重组，利用市场倒逼机制促进优胜劣汰。以扩大国内市场应用，重要关键技术攻关为重点，推动战略新兴产业健康发展。"① 这进一步明确了我国制造业的发展方向。

（2）大力发展战略新兴产业

七大新兴产业是指国家战略新兴产业规划及中央和地方的配套支持政策确定的具有掌握关键核心技术，市场需求前景良好，资源能耗低、带动系数大、就业机会多、综合效益好等特征的 7 个领域和 23 个重点方向。"新七领域"为"节能环保、新兴信息产业、生物产业、新能源、新能源汽车、高端装备制造业和新材料"，七大领域几乎都在产业链上涉及不同制造行业。2012 年，国务院制定并通过了"十二五"国家战略新兴产业发展规划，进一步明确了制造业的发展方向和重点措施。② 规划指出，2015 年我国战略新兴产业的增加值为 GDP 的 8%，是 2010 年的两倍，2020 年这一比例将达到 15%，这为大力发展战略新兴产业提出了更高要求。

（3）淘汰落后产能和产能过剩产业

我国"十二五"规划目标指出，淘汰炼铁落后产能 4800 万吨、炼钢 4800 万吨、焦炭 4200 万吨、电石 380 万吨、铁合金 740 万吨、电解铝 90 万吨、铜冶炼 80 万吨、铅（含再生铅）冶炼 130 万吨、锌（含再生锌）冶炼 65 万吨、水泥（含熟料及磨机）3.7 亿吨、平板玻璃 9000 万重量箱、造纸 1500 万吨、酒精 100 万吨、味精 18.2 万吨、柠檬酸 4.75 万吨、制革 1100 万标张、印染 55.8 亿米、化纤 59 万吨和铅蓄电池 746 万千伏安时。根据这一目标，可以看出需要淘汰的落后产能和产能过剩企业主要集中于黑色金属、有色金属、非金属材料等材料类行业和轻工（制革、

---

① 参见温家宝《加快改造提升传统产业 大力发展高新技术产业》，2013 年 3 月，中国广播网（http://www.cnr.cn/2013zt/2013lh/live/kml/zb1/201303/t20130305_ 512083789. shtml）。

② 参见《国务院关于印发"十二五"国家战略新兴产业发展规划的通知（国发〔2012〕28 号）》，中华人民共和国国务院办公厅网（http://www.gov.cn/xxgk/pub/govpublic/mrlm/201207/t20120720_ 65368. html）。

草浆、酒精、柠檬、造纸）等制造型行业。[①]

3. 制造业行业内部需求预测分析

从我国的行业调整趋势来看：装备制造类行业是大力发展的对象，也是制造业内部行业中比重最大的行业；材料类行业由于产能过剩，将进行部分淘汰；轻化工类由于产能落后将进行部分淘汰；食品类行业、石油化工类行业将保持一定的稳定性，而纺织服装类行业由于劳动生产效率低下，将面临产业转移和升级，就业人数将会有所减少（表3—30）。

表3—30　　　　　　　制造业内部行业预测变动　　　　单位：%

内部行业结构	2010年行业内部百分比（工业统计）	2010年行业内部百分比（普查）	变动百分比	2015年	2020年
01 农副食品加工业	4.40	3.14	14.29	3.70	4.22
02 食品制造业	2.10	2.81	11.11	3.22	3.57
03 饮料制造业	1.55	1.22	14.94	1.44	1.66
04 烟草制品业	0.25	0.27	-7.69	0.26	0.24
05 纺织业	7.71	7.71	-22.56	6.15	4.76
06 纺织服装、鞋、帽制造业	5.33	12.27	-23.16	9.71	7.46
07 皮革、毛皮、羽毛及其制品和制鞋业	3.29	4.68	-15.20	4.09	3.47
08 木材加工和木、竹、藤、棕、草制品业	1.70	2.75	3.05	2.92	3.01
09 家具制造业	1.33	2.81	-0.76	2.87	2.85
10 造纸和纸制品业	1.88	1.76	-10.36	1.63	1.46
11 印刷和记录媒介复制业	1.01	1.38	-17.82	1.17	0.96
12 文教、体育用品制造业	1.53	2.15	-23.27	1.70	1.30
13 石油加工、炼焦和核燃料加工业	1.10	0.69	0.88	0.72	0.72

---

① 参见新华社《"十二五"工业领域重点行业淘汰落后产能目标下达》，2011年12月，中华人民共和国中央人民政府网站（http://www.gov.cn/jrzg/2011-12/30/content_2034311.htm）。

续表

内部行业结构	2010 年行业内部百分比（工业统计）	2010 年行业内部百分比（普查）	变动百分比	2015 年	2020 年
14 化学原料和化学制品制造业	5.65	3.30	1.78	3.46	3.52
16 化学纤维制造业	2.06	0.34	10.68	0.39	0.43
15 医药制造业	0.52	1.24	−15.52	1.08	0.91
17 橡胶制品业	1.23	1.01	−9.68	0.94	0.85
18 塑料制品业	3.38	2.84	−3.34	2.83	2.73
19 非金属矿物制品业	6.49	5.86	−1.85	5.92	5.81
20 黑色金属冶炼和压延加工业	4.12	2.49	−5.24	2.43	2.30
21 有色金属冶炼和压延加工业	2.28	1.20	4.72	1.29	1.36
22 金属制品业	4.11	5.58	−2.96	5.58	5.41
23 通用设备制造业	6.43	5.80	0.00	5.97	5.97
24 专用设备制造业	3.98	3.81	7.11	4.20	4.50
25 交通运输设备制造业	6.84	5.22	18.89	6.39	7.60
26 电气机械及器材制造业	7.20	5.44	12.75	6.32	7.12
27 通信设备、计算机及其他电子设备制造业	9.21	7.37	17.57	8.93	10.49
28 仪器仪表及文化、办公用品制造业	1.49	1.39	−0.66	1.42	1.41
29 工艺品及其他制造业	1.67	2.74	−25.99	2.09	1.55
30 废弃资源和废旧材料回收加工业	0.17	0.74	56.25	1.19	1.86
食品大类	8.05	7.17	13.59	8.36	9.45
纺织服装大类	16.33	24.66	−21.27	19.95	15.69
轻化工类	9.52	11.17	−4.04	11.19	10.90
石油化工大类	8.81	4.33	3.75	4.57	4.67
材料大类	12.89	9.55	−1.77	9.64	9.47
装备制造类	39.26	34.61	10.14	38.81	42.50

注：行业内部百分比 = 各个行业就业人数/制造业总就业人数；变动百分比 = （2011 年的就业人数 − 2007 年的就业人数）/五年之间的平均数（根据 2011 年中国工业统计年鉴统计计算整理、2010 年人口普查长表数据整理）。

　　结论一：从就业人数变动的百分比来看，就业人数下降幅度最大的行业是纺织业、纺织服装鞋帽制造业、文教体育用品制造业、工艺品及其他制造业等，下降幅度都达到了20%以上；上升幅度最大的行业是交通运输设备制造业、废弃资源和废旧材料回收加工业、通信设备、计算机及其他电子设备制造业，上升幅度都达到了15%以上。从大类分类来看，食品大类和装备制造大类上升幅度最大，五年间的增长幅度都超过了10%。

　　结论二：从2015年和2020年的各行业预测数据来看，装备制造类制造业将会有大幅度的上升。2020年，装备制造类制造业行业内部百分比为42.50%，相比2010年行业内部百分比（人口普查），将会提升约为8%的比例；2020年纺织服装大类制造业行业内部百分比为15.69%，相比2010年的比例（人口普查），将会大幅度下降，降幅将达到9%左右；食品类、石油化工类将会稳中有升；轻化工类和材料类将会有所下降。

　　4. 行业结构需求预测总结

　　结合我国大力发展装备制造业、淘汰产能过剩的材料类和产能落后的轻化工类的产业政策的变化，根据2007—2011年我国各行业就业人数的变化趋势和行业内部百分比可以看出，我国装备制造类制造业对就业人数的需求将会大幅度上升，而纺织服装类制造行业对就业人数的需求量将会有所减少，食品类制造业对就业人数的需求相对稳定，石油化工类、轻化工类和材料类则相对有所下降。

（三）制造业行业技能人才对应学历和专业结构预测

　　制造业行业的发展需要一定的学历和专业的人才作为支撑，对行业对应的学历和专业的需求预测将对学校的专业设置和学生的就业指导具有重要的参考价值。本研究的学历和专业需求预测是基于行业的发展进行估算的。

　　1. 制造业行业就业人员学历水平较低，对人员素质要求尤为迫切

　　根据我国劳动统计年鉴2012年的数据，我们可以计算出制造业细分行业各学历段的比例，并依此推断各专业大类的构成比例（表3—31）。

表 3—31　　　　　　　　　　各行业学历分布　　　　　　单位:%

内部行业	高中学历	大专学历	本科学历	研究生学历	高中以上学历
01 农副食品加工业	16.52	4.35	1.55	0.09	22.51
02 食品制造业	19.79	6.66	2.83	0.18	29.47
03 饮料制造业	25.78	10.26	4.21	0.25	40.50
04 烟草制品业	31.28	18.56	10.39	0.98	61.22
05 纺织业	15.78	3.06	0.92	0.04	19.81
06 纺织服装、鞋、帽制造业	12.45	2.33	0.78	0.04	15.58
07 皮革、毛皮、羽毛及其制品和制鞋业	12.07	2.02	0.52	0.02	14.63
08 木材加工和木、竹、藤、棕、草制品业	11.54	1.99	0.62	0.03	14.18
09 家具制造业	13.63	2.92	1.01	0.04	17.61
10 造纸和纸制品业	21.07	5.86	2.07	0.11	29.10
11 印刷和记录媒介复制业	27.22	8.83	3.31	0.19	39.55
12 文教、体育用品制造业	14.92	4.22	1.80	0.12	21.06
13 石油加工、炼焦和核燃料加工业	32.56	18.67	10.89	0.90	63.01
14 化学原料和化学制品制造业	27.48	12.07	5.84	0.49	45.89
16 化学纤维制造业	26.25	8.69	3.71	0.25	38.88
15 医药制造业	30.55	19.41	12.36	1.69	64.02
17 橡胶制品业	21.61	6.55	2.51	0.15	30.82
18 塑料制品业	18.03	4.51	1.59	0.10	24.23
19 非金属矿物制品业	17.00	4.40	1.58	0.09	23.07
20 黑色金属冶炼和压延加工业	27.42	11.35	5.05	0.33	44.15
21 有色金属冶炼和压延加工业	26.58	10.94	4.51	0.28	42.31
22 金属制品业	19.08	5.04	1.91	0.10	26.14
23 通用设备制造业	23.91	8.31	3.89	0.28	36.39
24 专用设备制造业	27.87	11.48	6.51	0.75	46.61
25 交通运输设备制造业	27.37	11.07	6.52	0.67	45.63
26 电气机械及器材制造业	24.75	9.20	4.87	0.44	39.25
27 通信设备、计算机及其他电子设备制造业	28.45	9.16	6.06	0.96	44.62

续表

内部行业	高中学历	大专学历	本科学历	研究生学历	高中以上学历
28 仪器仪表及文化、办公用品制造业	24.49	9.90	6.33	0.75	41.47
29 工艺品及其他制造业	13.80	3.36	1.28	0.08	18.53
30 废弃资源和废旧材料回收加工业	10.06	1.84	0.68	0.04	12.61

注：根据中国劳动统计年鉴 2011 年数据统计整理。

从总体上看，制造业行业就业人员学历水平较低，高中以上学历在该行业中占比超过 50% 的仅有医药制造业、石油加工、炼焦和核燃料加工业和烟草制品业。而高中以上学历占比在 45% —50% 的仅有专用设备制品业、化学原料和化学制品制造业和交通运输设备制品业。高中以上学历占比较低的是废弃资源和废旧材料加工业、纺织服装、羽毛、木材加工、纺织业、工艺品、文教体育用品制造业等行业，均不超过 20%。为迎接产业升级和发展带来的机遇和挑战，制造业对就业人员的素质要求尤为迫切。

2. 行业发展需要专业支撑，装备制造类制造业对加工制造类专业技能人才需求量较大

通过制造业行业分类和我国人才职业种类分类等资料的整理，可以发现制造业行业与制造业技能人才呈现一定的对应关系，制造业技能人才素质的提升需要得到高职、中职或者其他机构的教育与培养，因此中高职院校的专业与制造业技能人才也存在一定的关联。根据我国最新的专业设置，我国高职涉及制造业行业的专业主要有制造大类、轻纺食品类（包含轻化工类、纺织服装类和食品类专业）、材料能源类（只考虑材料专业）、生化药品类。而中职涉及制造业的专业主要有加工制造类（含材料类）、轻纺食品类、石油化工类。

制造业行业的发展需要强大技能人才作为支撑，不同的专业背景对应着不同领域的技能人才。2010 年装备制造类制造业就业人数在制造业全部就业人数中占比均值为 34.61%，并呈现不断上升趋势，到 2020 年占比为 42.50%，增长了约 8%（表 3—30）。由于装备制造业学历层次需求较高，未来需要大量的高中以上学历的技能人才做保障，作为装备制

造类制造业专业支撑的加工制造类专业的技能人才需要将更加突出，纺织服装大类制造业对轻纺食品类专业需求量次之，石油化工大类制造业对石油化工类专业需求量最小。

综上可以得到以下结论：

制造业内部结构的复杂性使得在其发展过程中对不同区域、不同制造业内部行业、不同对应学历和专业的技能人才需求呈现差异。

（1）东、中、西部制造业技能人才需求不平衡，东部地区技能人才需求总量大，中部地区技能人才需求增速明显

根据地区制造业技能人才预测发现，2007—2011年，东部地区除福建和辽宁两个省份外，其余省份制造业就业人数全国占比都呈现减少趋势，四年间减少了5个百分点。到2020年，东部地区制造业就业人数占比将下降10%，但东部地区技能人才需求总量依然庞大。而中部地区对技能人才的需求占比增速明显，到2020年，中部地区制造业技能人才占比将增加3.95%。这主要是与东部地区大力发展服务业和向中西部地区进行产业转移有关。未来几年，我国东部地区制造业技能人才需求量将继续保持下降的态势，但是由于制造业技能人才总量需求量增多，东部地区人才的数量需求并不会呈现大幅度变动趋势。但中部乃至西部地区在承接东部地区转移的制造业时，对制造业技能人才的需求会有所提升。

（2）装备制造业发展迅速，对就业人员需求大幅增加，纺织服装类制造业对就业人员需求减少

结合我国大力发展装备制造业、淘汰产能过剩的材料类和产能落后的轻化工类的产业政策的变化，根据2007—2011年我国各行业就业人数的变化趋势和行业内部百分比可以看出，我国装备制造类制造业对就业人数的需求将会大幅度上升，而纺织服装类制造行业对就业人数的需求量将会有所减少，食品类制造业对就业人数的需求相对稳定，石油化工类、轻化工类和材料类则相对有所下降。

（3）制造业行业就业人员学历水平较低，对人员素质要求尤为迫切

从总体上看，制造业行业就业人员学历水平较低，高中以上学历在该行业中占比超过50%的仅有3个行业。而废弃资源和废旧材料加工业、纺织服装、羽毛、木材加工、纺织业、工艺品、文教体育用品制造业等行业就业人员学历较低，高中以上学历占比均不超过20%。制造业对就

业人员素质要求更为迫切。

（4）行业发展需要专业支撑，装备制造类制造业对加工制造类专业技能人才需求量较大

装备制造类制造业的发展带动了对技能人才需求的增长，作为与装备制造类制造业对应的加工制造类专业技能人才需求量较大。

七　战略新兴产业技能人才需求预测

战略新兴产业是我国重点发展的产业之一，既包含了第二产业，也包含了部分第三产业，其中制造业占了一半以上。由于历史数据缺乏，本研究主要采用基于产业结构对比分析的方法，依据周晶等人的统计标准，计算战略新兴产业的制造业部分所占比值，进而得到相关就业人数数据。在对各地区战略新兴产业技能人才需求量的预测中，本研究主要结合各省份"十二五"战略新兴产业规划，以未来产值的发展目标和劳动生产率为指标来进行估算。

（一）战略新兴产业及技能人才现状

伴随着经济全球化进程的加快、科学技术的进步及人才和资本等资源的全球性流动，自 2008 年金融危机之后，全球面临着日益复杂和激烈的资源、技术和人才的竞争，全球性产业调整已成为大势所趋。我国虽然经济发展总体水平位居世界前列，但依然存在着发展不平衡和不和谐的现象，长期依靠廉价劳动力进行低附加值的粗放型经济发展模式对资源和环境的破坏极大，转变经济发展方式、促进产业升级调整迫在眉睫。为在新一轮经济和科技竞争中抢占先机，我国提出了加快培育和发展战略新兴产业，即"以重大技术突破和重大发展需求为基础，对经济社会全局和长远发展具有重大引领带动作用，知识技术密集、物质资源消耗少、成长潜力大、综合效益好的产业"[1]。

---

[1]　参见中华人民共和国国务院《国务院关于加快培育和发展战略性新兴产业的决定》，2010年 10 月，中华人民共和国中央人民政府网（http://www.gov.cn/zwgk/2010 - 10/18/content_1724848. htm）。

1. 战略新兴产业劳动生产率高于一般制造业和高新技术制造业，但目前在工业领域里绝对竞争优势未完全凸显

全员劳动生产率是考核企业经济活动的重要指标，是企业生产技术水平、经营管理水平、职工技术熟练程度和劳动积极性的综合表现。[①]采用三种方法对七大战略新兴产业全员劳动生产率进行估算发现，我国战略新兴产业全员劳动生产率仅为 12.97 万/人（对七大战略新兴产业全员劳动生产率加权平均）；高新技术制造业全员劳动生产率为 11.10 万/人（根据科技部发布国家"十二五"科学和技术发展规划数据中高新技术制造业占规模工业增加值比重数据整理）；规模以上制造业的全员劳动生产率为 11.11 万/人（根据工业统计年鉴数据整理）。三者相差不大，均处于较高水平，表明战略新兴产业生产技术水平、经营管理水平、职工技术熟练程度和劳动积极性较高，但是与高新技术制造业和规模以上制造业相比，战略新兴产业在整个工业领域的竞争优势未完全凸显。

2. 战略新兴产业内部发展不平衡，新一代信息技术产业发展较好，就业人员将近 1000 万人

参照周晶对七大战略新兴产业涵盖的国民经济行业统计标准和部分数据，对第三产业和制造业部分进行统计，参考制造业相关行业的劳动生产率对人数进行估计[②]（表 3—32）。

表 3—32　　　　　　　　　　**战略新兴产业 2010 年人才现状**

行业	总增加值（亿元）	制造业（亿元）[③]	人数估计（万人）
节能环保产业	739.04	527.62	29
新一代信息技术产业	16369.78	7767.13	962
生物产业	455.47	383.67	19
高端装备制造业	5027.09	4496.19	388
新能源产业	1891.96		

---

① 参见李东亮《基于 BP 神经网络的全员劳动生产率预测分析——以新乡车务段编组、区段站运转人员为例》，《中外企业家》2012 年第 13 期。

② 参见周晶《战略性新兴产业发展现状及地区分布》，《统计研究》2012 年第 9 期。

③ 战略新兴产业制造业部分为战略新兴产业内部行业各制造业行业之和。

行业	总增加值（亿元）	制造业（亿元）①	人数估计（万人）
新材料产业	1021.11	1021.11	78
新能源汽车产业	9.26	9.26	1
总计	25513.71	14204.98	1477

注：人数估计＝相关行业的增加值/该行业的劳动生产率。

人数估计参考2010年规模以上各行业的劳动生产率（2010规模以上行业：医药制造业、计算机及通信设备制造业、废弃资源加工与处理制造业、非金属材料、金属冶炼加工业、通用、专用、交通运输及仪器仪表制造业的劳动生产率）。

从战略新兴产业的构成来看，制造业占比约为55.68%，其他工业与服务业占比约为44.32%。此外，新一代信息技术产业增加值占整个战略新兴产业增加值的60%以上，而新能源汽车增加值占比还不到0.01%，新一代信息技术产业是新能源汽车的近700倍，这表明战略新兴产业行业内部发展很不均衡。

从人数估计看，我国战略新兴产业2010年就业人数为1477万人，约占规模以上工业平均就业人数的15.7%，说明战略新兴产业现有就业人数相对较少，这与战略新兴产业整体基础薄弱有关。

3. 战略新兴产业现有技能人才约为600万人，新一代信息技术产业中技能人才在产业就业人数中占比不足50%

在周晶（2012）研究②中新一代信息技术产业由装备制造业和信息服务业构成，因此采用两种产业技能人才占比均值来推算新一代信息技术产业技能人才占比。我国2010年人口普查长表数据显示，装备制造业的技能人数比例约为员工总人数的62.08%。基于近几年中国联通等信息服务业年度报告员工结构统计，一线技术操作人员约为企业总人数的36%。综合起来，可以估算我国新一代信息技术产业技能人才的比例约为49%。按照这个比例计算，2010年我国战略新兴产业技能人才就业总人数约为

---

① 战略新兴产业制造业部分为战略新兴产业内部行业各制造业行业之和。

② 参见周晶《战略新兴产业发展现状及地区分布》，《统计研究》2012年第9期。

600 万人（表 3—33）。

表 3—33　　战略新兴产业 2010 年技能人才行业内部现状

	平均增加值	工业部分占比（亿元）	增加值（亿元）	劳动生产率①（万/人）	就业人数（万人）	技能人才比例②
节能环保	0.21%	71.39%	822	17.92	46	62.08%
新一代信息技术	2.54%	47.45%	10170	12.74	798	49%
生物医药	0.19%	84.24%	742	20.30	37	62.08%
高端装备制造	0.65%	89.44%	2588	11.59	223	62.08%
新能源	0.10%	100.00%	401	14.77	27	62.08%
新材料	0.14%	100.00%	562	13.13	43	62.08%
新能源汽车	0.01%	100.00%	15③	16.01	1	62.08%
总计	—	16097	—	12.97	1175	600

注：平均增加值为周子学研究中推算的增加值与周晶研究中增加值的平均值（根据平均周子学估计和周晶研究进行计算整理、工业统计年鉴统计整理）。

（二）七大战略新兴产业就业人数需求预测

1. 战略新兴产业增加值年均增长率将达到 20% 以上，对技能人才的需求较大

根据我国战略新兴产业"十二五"规划，战略新兴产业规模年均增长率保持在 20% 以上，形成了一批具有较强自主创新能力和技术引领作用的骨干企业，一批特色鲜明的产业链和产业集聚区。根据 2010 年统计年鉴，我国战略新兴产业增加值占国内生产总值的 4% 左右，到 2015 年，战略新兴产业增加值占国内生产总值比重达到 8% 左右，对产业结构升

---

① 全员劳动生产率计算方法为行业增加值/行业全年平均就业人数，除新一代信息产业的六大行业基本 70% 以上的部分行业都属于工业，劳动生产率采用工业中对应行业的劳动生产率进行计算，新一代信息技术产业全员劳动生产率按照计算机通信设备制造业与软件信息服务业全员劳动生产率均值（数据来源于工业统计年鉴和软件和信息技术服务业统计数据整理）。

② 技能人才比例是根据我国 2010 年的人口普查行业数据计算，我国装备制造业技能人才数量约占行业总人数的 62.08%，新一代信息技术服务业为装备制造业与信息传输服务业（参照联通公司的员工结构计算）的均值。

③ 周晶的统计中只涉及电动汽车，没有混合动力汽车，根据 2012 年新能源汽车销量统计约有 1/3 为混合动力汽车。

级、节能减排、提高人民健康水平、增加就业等的带动作用明显提高;到 2020 年,力争使战略新兴产业成为国民经济和社会发展的重要推动力量,增加值占国内生产总值比重达到 15%,部分产业和关键技术跻身国际先进水平,节能环保、新一代信息技术、生物、高端装备制造产业成为国民经济支柱产业,新能源、新材料、新能源汽车产业成为国民经济先导产业。①

根据 GDP 的增长速度测算 2015 年我国 GDP 为 657371 亿元,如果 2015—2020 年的增长速度为 6.7% 左右,2020 年为 879139 亿元。我国战略新兴产业的增加值将从 16048 亿元增长到 2015 年的 52590 亿元,到 2020 年新兴产业的增加值将达到 131871 亿元,平均每年的增幅达到 20% 以上。意味着 2020 年战略新兴产业的增加值将达到 2010 年的制造业总增加值。产业的发展需要人才的支持,因此战略新兴产业的发展将引发对技能人才的较大需求。

2. 战略新兴产业对技能人才的需求成倍增长,但战略新兴产业内部技能人才需求不平衡,新一代信息技术产业需求较大

由于历史数据偏少,本研究主要采用定性和定量相结合的方式,依据"战略新兴产业的需求人数 = 战略新兴产业的增加值/对应工业内部行业全员劳动生产率"的公式,对战略新兴产业人才需求进行预测。

(1) 战略新兴产业技能人才需求量成倍增长,年均增长 15% 以上

战略新兴产业发展迅速,2020 年增加值为 2010 年的 8 倍左右。根据 GDP 的增长速度测算 2015 年我国 GDP 为 657371 亿元,按照 2015—2020 年的增长速度为 7% 进行计算,2020 年为 879139 亿元。我国战略新兴产业的增加值将从 16048 亿元增长到 2015 年的 52590 亿元,到 2020 年新兴产业的增加值将达到 131871 亿元。2020 年新兴产业增加值为 2010 年的 8 倍左右,平均每年的增幅达到 20% 以上。这表明,2020 年战略新兴产业的增加值将达到 2010

---

① 参见国务院《国务院关于印发"十二五"国家战略新兴产业发展规划的通知国发〔2012〕28 号》,中华人民共和国中央人民政府网(http://www.gov.cn/zhengce/content/2012 - 07/20/content_ 3623.htm)。

年的制造业总增加值，战略新兴产业发展迅速，将在推动经济增长中发挥重要作用。

战略新兴产业劳动生产率增长迅速，为第二产业的 2 倍左右。战略新兴产业的劳动生产率按照 2006—2012 年的规模以上工业全员劳动生产率提升的速度来看，增长趋势较为平稳，其增长最快的年份与工业劳动生产率较为一致，2006 年到 2012 年平均每年增长为 1.29 万/人（我国第三产业劳动生产率平均每年增加约 0.81 万/人、第二产业劳动生产率平均增加值为 0.68 万/人）。由于工业在战略新兴产业占据主导地位，本研究按照规模以上工业劳动生产率平均增长速度进行预测（表3—34）。

表3—34 　　　　　　　　战略新兴产业技能人才需求总量预测

年份	2010	2015	2020
GDP 预测值（亿元）	401202	657371	879139
占 GDP 的比重（%）	4	8	15
总增加值（亿元）	16848	52590	131871
年平均增长率（%）	—	25.57	20.18
全员劳动生产率（万/人）	12.97	19.42	25.87
就业人数（万人）	1175	2708	5097
技能人才需求人数（万人）	600	1400	2600

上述预测表明，我国战略新兴产业人才总量需求将会成倍的增长。2015 年我国战略新兴产业就业人数为 2708 万人，相当于 2010 年的 2 倍多，2020 年需求人数增加到 5097 万人，是 2010 年的 4 倍多，平均每年增长约为 34%，增长速度较快。技能人才的需求量从 2010 年的 600 人左右上升到 2020 年的 2600 万人，十年间需求增加近 2000 万人，是 2010 年的 4 倍多，年均增长 15.8%，平均每年需要净增加技能人才近 200 万人，战略新兴产业技能人才需求量较大。

（2）战略新兴产业各行业技能人才需求存在差异，新一代信息技术产业对技能人才的需求最大

战略新兴产业各行业产值年平均增加速度总体较快。根据我国各

战略新兴产业各行业专项规划，2010 年，我国新材料产值超过了 0.65 万亿元，高端装备制造销售收入达到 1.6 万亿元，生物产业产值达到 1.6 万亿元，节能环保产业达到 2 万亿元。到 2015 年，节能环保产业总产值将达到 4.5 万亿元，年均增长 15% 以上；新一代信息技术产业年均增长达 20% 以上；生物产业年均增长达 15% 以上，高端装备制造产业销售收入超过 6 万亿元；新能源占能源消费总量的比例提高到 12%；新材料产业产值达到 2 万亿元，年均增长率超过 25%；新能源汽车累计产销量力争达到 50 万辆。这表明，战略新兴产业各行业总产值年平均增幅较大，增速较快。根据 2010 年和 2015 年的产值对比，可以计算"十二五""十三五"期间各行业的年均增长值（2016—2020 年各行业增长速度按照战略新兴产业整体平均增长速度计算）（表 3—35）。

表 3—35　　各战略新兴行业 2015—2020 年技能人才需求量预测

各战略新兴产业	2010 年现状	2015 年目标	年增长速度（%）	2015 年增加值（亿元）	2015 年人数估计（万人）	2020 年各行业增加值（亿元）①	2020 年人数预计（万人）
节能环保产业	1.6 万亿元	4.5 万亿元	22.98	2312	94.9	6198.42	201.09
新一代信息技术	—	—	25	31036	1619	83196.96	3247.34
生物产业	1.6 万亿元	3.1 万亿元	15	1492	55.8	2473.19	74.50
高端装备制造业	1.6 万亿元	6 万亿元	30.26	9706	538	26016.93	1062.39

①　2010 年的增长速度根据 2010 年和 2015 年的目标值进行计算，2020 年增加值的增长速度按照 20.18% 的行业平均增长速度预测（除新一代信息技术产业、生物产业和新能源汽车），新一代信息技术服务业按照 25% 增长速度进行预测（电子信息制造业中的战略性新兴领域销售收入年均增长 25%），生物产业规划按照每年不低于 15% 的增长速度，"十三五"期间不低于 10% 的增长速度，汽车产业按照 2020 年达到 200 万辆销量进行预测（根据新能源汽车 2010—2013 年的销量，2015 年销量约为 30 万辆）。

续表

各战略新兴产业	2010 年现状	2015 年目标	年增长速度（%）	2015 年增加值（亿元）	2015 年人数估计（万人）	2020 年各行业增加值（亿元）	2020 年人数预计（万人）
新能源产业①	2.275 万吨标准煤	4.8 万吨标准煤	16.11	846	39.9	2268.45	81.97
新材料产业	0.65 万亿元	2 万亿元	27.02	1858	94.9	4981.19	191.40
新能源汽车	7181 辆	50 万辆	126.8	627	27.93	4161.67	143.95
总计				47878	2470	129296.81	5002.64

注：数据来源于各战略新兴产业"十二五"专项规划。

新一代信息技术产业和高端装备制造业技能人才需求占比超过八成。从各行业人才的需求预测来看，我国战略新兴产业各行业之间人才需求仍然分布不平衡。2015 年需求人数达到 100 万人以上的为新一代信息技术产业和高端装备制造业，人数需求量最少的是新能源汽车行业，需求量仅为 28 万人，到 2020 年，新能源和生物产业平均就业人数需求不到 100 万人，新一代信息技术产业需求量达到 3247 万人。整体上看，各行业就业人数的需求量都呈现了成倍增长的趋势，尤其是新能源汽车等行业，就业人数从 1 万人增长到 144 万人，增长非常迅猛。从技能人才的需求量来看，新一代信息技术产业、高端装备制造业等行业对技能人才的需求量最大，两者需求总量约 2200 万人，同时，新能源汽车对技能人才的需求增长最为迅速，从总人数不到 1 万人增长到 90 余万人。

高技能人才需求量巨大，年均增速达 20% 左右。战略新兴产业作为高新技术产业，需要一批理论知识扎实、操作能力过硬、职业素养较高的高技能人才作为支撑。目前，发达国家高技能人才比例约为技能人才总人数的 40%，战略新兴产业要发展，高技能人才数量比例就至少要达到中等发达国家的 35%。2020 年高技能人才的需求量约为 1200 万人，约

① 参见国务院《国务院关于印发能源发展"十二五"规划的通知，能源消费总量由 2010 年的 32.5 万吨到 40 万吨标准煤（国发〔2013〕2 号）》，中华人民共和国中央人民政府网（ht-tp：//www.gov.cn/zwgk/2013-01/23/content_ 2318554.htm）。

占全国高技能人才规划人数 3900 万人的三分之一，是 2010 年战略新兴产业高技能人才的 6 倍多（2010 年按照 30% 计算），年均增长近 20% 左右。

3. 战略新兴产业技能人才对电子信息类和加工制造类专业需求量较大

从战略新兴产业（含制造业部分）的专业来看，主要涉及加工制造类、材料能源类、生物医药类、电子信息类。目前，由于新一代技术产业和高端装备制造业发展迅速，对技能人才需求比较突出，因此其对作为产业发展支撑的电子信息和加工制造类专业背景的人才需求量较大。此外，战略新兴产业，尤其是新材料、节能环保、生物制药、新能源汽车等基础非常薄弱，也需要一些专业人才进行支撑。战略新兴产业追求核心技术的突破和科技水平的提高，需要比一般行业更高层次的技能人才，尤其是高技能人才，其在技能人才总数中的占比将超过 35%。

综合本章可以得出以下研究结论：

1. 从数量上看，制造业就业人数呈缓慢上升趋势，到 2020 年达到 11510 万人，比 2012 年增加 1400 万人左右。由于制造业对技能人才数量需求相对稳定，年净需求呈现先增长后下降的趋势，技能人才年退出人数达到 200 万人，到 2020 年技能人才总需求量达到 12710 万人，平均年总量需求达到 190 万人左右。

2. 从质量上看，制造业高技能人才年净需求量巨大，年净需求量达 100 万人左右。高需求引发高紧缺，我国每年需要大专以上技能人才约为 100 万人。基于问卷调研和招聘广告分析发现，制造型企业对技能人才经验需求不高，工作年限要求主要集中在 1—3 年，但制造业技能人才的现有素质远低于企业需要，制造型企业对职业素养要求比较高。

3. 从结构上看，制造业内部结构的复杂性使得在其发展过程中对不同区域、不同制造业内部行业和不同对应专业的技能人才需求呈现差异。从地区差异来看，东、中、西部制造业技能人才需求不平衡，东部地区技能人才需求总量大，中部地区技能人才需求增速明显。从内部行业差异来看，装备制造业发展迅速，对技能人才需求大幅增加，纺织服装类制造业对技能人才需求减少。从制造业行业对应学历和专业来看，部分制造业行业如轻工纺织类就业人员学历较低，人才素质需求迫切；作为装备制造类制造业发展支撑的加工制造类专业需求量巨大。

4. 基于对战略新兴产业的发展，可以发现其呈现以下特点：从现状上看，战略新兴产业发展潜力巨大，但目前在工业领域其绝对优势并未完全凸显；新一代信息技术产业发展较好，但技能人才占比不足。从需求上看，战略新兴产业对技能人才需求成倍增长，新一代信息技术产业技能人才需求突出，对电子信息类和加工制造类专业技能人才需求量较大。

第 四 章

中国制造业技能人才队伍
供给问题研究

　　要确保中国"制造业强国"建设进程中的技能人才需求得到充分的保障，必须基于未来做好制造业技能人才队伍的供给研究。技能人才的供给问题很大程度上受到技能人才现有存量、社会对技能人才的认知、制造业技能岗位对潜在技能人才吸引力等诸多因素的影响和制约。为此，课题组采用文献分析法从宏观层面探讨中国"制造业强国"建设进程中，技能人才在数量和质量上的供给情况；同时对技能人才、农民工、职校学生等进行了问卷调研，从微观的角度探索当前在岗技能人才的供给稳定性，分析潜在供给人员的供给意愿及供给影响因素，以此全方位了解当前制造型企业技能人才的供给现状。

一　中国制造业技能人才队伍供给状况的
　　调查研究

　　当前，我国制造业的技能人才来源主要包括：在制造型企业从事技能岗位的人才、职业院校的学生、农民工以及在其他企业从事技能岗位的人员。为更好地研究制造型企业的技能人才供给问题，本研究将分别对这几类人才进行研究，以期更好地分析制造型企业技能人才的供给现状。

（一）在岗技能人才的供给分析

在岗的技能人才既是现有技能人才的数量体现，也是未来技能人才队伍建设的重要保障。他们在客观上能否继续从事技能岗位工作和在主观上是否愿意继续从事技能岗位工作，对确保未来制造型企业技能人才供给有着十分重要的意义。

有报道指出，我国当前技能人才"老龄化"情况突出，企业中的高级技师、技师、高级工大部分处于 45—55 岁，35—45 岁的中年高技能人才偏少，务工者技能型人才出现断层。[①] 根据我国第五次和第六次人口普查数据可知，2010 年 40 岁以上的制造业从业人员约为 4068.2 万人，比 2000 年多出了近 1932.7 万人；而 40 岁以上的制造业从业人员人数约占员工总人数的 33.73%，比 2000 年多出近 8 个百分点。由此可见，新一代制造业技能人才的补充数量不足，技能人才面临严重的老龄化问题。随之而来，技能人才因老龄化退出的人数及其比例也会呈现逐步增长的趋势，这一客观因素将阻碍在岗技能人才继续从事技能岗位工作。

在岗技能人才是否愿意继续从事技能岗位工作，很大程度上可以从他们的工作满意度、工作稳定性和流失可能性等方面反映出来。为此，本研究针对以上方面进行了深入的调查分析，以此探明制造型企业在岗技能人才供给的持续性。

1. 在岗技能人才工作满意度及现存问题

通过对大量有关员工离职影响因素的文献进行内容分析，发现工作压力太大是员工离职的主要原因。而在岗技能人才的工作满意度也深受其工作压力的影响，一般研究指出，两者之间主要呈现负相关关系，即工作压力越大，员工的工作满意度就越低。当前许多对员工工作压力与其离职意愿的研究路径比较单一，鉴于以上分析，很多研究者开始引入工作满意度作为中介变量，工作压力—工作满意度—离职意愿也就成为工作压力与离职意愿间关系研究的典型模式，即高压力会导致低工作满意度，低工作满意度将导致高离职意愿。[②] 通过该模

---

① 参见吴铎思《技能人才为何出现断层？》，《工人日报》2013 年 3 月 26 日第 7 版。
② 参见张勉《企业雇员离职意向模型的研究与应用》，清华大学出版社 2006 年版。

型的推导可知，研究当前在岗技能人才的工作满意度现状及其现存的一些问题将可以在一定程度上预测技能人才的离职意愿，以此了解在岗技能人才是否还真正愿意继续从事技能人才工作，从而确保现有技能人才供给数量的稳定性。调查发现，现有在岗的技能人才工作满意度呈现以下特点：

（1）技能人才工作满意度水平低，发展满意度问题更为突出

为有效把握制造业技能人才的工作满意度，课题组以李志、罗章利、汪庆春（2008）的研究[①]为基础，在文献分析和开放式问卷调查基础上，将技能人才的工作满意度划分为物质需要满意度、情感需要满意度和发展需要满意度三大维度，并对其30个子条目进行了问卷调查。问卷采用李克特五点式量表方式，要求制造业技能人才对目前所在企业的工作相关感受进行满意度评分，其中1分代表非常不满意，5分代表非常满意。回收有效问卷数量2238份，数据分析结果显示：制造业技能人才的整体满意度均分为2.89分，评价较低。三大维度的满意度均分也不足3分，均处于较低水平。从本研究所揭示的技能人才较低的满意度现状，可推测当前技能人才的需要满足程度明显不足，这必将降低技能岗位的社会吸引力，不仅不利于现有技能人才的稳定，而且也难以吸引更多的人才去从事技能岗位。

资料4—1　企业"人本管理"内容要素

对20余家企业的596名员工进行了企业人本管理内容要素的问卷调查，通过因素分析提出了企业人本管理的三个内容要素：满足员工的发展需要、满足员工的情感需要和满足员工的物质需要。在此基础上，对不同职级、不同企业性质和不同学历的员工分别进行了比较研究。研究结果表明：不同职级的员工对"满足员工的情感需要"和"满足员工的物质需要"在人本管理中的重要性评价上存在显著和极其显著差异，职级越低的员工越看重二者在人本管理中的重要性；国有企业和民营企业员工、不同学历员工对"人本管理"内容三个要素重要性评价上均没有

---

① 参见李志、罗章利、汪庆春《企业"人本管理"内容要素的实证研究》，《工业工程与管理》2008年第3期。

> 显著差异。
>
> 　　满足员工的发展需要是人本管理的核心，满足员工的情感需要是人本管理的纽带，满足员工的物质需要是基本保障。在此基础上，提出了满足人的需要是企业人本管理的核心要素；学习和借鉴西方人本主义思想有利于博采众长，切实满足员工的多样化需求，加强我国企业人本管理的有效实施。企业要注意从满足员工物质需要、情感需要、发展需要三个方面系统化地实施人本管理；不同职级的企业员工对人本管理内容要素重要性评价的差异值得关注。

　　从具体的各维度来看（表4—1），制造型企业技能人才的物质满意度2.91（主要代表技能人才对薪酬福利、工作硬件设施等方面的满意度）、情感满意度2.90（主要代表技能人才对企业氛围和人际感知的满意度）、发展满意度2.85（主要代表技能人才对所在企业现状发展和自身职业发展的满意度）。在人力资源管理实践中，通常有"待遇留人""情感留人""事业留人"等方式，其实质就是满足员工的物质需要、情感需要和发展需要。从数据比较可以发现，在技能人才的三个满意度中，发展满意度问题得分最低，问题更为突出。必须注意的是，发展满意度是员工衡量自身职业生涯发展的标尺，对于激励技能人才长期从事制造业技能岗位起着核心作用。较低的发展满意度会导致员工看不到未来的发展和前进方向，进而降低员工的工作积极性与主观能动性，引发员工的离职意愿。在制造型企业里，技能人才发展满意度较低与技能人才的晋升渠道狭窄、职业生涯规划不足和企业引导力度不够有密切关系。由于缺乏足够的职业发展通道，往往会出现"技而优则管"的现象。企业由于担心优秀技能人才流失，往往将业绩较好的技能人才晋升到管理岗位，这不仅没有从根本上解决技能人才不愿意长期从事技能岗位的核心问题，而且还会导致技能人才队伍、管理队伍两支队伍专业素质均降低。整体而言，由于技能人才的工作满意度较低，其离职的可能性较大，这将加剧制造业技能人才队伍的不稳定性。

表 4—1   在岗技能人才工作满意度评分

满意度维度	满意度条目	均值	标准差
物质满意度	工资收入水平	2.54	1.00
	工作比较稳定	3.31	1.04
	工作场所的舒适性	2.66	1.05
	工作地点的便捷性	3.03	1.05
	工作具有自主性	2.98	0.96
	工作内容多样化	2.72	1.05
	工作设备的齐全性	3.03	0.99
	工作条件的安全性	3.05	1.00
物质满意度	工作压力程度	2.84	0.98
	假期制度与安排	2.72	1.12
	五险一金等法定福利项目的执行	3.04	1.12
	责任和权利对应情况	2.94	0.92
情感满意度	单位的人际氛围	3.06	0.97
	单位能够听取员工的建议	2.81	1.05
	单位文体、娱乐活动的安排	2.59	1.12
	领导对待下属的方式	3.07	1.00
	领导对工作的认可程度	3.09	0.99
	员工的组织归属感	2.81	1.00
	在单位获得的尊严感	2.91	0.96
发展满意度	单位的发展前景	3.00	1.07
	单位的用人机制	2.74	0.95
	单位管理制度规范完善	3.04	1.01
	个人能力与特长发挥	3.02	0.94
	工作具有挑战性	2.91	0.95
	工作能够获得成就感	2.89	0.98
	工作能力的不断提升	3.04	0.93
	工作的社会地位	2.74	0.94
	升职机会的公平性	2.65	1.04
	升职渠道的合理性	2.55	0.97
	在团体中成为重要角色的机会	2.86	0.93

（2）不同类型技能人才的工作满意度存在差异，值得引起高度关注

分析不同类型技能人才满意度差异，有利于更好地揭示技能人才工作满意度的特点，对于深入分析制造业技能岗位人才供给的稳定性有着十分突出的意义。深入分析不同人口学变量在工作满意度评分上的差异发现，不同年龄段、文化程度、职业资格证书和工作单位性质的技能人才在工作满意各维度上都具有显著性差异。

在不同年龄段上，年轻员工及老员工的满意度相对较高，中年员工的满意度较低（表4—2）。其中，年龄段25岁及以下的技能人才在满意度各维度上的评分都显著高于年龄段在36—55岁的技能人才；而年龄段在26—35岁的技能人才在物质满意度上的评分显著高于36—55岁的技能人才，在情感满意度、发展满意度和整体满意度上的评分显著高于46—55岁的技能人才。究其原因，年轻员工由于入职年限较短，工作经验水平不够丰富，对自身的薪酬待遇和企业的要求比较而言均不高，工作满意度相对较高；临近退休的技能人才尽管知识经验比较丰富，但体力精力不够，加之再就业的压力大，因而就业稳定心理突出，时间的积淀也使其对企业形成了较为深厚的感情，满意度也相对较高；而中年员工正处于职业发展生涯中最重要的一个环节，源于自己内心的动力与外界的压力都比较大，同时作为公司的中流砥柱，在工作中承受更复杂的任务，体验到更多的压力，由此难免引发其较低的工作满意度。中年员工的低工作满意度将在一定程度上诱发其离职意愿，影响在岗技能人才的供给，且严重制约高技能人才队伍的建设和培养，极其不利于制造型企业的长远发展。

表4—2　　　　　**不同年龄段技能人才的工作满意度对比**

不同年龄段	统计量	物质满意度	情感满意度	发展满意度	整体满意度
25岁及以下	M±SD	2.93±0.70	2.97±0.77	2.92±0.73	2.94±0.70
26—35岁	M±SD	2.94±0.68	2.91±0.76	2.87±0.72	2.91±0.67
36—45岁	M±SD	2.85±0.67	2.84±0.75	2.82±0.72	2.84±0.67
46—55岁	M±SD	2.74±0.76	2.76±0.81	2.66±0.78	2.72±0.75
56岁及以上	M±SD	2.93±0.61	2.93±0.80	2.89±0.66	2.91±0.65
	F	3.481**	3.299*	4.170**	3.800**
	P	0.008	0.011	0.002	0.004

注：*代表$P < 0.05$，**代表$P < 0.01$，***代表$P < 0.001$。

在文化程度上，高学历和低学历技能人才的工作满意度相对较高，中间学历的技能人才工作满意度较低（表4—3）。其中，本科及以上学历的技能人才在满意度各维度上的评分都显著高于本科以下学历的技能人才；初中及以下学历的技能人才在物质满意度、情感满意度上的评分都显著高于高中学历的技能人才，在情感满意度上还显著高于中职学历的技能人才。一般而言，具有高学历的技能人才有更多机会发展成为高技能人才，在制造型企业中从事相对高端的工作，单位给予的各方面待遇也相对较高，因而工作满意度也相对较高；而低学历的技能人才由于自身能力素质不够，对工作回报的期待较小，致使其对工作的满意度也相对较高。

表4—3　　　　　　　不同文化程度技能人才的工作满意度对比

不同文化程度	统计量	物质满意度	情感满意度	发展满意度	整体满意度
初中及以下	M ± SD	2.95 ± 0.65	2.97 ± 0.73	2.90 ± 0.71	2.94 ± 0.65
高中	M ± SD	2.87 ± 0.70	2.86 ± 0.78	2.83 ± 0.72	2.85 ± 0.69
技校/中职	M ± SD	2.87 ± 0.70	2.86 ± 0.77	2.83 ± 0.74	2.85 ± 0.70
高职/大专	M ± SD	2.91 ± 0.71	2.93 ± 0.77	2.88 ± 0.73	2.90 ± 0.70
本科及以上	M ± SD	3.28 ± 0.63	3.27 ± 0.81	3.19 ± 0.82	3.24 ± 0.71
	F	4.863**	4.725**	3.383**	4.606**
	P	0.001	0.001	0.009	0.001

注：*代表 P < 0.05，**代表 P < 0.01，***代表 P < 0.001。

在职业资格证书上，具有国家职业资格二级、三级和四级的技能人才的工作满意度相对更低（表4—4）。其中，拥有国家职业资格四级证书的中级工较初级工和无职业资格证书的技能人才在物质满意度、发展满意度和整体满意度上的评分显著更低，较无职业资格证书的技能人才在情感满意度上的评分显著更低；高级技师在物质满意度和整体满意度上的评分显著高于技师，在发展满意度上的评分显著高于中级工、高级工和技师（分别对应具有国家职业资格四级、三级和二级的技能人才）。究其原因，获取中等国家职业资格证书的技能人才具有一定的技能水平，对工作具有较高的期待，渴望在工作中获得相应的认可，但其发展又受到一定的限制，导致工作满意度较低。这些具有一定技能水平的技能人才在制造型企业中扮演着重要的角色，对于推动企业的发展具有重要的作用，他们对于工作满意度的低评价必然会在一定程度上影响企业的技能人才供给，阻碍企业的长远发展，值得给予高度重视。

表 4—4　　　获取不同职业资格证书技能人才的工作满意度对比

不同资格证书	统计量	物质满意度	情感满意度	发展满意度	整体满意度
没有取得	M ± SD	2.95 ± 0.65	2.95 ± 0.73	2.90 ± 0.70	2.93 ± 0.64
初级工	M ± SD	2.96 ± 0.65	2.93 ± 0.72	2.94 ± 0.70	2.95 ± 0.66
中级工	M ± SD	2.80 ± 0.74	2.80 ± 0.80	2.77 ± 0.74	2.78 ± 0.73
高级工	M ± SD	2.79 ± 0.81	2.81 ± 0.87	2.74 ± 0.83	2.78 ± 0.81
技师	M ± SD	2.65 ± 0.79	2.76 ± 0.85	2.62 ± 0.81	2.67 ± 0.79
高级技师	M ± SD	3.17 ± 0.51	3.19 ± 0.63	3.24 ± 0.54	3.20 ± 0.51
	F	6.973***	4.089**	6.345***	6.381***
	P	0.000	0.001	0.000	0.000

注：* 代表 $P < 0.05$，** 代表 $P < 0.01$，*** 代表 $P < 0.001$。

在不同的单位性质上，外资企业的技能人才工作满意度相对较高，而国有企业和合资企业的技能人才工作满意度较低（表 4—5）。其中，外资企业的技能人才在物质满意度、情感满意度和整体满意度上的评分显著高于国有企业、民营企业和合资企业的技能人才。民营企业、外资企业及其他类型企业的技能人才在发展满意度上的评分显著高于国有企业和合资企业的技能人才；且外资企业的技能人才在发展满意度上的评分显著高于民营企业的技能人才。分析发现，外资企业由于其工作氛围的开放性与竞争的透明性等原因，致使外资企业技能人才的工作满意度相对较高；而国有企业和合资企业由于企业文化与固有机制的影响，易于滋生员工对工作的不满情绪，引发工作满意度低评价。在技能人才国际竞争日趋激烈的环境下，要确保中国制造业所需要的技能人才就必须向外资企业学习，一方面强化企业技能人才的稳定，另一方面减少和防止自身企业的技能人才外流。

表4—5 不同单位性质技能人才的工作满意度对比

不同单位性质	统计量	物质满意度	情感满意度	发展满意度	整体满意度
国有企业	M ± SD	2.73 ± 0.80	2.79 ± 0.85	2.68 ± 0.84	2.72 ± 0.80
民营企业	M ± SD	2.86 ± 0.65	2.87 ± 0.74	2.86 ± 0.69	2.86 ± 0.65
外资企业	M ± SD	3.08 ± 0.62	3.03 ± 0.72	2.98 ± 0.68	3.03 ± 0.63
合资企业	M ± SD	2.74 ± 0.72	2.69 ± 0.75	2.67 ± 0.75	2.70 ± 0.71
其他	M ± SD	2.96 ± 0.77	2.97 ± 0.87	2.94 ± 0.75	2.96 ± 0.73
	F	20.480***	10.447***	12.619***	15.716***
	P	0.000	0.000	0.000	0.000

注:*代表 $P < 0.05$,**代表 $P < 0.01$,***代表 $P < 0.001$。

（3）企业采取较为多样的激励方式，但技能人才积极性水平问题依然突出

激励主要是指组织通过满足员工的各种需要，激发员工的工作动力与积极性，使之产生实现目标的特定心理，推动、引导和规范员工行为的整个过程。要调动员工积极性就必须对员工进行激励，否则将会出现出工不出力，或者辞职、离职的现象。一般而言，如果企业激励到位，员工工作积极性较高，企业的生产效率就会明显提高，完成同样的工作所需要的技能人才数量也会减少；反之，员工积极性较低，生产效率将会降低，完成同样的工作所需要的技能人才就会增加，从而导致企业需要更大的技能人才供给量。因而，了解制造型企业对技能人才的激励情况，可以有效判断员工的工作动力与积极性现状，以此预测在岗技能人才的供给趋势走向。

通过对178家制造型企业的调查显示，当前制造型企业为技能人才提供了类型多样的激励方式（图4—1）。其中79.8%的制造型企业会提供现金奖励，46.8%的制造型企业会提供晋升奖励，38.7%的制造型企业

会提供实物（奖品）奖励，37.0%的制造型企业会提供口头表彰的奖励，32.9%的制造型企业会提供荣誉证书奖励，这些奖励主要涉及物质和精神荣誉方面，属于比较传统的奖励类型。还有16%左右的制造型企业表示会给技能人才提供培训奖励、旅游奖励和休假奖励等，这些属于相对比较新潮的奖励类型，对于员工的自我提升、身心放松等都具有良好的激励作用。

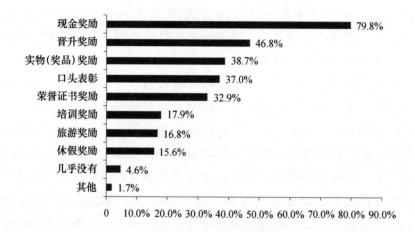

图4—1　制造型企业为技能人才提供的奖励

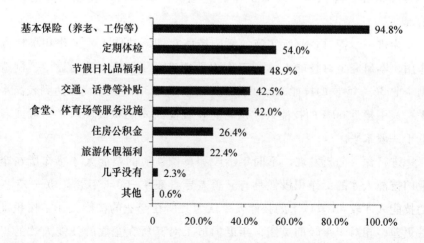

图4—2　制造型企业为技能人才提供的福利

与此同时，当前制造型企业也为技能人才提供了多样化的福利（图4—2），其中多达94.8%的制造型企业会为技能人才提供基本保险（养老、工伤等）福利，54.0%的制造型企业还会为技能人才提供定期体检，保障技能人才的身体健康；48.9%的制造型企业会为技能人才提供节假日礼品等福利，体现对技能人才的关爱；有42.5%的制造型企业会为技能人才提供交通、话费等补贴，有42.0%的制造型企业通过食堂、体育场等服务设施福利为技能人才的日常生活提供便利；还有26.4%的制造型企业对技能人才提供住房公积金，22.4%的制造型企业对技能人才提供旅游休假福利，一定程度上缓解了技能人才的住房压力及工作压力。

从制造型企业为技能人才提供的激励和福利看，整体的类别多种多样，在一定程度上为引进和留住技能人才起到了良好的激励和保障作用。但同时也应看到，就单个制造型企业来看，所实施的奖励和福利类型还相对比较单一，为了稳定更多的在岗技能人才留职，制造型企业仍需丰富奖励和福利的类型，争取为技能人才提供多方位的奖励和多样化的福利，以提升其在该方面的满意度，降低离职意愿。此外，数据分析表明，仍存在少数制造型企业几乎不为技能人才提供奖励和福利，由此难免导致技能人才的工作积极性受挫、缺乏工作外部动力等情况，降低其对现有工作的满意度，影响在岗技能人才的供给情况。

为进一步探讨企业所实施的激励措施对调动技能人才工作积极性的作用，本研究也对技能人才的工作积极性进行了调查。数据显示，制造型企业36—45岁的技能人才工作积极性水平为3.46分，尚未达到较高水平。其中接近60%的技能人才认为企业技能人才的积极性水平一般或者低于一般水平。

进行深入分析发现，不同年龄段和单位性质的技能人才感知所在企业的技能人才的工作积极性具有显著差异（表4—6）。年龄在46—55岁的技能人才较46岁以下的技能人才认为其所在企业的技能人才工作积极性更差，相对于年轻的员工，年老的员工对其所在企业的技能人才的工作积极性评价相对较低。综合文献资料分析可知，年老的技能人才在企业中更多地经历了制造型企业的兴衰发展，对企业具有更深厚的情感，他们对于技能人才工作积极性的较低评价很可能源于其对自身和他人的高要求。

表4—6 不同年龄段技能人才的工作积极性差异比较

变量	类别	工作积极性（M ± SD）	F 值及显著性
年龄段	25 岁及以下	3.52 ± 0.82	F = 3.450**
	26—35 岁	3.45 ± 0.86	
	36—45 岁	3.46 ± 0.82	
	46—55 岁	3.24 ± 0.96	
	56 岁及以上	3.27 ± 0.88	

注：*代表 $P < 0.05$，**代表 $P < 0.01$，***代表 $P < 0.001$。

在不同单位性质上，比较而言，民营企业和外资企业的技能人才感知所在企业员工的工作积极性相对更高（表4—7）。这可能与外资企业和民营企业的管理相对更加严格有关。

表4—7 不同单位性质技能人才的工作积极性差异比较

变量	类别	工作积极性（M ± SD）	F 值及显著性
单位性质	国有企业	3.43 ± 0.93	F = 4.329**
	民营企业	3.46 ± 0.79	
	外资企业	3.55 ± 0.85	
	合资企业	3.25 ± 0.82	
	其他	3.43 ± 0.86	

注：*代表 $P < 0.05$，**代表 $P < 0.01$，***代表 $P < 0.001$。

整体而言，在岗技能人才对其工作满意度评价低，其中涉及员工长远发展的发展满意度相对更低。尽管在岗技能人才表示当前制造型企业的奖励、福利类型多样，但技能人才的工作积极性仍未达到较高水平，中等水平的在岗技能人才感知到更低水平的工作满意度，这将会引发更多中等水平技能人才的不满情绪，以此滋生离职意愿，进而诱发其离职行为。这在一定程度上影响了技能人才队伍持续供给的层次性，也使在岗技能人才难以成为未来技能人才队伍的稳定供给源，对未来制造型企业技能人才的供给稳定性产生了重大影响。

2. 制造业技能人才职业转换心理的研究

据对 178 家制造型企业的调查发现（图 4—3），高达 79.5% 的制造型企业生产操作类人员的年流失率较高，并且远远高于其他类人员的流失率。当前在岗技能人才流出制造型企业的比例较高，不利于在岗技能人才的稳定性供给。因此探讨制造业技能人才的转换心理，对于稳定和吸纳制造业技能人才有着重要的意义。

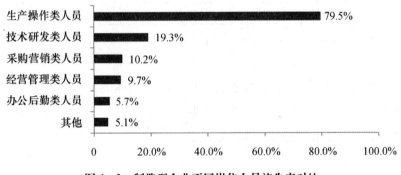

图 4—3　制造型企业不同岗位人员流失率对比

职业转换是个体改变工作角色或者改变原来工作角色导向的过程，研究在岗技能人才的职业转换，对于了解当前制造业在岗技能人才的流失情况，为在岗技能人才的供给稳定性评估提供一定的参考依据。职业转换通常划分为角色间转换和角色内转换。角色间转换主要包括：进入转换、公司内岗位转换、公司间岗位转换、职业间的转换、退出转换五种；角色内转换主要包括：角色内调整、角色间调整、角色/职业阶段转换、生命周期转换四种。本研究所探讨的职业转换主要体现为在岗技能人才的角色间转换。即制造业的技能人才是愿意长期从事技能人才工作，还是希望转换到管理岗位或者其他行业从事相关工作。通过对 2238 份技能人才调查问卷的统计分析，研究发现：

（1）技能人才职业认同度不高，职业转换意愿强烈

从之前技能人才紧缺部分的分析发现，尽管技能人才的供给渠道多

种多样，但是多数渠道都比较狭窄，加上社会因素各方面的影响，致使技能人才的供给严重不足，"技工荒"现象比较普遍。因此，作为需要大量技能人才的制造型企业，在技能人才供给渠道不足的情况下，留住在岗技能人才便成为一个关键。2014年中国重庆市人力资本高峰论坛会上，北京太和顾问发布了他们的一项调研成果，在六大产业中一般员工（主要是技能人才）的流失率除略高于医药行业外，比其他行业普遍要高（图4—4）。对此，作为制造型企业需重点关注具有离职意愿倾向的技能人才的动向，在企业能力范围内，尽量满足他们的职业需求；同时，保障没有离职意愿的技能人才的需求，增强他们的企业归属感，以此稳定在岗技能人才队伍。研究表明：

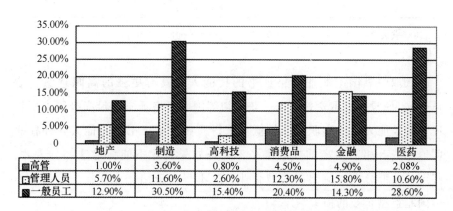

	地产	制造	高科技	消费品	金融	医药
高管	1.00%	3.60%	0.80%	4.50%	4.90%	2.08%
管理人员	5.70%	11.60%	2.60%	12.30%	15.80%	10.60%
一般员工	12.90%	30.50%	15.40%	20.40%	14.30%	28.60%

图4—4　2014年制造业与其他行业员工流失率比较

①中等学历与获取中等职业资格证书的技能人才的离职意愿更强烈

为了研究制造型企业的技能人才是否愿意在本企业长期从事技能岗位工作，调查中要求技能人才回答：考虑离开目前工作的制造型企业的程度如何？数据结果显示均分为2.90，略低于一般水平（满分为5）。77.7%的技能人才有离职意愿，其中23.6%的技能人才具有较强烈或非常强烈离开当前企业的意愿，仅32.6%的技能人才表示很少想或没想过离开目前工作的制造型企业。

深入分析发现，文化程度处于本科以下、初中以上的技能人才的离职意愿更为强烈，这与之前对技能人才工作满意度的研究结果一致。较低学历的技能人才由于自身能力素质的局限性及较高学历的技能人才由于能力与回报的相对匹配，职业转换意愿一般，中等学历的技能人才职业转换意愿更为强烈（表4—8）。

表4—8　　　　　　　　不同文化程度技能人才的离职意愿对比

变量	类别	离职意愿（M±SD）	F值及显著性
文化程度	初中及以下	2.72 ± 1.04	F = 4.700 **
	高中	2.92 ± 1.02	
	技校/中职	2.97 ± 1.02	
	高职/大专	2.96 ± 1.08	
	本科及以上	2.78 ± 1.27	

注：* 代表 P < 0.05，** 代表 P < 0.01，*** 代表 P < 0.001。

　　获取中等国家职业资格证书的技能人才具有更强的离职意愿（表4—9），而没有获取资格证书、获取初等国家资格证书与最高级国家资格证书的技能人才的离职意愿较低。获得职业资格证书的技能人才往往表明他们具有相对更高的技能水平，但是如果企业不能稳定这部分人才，甚至让这部分人才流出制造型企业，这不仅是流出企业的损失，而且是中国制造型企业的损失。

表4—9　　　　　获取不同职业资格证书技能人才的离职意愿对比

变量	类别	离职意愿（M±SD）	F值及显著性
资格证书类型	没有取得	2.88 ± 1.04	F = 3.317 **
	初级工	2.87 ± 1.01	
	中级工	2.93 ± 0.97	
	高级工	3.03 ± 1.18	
	技师	3.18 ± 1.03	
	高级技师	2.24 ± 0.90	

注：* 代表 P < 0.05，** 代表 P < 0.01，*** 代表 P < 0.001。

　　②中等学历与获取中等职业资格证书的技能人才职业转换意愿

突出

制造业的技能人才如果离开现在工作的企业，仍选择制造型企业就职，这并不影响未来制造型企业技能人才的供给，如果他们不再到制造型企业从事技能岗位工作，将导致制造型企业技能人才供给的损失。调查发现（图4—5），在问及"离开制造型企业是否还会去其他制造型企业"时，仅有5.8%的技能人才表示肯定会，而37.6%的技能人才明确表示不会或者可能不会当技能人才。这说明一旦技能人才离开了制造型企业，再进入制造型企业当技能人才的意愿程度较低。技能人才当前的职业转换意愿较为强烈。

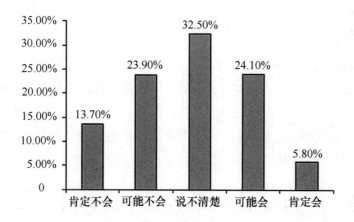

图4—5　技能人才转岗选择制造型企业的意愿程度

深入分析发现，不同文化程度的技能人才在对制造型企业进行再次选择时具有显著差异。结果显示（表4—10），拥有技校/中职学历的技能人才相对于初中及以下学历的技能人才，在离开本企业之后更不愿意再去制造型企业当技能人才。结合不同文化程度技能人才在离职后表示再进入制造型企业当技能人才的意愿评价可知，具有中等学历的技能人才对本职业的认同感更低，更可能转变自己当前的职业，对在岗技能人才的供给持续性产生负性影响。

表4—10   不同文化程度技能人才转岗再当技能人才的意愿对比

变量	类别	再从事技能人才的意愿程度（M ± SD）	F 值及显著性
文化程度	初中及以下	2.95 ± 1.07	F = 3.750 **
	高中	2.85 ± 1.13	
	技校/中职	2.71 ± 1.11	
	高职/大专	2.82 ± 1.12	
	本科及以上	3.06 ± 1.15	

注：* 代表 $P < 0.05$，** 代表 $P < 0.01$，*** 代表 $P < 0.001$。

　　同时，获取不同职业资格证书的技能人才在离职后再做技能人才的意愿程度也存在显著差异（表4—11），中级工和高级工（对应国家职业资格四级和三级）相对于没有取得任何职业资格证书的技能人才，表示更不愿意在离开当前制造型企业之后，再次进入制造型企业当技能人才。这说明当前取得中等职业资格证书的技能人才的职业转换意愿更为强烈，他们作为制造型企业的中坚力量，势必会对制造型企业技能人才队伍的稳定性产生较大冲击。

表4—11   获取不同职业资格证书的技能人才转岗再当技能
人才的意愿对比

变量	类别	再从事技能人才的意愿程度（M ± SD）	F 值及显著性
资格证书类型	没有取得	2.93 ± 1.09	F = 5.667 ***
	初级工	2.89 ± 1.04	
	中级工	2.64 ± 1.15	
	高级工	2.66 ± 1.17	
	技师	2.75 ± 1.17	
	高级技师	3.24 ± 1.03	

注：* 代表 $P < 0.05$，** 代表 $P < 0.01$，*** 代表 $P < 0.001$。

　　③高学历与获取高等职业资格证书的技能人才更愿意转岗做管理

　　就企业的人力资源管理现实看，管理岗位明显比技能岗位有着更为重要的地位和更高的待遇，因此对技能人才而言转岗从事管理工作对他们具有明显激励性。一些技能人才是否愿意离开技能岗位而去从事管理岗位呢？调查发现，36.8%的技能人才都对此给出了肯定意见，仅有9.2%的技能人才表示很不愿意转岗做管理。

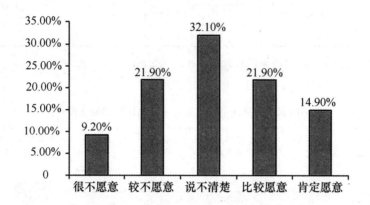

图 4—6　技能人才转岗做管理的意愿程度

　　从技能人才愿意转岗从事管理的原因分析看，一是在制造型企业中，技能人才普遍感到自己的社会地位明显低于管理人员；二是技能岗位的工作相对于管理岗位更劳累、枯燥，工作环境也更差，外部硬件设施和工作强度的差距导致更多的技能人才倾向于转岗做管理。综上可知，在岗技能人才对于本岗位的认可程度较低，一旦有管理岗位需要他们，其转岗情况时有发生，从而使在岗技能人才的现存量降低。

　　深入分析发现（表4—12），初中及以下学历的技能人才相对于技校/中职、高职/大专及本科及以上学历的技能人才在薪酬水平相同的情况下，更不愿意从事管理岗位工作，高中学历的技能人才相对于技校/中职和高职/大专学历的技能人才也更不愿意从事管理岗位的工作。即学历较低的技能人才不太愿意在薪酬水平相当的情况下去从事管理岗位的工作；而学历较高的技能人才，更愿意在薪酬水平相当的情况下去从事管理岗位的工作。

表4—12　　　不同文化程度技能人才转岗做管理的意愿程度对比

变量	类别	转岗做管理的意愿程度（M±SD）	F值及显著性
文化程度	初中及以下	2.89±1.15	F=11.906***
	高中	3.02±1.25	
	技校/中职	3.31±1.11	
	高职/大专	3.29±1.19	
	本科及以上	3.49±1.18	

注：*代表 $P<0.05$，**代表 $P<0.01$，***代表 $P<0.001$。

表4—13　　获取不同职业资格证书的技能人才转岗做管理的意愿对比

变量	类别	转岗做管理的意愿程度（M±SD）	F值及显著性
资格证书类型	没有取得	3.01±1.17	F=5.151***
	初级工	3.21±1.14	
	中级工	3.28±1.15	
	高级工	3.30±1.23	
	技师	3.32±1.27	
	高级技师	3.31±0.87	

注：*代表 $P<0.05$，**代表 $P<0.01$，***代表 $P<0.001$。

　　此外，获取不同职业资格证书的技能人才转岗做管理的意愿程度也存在显著差异（表4—13），其中中级工和高级工相对于没有取得任何职业资格证书的技能人才，表示在薪酬水平相当的情况下更愿意从事管理岗位的工作。高学历和高技能水平的技能人才作为带动制造型企业快速发展的核心成员，其较强的转岗意愿，不仅不利于制造型企业技能人才的稳定供给，还会严重制约制造型企业的发展。

　　综上所述，在岗技能人才考虑离开当前企业的意愿程度一般，但员工普遍表示如果离开当前制造型企业，均不太愿意再去制造型企业当技能人才，职业转换意愿较强，具有中等学历与获取中等职业资格证书的技能人才尤为突出；此外，在薪酬水平相当的情况下，学历层级更高与获取较高职业资格证书的技能人才更愿意转岗做管理。这说明，当前制造型企业的在岗技能人才中，作为企业中坚支柱的中等、高等技能人才更可能在有机会的情况下，离开企业、转换职业，不利于在岗技能人才供给的持续性。

（2）相对于第三产业的一线服务工作，制造业技能人才岗位优势不明显

一线服务员工指在服务性组织中，作为联结组织和顾客的基本界面的、直接为顾客提供服务的人员。① 制造业技能岗位工作和服务业服务人员工作具有很多共同性，比如对就业人员的学历要求都比较低，待遇不高，工作都比较辛苦等。随着第三产业的发展，服务业需要的人员越来越多，这是否会对制造型企业技能人才的稳定产生较大影响？

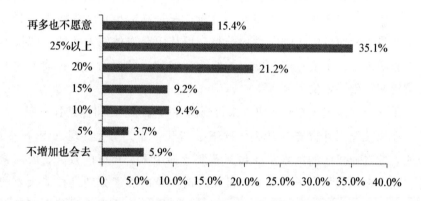

图4—7　技能人才转岗做一线服务工作的薪酬要求对比

基于此，本研究对制造型企业的技能人才进行了如下调查："如果本地区某服务行业需要技能人才去从事一线服务工作，是否会引发技能人才离职去从事服务行业工作？"结果发现（图4—7），有15.4%的技能人才表示，薪酬水平增加再多也不愿意去从事一线服务工作，但高达35.1%的技能人才表示薪酬水平上浮25%以上就会离开现有企业去从事一线服务工作，还有21.2%的技能人才表示薪酬水平上浮20%就会离开现有企业去从事一线服务工作，9%左右的技能人才表示薪酬水平上浮

---

① 参见翟家保、周庭锐、曹忠鹏《一线服务员工努力意向影响因素研究》，《华东经济管理》2009年第5期。

10%或15%就会离开现有企业去从事一线服务工作，甚至还存在5.9%的技能人才表示不增加薪酬，也会选择去从事一线服务工作。可见，与一线服务业作比较，制造业有略微的优势，但是随着服务业薪酬水平的提升，制造业技能人才的稳定性明显受到一定的冲击，并将出现人才流失的情况。而当前的情况是，一些服务业薪酬水平和工作环境条件并不弱于制造业，面对服务业对于制造业技能人才的争夺，要使制造业技能人才稳定地在制造业工作并非易事。

（3）物质需求的满足成为技能人才职业转换的首要条件

为了深入了解在岗技能人才的职业转换条件，本研究重点进行了三方面的调查分析：一是在岗技能人才离职原因分析；二是技能人才离岗之后重新选择工作重点考虑因素的分析；三是制造型企业为吸引非制造型企业员工入职所需工作条件的分析。以从中获取技能人才职业转换的关键影响因素，了解在岗技能人才职业转换背后的原因，为技能人才的供给预测提供一定依据。

①在岗技能人才在物质需求未得到满足的情况下更可能选择离职

在岗技能人才究竟在什么情况下会离开企业？调查发现（图4—8）技能人才选择离职的因素主要包括薪酬待遇因素、环境因素、发展因素等方面。在调查的十个因素中，排在最前两位的因素分别是技能人才的薪酬水平、福利待遇，其中73.9%的技能人才会因工资水平低离开现有企业，58.8%的技能人才会因福利待遇差离开现有企业。由此可见，当涉及保障员工衣、食、住、行等物质需求没能达到技能人才的期望时，大部分技能人才都会选择离职。除薪酬福利因素外，工作环境条件、工作稳定性、工作安全性等因素对技能人才的离职也具有突出影响，41.7%的技能人才表示企业工作环境和条件太差会离职，32.5%的技能人才表示工作安全没有保障的时候会离职，25.9%的技能人才在工作稳定性较差的情况下会选择离职。根据马斯洛的需要层次理论，薪酬福利、工作环境条件、稳定性等因素均属于外在物质需要，可以认为对在岗技能人才而言物质需要的满意度对他们离职有着十分重要的影响。此外，值得注意的是有32.6%的技能人才在缺乏个人发展机会的时候会离职，19.0%和16.5%的技能人才表示在自身能力得不到发挥、培训机会较少的情况下会选择离职。据"广东省人力资源'十一五'规划"课题组在珠三角的一项调查,在 70% 的企业里,两年及两年以下合同工数量占员工总数 60% 以上;许多企业反映,人才流动性过高的主要原因是企业缺乏专业培训。① 这说明存在部分在岗技能人才看重企业与自身的发展,在企业不适于自己发展的情况下会选择离开现有企业。

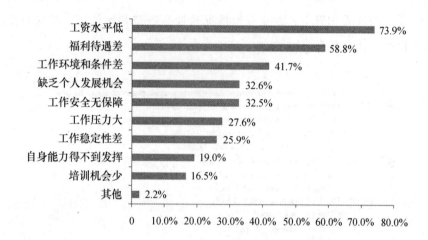

图4—8 技能人才离职原因

从上述的分析可知,技能人才在物质需求上对企业具有高要求,如果在岗技能人才的物质需求没能得到满足,将导致大量员工的离职行为。同时,部分技能人才还看重企业对于自身的发展,它能激发员工了解自身的职业定位与职业生涯发展,如果发展需求没能得到满足,也将在一定程度上引发部分员工的离职行为。制造型企业只有通过对技能人才多方位满意度的提升,调动员工的工作积极性和对企业的归属感,才能降低在岗技能人才的职业转换,稳定在岗技能人才的供给。

②在岗技能人才重新择业时看重物质需求的满足

分析在岗技能人才的择业影响因素,对于稳定在岗技能人才,同时制定其他有效吸引社会人才进入制造型企业从事技能岗位都有着非常重要的意义。调查技能人才重新选择工作时首先考虑的因素发现(图4—

① 参见何亦名、张炳申《我国技能型人才供给不足的制度分析》,《教育与职业》2008 年第 2 期。

9)，与其离职因素类似，薪酬福利成为影响技能人才重新选择工作首先考虑的因素，在所调查的因素中位居前两位的分别是薪酬收入（82.0%）和企业提供的养老、医疗等福利待遇（59.4%）。这主要在于技能人才家庭经济条件一般不够好，收入水平也不高，对此有着更高的要求也属情理之中。调查还发现，企业工作环境、发展机会、工作稳定性、工作地点、单位的性质和规模、专业对口情况及社会声誉和地位等方面对技能人才选择工作都具有一定影响。

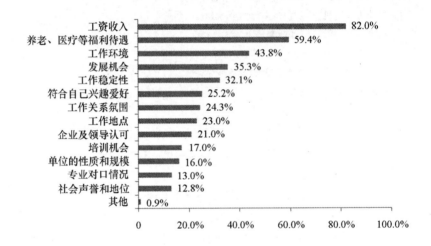

图4—9 技能人才重新选择工作的影响因素

总而言之，技能人才在重新择业的过程中考虑的因素较多，但影响其择业的核心因素仍是物质需求，主要体现为经济、物质等方面的满足，即如果新的企业能满足员工的物质需求，员工更可能选择该企业入职。这也启示制造型企业需要加强技能人才的物质满意度建设，以此留住、吸引更多技能人才，保证技能人才的持续性供给。

③薪酬福利是吸引更多人员成为制造型企业技能人才的关键因素

吸引更多非制造业员工来从事制造业技能工作需要具备什么样的工作条件？调查发现（图4—10），高达81.6%的技能人才认为，要吸引更多非制造业员工来从事制造业技能工作，首要条件便是改善工资福利水平。因为工资福利是员工赖以生存的基本保障，只有满足了员工的经济需求，才具备吸引外来员工的资格。53.4%的技能人才认为积极改善技能人才的工作环境、为其提供健康安全保障是吸引更多非制造业员工来从事制造业技能工作的关键条件。

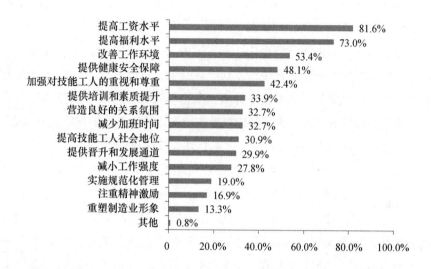

图4—10　吸引更多非制造业员工从事制造业技能工作的条件

此外，部分技能人才认为通过加强对技能人才的重视和尊重、营造良好的关系氛围，积极提升技能人才的社会地位、重塑制造业形象和加强精神激励等举措对吸引更多非制造业员工从事制造业技能工作有着重要的促进作用。

对比分析技能人才的离职原因、重新选择工作重点考虑的因素和认为要吸引更多非制造业员工来从事制造业技能工作的条件这三个问题，可以发现技能人才在职业转换的时候首要关注的因素便是物质需求是否得到满足，主要体现为薪酬福利、工作环境等物质方面的满足情况；其次关注发展需求是否得到满足，主要体现为员工自我成长发展、对企业声誉等的满足情况。如果技能人才这两方面的需求不能满足，尤其是物质需求没能满足，就很有可能导致在岗技能人才的离职行为，影响在岗技能人才的持续性供给；同时，制造型企业为了引进技能人才，也需要重点从这两方面入手，积极提升技能人才的物质满意度和发展满意度，在满足员工主要需求的同时提升员工的工作动力，稳定在岗技能人才的供给。当然，在这个过程中，企业也应注重技能人才情感满意度的维系，情感满意度主要体现为员工对于同事关系、工作氛围及企业关爱等方面的满足情况，在员工的工作中主要起保健作用，较好的情感满意度能使技能人才处于一种舒适的工作氛围中，在一定程度上促进其工作良好开展，为在岗技能人才的稳定性供给提供一定保障。

综上所述，当前制造型企业技能人才的流失情况严重，在岗技能人才职业转换意愿相对强烈，其中高学历、高技能人才转岗做管理的意愿尤为强烈。加上一线服务工作的发展冲击，制造业技能人才岗位优势越加不明显。物质需求的满足已经成为制约在岗技能人才继续在岗工作的关键因素，与此同时，发展需求在在岗技能人才稳定性中发挥着重要作用。

3. 制造型企业采取了系列措施解决技能人才高流失率，但效果不佳

通过查阅整理文献，有关资料显示，受外部用工环境及薪酬待遇等关键因素影响，越来越多的劳动密集型企业，特别是东部沿海同类企业，技能操作人才流失率居高不下，给正常生产造成较大影响，不利于企业的长远发展。[①] 有研究者表示，企业内部高技能人才因种种原因频繁辞职或跳槽使工作难以为继，影响企业的扩张发展。[②] 早在 2005 年，《湖北日报》就指出：高级工、技师、高级技师等高技能人才在黄石日渐难觅，成为企业发展的"瓶颈""黄石若不出台相关保护人才的政策，老工业城市的优势将日趋消失"[③]。由此可见，技能人才的流失严重，尤其是高技能人才的流失，对企业的进一步发展造成了严重影响。那么影响技能人才流失的主要原因有哪些？制造型企业针对技能人才的高流失现象采取了哪些措施？效果如何呢？基于以上问题，课题组对 178 家制造型企业进行了深度调研，结果如下。

（1）物质需求和发展需求未能得到满足成为技能人才流失的主要原因

通过对 178 家制造型企业的调研发现（图 4—11），制造型企业认为技

---

① 参见赵新道、赵雄斐《用工荒背景下劳动密集型企业技能人才流失率管控研究》，《现代商业》2014 年第 17 期。

② 参见廉锦英《如何防止企业高技能人才流失》，《企业家天地下半月刊》（理论版）2007 年第 2 期。

③ 黄宣传、刘艳新、方昕：《黄石高技能人才流失严重》，《湖北日报》2005 年 11 月 2 日 B01 版。

能人才流失的主要原因为工资收入不高（54.0%）、非物质激励不足（25.3%），这与在岗技能人才对人员流失的认识具有一致性。22.4%的制造型企业表示技能人才之所以具有较高的流失率，主要归结于制造型企业的工作环境和条件差、技能人才工作的压力大以及缺乏个人发展机会。还有一些制造型企业把技能人才的流失归因为员工培训机会少、能力得不到发挥、技能人才社会地位低、工作稳定性差及工作安全无保障等。

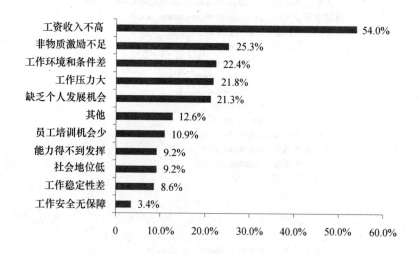

图4—11　制造型企业技能人才的流失原因

整体而言，制造型企业技能人才的流失存在多种原因，首先是物质需求未能得到良好的满足：经济保障不足、工作环境不良、工作压力较大等因素上；其次是发展需求未能得到良好的满足：缺乏个人发展机会、培训的机会少、自身能力得不到发挥等因素上。这两方面的低满意度引发了在岗技能人才的大面积流失，影响了在岗技能人才的供给稳定性。

（2）企业着重通过提升物质满意度以降低技能人才流失率

在深入分析技能人才流失原因的基础上，制造型企业针对在岗技能人才的较高流失率采取了一系列补救措施。首要措施便是改善在岗技能人才的物质需求，诸如通过提高工资水平（72.7%）、提高福利水平（65.9%）、改善工作环境（50.6%）、提供健康安全保障（34.1%）、减少加班时间（18.8%）等来留住技能人才（图4—12）。这些措施从员工外在和内在两方面出发，旨在为技能人才提供较好的物质条件和营造良好的工作环境，提升员工的工作动力，缓解员工的工作压力，以提升技能人才的物质满意度，以此稳定在岗技能人才的供给。

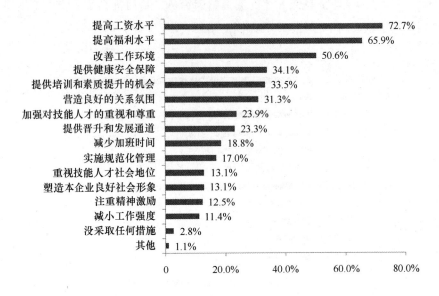

图4—12　制造型企业留住在岗技能人才的措施

与此同时，较多制造型企业也通过改善员工发展满意度留住人才，如为员工提供培训和素质提升的机会（33.5%）、提供晋升和发展通道（23.3%）、重视技能人才的社会地位和塑造本企业良好的社会形象（13.1%）。制造型企业通过提升技能人才的发展满意度，能让技能人才不断提升自我，履行自己的职业生涯规划，看清自己的晋升通道。只有看到自身发展，看到企业发展，才能让技能人才留在制造型企业，并为企业战略目标的实现做出贡献。

此外，还存在31.3%的制造型企业表示通过营造良好的关系氛围来留住技能人才，旨在提升技能人才对制造型企业的情感满意度。良好的情感满意度能让技能人才在制造业中具有舒适的工作氛围，能缓解技能人才因工作压力等因素而带来的不良情绪，为技能人才在企业的良好发展提供保障。可见制造型企业已经从多角度入手来积极提升在岗技能人才的满意度，以此稳定在岗技能人才的供给，也为潜在技能人才的持续性供给提供了保障。

整体而言，物质需求和发展需求未能得到满足是在岗技能人才流失的主要原因。尽管当前制造型企业为了稳定在岗技能人才的供给，已经针对技能人才的流失原因提出了相应的措施，旨在通过提升在岗技能人才的物质满意度和发展满意度、维持在岗技能人才的情感满意度来缓解技能人才的高流动性，促进在岗技能人才的供给稳定性，但从当前在岗技能人才的低工作满意度与较高流失率可以看出，企业实施的补救措施效果不够理想。企业还需要通过更多途径的探索来提升在岗技能人才的满意度，稳定在岗技能人才的持续性供给。

综上所述，当前在岗技能人才面临老龄化严重、流失率较高的客观环境和满意度较低、职业转换意愿强烈的主观状况，客观原因直接阻碍了在岗技能人才的持续性供给，主观原因将在一定程度上影响在岗技能人才未来的供给趋势，不利于在岗技能人才队伍的稳定性建设。建议适当加强在岗技能人才最重视的物质需求与发展需求的满意度，以此保障在岗技能人才队伍的供给稳定性与持续性。

（二）农民工供给制造业分析

农民工是指在本地乡镇企业或者进入城镇务工的农业户口人员。农民工是我国特有的城乡二元体制的产物，是我国在特殊的历史时期出现的一个特殊的社会群体。农民工有广义和狭义之分：广义的农民工包括两部分人，一部分是在本地乡镇企业就业的离土不离乡的农村劳动力，一部分是外出进入城镇从事二、三产业的离土又离乡的农村劳动力；狭义的农民工主要是指后一部分人。本研究主要采用狭义的农民工定义。

20 世纪 80 年代，中国市场经济改革造就了沿海经济特区经济的快速发展，随之而来的是第二、三产业尤其是以制造业为代表的劳动密集型产业对大批劳动力的需求。同时，市场经济体制改革在农村的推行，加快了科技进步和农业产业结构升级的速度，生产要素得到重新配置，解放了农村剩余劳动力。正是基于这种背景，国家做出政策调整，准许农民工在不改变城乡二元制度的前提下进城务工就业，农民工群体作为社会经济发展转型中衍生出的新兴产物，开始了他们"候鸟式"打工务农新模式。农民工是在我国改革开放进程中成长起来的一支新型劳动大军。农村劳动力不断向非农产业和城镇转移成为推动经济增长的最重要动力，是人民生活水平不断提高的重要推动因素，也是缩小城乡差别、促进社会和谐发展的重要途径和必然要求。随着时间的推移，农民工的队伍日渐壮大，尤其是在 2001 年中国加入 WTO 以后，农产品的销售不畅，更是成为农村剩余劳动力向制造业转移的直接推力。[①] 按照农民工所在企业的性质，学者杨冬民将进城务工的农民工分为四类：从事建筑业的农民工，他们不断漂泊于各建筑工地；从事零工的自主就业者，是典型的非正规就业群体，无任何社会保障，易成为社会的不稳定因素；从事制造业的农民工；从事城市基础服务行业的工作人员及从事各类业务的人员。其中制造业成为农民工就业的重要途径。[②]

1. 农民工供给制造业的技能人才的现状分析

通过对国家统计年鉴、农民工检测报告等宏观数据的整理分析，发现农民工供给制造业技能人才的情况如下：

（1）农民工就业领域中制造业所占比重最大，但就业比例呈现逐步下降的趋势

在改革开放和市场经济浪潮的冲击中，产业人才队伍的人员构成发生了巨大的变化，其中之一就是农民工日趋成为产业人才群体的重要组成部分。据国家统计局发布的《2013 年全国农民工监测调查报告》显示，2013 年全国农民工总量达到 26894 万人，比 2012 年同比增加了 633 万人，增长率为 2.4%。其中，外出农民工 16610 万人，比 2012 年增加了 274 万人，增长率为 1.7%；本地农民工 10284 万人，比 2012 年增加 359 万人，增长 3.6%。在所有农民工中，2013 年从事制造业的农民工占比为 31.4%，达到 8445 万人，已经成为我国制造业技能人才中的重要组成部分（表 4—14）。

---

① 参见魏航《中国制造业农民工管理模式变迁——基于人性假设论视角》，《中国集体经济》2012 年第 13 期。

② 参见杨冬民、韦苇《社会排斥视角的农民工类别差异与政策选择》，《西安石油大学学报》（社会科学版）2006 年第 4 期。

表4—14 从事制造业的农民工数量

年份	2008	2009	2010	2011	2012	2013
农民工总量（万人）	22542	22978	24223	25278	26261	26894
外出农民工（万人）	14041	14533	15335	15863	16336	16610
本地农民工（万人）	8501	8445	8888	9415	9925	10284
制造业从业比例（%）	37.2	36.1	36.7	36.0	35.7	31.4
制造业从业人数（万人）	8386	8295	8890	9100	9375	8445

注：数据来源于《2012年全国农民工监测调查报告》和《2013年全国农民工监测调查报告》。

根据《2013年全国农民工监测调查报告》显示，在农民工的分行业就业中，除了制造业占比31.4%外，建筑业占比22.2%，批发和零售业占比11.3%，居民服务修理和其他服务业占比10.6%，交通运输、仓储和邮政业占比6.3%，住宿和餐饮业占比5.9%，其他行业占比12.3%（表4—15）。从近几年调查数据看，建筑业的变化比较明显，农民工从事建筑业的比重正在逐年递增，由2008年的13.8%上升到2013年的22.2%；与此同时，农民工从事制造业的比重则趋于下降，由2008年的37.2%下降到2013年的31.4%。究其原因发现，尽管农民工增长率在逐渐下降，但总数量依然呈增长的趋势，从事制造业农民工比例下降一方面是农民工转业和退休的人数多于进入制造业的人数所致，另一方面也在一定程度上受到了建筑行业的冲击所致。

表4—15 2013年分行业的农民人才数构成

指标	数量（万人）	占比（%）
制造业	8445	31.4
建筑业	5970	22.2
批发和零售业	3039	11.3
交通运输、仓储和邮政业	1694	6.3

指标	数量（万人）	占比（%）
住宿和餐饮业	1587	5.9
居民服务、修理和其他服务业	2851	10.6
其他行业	3308	12.3

注：数据来源于《2013 年全国农民工监测调查报告》。

面对建筑业及其他行业对技能人才的强烈争夺，当前农民工供给制造型企业技能人才的数量在相对减少。农民工作为我国制造型企业技能人才的重要供给渠道，其供给人数的减少必将影响制造型行业技能人才的数量供给。

（2）农民工从事制造业分布区域主要以东部地区为主，供给区域分布不均

根据《2013 年全国农民工监测调查报告》显示，从农民工的从业地区看，东部地区务工的农民工以从事制造业为主，占 43.1%，比上年下降了 1.5 个百分点，中、西部地区制造业比重分别为 20.1% 和 13.2%，中、西部地区制造业比重比上年分别下降 3.1 个和 2.2 个百分点（表 4—16）。可见农民工供给制造业技能人才的区域主要为东部地区，存在一定的结构供给失衡，不利于中部和西部地区制造行业技能人才的供给。

表 4—16　　　　　　2013 年分地区分行业的农民人才数构成　　　　单位：%

指标	东部地区	中部地区	西部地区
制造业	43.1	20.1	13.2
建筑业	17.5	28.5	30.0
批发和零售业	10.2	12.9	13.2
交通运输、仓储和邮政业	5.3	7.3	8.2
住宿和餐饮业	5.0	6.2	8.1
居民服务、修理和其他服务业	9.9	11.1	12.2
其他行业	9.0	13.9	15.1

注：数据来源于《2013 年全国农民工监测调查报告》。

（3）从事制造业的农民工以初中及其以下文化为主体，文化素质不高

根据《2012年全国农民工监测调查报告》显示，在农民工中，不识字占1.5%，小学文化程度占14.3%，初中文化程度占60.5%，高中文化程度占13.3%，中专及以上文化程度占10.4%。外出农民工和年轻农民工中高中及以上文化程度占23.7%（表4—17）。整体而言，初中以下的农民工占制造业农民工就业总人数的76.3%，总人数高达9796万人，是农民工供给制造型企业技能人才的最主要供给来源，也是初级、中级技工的主要供给来源。从中可以看出，由农民工供给的制造型企业技能人才的文化素质较低。此外，通过对888名农民工的调研发现，农民工的文化水平普遍偏低，其中高中及以下的文化程度占比高达77.5%，并且以初中文化水平居多，占比40.1%。

随着制造业的迅速发展，新兴产业制造业的兴起，制造业对于技能人才的能力素质要求也逐渐提升。但当前农民工的整体素质相对较低，虽然具有一定的供给数量，但在供给质量上还难以达到制造业技能人才的要求，尤其是高技能人才的要求。可见农民工对于制造型企业技能人才的供给质量还有待提升。

表4—17　　　　　　2012年从事制造业农民工学历分布

文化程度	不识字	小学	初中	高中	中专	大专及以上
比例（%）	1.5	14.3	60.5	13.3	4.7	5.7
人数（万人）	141	1341	5672	1247	441	534

注：数据来源于《2012年全国农民工监测调查报告》。

综上所述，制造业成为当前农民工外出务工人数最多的行业，随着这几年的发展变化，农民工进入制造型企业的比例在逐渐下降，影响其数量供给。在农民工就业地域分布中，东部地区成为农民工就业地域的首选，供给地域结构存在一定失衡。此外，就整体从事制造行业的农民工而言，其文化素质普遍较低，初中文化居多，对技能人才的供给质量显得不足。

2. 农民工供给制造业技能岗位的调查分析

(1) 农民工的供给意愿分析

本研究中所称的供给意愿是指供给主体在一定时期内，在各种制造型企业可能提供的薪酬下，供给主体愿意从事技能岗位工作，成为技能人才的程度如何。分析农民工的首选行业意愿、农民工对于制造型企业技能人才的供给意愿及农民工的首选工作地域意愿对于探索农民工供给制造业技能岗位有着十分重要的意义。通过对 888 份农民工有效问卷进行数据分析发现：

①农民工愿意从事的行业多样，其中制造业成为农民工首选

农民工愿意从事的行业范围比较广泛，其中比例最高的是制造业（表 4—18），但是比例也仅为调查对象的 17.8%，相比制造业对技能人才的巨大需求还显得远远不够。因此，加强技能人才的供给，吸引更多的农民工从事制造业技能岗位仍然是一个十分必要的工作。

表 4—18 　　　　　　　　农民工愿意从事的行业选择

行业	频数	百分比（%）
制造业	155	17.8
建筑业	88	10.1
信息传输、软件和信息技术服务业	96	11.0
金融业	86	9.9
房地产业	45	5.2
电力、热力、燃气及水生产和供应业	19	2.2
批发和零售业	107	12.3
住宿和餐饮业	81	9.3
教育	28	3.2
文化、体育和娱乐业	52	6.0
交通运输、仓储和邮政业	23	2.6
居民服务、修理和其他服务业	35	4.0
农林牧渔业	32	3.7
其他	25	2.9

为了探明究竟哪种类型的农民工更愿意进入制造行业工作，课题组

对不同类型的农民工进行了比较研究，通过卡方检验发现：不同性别、年龄、文化程度、是否从事过技能人才、外出务工的时间和目前工作月收入在农民工愿意从事的行业上存在显著性差异（表4—19）。具体而言，在性别方面，男性有16.5%的人选择制造业，女性为18.5%，差异不大；但男女在其他行业上，尤其是建筑业的选择上具有显著差异，这与男女择业的自身因素有关，如建筑业要求员工具备良好的体魄等。在年龄方面，45岁以下的农民工选择制造业的比例更大，而45岁以上的老一代农民工选择制造业的比例相对较小，这说明新一代农民工比老一代农民工更倾向于选择制造业。《2013年全国农民工监测调查报告》也显示，1980年及以后出生的新生代农民工12528万人，占农民工总量的46.6%，其中有39%的新生代农民工从事制造业，所占比例最大。在文化程度方面，中等学历与较低学历的农民工更倾向于选择制造业，这可能与目前中国制造业较为低端的粗放型现状有关。在有无制造业工作经验方面，以前曾从事过技能岗位工作的农民工选择的比例为25.2%，未从事过技能岗位工作的农民工选择的比例为13.8%，这表明部分在制造业工作过的农民工更愿意再次进入制造业，可能与具有制造业工作经验的农民工更少受到技能人才社会刻板印象的影响有关。在外出务工的时间方面，外出务工时间较长的农民工越愿意进入制造业；在目前工作月收入方面，月收入较低的农民工更愿意选择制造行业就业，这与当前制造业对一般技能人才的低门槛要求有关。

表4—19　　　　农民工选择制造业比例在不同人口学变量上差异比较

变量	类别	选择制造业的各类别比例（%）	各类别选择制造业的比例（%）	χ^2值及其显著性
性别	男	53.4	16.5	$\chi^2 = 64.090^{***}$
	女	46.6	18.5	
年龄	16—25岁	24.7	14.6	$\chi^2 = 151.460^{***}$
	26—35岁	35.7	19.2	
	36—45岁	32.5	22.3	
	46—55岁	6.5	11.8	
	55岁以上	0.6	11.1	

续表

变量	类别	选择制造业的各类别比例（%）	各类别选择制造业的比例（%）	χ^2值及其显著性
文化程度	小学及以下	14.3	19.6	$\chi^2 = 178.121^{***}$
	初中	39.0	17.3	
	高中	27.3	20.1	
	中专/中技（中职、职高）	11.7	20.7	
	大专（高职）	4.5	11.1	
	大专以上	3.2	11.4	
是否从事过技能岗位工作	是	55.3	25.2	$\chi^2 = 31.609^{**}$
	否	44.7	13.8	
外出务工的时间	从未外出务工	5.2	14.0	$\chi^2 = 96.543^{**}$
	1年以内	16.9	17.4	
	1—3年	20.1	14.1	
	4—6年	18.2	16.9	
	7—10年	14.8	17.3	
	10年以上	24.7	27.7	
目前工作月收入	1500元以下	4.5	10.4	$\chi^2 = 118.941^{***}$
	1501—3000元	60.4	18.2	
	3001—4500元	27.3	21.4	
	4501—6000元	2.6	7.1	
	6000元以上	3.9	20.7	
	其他	1.3	20.0	

注：* 表示 $P < 0.05$，** 表示 $P < 0.01$，*** 表示 $P < 0.005$。

②农民工从事制造业技能岗位工作的意愿程度一般

农民工愿意到制造型企业工作，但是否愿意到制造型企业做技能人才呢？该意愿程度将直接影响农民工是否成为制造型企业技能人才，进而影响其对于制造型企业技能人才的供给量。按照从很愿意到很不愿意的李克特五点量表调查发现，农民工从事制造型企业技能岗位工作的意愿程度均值为3.21（表4—21），仅略高于一般水平。这说明虽然与其他行业相比较，制造业成为农民工选择人数比例最多的行业，但农民工从事制造业技能岗位工作的意愿并不强烈。从百分比分析发现，明确表示愿意当技能人才的农民工仅有 38.1%（非常愿意 9.4% 和比较愿意 28.7%），还存在 20.8% 的农民工表示不愿意当技能人才，41.1% 的农民工表示说不清楚。究其原因，一方面是农民工对技能人才的刻板印象所致，问卷数据分析显示，48.8% 的农民工认为技能人才的工作又苦又累，约 30.0% 的农民工认为其工作枯燥、乏味、工作环境差（脏）、员工地位低、是一个危险的行业，还存在一些农民工认为技能人才的工作压力大（15.0%），员工学历低、素质低（14.9%），社会声誉较差（11.8%）等；另一方面根据深入访谈发现，经济利益、发展机会、工作地点等多种因素也会对农民工从事技能岗位工作的意愿程度产生较为明显的影响。整体而言，当前农民工对于从事制造型企业技能岗位工作的意愿程度难以有效保障农民工对于技能岗位的充分供给（表4—20）。

表4—20　　　　农民工从事制造行业技能岗位工作意愿对比

意愿状态	很不愿意	较不愿意	说不清楚	比较愿意	非常愿意
频率	49	121	336	235	77
百分比	6.0%	14.8%	41.1%	28.7%	9.4%

深入分析发现，不同性别、年龄和文化程度、是否从事技能工作对农民工从事制造型企业技能岗位工作的意愿程度存在显著性差异，具体表现为：男性比女性、老一代农民工比新生代农民工更愿意到制造业当技能人才，当过技能人才的农民工更愿意到制造业当技能人才，而学历层次为初中及以下的农民工比较而言更愿意去制造业当技能人才（表4—21）。

表4—21　　　　农民工的供给意愿程度在不同人口学变量上差异比较

变量	类别	意愿程度（M ± SD）	T/F 值及显著性
性别	男性	3.29 ± 1.00	T = 2.878 ＊＊
	女性	3.09 ± 1.00	

续表

变量	类别	意愿程度（M ± SD）	T/F 值及显著性
年龄	16—25 岁	3.03 ± 0.98	F = 5.347***
	26—35 岁	3.15 ± 1.03	
	36—45 岁	3.35 ± 0.99	
	46—55 岁	3.39 ± 0.98	
	55 岁以上	4.00 ± 1.00	
文化程度	小学及以下	3.54 ± 0.94	F = 9.475***
	初中	3.35 ± 0.95	
	高中	3.09 ± 1.04	
	中专/中技（中职、职高）	3.02 ± 0.99	
	大专（高职）	2.75 ± 1.04	
	大专以上	2.74 ± 0.94	
是否从事技能人才	是	3.30 ± 1.04	T = 1.971*
	否	3.15 ± 1.01	

注：* 表示 P < 0.05，** 表示 P < 0.01，*** 表示 P < 0.005。

③供给的区域结构不均衡，沿海地区为农民工就业热门区域

调查发现，农民工最理想的单位集中在沿海，占到73.6%，这可能与沿海的工作机会多、收入更高等因素有关；中西部地区比例为49.8%，其中中部地区选择比例达到32.7%，西部地区17.1%；东北部地区仅为7.2%（表4—22）。比较而言，东部地区成为农民工就业的首选区域。根据《2012 年全国农民工监测调查报告》显示，东部地区农民工11191 万人，比上年增加401 万人，增长3.7%，东部地区农民工占农民工总量的42.6%；中部地区农民工8256 万人，比上年增加314 万人，增长4.0%，中部地区农民工占农民工总量的31.4%；西部地区农民工6814 万人，比上年增加268 万人，增长4.1%，西部地区农民工占农民工总量的26.0%。这说明尽管当前农民工的就业地域以东部为主，但其就业区域趋势正在发生细微变化，前往中西部地区就业的农民工正在较快增长，这与中西部制造行业的快速发展具有一定相关性。

表4—22 农民工理想的就业地区

理想的就业地区	频数	百分比（%）	个案百分比（%）
沿海大城市	367	31.5	43.2
沿海小城市	258	22.1	30.4
中部大城市	191	16.4	22.5
中部小城市	87	7.5	10.2
西部大城市	73	6.3	8.6
西部中小城市	72	6.2	8.5
东北部大城市	34	2.9	4.0
东北部中小城市	27	2.3	3.2
其他	57	4.9	6.7

综上所述，尽管制造业成为农民工外出务工的首选行业，但受社会刻板印象等因素的影响，农民工对于制造业的供给意愿仅处于一般水平。当前沿海地区拥有更多的制造型企业，这在一定程度上为期望在沿海地区就业的农民工提供了更多进入制造型企业的机会；同时，随着制造业的不断发展，以及中西部环境条件的逐步改善，以及制造业地域性的逐渐转移，农民工就业区域也将逐渐发生些许变化。

（2）农民工供给制造型企业技能人才的影响因素

研究供给主体供给制造型企业技能人才的影响因素，旨在分析影响供给主体成为技能人才的原因，以此对症下药提出相应的实用措施，促进供给主体对于制造型企业技能人才的供给。分析农民工的择业要求、就业渠道及农民工不愿意从事技能岗位工作的原因对于透析农民工成为技能人才的影响因素具有重要作用。研究表明：

①经济利益成为农民工选择工作的首要因素

农民工择业看重的因素将直接影响农民工对行业、岗位的选择，若制造型企业技能岗位不能满足农民工择业的重要因素，就难以保障农民工进入制造型企业成为技能人才。通过对农民工外出务工原因的调查发现（表4—23），"赚钱养家"成为农民工外出务工的主要因素（67.7%）；与此对应，农民工找工作最看重的两个因素为工资收入

（76.7%）和养老、医疗等福利待遇（48.1%）（表4—24），这些都与农民工的现实经济情况紧密相关。据相关资料显示，2013年全年全国城镇居民人均可支配收入为26955元，而同年农民人均可支配收入为8896元，后者仅为前者的三分之一，这也迫使大多数农民走进城镇赚钱养家。可见，经济利益不仅是推动农民工进城务工的首要因素，也是农民工择业的决定性因素。同时，根据经济人假设，农民追求的是自身利益的最大化。因此在选择进城之前，农民将根据市场情况、自身处境、自身利益，从而判断是否继续自己的经济行为。他们会进行成本收益分析，其中务工成本包括经济成本和非经济成本两个方面：经济成本包含路费、生活花销、培训费用等，非经济成本包含思乡情感、社会受歧视、子女受教育权利等；而务工收益包含货币收益、技能收益、文化收益等。① 农民工会通过多方面的权衡，来决定外出务工与否、外出务工的形式、外出务工的行业等，其中经济利益成为农民工择业的重要影响因素。

表4—23   农民工外出务工原因选择

外出务工的主要原因	频数	百分比（%）	个案百分比（%）
赚钱养家	584	33.1	67.7
待在家里没有事情干	105	6.0	12.2
磨炼自己，增长见识	261	14.8	30.3
学一门技术	92	5.2	10.7
想到外面玩玩	28	1.6	3.2
结交新朋友	54	3.1	6.3
寻找更多的发展机会	264	15.0	30.6
想要摆脱农村生活，成为城里人	92	5.2	10.7
为了下一代有更好的环境	235	13.3	27.3
没有明确目标	33	1.9	3.8
其他	15	0.9	1.7

---

① 参见魏航《中国制造业农民工管理模式变迁——基于人性假设论视角》，《中国集体经济》2012年第13期。

②发展需求日益受到农民工的关注

通过对农民工外出务工原因的调查发现（表4—23），"寻找更多的发展机会（30.6%）"和"磨炼自己，增长见识（30.3%）"成为促使农民工外出务工第二和第三选择原因；而在找工作的时候也存在24.9%的农民工看重在企业的发展机会（表4—24），这说明农民工在择业的时候不仅仅考虑物质需求，还会考虑自身发展需求。

表4—24　　　　　农民工找工作最看重的原因比较

找工作最看重的因素	频数	百分比（%）	个案百分比（%）
工资收入	662	27.4	76.7
养老、医疗等福利待遇	361	14.9	41.8
工作环境条件	331	13.7	38.4
工作关系氛围	108	4.5	12.5
培训机会	75	3.1	8.7
企业及领导认可	60	2.5	7.0
发展机会	215	8.9	24.9
符合自己兴趣爱好	131	5.4	15.2
专业对口情况	50	2.1	5.8
工作稳定性	170	7.0	19.7
工作社会声誉和地位	53	2.2	6.1
工作地点	129	5.3	14.9
单位的性质和规模	62	2.6	7.2
其他	11	0.5	1.3

究其原因，可能与新生代农民工逐渐成为农民工主体相关，新生代农民工大多数接受过九年制义务教育，还有相当一部分人完成了高中或职业中专教育，这与以文盲、半文盲为主体的老一代农民工相比，在文化素质方面有明显的提高。而整体素质的提高能够促进新生代农民工"自信心、接受新生事物"等具有发展性的素质的形成。他们开始更多地把进城务工看作谋求发展的途径，不仅注重工资待遇，也注重自身技能的提高和权利的实现。他们期望通过进城打工获得与城里人一样的地位、

尊严、权利和机会。[①] 从以上分析可以看出,农民工正在从单纯地追求工资收入向追求体面劳动和发展机会转变。

此外,还有 27.3% 的农民工将"为了下一代有更好的环境"作为选择外出务工的重要原因(表4—23),这说明部分农民工已经将自己的就业与未来子女的成长相结合,这就要求制造型企业在考虑吸引农民工入职时不能简单地考虑经济待遇因素,还应该把农民工的发展及其子女的成长纳入一起做系统的设计,以便更好地吸引他们稳定、长期地从事技能人才相关工作。

③老乡、亲戚、朋友是农民工就业信息主要渠道

农民工的就业渠道将对其就业方向产生直接影响,狭窄的就业渠道会在一定程度上限制农民工的就业选择。调研数据显示,分别有 64.9% 和 33.9% 农民工在就业信息渠道获取方面依赖"老乡或亲戚、朋友推荐"和"劳动力市场或者人才市场"(表4—25),这也成为农民工就业信息的主要渠道。朱方晴(2006)等人通过对实证调查结果的分析同样也表明农民工寻找工作的途径大多是通过朋友、亲戚、老乡等社会关系,而通过政府部门、社会中介组织、新闻媒体找工作比例较小。[②] 究其原因,一方面,农民工对朋友、亲戚、老乡的信任度相对较高,而且这种方式寻找工作成本低、成功率高,且在未来就业中心理上的安全感和依靠感更强;另一方面,政府部门没有充分发挥引导作用,加上服务职能和中介组织经营不善,难以为农民工提供更多的就业信息与就业机会。

表4—25　　　　　　　　农民工就业信息主要渠道

找工作的渠道	频数	百分比(%)	个案百分比(%)
通过老乡或亲戚、朋友推荐	559	38.0	64.9
用人单位入村招工	1194	13.2	22.5
自己到劳动力市场或者人才市场找机会	292	19.9	33.9

---

① 参见张春龙《现代性与边缘化:新生代农民工特点、问题及出路探讨》,《中州学刊》2011 年第 2 期。

② 参见朱方晴等《农民工进城务工就业途径存在的问题及对策》,《泰山乡镇企业职工大学学报》2006 年第 4 期。

续表

找工作的渠道	频数	百分比（%）	个案百分比（%）
自己通过报纸、电视、广播等查找招工信息	105	7.1	12.2
通过计算机上网查找招工信息	239	16.3	27.8
通过政府或中介有组织的劳务输出	67	4.6	7.8
其他	14	1.0	1.6

此外，农民工在"找工作时最愿意听谁的意见"调查中，高达48.6%的农民工会听取亲戚、朋友和老乡的意见。从"找工作的途径分析"和"找工作最愿意听取谁的意见"这两组数据反映出，亲戚、朋友会成为农民工就业有效的支持系统，在为农民工提供就业渠道信息、就业意见等方面发挥重要的作用。这主要与农民工文化水平不高，社会阅历有限，而且对社会的信任度水平不高有关，因此他们在找工作的时候会更多地依靠地缘、情缘因素，这值得制造型企业高度关注。

④物质需求成为制约农民工进入制造业的关键性因素

为了深入分析一些农民工不愿意做制造业技能人才的原因，课题组设计了"不愿意到制造型企业当技能人才的原因"的封闭式调查，结果表明（表4—26），选择比例最高的是"工资收入低""福利待遇差"和"工作环境和条件差"，比例分别占到55.9%、41.1%和39.5%。这说明工资水平、福利待遇、工作环境等物质性的需求是影响他们就业的关键因素，这也表明农民工对当前制造业的实际情况有着充分的了解和把握。同时，通过农民工对技能岗位工作的印象评价可知，农民工对技能岗位工作还存在明显的负面刻板印象，认为技能岗位工作又苦又累（48.8%）、工作环境差（33.2%）、工作枯燥乏味（29.7%）等。这说明有必要进一步改进制造业技能人才在社会上的形象，改善技能人才的工作条件与环境，提升技能人才的物质满意度，以此吸引更多的农民工进入制造型企业，为技能人才的供给提供保障。

表 4—26   不愿意到制造型企业当技能人才的原因调查

不愿到制造型企业当技能人才的原因	频数	百分比(%)	个案百分比(%)
工资收入低	480	20.1	55.9
福利待遇差	353	14.8	41.1
工作环境和条件差	339	14.2	39.5
工作压力大	114	4.8	13.3
工作安全无保障	186	7.8	21.7
缺乏个人发展机会	186	7.8	21.7
培训机会少	91	3.8	10.6
工作稳定性差	78	3.3	9.1
制造型企业社会声誉差	132	5.5	15.4
技能人才社会地位低	167	7.0	19.4
自身能力得不到发挥	106	4.4	12.3
没有经过相应的技术培训,无法适应技能人才工作	116	4.8	13.5
其他	45	1.9	5.2

通过分析影响农民工进入制造型企业的因素发现,农民工主要通过老乡、亲戚和朋友的介绍进行就业,老乡、亲戚、朋友的择业意见、建议对于农民工的最终就职行业具有重要影响。农民工在选择工作的时候,把经济利益作为首要考虑因素,伴随着农民工的新生代化,农民工自身文化水平得到相应的提升、改善,发展需求的满足也在逐渐受到农民工的重视。

综上所述,当前农民工供给技能人才的优势开始下滑,农民工的供给意愿仅处于一般水平,伴随着农民工供给质量的逐步提升,为了引进并留住农民工成为技能人才,制造型企业就需要积极满足农民工的物质需求,考虑农民工的发展需求,以此保障农民工对于制造型企业技能人才的持续有效供给。

(三)职业技术学校学生供给制造业分析

职业技术学校以培养技能人才为目标,职校学生无疑成为制造业技能人才供给的一个重要组成部分。其中，职业技术学校学生主要包括中高职学生，他们也是制造业中高级技工的主要来源渠道。[1] 鉴于此，研究职业技术学校学生是否愿意从事制造业技能岗位工作、从事技能岗位工作的意愿程度和条件等，对于有效把握未来制造业技能人才的供给有着非常重要的意义。

1. 职校学生供给制造业技能人才的现状分析

（1）中等职业院校[2]毕业生从事制造业现状

中职毕业生成为推动我国制造业发展、使我国成为"世界工厂"的生力军，同时也是推动城市化和农村经济发展的主力。《2012 中国中等职业学校学生发展与就业报告》显示，统计 2007—2011 年中职毕业生就业流向，共有 600 多万的中职毕业生就业于制造业。根据《中国教育报》报道，2013 年全国中等职业学校毕业生总数为 607.46 万人，相比于 2012年的 674.89 万人有所减少，其就业学生达 588.07 万人，就业率为96.81%。[3] 从中职学校各大类专业就业情况来看（表 4—27），加工制造类专业的毕业生中职毕业生人数最多，高达 90.98 万人，占毕业生总数的18.47%；同时，加工制造类专业的毕业生就业情况最好，就业率高达97.67%，这说明加工制造类专业市场需求量较大。但从中职毕业生在各产业就业分布情况来看，在第一产业就业的有 52.39 万人，占就业总数的11.00%；在第二产业就业的有 149.39 万人，占比 31.37%；在第三产业就业的有 274.43 万人，占比 57.63%。可见中职学生更多选择了第三产业就业，选择制造行业等第一、第二产业的人数相对较少，显然中职学生对制造业的供给受到了第三产业的冲击。

此外，从 2008 年到 2013 年六年的数据看，加工制造类专业毕业生人数占中职毕业生总人数的比例逐年降低，从 2008 年的 27.46%，下降到了 2013 年的 18.47%。就整个中职毕业生人数来看，加工制造类专业毕

---

[1]　参见中国教育服务《2013 年中职毕业生平均就业率 96.81%》，2014 年 2 月，教备网（http://www.ceiea.com/html/201402/201402260950074179.shtml）。

[2]　中等职业院校包括中等专业学校、职业高级高中、成人中等职业学校和技工学校，此处由于统计年鉴资料缺失，仅统计了中等专业学校、职业高级高中和成人中等职业学校的分专业情况，技工学校单列。

[3]　参见《中国教育报》2014 年 2 月 26 日第 1 版数据整理。

业生数量在近几年也呈现出下降的趋势。由此可见,要切实解决制造业的"技工荒"问题,增强制造型企业技能人才的供给量,适度提升中职学校加工制造类专业的招生比例很有必要。

表 4—27　　　　　　　　　中等职业学校毕业生就业现状

条目 ＼ 年份	2013	2012	2011	2010	2009	2008
技工学校毕业人数(万人)	607.46	120.51	119.22	121.60	115.50	109.00
中职学校毕业人数(万人)		554.38	541.13	543.65	509.67	471.09
企事业单位就业人数(%)	71.45	75.40	77.26	77.96	78.54	79.38
本地就业比例(%)	69.77	69.74	68.16	65.53	61.97	61.19
第一产业就业人数比例(%)	11.00	8.94	7.91	6.42	7.12	6.64
第二产业就业人数比例(%)	31.37	33.41	39.06	42.09	44.14	43.86
第三产业就业人数比例(%)	57.63	57.65	53.03	51.49	48.73	49.50
加工制造类总人数比例(%)	18.47	19.99	25.04	26.96	27.57	27.46
加工制造类专业就业率排名	1	1	1	2	1	1

数据来源:《中国教育报》有关中等职业学校就业信息。

表 4—28　　　　　　　　　中等职业学校招生现状

条目 ＼ 年份	2012	2011	2010	2009	2008
技工学校招生数(万人)	157.06	163.90	159.00	156.70	161.35
中等职业学校招生数(万人)	597.08	649.96	711.40	711.78	650.27
加工制造类(%)	15.01	16.16	16.37	19.41	24.63
加工制造类证书占总证书获取(%)	20.12	24.62	27.05	28.20	26.02
轻纺食品类(%)	1.16	1.21	1.67	—	—
石油化工类(%)	0.70	0.71	0.72	—	—

数据来源:《中国统计年鉴》。

分析我国中职学校招生数量发现(表 4—28),从 2009 年以来,我国中等职业院校的招生人数呈现出逐年下降的趋势,2012 年比 2009 年中职学校招生数下降了 114.70 万人，招生比例降低了 16.11%。与之相应的制造类专业学生人数所占比例从 2008 年的 24.63% 下降到 2012 年的 15.01%，相比 2008 年，2012 年制造类专业招生人数减少了 70.56 余万人。中职院校作为技能人才的一大供给源头，其招生人数的锐减严重威胁着中职院校对于制造业技能人才的供给。

（2）高等职业学院①毕业生从事制造业现状

根据《2012 年中国高等职业教育人才培养质量年度报告》的数据整理发现，在 2011 届高职教育毕业生中，人才输出前三的行业为"建筑业"（10.5%）、"媒体、信息及通信产业"（8.6%）和"零售商业"（7.7%）；统计其就业比例也发现高职的人才贡献集中在销售（13.6%）、财务/统计（10.5%）、行政/后勤（8.8%）等岗位上。通过以上高职毕业生就业的行业和岗位等宏观数据的呈现，可以看出制造业技能岗位工作并不是高职学生的主要选择。此外，对比近几年含高职学校的专科院校毕业生情况，可以发现其毕业生人数增长缓慢，并开始出现人数下降的走势（表 4—29）。进一步分析研究普通专科院校与制造业相关专业的毕业生情况，发现相关专业毕业生人数在 2012 年的比例较 2011 年均有所下降，在总人数下降的基础上，其比例的下降显然会加剧相关专业毕业生数量的下滑程度，严重不利于制造型企业技能人才的供给，尤其是制造型企业高技能人才的供给。

表 4—29　　　　　　　　　　专科院校的毕业生现状

条目 \ 年份	2012	2011	2010	2009	2008
网络专科毕业生数（万人）	88.29	83.91	68.30	57.80	49.77
成人专科毕业生数（万人）	115.33	115.12	116.90	107.85	100.64
普通专科毕业生数（万人）	320.89	328.53	316.37	285.57	286.27
普通专科加工制造类（%）	13.42	13.93	—	—	—

---

① 大学专科包括高等职业技术学院和高等专科学校，鉴于统计年鉴在专科院校中没有区分高职和高专，故此处的宏观数据为大学专科数据，主要集中在人数较多、专业划分较细的普通专科学校上。

续表

条目 ＼ 年份	2012	2011	2010	2009	2008
普通专科生化药品（％）	2.54	2.60	—	—	—
普通专科材料能源（％）	1.41	1.42	—	—	—
普通专科轻纺食品（％）	1.94	1.95	—	—	—
普通专科电子信息（％）	11.54	12.01	—	—	—
普通专科土建类（％）	8.46	7.69	—	—	—
普通专科财经类（％）	20.94	20.35	—	—	—

数据来源：《中国统计年鉴》。

根据中国统计年鉴中普通专科分类，把专业分为 20 个大类：师范、农林牧渔、交通运输、生化与药品、资源开发与测绘、材料与能源、土建、水利、制造、电子信息、环保气象与安全、轻纺食品、财经、医药卫生、旅游、公共事业、文化教育、艺术设计传媒、公安、法律。从以上专业构成来看，财经类专业招生最多，学生人数达到了普通专科总人数的 20% 左右，其次是加工制造类专业和土建类专业，分别都占到了普通专科总人数的 10% 以上。

通过对专科院校（包括高等职业技术院校和高等专科学校）招生现状进行分析（表 4—30），发现从 2008 年到 2012 年的招生人数趋于平稳，但是从 2011 年和 2012 年开始，制造类专业学生人数和比例有下降的趋势。整体而言，与制造业相关的专业招生人数呈下降趋势，不利于潜在制造型企业技能人才的储备，影响对制造型企业技能人才的供给。

表 4—30　　　　　　　　专科院校的招生现状

条目 ＼ 年份	2012	2011	2010	2009	2008
网络专科学生数（万人）	126.78	122.75	110.79	107.44	93.63
成人专科学生数（万人）	145.47	128.79	123.09	119.90	119.42
普通专科招生数（万人）	314.78	324.86	310.50	313.39	310.60
普通专科中的普通工科学生数（％）	—	—	41.99	42.00	42.32

续表

年份 条目	2012	2011	2010	2009	2008
普通专科生化与药品类招生数（％）	2.23	2.36	—	—	—
普通专科材料与能源类招生数（％）	1.32	1.41	—	—	—
普通专科加工制造类招生数（％）	12.88	13.00	—	—	—
普通专科轻纺食品类招生数（％）	1.65	1.75	—	—	—

数据来源：《中国统计年鉴》。

由以上宏观数据的分析可知，无论是中职学校还是高职院校，其招生人数增长比例在逐渐下降的过程中已经出现了负增长，且与制造业相关的专业的招收比例均呈现出下降的趋势，对口专业招生人数的下降显然在数量上不利于制造业技能人才的供给。此外，分析中职和高职毕业生的毕业流向，发现毕业生进入制造行业的比例相对较低，尤其体现在高职学生。通过文献分析可知，高职毕业生作为供给制造型企业中高级技能人才的主要渠道，其对于制造型企业技能人才的供给缺失将影响制造型企业技能人才的供给质量，加剧制造型企业高技能人才的供给缺口。

2. 职校学生供给制造业技能人才的调查分析

为了有效把握职校学生供给制造业的特点，课题组对 2333 名职校学生进行问卷调查，通过对问卷数据的分析揭示出职校学生从事技能岗位工作的意愿、条件及有关心理特点。

（1）职校学生的供给意愿分析

研究职校学生的首选行业意愿、对于制造型企业技能人才的供给意愿及其首选工作地域意愿对于把握职校学生对制造型企业技能人才的整体供给意愿程度具有重要作用。调查发现：

①信息传输、软件和信息技术服务业成为职校学生首选，制造业紧随其后

职校学生的首选行业意愿对于其今后的实际工作行业具有一定的预测作用，课题组就职校学生的从事行业意愿调查发现，排名前两位的行业分别为："信息传输、软件和信息技术服务业（21.5％）""制造业

（18.1%）"，还有约10%的职校学生期望进入"建筑业""金融业""文化、体育和娱乐业"等行业（表4—31）。相比农民工的就业行业意愿，有17.8%的农民工把制造业作为行业首选，略低于职校学生的选择比例；且职校学生与农民工的行业选择都主要集中在制造业、建筑业、信息传输、软件和信息技术服务业和金融业这四大行业，其中职校学生的选择行业更为集中，这可能与职业院校具有的专业性质有很大关系。尽管如此，制造行业并不是职校学生的首选，这显然与职业院校培养技能人才的目标理念存在些许出入，也可以反映出当前职业院校作为技能人才的供给源，面对制造型企业技能人才的巨大需求量，在一定程度上存在供给不足现象。

表4—31　　　　　　　　职校学生愿意从事的行业选择

行业	频数	百分比（%）
制造业	405	18.1
建筑业	218	9.8
信息传输、软件和信息技术服务业	481	21.5
金融业	204	9.1
房地产业	139	6.2
电力、热力、燃气及水生产和供应业	63	2.8
批发和零售业	66	3.0
住宿和餐饮业	77	3.4
教育	76	3.4
文化、体育和娱乐业	202	9.0
交通运输、仓储和邮政业	83	3.7
居民服务、修理和其他服务业	62	2.8
农林牧渔业	53	2.4
其他	106	4.7

　　为了探明究竟哪种类型的职校学生更愿意进入制造行业工作，课题组对不同类型的职校学生进行了比较研究，卡方检验结果显示：不同性别、院校性质、是否为毕业班、是否为独生子女、户口性质和所在地的

职校学生在愿意从事的行业上存在显著性差异（表4—32）。具体表现为：在性别方面，男生有25.7%的人选择制造业，女生仅有3.2%，两者存在显著性差异，表现为职校男生比女生更愿意进入制造业。访谈发现，职校男生更多认为，尽管制造业比较辛苦，但是只要有足够的收入自己也愿意干，而相比而言，女生则大多希望自己从事工作稳定，环境条件比较好的行业，而制造业难以满足她们的这一需求。在院校性质方面，技工学校的学生有31.8%的愿意进入制造业，高等职业技术学校（高职）有23.6%，中等专业（职业）技术学校有17.4%，相比而言，职业高中的学生愿意进入制造型企业的仅为5.8%，这可能与不同职校的培养目标与方式有关。在是否为毕业班和独生子女方面，职校学生的行业首选存在显著差异，但是具体到对于制造业的选择，差异不明显。从家庭户口性质看，农村户口的职校学生与城镇户口学生相比较出现显著性差异，表现为农村户口的学生更愿意选择进入制造业，这与农村学生在其他行业上的综合竞争力较弱、制造行业的进入门槛较低有关；从生源来源地看，家在西部、中部、东部和东北部的职校学生差异比较明显，户口在东部的职校学生更愿意选择进入制造业，这可能与东部的制造业水平较为发达以及提供的薪酬待遇较高有关。

表4—32　　　　职校学生行业选择在不同人口学变量上差异比较

变量	类别	选择制造业的各类别比例	各类别选择制造业的比例	χ^2值及其显著性
性别	男	94.0%	25.7%	$\chi^2 = 338.887$ * * *
	女	6.0%	3.2%	
院校性质	中等专业（职业）技术学校	23.5%	17.4%	$\chi^2 = 350.035$ * * *
	技工学校	3.6%	31.8%	
	职业高中	4.6%	5.8%	
	成人中等职业学校	0.3%	20.0%	
	高等职业技术学校（高职）	40.7%	23.6%	
	高等专科学校（高专）	27.3%	17.4%	
毕业班	是	35.8%	16.5%	$\chi^2 = 23.740$ *
	否	64.2%	18.7%	

续表

变量	类别	选择制造业的各类别比例	各类别选择制造业的比例	χ^2值及其显著性
独生子女	是	32.8%	19.7%	$\chi^2 = 25.124^*$
	否	67.2%	17.5%	
户口性质	城镇	14.3%	12.2%	$\chi^2 = 31.797^{**}$
	农村	85.7%	19.4%	
户口所在区域	西部	26.2%	10.0%	$\chi^2 = 138.160^{***}$
	中部	36.6%	17.2%	
	东部	35.1%	30.6%	
	东北部	2.0%	11.1%	

注:*表示 P < 0.05,**表示 P < 0.01,***表示 P < 0.005。

值得注意的是,根据对我国一些电子制造业的实地调查发现,这些企业在对技能人才的需求上具有明显的女性偏向,而本调查发现女性选择制造业的意愿明显很低。如果制造业不能对女性产生强有力的吸引力,那么制造业未来的供给将会出现明显的结构性偏差。

②职校学生成为制造业技能人才的意愿程度一般

职校学生选择制造行业并不代表其愿意成为制造业技能人才,在"毕业之后,你是否愿意到制造型企业一线当技能人才"调查中,职校学生对于从事制造型企业技能人才的意愿程度均值为 3.06 分,处于一般水平(满分为 5 分)。其中,非常愿意的职校学生只占 7.9%,比较愿意占 23.9%,说不清楚占 40.8%,不太愿意占 20.6%,非常不愿意占 6.7%(表4—33)。这说明职业院校学生从事制造业技能岗位工作的意愿一般,这显然不利于职校学生对于制造型企业技能人才的供给。究其原因,一方面可能受社会"官本位""重干部、轻人才""重学历、轻技能"的观念影响;另一方面受职业院校学生对技能人才的刻板印象影响。问卷调查显示,职校学生认为制造业中技能人才的工作又苦又累(49.8%)、工作枯燥、乏味(46.8%)、工作环境差(脏)(37.9%)、员工地位低(26.1%)、是一个危险的行业(24.3%)、工作压力大(23.8%)、员工学历低、素质低(20.9%)及社会声誉较差

（14.3％）等，这些刻板印象将降低职校学生对进入制造型企业当技能人才的意愿程度，阻碍职校学生从事技能岗位工作。之前的调查数据显示，农民工从事制造业技能岗位工作的意愿程度均值为3.21分，略高于职校学生的意愿水平。职校学生尽管是国家培养的技能人才供给源，但是他们愿意做技能人才的意愿较农民工更低，这启示当前职业院校对于制造型企业技能人才的供给存在问题，职业院校需要在办学目的与专业人才输出等方面加强工作，促进职业院校学生对于技能人才的供给。

表4—33　　　　　职校学生从事制造行业当技能人才意愿对比

	很不愿意	较不愿意	说不清楚	比较愿意	非常愿意
频　数	152	464	921	540	178
百分比（％）	6.7	20.6	40.8	23.9	7.9

　　深入分析发现，不同人口学变量的职校学生在从事制造型企业技能人才的意愿程度上存在显著差异（表4—34）。具体来看，在性别上，男性较女性更愿意从事技能岗位；在职业院校性质上，技工学校的学生比除去职业高中高等职业技术学校（高职）之外的其他院校的学生更愿意进入制造型企业当技能人才，而职业高中的学生更不愿意当技能人才；在年级上，二年级的职校学生比三年级的学生更愿意从事制造型企业技能岗位工作；在是否为毕业班的职校学生上，非毕业班学生比毕业班学生更愿意到制造业工作。

表4—34　　　职校学生的供给意愿程度在不同人口学变量上差异比较

变量	类别	意愿程度（M±SD）	T/F值及显著性
性别	男性	3.17±1.02	T＝7.981***
	女性	2.82±0.96	

续表

变量	类别	意愿程度（M±SD）	T/F值及显著性
院校性质	中等专业（职业）技术学校	3.15±1.02	F=9.821***
	技工学校	3.62±1.07	
	职业高中	2.86±1.05	
	成人中等职业学校	3.18±1.01	
	高等职业技术学校（高职）	2.89±0.96	
	高等专科学校（高专）	3.15±1.02	
年级	一年级	3.04±0.95	F=5.184**
	二年级	3.16±1.03	
	三年级	2.94±1.09	
	四年级	3.33±0.90	
毕业班	是	2.97±1.04	T=-3.067**
	否	3.11±1.00	

注：*表示 $P<0.05$,**表示 $P<0.01$,***表示 $P<0.005$ 。

此外，为了进一步了解职校学生的供给情况，课题组挑选了与制造型企业技能人才相关专业的909名职校学生问卷进行数据分析，结果显示该部分职校学生选择制造型企业当技能人才的意愿程度均值为3.28分，高于整体职校学生的意愿程度3.06分和农民工的意愿程度3.21分，但仍未达到较高水平。具体而言，有41.6%的制造业相关专业职校学生表示愿意进入制造型企业当技能人才，38.3%的表示意愿程度一般，20%的表示不愿意进入制造型企业当技能人才。由此可见，制造业相关专业的职校学生对进入制造型企业当技能人才具有一定意愿，但整体上其意愿程度得分与其他专业的学生差异并不大。

③沿海地区成为职校学生就业的热门区域

在理想的就业单位的调查中，沿海地区同样受到职校学生的青睐（表4—35）。选择愿意到沿海地区就业的职校学生的比例高达75.0%，其中沿海大城市的选择比例最高，为52.1%；选择中部地区就业的比例为37.0%，其中中部大城市的选择比例位于第二位，达到28.7%；选择西部地区就业的比例为21.8%；选择东北部地区的比例仅为11.9%。从职校学生的就业地域选择倾向可以发现，我国东部地区吸引职校学生有更大的优势，而中西部地区留住职校学生的难度更大。当前许多大型的制造型企业多集中在沿海地带，对于技能人才的需求量更大，即便沿海地区成为职校学生就业的热门区域，在职校学生的行业选择倾向于进入制造型企业的意愿程度的大背景下，也难以有效保障制造型企业技能人才的良好供给。

表 4—35　　　　　　　　职校学生理想的就业单位地区

理想的就业单位地区	频数	百分比（%）	个案百分比（%）
沿海大城市	1173	35.0	52.1
沿海小城市	515	15.4	22.9
中部大城市	645	19.3	28.7
中部小城市	186	5.6	8.3
西部大城市	362	10.8	16.1
西部中小城市	128	3.8	5.7
东北部大城市	185	5.5	8.2
东北部中小城市	83	2.5	3.7
其他	72	2.1	3.2

综上所述，职业院校作为培养技能人才的专业机构，对于技能人才的输出效果却不尽理想。尽管大部分职校学生倾向的就业地域与制造业集中的地域存在一致性，但职校学生并没有把制造业作为择业首选，对于进入制造型企业当技能人才的意愿程度也仅处于一般水平，这致使职业院校这一大技能人才供给源没有发挥最大效用，不利于制造型企业技能人才的供给。

（2）职校学生供给制造型企业技能人才的影响因素

探析职校学生的择业要求、择业影响因素及不能持续供给技能人才的原因对于了解职校学生供给制造型企业技能人才的影响因素具有重要作用。以此把握职校学生供给意愿的深层次原因，并提出应对策略，促进职校学生对制造型企业技能人才的供给。调研发现：

①物质需求的满足成为职校学生选择工作的首要因素

对职校学生选择工作看重的因素进行分析（表 4—36），发现排名靠前的因素为：工资收入（57.3%）、养老、医疗等福利待遇（30.1%）、工作环境条件（46.1%）、工作稳定性（34.7%）等，这些条目都隶属于满足工作、生活中的基本物质保障的物质性需求，可见物质性需求的满足与否已经成为职校学生选择工作的首要考虑因素。相关研究显示，经济收入与福利是职校学生择业的最主要影响因素，在市场经济某些负面因素的影响下，学生非常讲求实际，在选择单位时最看重的因素是经济效益，其就业价值观趋于功利化。[①]

表4—36　　　　　　职校学生选择工作时看重的因素分析

题项	频数	百分比（%）	个案百分比（%）
工资收入	1301	15.3	57.3
养老、医疗等福利待遇	684	8.1	30.1
工作环境条件	1048	12.4	46.1
工作关系氛围	602	7.1	26.5
培训机会	362	4.3	15.9
企业及领导认可	377	4.4	16.6
发展机会	1131	13.3	49.8
符合自己兴趣爱好	890	10.5	39.2
专业对口情况	351	4.1	15.5
工作稳定性	788	9.3	34.7
工作社会声誉和地位	278	3.3	12.2
工作地点	326	3.8	14.4
单位的性质和规模	312	3.7	13.7
其他	34	0.4	1.5

②职校学生择业时对自身发展的需求不容忽视

尽管物质需求作为职校学生择业的首要考虑因素，职校学生发展需求的满足仍然值得关注。调查数据显示（表4—36），高达49.8%的职校学生把发展机会作为选择工作最看重的因素，还存在16%左右的职校学

---

① 参见张以清《职校学生就业与择业心理教育现状的分析与思考》，《湖北广播电视大学学报》2013年第3期。

生看重企业与领导对自己的认可、注重企业的培训机会。固然物质需求、尤其是其中的经济利益会影响他们未来的生活物质水平，并对他们的职业选择产生重要的影响。但职校学生对于追求自身发展的需求仍然不容忽视。有研究表明，职校学生目前在择业观念上非常注重个体的发展，重视有发展潜力的工作，具有很高的创业热情。[1] 对比农民工日益关注的自身发展需求，职校学生发展需求更为强烈。可见，要吸引更多的职业学校毕业生从事制造业技能岗位工作，在解决职校学生物质需求的基础上，还必须满足他们的发展需求，以此多方位提升职校学生进入制造型企业的满意度，切实保障职校学生供给制造型企业技能人才的有效性与持续性。

③职校学生将个人兴趣爱好纳入择业考虑

除了物质需求和发展需求的满足程度会影响职校学生的行业选择，在调查中，课题组还发现高达 39.2% 的职校学生会将个人兴趣爱好作为找工作最看重的因素（表 4—36），并在所有择业最重视的因素中排名第四。整理分析当前的教育理念，许多学校都提倡尊重学生的独特性，积极激发学生的兴趣爱好，期望通过将学生的兴趣爱好与工作相结合，来提升学生的工作热情和工作稳定性。相关研究也表明，需要重视价值观多元时代职校学生的职业价值观教育，重视学生独特性发展。[2] 这启示职校学生在供给制造型企业技能人才时，制造型企业不仅需要考虑大多数企业都会考虑到的职校学生的基础需求和发展需求，还需要重视职校学生的个人兴趣爱好，根据职校学生不同的兴趣爱好，安排不同的技能人才岗位，在吸引职校学生入职的同时，保障职校学生的持续性供给。

④职校学生自身和父母的意见对其工作选择具有较大影响

职校学生择业自主性如何？课题组通过对"找工作时最愿意听谁的意见"的调查显示，高达 35.9% 的职校学生在找工作的时候最看重自己的意见，而 32.7% 的职校学生在找工作时最愿意听取父母的意见，13.6% 的职校学生在找工作时会听取亲戚朋友的意见，还存在一些职校

---

[1]　参见林景亮《沿海中职校学生就业观念及现象调查》，《福建轻纺》2008 年第 10 期。

[2]　参见韩玉《高就业率为何换不来高职教育的吸引力——以高职粮油专业为例》，《职业技术教育》2011 年第 19 期。

学生更愿意听取同学、老乡、老师的意见，甚至跟随社会舆论等。可见，职校学生除三分之一具有择业自主性外，高达三分之二的学生都受到父母、亲戚、朋友等的影响，他人意见在职校学生是否有效供给制造业中发挥着十分重要的作用。

　　深入分析各主体意见对职校学生的影响发现，一方面，当职校学生找工作更看重自己的意见时，职校学生可能由于对制造业技能人才的负面刻板印象而较少选择制造行业，降低职业院校学生对制造型企业技能人才的供给；另一方面，当职校学生找工作更看重父母、亲戚、朋友的意见时，无疑会进一步降低职校学生从事制造业技能岗位的选择比例。有研究指出，我国社会普遍对技能人才存在一定程度的歧视，认为学历不高、资质较差、能力素质较低的人员才会愿意进入制造型企业当技能人才。[1] 本课题组也研究发现技能人才和农民工对于自己的子女进入制造型企业当技能人才的意愿程度均处于较低水平。一般而言，父母都期望子女能有一个较好的就业岗位，他们在这个过程中会积极发挥家庭的影响力，以此干预子女的就业方向。有研究表明家庭的各种资源，包括经济资源、文化资源和组织资源等对子女的就业方向与质量都具有一定影响，对这些资源的利用体现出了父母对于子女就业的良好期望。[2] 由此说明，无论是职校学生自己，抑或是父母都期望职校学生能有更好的就业行业，对于职校学生当技能人才的意愿程度较低，这在一定程度上降低了职业院校学生对于制造型企业技能人才的供给。

　　⑤物质需要和发展需要的满足度成为稳定职校学生供给的关键因素

　　前面研究中分析了职校学生的择业因素，发现职校学生择业受多种因素的影响，其中物质需求和发展需求为主要影响因素。那么如果职校学生进入制造型企业，并成为技能人才，哪些因素又会影响职校学生当技能人才的稳定性呢？课题组据此对职校学生进行了以下调查："假如你毕业后进入制造型企业当技能人才，在哪种情况下你会选择离职。"数据分析结果与职校学生的择业因素具有一致性（表4—37），影响职校学生

---

① 参见李志《三峡库区人力资源开发》，重庆出版社2010年版，第152—155页。

② 参见文东茅《家庭背景对我国高等教育机会及毕业生就业的影响》，《北京大学教育评论》2005年第3期。

离职的主要因素为：工作安全无保障（50.4%）、工资水平低（47.5%）、工作环境和条件差（44.7%）、福利待遇差（38.8%），这说明在涉及职校学生生活、工作等物质方面没能满足的情况下，大多数的职校学生会选择离职。此外，职校学生也注重发展需求的满足，在缺乏个人发展机会（40.5%）、自身能力得不到发挥（29.5%）的情况下也会离职，可见发展需求的满足对于职校学生持续供给技能人才也具有重要影响。整体而言，如果职校学生进入制造型企业成为技能人才之后，物质需求和发展需求不能得到满足，将易导致其离职行为的产生，不利于职校学生对于技能人才的稳定性供给。

表4—37　　　职校学生成为制造型企业技能人才之后的离职原因分析

职校学生进入制造型企业后的离职原因	频数	百分比（%）	个案百分比（%）
工资水平低	1081	13.4	47.5
福利待遇差	882	11.0	38.8
工作环境和条件差	1016	12.6	44.7
工作压力大	576	7.2	25.3
工作安全无保障	1145	14.2	50.4
缺乏个人发展机会	920	11.4	40.5
培训机会少	420	5.2	18.5
工作稳定性差	751	9.3	33.0
技能人才社会声誉差	260	3.2	11.4
技能人才社会地位低	291	3.6	12.8
自身能力得不到发挥	670	8.3	29.5
其他	35	0.4	1.5

整体而言，在职校学生的职业选择上，其择业自主性并不强，较多地受到其父母、亲戚、朋友的意见影响。物质需求和发展需求成为影响职校学生择业、制约职校学生离职的关键因素。由此可见，为了吸引职校学生进入制造型企业当技能人才，保障职校学生供给制造型企业技能人才的稳定性和持续性，制造型企业需要重塑社会形象，积极满足职校学生的物质需求和发展需求。

　　综上所述，当前职校有关制造类专业在招生和毕业比例上均呈现下降趋势。面对当前市场对于制造类专业学生的巨大需求和职校学生并不高的制造业就业意愿，职业院校供给制造型企业技能人才的数量显得远远不足。建议职业院校适当扩大有关制造类专业的招收比例，制造型企业努力满足技能人才的物质需求与发展需求，以此充分发挥职业院校这一大制造型企业技能人才供给主体的效用，促进职校学生对制造型企业技能人才的供给。

（四）　本科生供给制造业分析

　　本科生为在学院或大学中攻读学士学位的学生。其中，本科院校根据录取批次通常分为三类：第一类本科通常指全国重点大学、进入"211工程"的本科院校，其他部属高校以及各省指定的省重点本科院校，俗称一本，所划的分数线称为一本线，又叫重点线；第二类是面向全国招生的普通本科，比一本低一个档次，俗称二本，在第二批录取；第三类本科指的是民办本科，也有一部分重点院校下设的独立学院，主要面向省内招生，是一种最低档次的本科院校，这些学校大多是原来的专科升格而成，俗称三本。因此，本科生也根据本科院校类别的不同分为一本学生、二本学生和三本学生。

　　1. 本科生成为技能人才重要供给渠道的可行性分析

　　当前我国人才结构失衡在人才市场的招聘会，尤其是面向大学生的招聘中体现尤为明显，应聘者对于管理类的岗位趋之若鹜，而对于技术、技能岗位却少有人问津。由此造成一种奇特的现象，一方面大学毕业生就业困难，另一方面企业技能人才较为短缺。2013 年全国高校毕业生就业统计显示，普通本专科生毕业人数将近 699 万人，但就业率仅为67.4%。从不同学校类型来看，高职大专院校的大学生就业率最高，为78.1%；其次是"211"（包括"985"）重点大学，为 75.5%；普通本科院校排第三，为 75.4%；独立学院和民办高校的就业率最低，仅为44.3%。[①] 三本院校招生人数占高校人数的 20%—30%，但其毕业生的就业率相对于其他类型的院校都显著更低。此外，相关报道指出，制造型

----

① 2013 年中国大学生就业率调查报告数据整理。

企业的在岗技能人才学历普遍偏低，中国制造业高技能人才的缺口非常大，2008 年年初，我国城镇从业人口 2.6 亿人，但技师、高级技师仅占 4%，与发达国家高技能人才占 30%—40% 的比例相比，相距甚远。[①] 到 2011 年，高技能人才的缺口已经高达 400 余万人。鉴于此，鼓励大学毕业生，尤其是三本院校的毕业生前往制造型企业当技能人才便成为提升大学生就业率、缓解制造型企业技能人才短缺现状的最佳方法。

三本院校的大学生具有一定的数量规模，并且通过了标准化的素质与专业训练，综合素质相对较高，若能大面积向制造型企业输送技能人才，便能在一定程度上满足制造型企业对技能人才数量和质量的双重要求。早在 2011 年，全国政协委员、利时集团董事长李立新便提出将三本院校改为技校，以解决大学生就业难和企业技工荒的问题。该提议本质上即建议三本院校在培养学生时以学生就业为导向，针对当前社会的就业缺口，侧重学生技能知识的培训，让三本院校能成为制造型企业技能人才的重要供给渠道。

2. 本科生供给制造型企业技能人才的调查分析

为了揭示我国有关专业本科毕业供给制造业技能岗位的可能性，课题组采用问卷调查的方法对 461 名二本（55.8%）和三本（42.2%）学校的学生进行了调查研究。

（1）本科生的供给意愿分析

为了全面把握本科生的供给意愿，研究将对本科生的首选行业意愿、对制造型企业技能人才的供给意愿及其首选工作地域意愿进行深入分析。调查发现：

①信息传输、软件和信息技术服务业成为本科生首选，制造业位居第二

研究本科生的首选行业意愿对于了解本科生的就业行业动向具有重要意义。调研显示（表 4—38），毕业后本科生最愿意去的行业集中在信息传输、软件和信息技术服务业（22.8%）、制造业（16.6%）、金融业（12.8%）和建筑业（11.2%）。制造业在本科生最愿意去的行业中排位第二，可推之本科生具备一定从事制造业的意愿，这也使得本科生作为

---

① 参见王洪军《建立高技能人才培训基地》，《人力资源开发》2011 年第 5 期。

制造型企业技能人才的供给渠道成为可能。与此同时，对比农民工与职校学生的行业选择，发现其把制造业作为行业首选的比例分别为17.8%和18.1%，均高于本科生首选制造业的比例，说明本科生供给制造型企业的情况与农民工和职校学生的供给还存在一定差距。

表4—38   本科生最愿意从事的行业分析

题项	频数	百分比（%）
制造业	74	16.6
建筑业	50	11.2
信息传输、软件和信息技术服务业	102	22.8
金融业	57	12.8
房地产业	10	2.2
电力、热力、燃气及水生产和供应业	24	5.4
批发和零售业	13	2.9
住宿和餐饮业	9	2.0
教育	44	9.8
文化、体育和娱乐业	27	6.0
交通运输、仓储和邮政业	7	1.6
居民服务、修理和其他服务业	9	2.0
农、林、牧、渔业	6	1.3
其他	15	3.4

为了探明究竟哪种类型的本科生更愿意进入制造行业工作，课题组对不同类型的职校学生进行了比较研究，卡方检验发现：不同性别、本科类别、年级及是否为毕业班的本科生在行业选择上存在显著差异（表4—39）。具体表现为：在性别上，有20.5%的男性把制造型企业作为行业首选，而女生仅为8.6%，两者之间存在显著差异，男性更愿意选择制造业，这与农民工与职校学生的分析具有一致性。在本科类别上，有23.0%的二本学生将制造业作为行业首选，仅有5.8%的三本学生将制造业作为行业首选，三本学生的热门行业集中在建筑业（15.1%）、信息传输、软件和信息技术服务业（46.5%）、金融业（9.9%），这可能与三本院校的办学理念、培养方案和课程设置有关。在年级上，大三、大四的

本科生更愿意把制造业作为行业首选，在是否为毕业班上，毕业班的学生更愿意进入制造业。随着年级的上升，本科生对于自身的职业定位更为明确，对各行业的了解也更加全面深入，高年级本科生对于制造业的认同更有利于本科生进入制造行业。值得注意的是，尽管有专家学者提出把三本转变为职业技术学院，但从目前的情况看，三本学校学生愿意去制造业工作的比例并不高，可见，要真正实现三本学校转变为对我国制造业发挥重要作用的职业院校并非易事。

表4—39　　**本科生行业选择在不同人口学变量上差异比较**

变量	类别	选择制造业的各类别比例（%）	各类别选择制造业的比例（%）	χ^2值及其显著性
性别	男	83.6	20.5	$\chi^2 = 338.887^{***}$
	女	16.4	8.6	
本科类别	二本	83.1	23.0	$\chi^2 = 338.887^{***}5$
	三本	16.9	5.8	
年级	一年级	4.2	3.0	$\chi^2 = 106.574^{***}$
	二年级	9.7	9.5	
	三年级	44.4	21.2	
	四年级	41.7	25.9	
毕业班	是	47.9	24.5	$\chi^2 = 23.740^{*}$
	否	52.1	12.7	

注：*表示 $P < 0.05$，**表示 $P < 0.01$，***表示 $P < 0.005$。

②本科生从事制造型企业技能人才的意愿程度一般

本科生对进入制造型企业工作具备一定的意愿，但对于当技能人才的意愿程度如何呢？分析本科生从制造型企业技能人才干起的意愿程度，发现其意愿程度均值为3.57，标准差为0.95，表明本科生从事企业技能人才的意愿程度处于中等偏上水平。其中，三本院校学生的意愿程度均分（3.68）高于二本院校学生（3.51），从制造型企业技能人才干起的意愿程度普遍更高。

从上述分析可知，不管是二本还是三本学校的学生，对于从制造型企业技能人才干起的意愿程度均处于中等偏上水平，那他们是否愿意进入制造型企业当技能人才呢？该意愿程度将直接影响本科生对制造型企业技能人才的供给情况。研究发现，本科生毕业后进入制造型企业当技能人才的意愿程度均值为 3.05，标准差为 1.03，这说明尽管本科生具备一定进入制造型企业工作和从技能人才干起的意愿，但对于进入制造型企业当技能人才的意愿程度普遍较低。这与本科生对制造型企业技能人才的刻板印象和父母在其中发挥的负性作用具有较大的相关性（表4—40）。

表4—40   本科生从事技能岗位工作的意愿程度对比

题项	从制造型企业技能人才做起的意愿程度		从事制造型企业技能岗位工作的意愿程度	
	频数	百分比（%）	频数	百分比（%）
非常不愿意	9	2.0	27	6.0
不太愿意	56	12.3	114	25.4
说不清楚	124	27.1	151	33.6
比较愿意	200	43.8	124	27.6
非常愿意	68	14.9	33	7.3

深入分析数据发现（表4—41），三本院校的学生表示在大学毕业后进入制造型企业当技能人才的意愿程度要显著高于二本院校的学生，且一致性更高。通过相关访谈也发现，尽管三本学生内心不是很愿意进入制造型企业做技能工人，在就业压力下依然会作出去制造型企业当技能人才的不得已选择。

表4—41   不同本科类别学生从事制造型企业技能岗位工作的意愿程度对比

变量	类别	意愿程度（M ± SD）	T 值及显著性
本科类别	二本	2.94 ± 1.08	T = −2.326*
	三本	3.18 ± 1.00	

注：* 表示 $P < 0.05$，** 表示 $P < 0.01$，*** 表示 $P < 0.005$。

为了进一步探明本科生选择进入制造型企业当技能人才的自主性，

研究在本科生找不到理想工作的情况下，本科生选择进入制造型企业当技能人才的意愿程度。结果显示其意愿程度均分为 3.23，标准差为 1.03，与本科生从事制造型企业技能岗位工作的意愿程度（3.05）不存在显著差异（表 4—42）。这说明本科生在作出从事制造型企业技能岗位工作的选择时已经是相对不自主的择业取向，即便在找不到理想工作的情况下，本科生选择进入制造型企业当技能人才的比例也未见高涨。此外，还存在 24.1% 的本科生表示在工作不理想的情况下，也不愿意进入制造型企业当技能人才。整体而言，在找不到理想工作的情况下，本科生进入制造型企业当技能人才的意愿程度一般，其中三本院校学生的意愿程度相对较高，但与二本院校的学生不存在显著性差异。

表 4—42　　　本科生在找不到理想工作情况下进入制造业当
技能人才的意愿程度

题项	频数	百分比（%）
非常不愿意	25	5.6
不太愿意	83	18.5
说不清楚	143	31.9
比较愿意	159	35.5
非常愿意	38	8.5

综合来看，本科生在毕业后从技能人才做起的意愿程度处于中等稍微偏上的水平，但选择制造型企业做技能人才的意愿程度一般，在找不到理想工作情况下选择当技能人才的意愿程度有所提升，但依然未达到较高水平。比较而言，三本院校的学生进入制造型企业当技能人才的意愿程度相对更高。这说明本科生成为制造型企业技能人才的稳定供给源具有一定的难度，同时也兼具一定的可能性，尤其体现为三本院校的学生。应充分发挥三本院校学生的作用，合理设置其专业课程，使之成为制造型企业技能人才的新兴供给源。

③本科生期望工作的地区与制造型企业分布的地区相对契合

课题组研究发现，当本科生不得已选择去从事制造业技能岗位工作的时候，他们都倾向于在沿海地区工作，或者是大城市工作（表 4—43）。

高达 72.1% 的本科生期望在沿海城市就业，其中沿海大城市占比 43.6%，沿海中小城市占比 28.5%；43.4% 的本科生把中部地区作为理想的就业地域，其中中部大城市占比 33.8%；30.2% 的本科生选择西部地区，其中西部大城市占比 20.8%；比较而言选择东北部作为就业地域的本科生仅为 14.7%。分析当前大型制造型企业在全国各地区的分布，发现其多集中在沿海地带或大城市，这与本科生期望工作的地区比较契合，这也为本科生进入制造型企业提供了可能，从而有可能实现我国制造业技能人才总体供给量的增加。

表 4—43　　　　　　　　　　本科生理想的就业单位地区

题项	频数	百分比（%）	个案百分比（%）
沿海大城市	199	26.7	43.6
沿海中小城市	130	17.5	28.5
中部大城市	154	20.7	33.8
中部中小城市	44	5.9	9.6
西部大城市	95	12.8	20.8
西部中小城市	43	5.8	9.4
东北部大城市	48	6.5	10.5
东北部中小城市	19	2.6	4.2
其他	12	1.6	2.6

综上所述，本科生在毕业之后进入制造型企业当技能人才有一定的外在条件保障，尽管本科生对于进入制造型企业当技能人才的意愿程度一般，但三本院校本科生表现出了相对较高的意愿程度。这说明培养本科生，尤其是三本院校的本科生，使之成为制造型企业技能人才的输送源具有一定的可行性。

（3）本科生供给制造型企业技能人才的影响因素分析

研究本科生供给制造型企业技能人才的影响因素对于把握本科生的择业行为具有指导作用，该部分主要涉及本科生择业要求、不愿成为技能人才的原因、不能持续供给技能人才的原因及其择业影响因素等方面的分析。研究表明：

①择业认知的影响：本科生找工作看重物质需求和发展需求

本科生对于从事制造型企业技能岗位工作的认知对于其是否从事该行业具有深远的影响。本科生在毕业之后是否进入制造型企业当技能人才，并持续不断地为企业创造利润，很大程度上取决于本科生自身对于技能人才的认知。一个认同技能人才的本科生会更倾向于选择制造行业做技能人才，并兢兢业业做好技能岗位工作；而一个对技能人才评价很低的本科生，由于其低评价认知与当技能人才行为之间的冲突，会导致本科生不愿意选择制造型企业从事技能岗位工作。

分析本科生在选择工作时看重的因素（表4—44），发现其考虑的主要因素为：工资收入（62.0%）、发展机会（47.5%）、工作环境条件（44.2%）、符合自己兴趣爱好（39.1%）、养老、医疗等福利待遇（33.1%），还有一些本科生看重工作的稳定性、企业的工作关系氛围、单位的性质和规模、工作地点等。整体分析而言，本科生择业最看重的因素为基础物质需求和个人发展需求。

表4—44 本科生选择工作最看重的因素

题项	频数	百分比（%）	个案百分比（%）
工资收入	281	19.0	62.0
养老、医疗等福利待遇	150	10.1	33.1
工作环境条件	200	13.5	44.2
工作关系氛围	76	5.1	16.8
培训机会	41	2.8	9.1
企业及领导认可	50	3.4	11.0
发展机会	215	14.5	47.5
符合自己兴趣爱好	177	12.0	39.1
专业对口情况	50	3.4	11.0
工作稳定性	91	6.1	20.1
工作社会声誉和地位	35	2.4	7.7
工作地点	53	3.6	11.7
单位的性质和规模	56	3.8	12.4
其他	5	0.3	1.1

　　分析了本科生的择业要求，进一步探索一些本科生不愿意去制造型企业一线做技能人才的原因，发现其主要原因与本科生的择业要求恰恰相反（表4—45），认为制造型企业技能人才的工资水平低（58.9%）、工作环境和条件差（53.2%）、缺乏个人发展机会（37.8%）、福利待遇较差（36.3%），是本科生不愿意进入制造型企业做技能人才的主要原因，还有一些本科生归结为工作压力大、技能人才社会地位低、工作安全无保障、自身能力得不到发挥、工作稳定性差等原因。整体而言，本科生不愿意当技能人才的原因主要有二：一是技能人才的物质需求未能得到满足（工资、福利、环境、安全）；二是技能人才的发展空间不足（个人发展、能力施展）。

表4—45　　　　　　　本科生不愿意当技能人才的原因分析

题项	频数	百分比（%）	个案百分比（%）
工资水平低	268	19.1	58.9
福利待遇差	165	11.8	36.3
工作环境和条件差	242	17.3	53.2
工作压力大	98	7.0	21.5
培训机会少	34	2.4	7.5
工作安全无保障	76	5.4	16.7
缺乏个人发展机会	172	12.3	37.8
工作稳定性差	61	4.4	13.4
当技能人才是大材小用	59	4.2	13.0
制造型企业社会声誉差	30	2.1	6.6
技能人才社会地位低	90	6.4	19.8
自身能力得不到发挥	63	4.5	13.8
没有经过相应的技术培训，无法适应技能人才工作	40	2.9	8.8
其他	4	0.3	0.9

　　假定本科生在毕业后进入了制造型企业，又在哪些条件没有得到满足的情况下会选择离职呢？研究结果与本科生不愿意进入制造型企业当技能人才的原因具有一致性（表4—46），具体而言，工资水平低（49.8%）、

缺乏个人发展机会（46.5%）、工作环境和条件差（44.1%）、福利待遇差（38.2%）、工作安全无保障（29.8%）是本科生选择离职的主要因素，还存在一些本科生在自身能力得不到发挥、工作压力大、工作稳定性差、培训机会少等情况下也会选择离职。可见本科生在进入制造型企业之后，选择离职的原因仍然表现为企业物质需求（工资福利、工作环境、安全）和发展需求（发展机会、能力发挥）未能得到满足。

表 4—46　　　　　　本科生进入制造型企业之后的离职原因分析

题项	频数	百分比（%）	个案百分比（%）
工资水平低	227	16.7	49.8
福利待遇差	174	12.8	38.2
工作环境和条件差	201	14.7	44.1
工作压力大	86	6.3	18.9
工作安全无保障	136	10.0	29.8
缺乏个人发展机会	212	15.6	46.5
培训机会少	59	4.3	12.9
工作稳定性差	78	5.7	17.1
制造型企业社会声誉差	35	2.6	7.7
技能人才社会地位低	43	3.2	9.4
自身能力得不到发挥	107	7.9	23.5
其他	5	0.4	1.1

综上所述，本科生由于自身学历水平比较高，对就业单位有着更高的要求，看重物质需求和发展需求的满足，制造型企业提供的基本物质保障和个人发展空间在很大程度上影响着本科生对制造型企业技能人才的数量供给和供给的稳定性。

②社会环境的影响：亲戚朋友和社会刻板印象的负性影响

社会环境对于本科生择业观具有一定的影响，本科生是否选择进入制造型企业从事技能人才受周围就业政策、就业市场、社会观念、文化差异诸多社会环境因素的影响。为深入了解环境因素对本科生进入制造型企业的影响，课题组对本科生的择业自主性、本科生对制造业技能人才的刻板印象等进行了深入研究。

首先，就本科生的择业自主性而言，研究结果显示（表4—47），尽管高达36.3%的本科生在找工作的时候最看重自己的意见，但仍存在本科生听取父母的意见（27.4%）、听取亲戚、朋友的意见（21.7%）的情况，还有一些本科生会选择听取同学、老乡和老师的意见，甚至跟随社会舆论等。值得注意的是，2003年喻永红、李志对重庆、四川、云南、北京、山东、浙江、海南七省市的重庆大学、重庆医科大学、重庆工商大学、重庆师范学院、四川大学、云南师范大学、云南中医学院、北京师范大学、山东理工大学、浙江大学、杭州师范学院、浙江科技学院、海南大学13所高校一年级至四年级的1055名大学生进行调查发现，65.5%的本科生认为择业中主要靠自己，依靠学校、父母亲戚和朋友的学生仅为20%。相关数据表明，当前的本科生择业自主性并不强，而且与"80后"比较有明显变弱的趋势，他们的择业自主性在逐渐降低，而父母和亲戚朋友的意见对于本科生的择业影响在逐渐提升。

表4—47　　　　　　本科生选择工作最愿意听取意见的主体比较

	父母	亲戚、朋友	同学、老乡	老师	社会舆论	自己	其他
频数	124	98	32	25	8	164	1
百分比（%）	27.4	21.7	7.1	5.5	1.8	36.3	0.2

结合之前的分析，技能人才和农民工在"您愿意您的子女成为技能人才吗"这一题项上的愿意程度得分分别为2.03分和2.51分。就李克特五点量表的计分方式分析可知，技能人才和农民工均不希望自己的子女以后成为技能人才，即当前家庭对于孩子从事制造业技能岗位工作普遍持反对态度，而部分本科生在择业时倾向于听从父母的意见，这势必在很大程度上影响本科生对于是否进入制造行业的选择，直接阻碍了制造行业技能人才供给渠道的拓展，削减了本科生这一技能人才潜在供给对象的供给。

其次，分析本科生对制造型企业技能人才的刻板印象。通过查阅相关文献，有研究指出由于没有意识到专业性技术的紧缺性以及未来的发展情景，且深受传统人才观和社会观的影响与误导，社会大众对技能工作、技能人才普遍缺乏正确的认识和判断，认为技能工作工资较低、社会地位较低、工作辛苦，因而不愿意从事技能型工作，尤其体现为年轻人，他们更愿意自己创业做老板，更愿意从事薪资待遇较高、福利较好、工作相对轻松的工作。[①] 在当前整个社会大背景下，通过实证调研，也发现本科生对技能人才也具有明显的刻板印象。

调研发现，本科生对于技能人才工作的整体印象较差（表4—48）。对技能人才工作的主要知觉为：工作又苦又累（60.3%）、工作环境差（脏）（51.2%）、工作枯燥、乏味（49.7%）、工作具有一定的危险性（32.4%）等，还有约20%的本科生认为技能人才的社会地位、学历和素质低，还有一些本科生表示技能人才的社会声誉较差、员工工作压力大等。可见，实证调研得出本科生对于技能人才的社会印象评价较低，这将在一定程度上阻碍本科生进入制造型企业当技能人才，不利于本科生成为技能人才的供给源。

表4—48　　　　　　　本科生对技能人才的整体印象

题项	频数	百分比（%）	个案百分比（%）
工作环境差（脏）	231	18.9	51.2
工作又苦又累	272	22.2	60.3
工作具有一定的危险性	146	11.9	32.4
工作枯燥、乏味	224	18.3	49.7
工作压力大	56	4.6	12.4
员工地位低	114	9.3	25.3
社会声誉较差	76	6.2	16.9
员工学历低、素质低	96	7.8	21.3
其他	10	0.8	2.2

整体而言，本科生对制造型企业技能人才的供给受诸多社会因素的

---

①　参见王博《企业高技能人才流失现状及对策分析研究》，《现代商业》2011年第32期。

影响，调研显示部分本科生在选择行业时会听从父母和亲戚朋友的意见，而父母对子女成为技能人才的意愿程度较低；同时技能人才的社会刻板印象也在一定程度上影响了本科生对技能人才的认识，引发本科生对技能人才工作印象的低评价。这些社会因素对本科生成为技能人才供给源无疑产生了一定的负面影响。

综上所述，本科生成为制造型企业技能人才的供给源具有一定的可能性，尤其体现在三本院校上。尽管当前本科生供给制造型企业技能人才受一些社会因素的负性影响，诸如父母的干预、社会刻板印象的影响等，但只要满足本科生的物质和发展需求，就可能让本科生成为制造型企业技能人才的供给源，尤其是三本院校的学生。

二 战略新兴产业技能人才供给研究

对在岗技能人才的供给现状和战略新兴产业的潜在供给渠道进行分析，预测未来战略新兴产业的供给潜在可能性，有利于进一步优化战略新兴产业技能人才的培养和开发。当前战略新兴产业技能人才的潜在供给渠道主要有两个：一是传统相关产业；二是职业院校。通过对相关文献资料分析可以发现，战略新兴产业技能人才供给具有以下特点：

（一）由于技能人才总量增速减慢，战略新兴产业技能人才总量供给不足

1. 劳动年龄人口增长率逐渐减少，技能人才鉴定人数增长缓慢

2012 年国民经济运行新闻发布会上，国家统计局局长马建堂指出，2012 年中国 15—59 岁劳动年龄人口为 93727 万人，比上年减少 345 万人，占总人口的比重为 69.2%，比上年末下降 0.6 个百分点。作为世界第一人口大国，中国劳动年龄人口在 2012 年出现了较长时期以来绝对数量的第一次下降。结合我国 2008—2013 年的劳动龄人口和就业人员总数量统计结果可以发现（表 4—49），我国现有劳动年龄人口和就业人员总人数的增长幅度都呈现双重下降的趋势，后续人口资源供给潜力明显不足。此外，我国技能人才鉴定人数从 2010

年开始增长明显放缓，增长率从 2010 年的 13.07% 下降到 2012 年的 4.52%，三年间下降了 9 个百分点，年均增长还不到 80 万人。技能人才既要满足制造业强国建设需要，又要满足快速增长的第三产业的需求，随着制造业和第三产业的不断发展，技能人才必会出现供不应求的情况，这也将加剧各行业对技能人才的争夺。

表 4—49　　　　　战略新兴产业技能人才鉴定人数统计

年份 项目	2013	2012	2011	2010	2009	2008
劳动龄人口数（万人）	100557	100403	100283	99938	97484	96680
劳动龄人口增长幅度（%）	0.15	0.12	0.35	2.52	0.83	0.88
就业人员数量（万人）	76977	76704	76420	76105	75828	75564
就业人员增长幅度（%）	0.36	0.37	0.41	0.37	0.35	0.32
技能人才鉴定人数（万人）	—	1549	1482	1393	1232	1137
鉴定人数增加比例（%）	—	4.52	6.39	13.07	8.36	14.16

数据来源：《中国统计年鉴》《中国劳动统计年鉴》。

2. 技能人才职业竞争力不足，非正常流失率升高

由于消极社会刻板印象的影响，技能人才普遍被认为是工作枯燥乏味、安全保障低、发展机会少的代名词，致使近几年技能人才的流失率非常严重，技能人才频繁跳槽或者转而从事其他服务性工作的现象屡见不鲜。重庆大学李志教授通过对重庆市 23 家企业的调查发现，由于薪酬待遇不高、工作环境不佳，技能人才流失率普遍较高，部分企业年流失率甚至接近 40%。[1] 从表 4—50 也可以发现，技能人才的工资收入、工作时间和工作环境与其他行业相比均具有较大差异，其工资收入、工作时间、工作环境都处于行业倒数位置，这些外在的客观因素也是导致技能人才非正常流失的重要原因。

---

[1]　参见李志、徐涵《重庆地区技能人才队伍建设研究》，《重庆大学学报》（社会科学版）2013 年第 1 期。

表 4—50 技能人才职业竞争力分析

比较内容（制造业）	具体数额或者比例	行业排名	数据来源
工资收入（年）	41650 元	14/19	中国统计年鉴
	5 万元以上的占 26.60%	6/7	中山大学调查报告①
工作时间	48 小时/每周以上的占 40.4%	5/6	中国劳动统计年鉴
	51 小时/每周以上占 63.92%	5/6	中山大学调查报告
工作场所室外	占 29.51%	5/6	中山大学调查报告

综上所述，一方面，当前技能人才数量增长缓慢，老龄化情况严重；另一方面，技能人才的职业竞争力不足，技能人才流失严重。双方原因共同导致技能人才的供给数量、质量难以满足技能人才的需求，尤其对于新兴战略产业技能人才的供给。建议重塑技能人才的社会形象，提升技能人才的社会地位，同时增强技能人才的职业竞争力，通过对技能人才外部形象与内部竞争力的提升来吸引更多的潜在技能人才，为新兴战略产业技能人才的供给提供保障。

（二）传统相关行业发展不平衡，高技能人才供给不足

由于战略新兴产业是在传统产业的基础上进行深化或者延伸，传统相关产业就业人员是战略新兴产业人才的主要来源，尤其是战略新兴产业高技能人才最主要的供给来源。

1. 传统相关行业技能人才的增长速度远远低于战略新兴产业的需求增长速度

近年来，我国大力发展的计算机与通信设备制造业、交通运输设备制造业、生物医药制造业和信息服务与传输服务业等就业人数增长较快的战略新兴行业，其就业人数年均增长仅在 8.8% 左右，远远低于研究预测的战略新兴产业技能人才 15% 的需求增长幅度，难以有效满足战略新兴产业人才需求（表 4—51）。

---

① 参见中山大学社会科学调查研究中心《中国劳动力动态调查 2013 年报告》，社会科学文献出版社 2013 年版。

表4—51　　　　　　　战略新兴产业相关行业现有就业人数统计

产业＼年份	2012	2011	2010	2009	2008	2007
信息传输服务业（万人）	222	212	186	174	160	150
通信设备制造业（万人）	—	819	772	664	677	587
交通运输设备制造业（万人）	—	579	574	498	473	408
生物医药制造业（万人）	—	178	173	160	150	137
增长百分比（％）	—	4.87	13.96	2.47	13.88	—

注：数据来源于《中国工业统计年鉴》。

2. 传统相关行业高技能人才供给潜力不足，行业间供给失衡

当前，在新技术不断应用，资本有机构成提高的同时，伴随而来的是对新型技工需求的扩大；与此同时，目前我国高级技工整体缺口达数十万人，而现有的高级技工仅占技能人才总数的5%左右，这与发达国家高级技工占40%的比例相去甚远。[1] 有研究者指出，近几年，在国家的重视下，对高技能人才的培养从中央到地方作出了一些努力，虽然取得了一定成效，但高技能人才短缺仍是我国经济发展，尤其是区域经济发展的瓶颈。[2] 高技能人才的供给不足，将会影响到高端装备制造业、新能源汽车、新一代信息技术产业等行业高端技能人才供给，阻碍战略新兴产业的发展。

整体而言，传统相关行业技能人才的增长速度远远低于战略新兴产业的需求增长速度，对于高技能人才的供给更是捉襟见肘。建议传统相关行业加强对于技能人才的引进与培养，以此保障对于战略新兴产业技能人才的供给数量与质量。

（三）战略新兴产业相关专业人数持续下降，新兴技能人才供给不足

战略新兴产业技能人才的供给，更多依赖于职业院校学生的培养。通过对历年中等职业院校和高等职业院校毕业生人数进行统计分析，发

———————————

① 参见王博《企业高技能人才流失现状及对策分析研究》，《现代商业》2011年第32期。

② 参见齐义山、田洪声《基于区域经济的高技能人才整合性开发系统研究》，《工业技术经济》2009年第2期。

现战略新兴产业对应的主要专业为加工制造类、电子信息类、材料能源类和环境类。但近年来，相关专业的职业院校学生招生人数和毕业生人数都出现较大幅度下降的趋势。

1. 中等职业院校相关专业招生人数和毕业生人数都呈现下降趋势

通过对中等职业院校毕业生和招生人数进行统计分析，发现我国战略新兴产业所需求的专业人数呈现逐年递减的趋势（表4—52），从2010年的269.50万人减少到2015年的148.09万人，相关专业学生总人数占中职院校总人数的比例也从50%下降到34%，下降幅度明显，计算得出相关专业学生五年平均下降幅度为16%。按照这个下降幅度，2020年，我国战略新兴产业的职校学生的供给人数仅为75万人，这意味着从2011年到2020这10年间，中职院校最大限度能够提供1560万人。同时，通过招生人数和毕业人数对比可以发现，毕业生人数占招生人数的比例虽然在不断上升，但仍存在一定比例的中职学生不能按期毕业。以上说明当前中等职业院校相关专业的招生人数下降严重，尽管毕业人数比例有所上升，但仍然不能满足战略新兴产业对于技能人才的需求量。

表4—52　　　　　　　　中等职业学校相关专业招生数量统计

相关专业 \ 年份	2015	2014	2013	2012	2011	2010
招生人数（万人）	—	—	—	597.08	649.96	711.40
毕业生人数（万人）	435.87	474.47	519.32	554.38	541.13	543.65
毕业生占招生人数比例（%）	—	—	—	93	83	76
加工制造类（万人）	65.42	76.70	85.00	96.41	116.00	130.82
电子信息类（万人）	76.53	88.97	101.00	116.17	123.97	128.88
能源类（万人）	1.96	2.53	2.51	3.10	3.92	3.77
环境类（万人）	3.53	3.61	3.88	3.90	5.57	6.02
人数总计（万人）①	148.09	181.47	207.25	219.58	249.47	269.50
占毕业生总人数（%）	34	38	40	40	46	50

数据来源：《中国统计年鉴》。

————————

① 2013—2015年的毕业生人数是根据2012年的中职院校毕业生占招生人数的比例进行计算。

2. 高职院校相关专业毕业生人数和招生人数都呈现持续下降趋势

通过对高等职业院校对应战略新兴产业相关专业进行分析（表4—53），发现相关专业人数从2011年的98.40万人下降到2015年的81.49万人，五年间下降了16.91万人，下降率为17.18%；与此同时，相关专业总人数占高职院校学生总人数从30%下降到26%，下降幅度非常大，按照这个下降比例，到2020年，相关专业高职学生人数将会下降到63万人，即说明从2011年到2020年这10年间，最大限度能够供给的技能人才数量为800万人。这在一定程度上难以满足不断增长的战略新兴产业技能人才的需求量，尤其是对于高技能人才的需求。

表4—53　　　　高职高专战略新兴产业相关专业人数统计

专业　　　　年份	2015①	2014	2013	2012	2011
招生人数（万人）	—	—		314.78	324.86
毕业生人数（万人）	—	—		320.89	328.53
加工制造类（万人）	40.55	42.24	—	43.07	45.75
电子信息类（万人）	29.78	31.36		37.02	39.47
材料能源类（万人）	4.14	4.57		4.51	4.65
生化药品类（万人）	7.02	7.68		8.14	8.53
招生与毕业人数（万人）	81.49	85.85		92.74	98.40
占总毕业生或者招生总人数比例（%）	26	26		29	30

数据来源：《中国统计年鉴》（2014年和2015年的毕业生人数根据2011年、2012年的招生人数进行计算）。

3. 职业院校战略新兴相关专业设置不足

虽然2011—2020年，我国中职和高职院校对战略新兴产业的潜在供给总人数预测可以达到2360万人，并且比2011—2020年战略新兴产业的

———————

① 2014年、2015年的毕业生人数根据2011年、2012年的招生人数进行计算。

需求增加人数多出 360 万人，但应考虑到，加工制造类专业和电子信息类专业服务行业非常广泛，战略新兴产业仅仅是其中非常小的部分。此外，我国新材料和新能源专业人才缺乏，虽然本科专业中针对新一代信息技术、新材料、新能源等设置了相应的专业，但职业院校专门设置对应的战略新兴专业较少，这导致职校学生对于战略新兴产业一些特定类别的技能人才的供给量严重不足。

综上所述，一方面，职业院校中对应战略新兴产业的专业在招生与毕业人数上都呈现下降的趋势；另一方面，职业院校设置的对口战略新兴产业的专业相对较少。双方面原因共同导致职校学生对于战略新兴产业技能人才的供给存在局限性，面对战略新兴产业不断增长的技能人才需求量，职校学生的供给远远不足。建议职业院校适当增加与战略新兴产业对口的专业设置，扩大相关专业的招生数量，并通过规范化的教育体制，确保职校学生顺利毕业，提升职校学生的毕业率，以此促进职校学生对于战略新兴产业技能人才的有效供给。

三　制造业技能人才队伍供给与需求的主要矛盾

通过对制造业技能人才的供需现状和预测研究，发现当前制造业对技能人才的需求量巨大，随着制造行业的不断扩张发展，其对于技能人才的需求还会进一步提升。反观制造业技能人才的供给情况，制造业普遍反映技能人才供给不足。相比制造业对技能人才的数量需求，技能人才短缺现象突出，主要表现为在岗技能人才老龄化严重、流失率较高；潜在供给群体（农民工、职校学生和本科生）的供给意愿不强烈，其供给数量和比例均存在下降趋势。由此可见，制造业对于技能人才数量的需求和供给存在较大矛盾。

与此同时，制造业的高技能人才短缺严重。随着制造业的不断发展，其对于技能人才的素质要求也逐渐提高，高技能人才短缺已成为多数制造业的共性问题。调研发现，当前技能人才供给主体的素质难以完全满足制造业对技能人才的素质要求，致使技能人才的质量需求和质量供给存在一定差距。

　　此外，制造业技能人才的地域供需仍存在失衡现象。尽管供给主体对东部地区的供给意愿较为强烈，但东部地区的人才供给形势仍然较为严峻，比较而言，中西部具备一定的供给潜力。综上所示，当前制造业技能人才的需求与供给在数量、质量与结构上均存在一定的矛盾，具体体现为以下十个方面。

（一）企业普遍反映技能人才短缺，目前缺口突出

　　目前技能人才的缺口为930万人，根据制造业技能人才占总技能人才的比例（53.94%），算出制造业技能人才现有缺口多达500万人。根据对我国制造业技能人才的需求预测发现，其总需求量在2018年达到顶峰，共需7808万人，需求净增加值相比2012年增加了165万人，年平均增长27万人。面对制造业对技能人才不断上升的需求量，对178家制造型企业进行实证调研，发现86.4%的企业表示紧缺技能人才，高达26.9%的制造型企业表示经常或者长期紧缺技能型员工。

（二）制造业技能人才老龄化严重，年退出人数高

　　根据我国2010年的人口普查长表数据可知，2010年制造业40岁以上的技能人才约为2778824人，占制造业技能人才总量（8677937人）的32.02%，按照前十年技能人才退出比例为33.2%（计算公式：老龄化退出比例=40岁以上的净减少人数/十年前40岁以上的人数），根据2010年的制造业技能人才总人数7577万人进行计算，则可知未来十年制造业技能人才因为老龄化每年需要退出805万人（计算公式：十年的退出人数=制造业技能人数总量×老龄化退出比例×40岁以上的人数比例），比前十年的464万人增长近340万人（前十年退出人数=技能人才总退出人数×制造业技能人才占总技能人才的比例），平均每年因为老龄化退出约为80万人。并且，随着时间的推移，因老龄化退出人数呈现不断上升的趋势，给制造业技能人才的数量供给持续性带来较大压力。

（三）制造业技能人才年净流失率突出

　　根据职业院校2011年和2012年对应专业的供给和新生代农民工（未

升学的人数）来看，最近三年 40 岁以下的制造业技能人才净流失人数至少为 120 万人（具体计算方式见需求预测章节）。据 178 家企业调查发现，高达 79.5% 的制造型企业都反映企业中的技能人才的年流失率最高，远远高于其他类别的企业人才。在 2238 份技能人才的问卷调查中，高达 43.8% 的技能人才表示离开当前企业的意愿程度一般，存在 23.6% 的技能人才具有较强烈或非常强烈离开当前企业的意愿；与此同时，仅有 5.8% 的技能人才表示在离开制造业之后，肯定会再选择进入制造业当技能人才，而高达 37.6% 的技能人才明确表示不会或者可能不会当技能人才。问卷调查还显示，技能人才尤其看中薪酬福利、工作条件和发展机会，这些条件短期内难以得到满足，技能人才极高的非正常流失也将难以得到缓解。

（四）农民工进入制造业的人数和比例都呈现下降趋势

对制造业中数量最为庞大的农民工队伍来说，农民工从事制造业的比例从 2008 年的 37.2% 下降到 2013 年的 31.4%，从业人数也开始呈现下降趋势，从 2012 年的 9375 万人下降到 2013 年的 8445 万人，一年下降了近 1000 万人。根据 2010 年的人口普查数据，14 岁及以下的年龄人口平均每个年龄段仅为 1475 万左右，相比 20—30 岁的年龄段平均人数减少约 500 万人，新增劳动力总量不足；根据我国长期教育规划，高中阶段的毛入学率 2015 年达到 87% 左右，2020 年达到 90%，由此可知 2020 年高中以下每年的总人数为 150 万人。再根据农民工监测报告，近年来制造业中农民工就业人数所占比例，35% 左右进入制造业工作，制造型企业中约有 70% 从事技能工作，根据计算，2020 年约有 38 万人能够进入制造业从事技能工作。由于教育的普及，进入制造业当技能人才的人数将从 2012 年的 49 万人下降到 38 万人。此外，根据 888 份农民工问卷调查，发现农民工意愿从事的行业中选择制造业的仅仅占比 17.8%，且仅有 38.1% 的农民工愿意进入制造业当技能人才。究其原因，高达 76% 的农民工找工作更看重薪酬福利和工作条件，物质需求（涉及薪酬福利、工作安全、工作条件等）成为制约农民工进入制造业当技能人才的关键因素。

（五）职业院校相关专业学生招生人数和毕业生人数呈现双重下降趋势，供给潜力严重不足

在中等职业学校和高等职业学校整体毕业生人数和招生人数下降的背景下，与制造业技能人才密切相关的加工制造类、轻纺食品类、石油化工类、材料类等专业的招生人数和毕业生人数和比例都呈现双重下降趋势，2011—2012 年，普通高职高专相关专业毕业生人数占毕业总人数的比例从 19.90% 下降到 19.31%，招生人数比例从 18.52% 下降到 18.08%，到 2015 年，高职相关专业的供给量仅为 57 万人（根据 2012 年的招生人数推测）。中职院校中，相关专业的毕业生人数比例从 2010 年的 26.97% 下降到 2012 年的 19.60%，毕业生人数从 2010 年的 147 万人下降到 2012 年的 109 万人，下降幅度惊人；招生人数比例从 2010 年的 18.74% 持续下降到 2012 年的 16.86%，招生人数从 2010 年的 133 万人下降到 2012 年的 107 万人。根据 2333 份职校学生问卷调查，发现有意愿从事制造业的职业院校学生仅为 18.1%，仅有 31.8% 的学生比较愿意进入制造业当技能人才。工资收入、发展机会和工作环境条件等成为制约职校学生进入制造业成为技能人才的壁垒。此外，对 909 名加工制造类专业学生对进入制造业从事技能人才的意愿程度调查，发现有 41.6% 的学生表示较为愿意，有 38.3% 的学生表示一般愿意，还存在 20% 的学生表示不愿意进入制造业当技能人才，尽管这一比例高于农民工等其他群体，但意愿程度仍未达到较高水平，这也给制造业的供给造成了一定的困难。

（六）职业院校对加工制造类专业技能人才供给力不足

通过需求预测，加工制造类专业需求量呈现不断增长的趋势，从 2010 年的 71.06% 增长到 2020 年的 78.18%，增长速度迅速。而对比供给，从中等职业学校供给上看，中等职业学校学生从事第二产业的人数从 2008 年的 43.86% 下降到 2012 年的 33.41%，加工制造类专业毕业生人数比例 27.46% 下降到 2012 年的 19.99%。整体招生人数下降的背景下，加工制造类专业招生人数从 2008 年的 24.63% 下降到 2012 年的 15.01%，五年间比例下降近十个百分点，招生人数从 160 万人下降到 90

万人。高等职业学校加工制造类专业毕业生人数比例从 2011 年的 13.93% 下降到 2012 年的 13.42%，人数从 45.76 万人下降到 43.06 万人，招生人数从 42.23 下降到 40.54 万人。无论是从毕业生人数还是招生人数，持续下降的趋势难以满足装备制造业对加工制造业专业的需求。

（七）本科生进入制造业作为技能人才的意愿低，条件要求高

通过对 461 名二本和三本的学生进行调查，仅有 16.6% 的学生愿意进入制造业工作，有 34.9% 的本科生愿意进入制造业从事技能人才工作，本科生在找不到工作的条件下，也仅有 44% 的学生愿意进入制造业当技能人才。本科生对技能人才的工作主要观点是又苦又累、环境差、枯燥乏味、危险性比较大。本科生进入制造业当技能人才主要取决于企业的工资收入、工作条件和发展机会等因素。由此可见，本科学生供给潜力不足。

假设老龄化退出不变，每年都为 80 万人，非正常流失人数每年都为 120 万人，农民工供给主要考虑初中未升学的人数、中职和高职院校学生相关专业全部进入制造业从事技能工作，暂时不考虑其他途径进入制造业当技能人才，中职和高职院校 2013—2020 年的学生人数依据招生人数进行灰色系统理论预测得到，农民工根据现有值和 2020 年的值进行平均分布各年，得出供需预测对比（表 4—54）。

表 4—54　　　　　　　　2013—2020 年供给主体供需预测对比

供需量 （万人） 年份	需求			供给				缺口
	净需求量	老龄化退出	非正常流失	农民工供给	中职院校供给	高职院校供给	其他途径供给	
2013	65	92	120	48	118	61	0	38
2014	32	92	120	47	101	60	0	24
2015	26	92	120	46	96	57	0	27
2016	21	92	120	45	87	56	0	33
2017	15	92	120	43	79	55	0	38
2018	6	92	120	42	72	53	0	39
2019	−1	92	120	41	65	52	0	41
2020	−9	92	120	39	59	50	0	43

（八）制造业对技能人才学历要求较高，高技能人才极度缺乏

我国制造业高技能人才需求量 2009 年约为 1892 万人，到 2015 年，我国制造业高技能人才需求量将达到 2340 万人，2020 年我国制造业高技能人才需求量将达到 2730 万人，参照技能人才总量退出的比例，即使按照 2010 年的高技能人才需求数作为基数，不考虑非正常流失的前提下，那么高技能人才平均老龄化净退出人数为 23 万人左右，加上每年需要净增加的 77 万人高技能人才，高技能人才的年净增加量需要 100 万人。根据学历和鉴定等级的对应关系，每年需要净增加高职高专以上学历的技能人才至少为 100 万人。目前，对应制造业相关专业的技能人才鉴定人数呈现下降的趋势，2011 年相关专业能够供给仅有 65 万人，2012 年还不到 62 万人，根据这个趋势，即使 2013—2020 年按照平均每年 62 万大专以上相关专业毕业生进行计算，那么年缺口约为 38 万人，严重影响制造业的大力发展。

根据 178 家企业调查，发现近 80% 的企业表示缺乏高中及以上的技能人才，约 17.9% 的制造型企业表示缺乏本科及以上的技能人才，34.1% 表示缺大专学历的技能人才，对学历的要求越来越高，现有技能人才学历结构难以满足制造业发展，制造业技能人才的质量显得不足。

（九）制造业对技能人才的素质要求较高，现有制造业技能人才素质难以满足企业的发展要求

对 178 家制造型企业进行调查，制造型企业对技能人才的总体素质重要性评分均值为 4.36（满分为 5），而对于技能人才的相关素质现状评分均值为 3.62（满分为 5），相对于素质的重要性程度来说，还存在一定的差距。企业职业素养得分（4.73）的需求程度显著高于基本素质（4.21）和工作能力（4.20）。整体来说，企业目前的技能人才素质与制造型企业理想的标准相差较大，尤其是在工作态度、职业道德、责任感、服从安排和团队意识方面，企业要求非常高，而目前的员工素质远远达不到要求。从 334 份广告分析也可以发现，企业对技能人才的基本的身体素质，吃苦耐劳、责任心和爱岗敬业的职业素养要求非常高。同时，企业对技

能人才的工作经验有一定的考虑，大多数企业希望有半年以上的工作经验。

（十）东部地区技能人才供给形势依然严峻，中西部供给潜力较大

根据需求预测，我国 2015 年东、中、西部地区制造业技能人才需求分布分别为 62.93%、23.95% 和 13.11%，2020 年分别为 57.73%、27.73% 和 14.54%。而根据 2008—2013 年的农民工检测报告，2012 年，农民工的规模东、中、西部分别为 42.6%、31.4% 和 26%，相比 2009 年，东、中、西部地区分别减少了 1 个百分点，增加了 0.3 个百分点和 0.7 个百分点，跨省务工的农民工比例从 2008 年的 53.3% 下降到 2013 年的 46.6%，由跨省务工向省内务工为主转变，外出农民工到东部就业的人数占外出农民工的比例由 2009 年的 71% 下降到 2012 年的 64.7%，下降 6.3 个百分点。问卷调查显示，农民工理想的就业单位地区选择中，东、中、西部分别为 56.2%、26.1% 和 12.5%。职校学生中，2012 年毕业生东、中、西部分别为 40.64%、35.84% 和 23.52%，职校学生的就业意向地点选择中，东、中、西部分别为 54.4%、28.9% 和 14.6%。无论是从职校学生地区毕业生数量还是就业意愿上，都不能满足东部地区的技能人才需求。整体而言，中、西部地区潜在供给较为充足，东部地区供给较为缺乏，无论是人口现状分布、生源分布，还是就业意愿，东部地区的供给都比较困难。

第 五 章

中国"制造业强国"相适应的技能
人才队伍开发问题与策略研究

　　根据供需分析可知，要满足我国"制造业强国"战略目标的需求，制造业技能人才的供给无论是数量，还是质量上都存在较大不足。基于人力资源这一特殊资源的可塑性和发展性来看，制造业技能人才供给的不足很大程度上源于过去较长时间内对技能人才开发重视不够、开发措施不力。而在逐步推进制造业强国战略目标的实现过程中，若不能及时找出现有制造业技能人才队伍开发中的问题并有针对性地完善以形成系统化的开发体系，则制造业技能人才供给问题无法得以根本性解决。就目前的供给来看，制造业技能人才主要供给来源于职业院校学生、农民工和在职或转岗的技能工人，而对其培养开发的任务分别落在了职业院校、社会培训机构和制造型企业身上。因此，本章分别从这三个主体来分析制造业技能人才开发中存在的问题，并基于"制造业强国"的战略需要探讨系统化的技能人才队伍开发策略。

一　中国制造业技能人才队伍开发中的问题分析

　　制造业技能人才队伍的开发并非一个新课题，从我国迈入现代工业时代起就有了相应的制造业技能人才队伍建设和开发系统，如职业院校的专业设置、国家的专业技能鉴定以及各个用人单位的培训、评价制度。从几十年的发展来看，这一开发系统对我国制造业的不断发展起到了举足轻重的作用。但当我国从"制造业大国"向"制造业强国"发展时，面对"数量庞大的高质量技能人才"的需求特点，必须反省"原有的技能人才开发系统是否适应"。因此，在梳理我国制造业技能人才队伍开发现状的基础上，有必要从满足"制造业强国"需求角度归纳现有开发系统存在的问题，为进一步优化人力资源开发体系提供指导。根据制造业技能人才的主要来源，下面将对应从职业院校、社会培训机构和制造型企业三方面来分析制造业技能人才开发的问题。

（一）职业院校对技能人才开发中的问题分析

在对世界制造强国的技能人才队伍建设的分析中可以看到，无论是美国、德国还是日本，都有相当成熟而系统的职业教育体系。各级各类职业教育机构不仅得到各级政府法律、财政的充分支持，还与制造型企业建立了紧密的合作关系，再加上职业院校在培养方针、课程设计、师资队伍各个环节上对实效、实用的贯彻，才有效保障了制造业技能人才的供给。那么，我国的职业院校在制造业技能人才开发上的状况如何呢？我们重点关注三个问题：职业院校是否能吸引足够生源选择就读相关专业？培养过程是否能满足制造业对技能人才的要求？是否合理引导合格技能人才向制造业流动？

1. 职业院校对技能人才生源的吸引力不足，生源质量不高问题突出

生源数量直接关系到可供给的制造业技能人才总量，而生源质量则影响制造业技能人才的整体素质水平。足量的优质生源不仅为技能人才的专业化培养和就业奠定良好基础，还能形成有利于制造业技能人才高素质队伍的良好口碑，进而有助于持续的生源供给。但从调查来看，职业院校在制造业技能人才专业的生源数量不足，且难以吸引高质量的自愿就读生，缺乏良好的社会效应。具体表现为：

（1）生源数量难以保证制造业对技能人才的需求

从职业院校的招生来看，即便各地区纷纷出台专业调整规定，减少甚至暂停就业率低的专业招生，新增就业率高、市场急需的专业（如重庆市教育委员会、重庆市人力资源和社会保障局在 2012 年颁发的《关于提高职业技术教育人才培养质量的实施意见》中提出淘汰不适宜学校特色发展、专业建设质量差、就业率低的专业，连续两年学生就业率低于60% 的专业暂停招生，原则上不再新增英语、法律、文秘、会计等类专

业；北京市职业院校在 2014 年新增 26 个专业，包括楼宇智能化设备安装与运行、城市轨道交通线路维护等），但职业院校在招生时制造业相关专业招生人数整体上持续偏少的问题始终没有得到扭转。如表 5—1 所示，根据国家统计局 2009—2013 年统计数据，2008—2012 年，加工制造类专业的中等职业技术教育学生，招生数与在校学生数逐年下降。5 年间，招生数从 6502739 人下降到 5970785 人，在校学生数年均下降 7.5%。从 2010 年开始，毕业生人数连续两年下降，三年间，中等职业技术教育加工制造类专业学生下降了 26.3%。招生人数的下降与中国制造业技能人才的紧缺局势不断加剧形成鲜明对比。与此同时，从专业大类来看，中等职业学校里加工制造业类专业的招生比例则在五年间持续下降，从 2008 年的 1601787 人下降到 2012 年的 896233 人，无论是招生数、在校学生数还是毕业人数上，加工制造类专业的学生在中等职业学校中的占比都逐年下降，制造业相关专业并未占优（图 5—1）。因此，在整体生源减少而制造业相关专业招生比例不占优势的情况下，势必大大影响未来制造业技能人才的数量供应。

表 5—1　　　　2008—2012 年中国中等职业技术教育加工制造类专业学生情况

年份	统计类别	中等职业学校（人）	加工制造类专业（人）	加工制造业占比（%）
2008	招生数	6502739	1601787	24.63
	在校学生数	16882421	4252334	25.19
	毕业生数	4710924	1078345	22.89
2009	招生数	7117770	1381558	19.41
	在校学生数	17798473	4069468	22.86
	毕业生数	5096654	1286268	25.24
2010	招生数	7113957	1164369	16.37
	在校学生数	18164447	3410804	18.78
	毕业生数	5436524	1308244	24.06
2011	招生数	6499626	1050657	16.16%
	在校学生数	17749068	2989952	16.85%
	毕业生数	5411252	1160033	21.44%

续表

年份	统计类别	中等职业学校(人)	加工制造类专业(人)	加工制造业占比(%)
2012	招生数	5970785	896233	15.01
	在校学生数	16898820	2658500	15.73
	毕业生数	5543840	964112	17.39

注：数据来源于《中国统计年鉴》（2009—2013 年）。

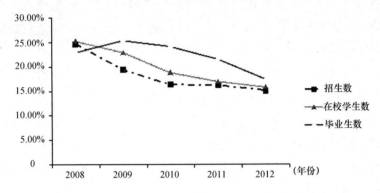

图 5—1　2008—2012 加工制造类专业学生数量占比变化

（2）学生主要来源于社会底层家庭，难以形成示范效应

学生的家庭来源体现了学校及专业的社会认可度和社会影响力。孟东方、李志（1996）曾对学生家庭社会经济地位与高等学校专业选择进行过研究，结果发现学生家庭经济地位好坏与高中毕业生读大学的专业有着重要的关系。[①] 国内多项研究都表明，重点大学、热门专业的学生家庭有着更高的社会地位。因而，分析和研究职业院校学生的家庭背景有利于科学认识职业院校在国内的社会地位问题。从调查来看，目前的职业院校制造业相关专业的学生多来源于农村家庭或低收入家庭。很大程度上，让孩子就读职业院校制造业相关专业属无奈之举，要么家庭经济困难，难以承担高额的高等学历教育费用；要么成绩太差，无法迈入高等院校，若不愿直接进入社会，就只能选择职业院校。由此可见，就读职业院校的学生社会认可度较低。

---

① 参见孟东方、李志《学生家庭地位与高校学生专业选择关系的研究》，《青年研究》1996 年第 11 期。

第一，从职业院校制造业相关专业学生的家庭背景看，绝大多数为农村家庭学生。调查发现，农村学生占到了职业院校的 78.7%。农村家庭子女由于早期家庭环境的影响，学习成绩与城市学生比较整体上存在一定的差异，进入高等学校的机会更低，因而很大程度上进入职业院校学习成为一种不得已的选择。

第二，从职业院校制造业相关专业学生的家庭收入看，84%的学生来源于中低收入及以下家庭（表5—2）。在基础学习阶段无力通过缴纳择校费、参加培训班等获取高质量的教育，以"拼分"考入高校；即使勉强考入也面临高额的高等学历教育费用超出经济承受范围的尴尬。而职业院校不仅缴费相对较低，近年来对选择部分制造业相关专业的学生还有优惠，因而成为部分中低收入家庭的选择。

表5—2　　　　职业院校制造业相关专业学生家庭收入情况

家庭收入	占比（%）	分类	占比（%）
8000 元以下	53.8	家庭人均收入水平以下	84
8001—15000 元	21.9		
15001—20000 元	8.3		
20001—25000 元	4.7	家庭人均收入水平以上 ——中产家庭	11.1
25001—35000 元	3.0		
35001—55000 元	3.4		
55001—75000 元	2.3	中产家庭（中等收入）	5
75000 元以上	2.7		

注：2012 年重庆城镇家庭人均可支配收入 22968 元；中产家庭收入标准 6 万—50 万元。

第三，从职业院校制造业相关专业学生父母亲的职业来看，一半以上学生的父母为农民，其次是个体户或一般员工，父母为干部或专业技术人员的学生极少（表5—3），其中干部［在党政机关任职的微乎其微（母亲 2.5%，父亲 3.8%）］。父母的职业类别在一定程度上代表其社会地位，从现有结构上可以看出，稍有社会地位的家庭都不愿意将子女送到职业院校就读制造业相关专业，也折射出社会对职业院校及其培养的制造业技能人才的认可度不高。

表 5—3 职业院校学生父母职业分类比例

职业	占比（%）	
	母亲	父亲
农民	53.2	52.2
个体户	13.7	16.6
无业	11.1	4.3
一般员工（企事业单位及党政机关）	14.8	15.8
干部（企事业单位及党政机关）	2.5	3.8
专业技术人员（企事业单位及党政机关）	1.1	2.7

（3）自愿就读占比少，专业的社会感召度低

调查发现，学生选择就读职业院校制造业相关专业的最主要是成绩原因无法达到继续升学要求的，49.18%；其次是出于职业兴趣的占19.85%；再次是基于就业原因考虑占16.28%（其中包括不愿意继续升学，而选择学门手艺后投入社会的部分，考虑到就业难易度而选择职业院校制造业相关专业的部分）；最后是家庭经济条件不允许继续升学而被迫选择职业院校就读制造业相关专业，占10.01%（图5—2）。可见，成绩和家庭经济原因导致的非自愿就读占多数（59.2%），因为职业院校制造业相关专业就业前景或因对专业感兴趣而就读的不到四成。直接反映出职业院校制造业相关专业的社会感召程度较低，没能形成较好的社会口碑和影响力。这不仅影响职业院校制造业相关专业的社会认可度，也影响学生对制造业相关专业的学习积极性和就业积极性。

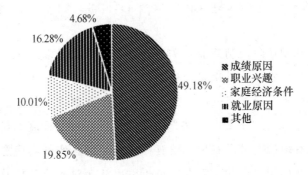

图 5—2 职校学生就读原因统计

2. 职业院校对制造业技能人才系统培养的各个环节有待优化

职业院校对制造业相关专业学生的培养是一个从设置培养目标、规划专业方向，到资金投入、硬件配套、师资配备、培养方式设计的系统工程，任何一个环节有薄弱都会影响开发质量。同时，为确保所培养人才的社会匹配度，这一开发系统还应是开放系统，需要与制造型企业保持紧密配合。从调查来看，职业院校在各个方面都做出了努力，但与迅速发展的制造业技能人才需求相比，还有差距。

（1）对制造业相关专业的培养目标口号化，缺乏务实贯彻

从总体来看，我国的职业教育从诞生之日起就有明确的培养目标，几乎每所职业院校都在实践着"注重与一线职业的对口性，偏重理论的应用、实践技能和实际工作能力的培养，并以此为核心向外扩散形成有竞争力的综合素质"的办学宗旨，国家也相继颁布条例对职业院校的人才培养提出要求（资料5—1）。查阅职业院校制造业相关专业的培养方案，无疑都体现出了培养实用人才的目标（表5—4）。

表5—4　　　　　　　**职业院校制造业相关专业培养目标举例**

学校	专业	培养目标
重庆某职业学院	机械设计与制造	培养德、智、体、美全面发展，适应机械制造业发展需要，熟练掌握零件数控编程与加工技能，能运用 CAD/CAM 软件，从事数控机床操作、数控加工工艺和程序编制、常规机械加工，掌握机械技术和电气技术的基础理论和专业知识，具备相应实践技能以及较强的实际工作能力，具有机电一体化设备的应用、维护、安装、调试、销售及管理技能的第一线高等技术应用型专业技术人才
苏州某职业技术学院	通信技术	培养学生系统地掌握通信系统的基本理论、基本知识和基本技能与方法，掌握通信设备组装调试技术、单片机控制应用技术、专业工具软件应用技术，具有通信系统的安装、调试能力以及对通信设备生产、技术支持的高端技能型人才
湖北某职业学院	模具设计与制造专业	培养爱岗敬业、诚实守信，德、智、体、美全面发展，掌握模具设计与制造等方面的专业知识及专业技能，面向模具生产领域第一线，从事模具设计、制造、装配与调试、模具加工设备的调整与操作的实践能力强和具有良好职业道德、创新精神、可持续发展能力的高端技能型人才

续表

学校	专业	培养目标
北京某职业技术学校	汽车技术	本专业培养社会紧缺的汽车电子技术人才。人才定位为在生产、管理、销售和服务第一线工作的高素质、高技能型专门人才。经过三年学习，毕业生具备扎实的汽车电子技术基本技能和综合职业能力
浙江某职业学院	纺织工程专业	培养具有良好专业技术素质和科学、人文素养，掌握纺织科学基本理论与专业实践知识，具备从事纺织产品设计、纺织生产加工技术与设备管理、产品质量控制、纺织品贸易与营销的知识结构与能力，能在从事生产制造、贸易营销、检测检验、设计研发等相关纺织行业企业、公司胜任产品设计与开发、生产加工工艺设计、产品质量控制、产品测试与检验、内外贸易、市场营销等方面工作的高级应用型专门人才

资料5—1　国家有关职业院校人才培养的相关文件

　　2002年，国务院颁发了《国务院关于大力推进职业教育改革与发展的决定》，文件中明确指出职业院校认真贯彻党的教育方针，全面实施素质教育，要加强"爱岗敬业、诚实守信、办事公道、服务群众、奉献社会"的职业道德教育，加强文化基础教育、职业能力教育和身心健康教育，注重培养受教育者的专业技能、钻研精神、务实精神、创新精神和创业能力，培养一大批生产、服务第一线的高素质劳动者和实用人才。2006年，《教育部关于全面提高高等职业教育教学质量的若干意见》中指出，要高度重视学生的职业道德教育和法制教育，重视培养学生的诚信品质、敬业精神和责任意识、遵纪守法意识，培养出一批高素质的技能型人才。

　　然而，这些目标在实际过程中，却没有得到完全的落实。可以从学生评价和用人单位反馈中得到印证。

　　第一，职业院校制造业相关专业学生对所学知识有用性评价不高。调查中，职业院校制造业相关专业学生在面对"你认为自己在学校期间所学的知识技能，对你未来的工作有没有什么用"这一问题时，只有不到一半（45.5%）的学生认为是"有用"的，10.5%的学生认为"没用"（图5—3）。以李克特五点式计分法对该评价进行分数转换后（完全没有用＝1分，基本没用＝2分，一般＝3分，比较有用＝4分，非常有用＝5分）得出的评价均分为3.44分，处于中等水平。不同性质的职业院校比较分析，成人中等职业学校制造业相关专业学生对有用性的评价度相对最低，仅2.80分；技工学院、职业高中学生的评价度相对较高，但标准差也偏大（表5—5）。可见，看似漂亮的培养目标并没有让学生真正完全的受用，目标的价值性大大降低。

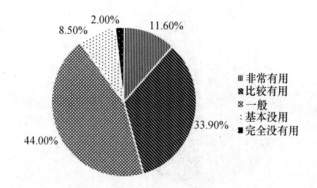

图5—3　职业院校制造业相关专业学生对所学知识有用性评价

表5—5　　　　　　**不同职业院校性质学生对所学知识有用性评价**

院校性质	均值	标准差
技工学校	3.68	0.93
职业高中	3.58	1.02
中等（专业）职业技术学校	3.47	0.87
高等职业技术学院（高职）	3.42	0.85
高等专科学院（高专）	3.35	0.83
成人中等职业学校	2.80	0.45

　　第二，制造型企业对职业院校培养学生的质量评价不高。根据对制造型企业的问卷调查结果显示，面对"贵企业认为职业院校培养的技能工人质量，与企业实际需求的符合程度如何"这一问题，做出评价

的 156 家企业对职业院校培养质量的认可程度较低，其符合程度评分均分为 2.51 分（最高为 5 分），且企业间差异较大（标准差 0.914），认为"较为符合"和"非常符合"的只占 14.74%，而"不太符合"和"很不符合"的占到了 46.8%（图 5—4）。通过多选题进一步追问职业院校学生素质与企业需求的具体差异，发现被调查的制造型企业中 36.1% 的企业认为差距在于操作水平上，其次为职业态度与个性和价值观，分别为 28.9% 和 23.5%，而理论水平的差距排在最后，为 10.2%（表 5—6）。

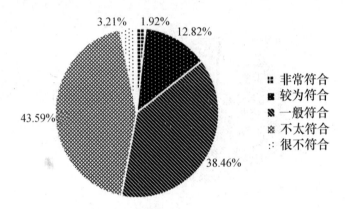

图 5—4   制造型企业对职业院校的人才培养质量符合程度评价

表 5—6   职业院校培养学生与制造型企业需要差距分析

学生素质	频 次	百分比（%）
操作水平	60	36.1
职业态度	48	28.9
个性和价值观	39	23.5
心理素质	27	16.3
职业道德	18	10.8
理论水平	17	10.2

从学生的亲身学习感受和制造型企业的实际用人效果来看，职业院校有关制造业技能人才培养的目标都没有很好的落实，特别是"实际操

作能力"这一关键素质的培养与需求存在较大差距。从后面的培养条件和方式的调查结果看，也能找到对该问题的印证。

（2）制造业相关专业人才培养的软硬条件有待提高

培养条件是保障培养目标得以贯彻落实的基础，从培养条件的配备来看，也能窥到职业院校对培养目标的理解程度和真正践行力度。从资金投入、硬件配套和师资队伍三个方面来考察可以发现：

第一，对制造业相关专业建设的资金投入不足。充足的资金投入是职业院校发展的支持条件，保证必要的软硬件设施、教学环境的改善，保证学生在校期间得到相应的培养机会，提高人才培养质量，达到行业发展对职业院校培养目标的需求。而目前，职业院校的经费投入仍存在一定的缺口，且经费运用上不完全均衡，特别是在相关高新技术设备的更新和高级人员的聘用经费上的不足，对培养符合行业发展需求的技能人才存在一定的不利影响。据《中国教育统计年鉴（2012年）》统计数据显示，2011年全国高职高专生均经费投入为7999.51元，其中个人部分为4022.12元，占50.28%；基本建设为431.16元，占5.39%；公用部分①为3546.23元，占44.33%。中等职业学校生均经费投入平均为6408.77元，其中个人部分为3935.43元，占61.41%；基本建设为260.49元，占4.06%；公用部分为2212.85元，占34.53%。无论是高职高专还是中职学校，支出项目众多的公用经费占比都不高，再除去其中的公务费、修缮费等，真正用于实验实习、设施设备、文体图书的经费就所剩无几了。一项有关重庆市中职院校经费情况的调查显示，重庆市中职学校的办学经费缺口巨大，财务总体收支情况呈现赤字，参与调研的28所学校中收支平衡、盈余和负盈余的学校所占的比例分别为18%、4%和78%；同时，专业教育经费严重不足，66%的学校生均专

----

① 生均经费的公用部分包括：学校维持正常运转所需开支的业务费、公务费、设备购置费、修缮费和其他属于公用性质的费用等方面。其中，业务费是指为开展教学活动所发生的各项业务费用，包括教学业务费、实验实习费、文体维持费、宣传费等；公务费是指为开展教学活动所发生的办公费、水电费、取暖费、公用差旅费、会议费、邮电费、机动车辆燃料费等；设备购置费是指因教学和管理需要购置的仪器设备、文体设备、图书及其他设备；修缮费是指教学和管理用房屋、建筑物和各类设备维修所发生的人工、材料费用以及不够基建立项的零星土建工程费用；其他费用是指上述费用以外的有关支出，包括按规定提取的职工教育经费等，人员经费和基建投资等方面的开支不包括在内。

业教学经费缺口在 800—2000 元，20% 的学校生均专业教学经费缺口低于 800 元，14% 的学校生均专业教学经费缺口超过 2000 元，且主城区中职学校由于办学成本较高，其生均专业教学管理经费缺口比区县学校要高。①

第二，制造业相关专业的硬件配套不完备，影响学生的实践机会和操作能力。在硬件设施和设备上，近年来，随着职业教育的重要性凸显，教育经费的投入增多，职业院校在硬件设置的配置上正逐步优化，各职业学校的办学能力和办学条件得到了极大的改善。但同时，据全国教育科学"十一五"规划国家级课题"区域职业教育均衡发展"调查数据显示，从具体监测指标的达标情况看，中职学校生均校舍面积指标全国没有一个省区总体达到 20 平方米/生，生均仪器设备值指标有 23 个省区没有达到 2500 元/生，每百名学生拥有计算机数量有 23 个省份未达到 15台。总体来看，东部地区硬件设置与设备配备较为齐全，中西部地区达标情况较差；中职教育办学条件达标情况总体较差，而高职教育办学条件达标情况总体较好。

必要的设施设备等硬件条件的完善是保障职业院校学生良好的培养条件保障。随着科学技术的发展，制造业正从劳动密集型向技术密集型、知识密集型转变。在实际操作中，高技术含量的设备和产品不断涌现，对制造业技能工人的操作能力和综合素质提出了更高的要求，企业技能工人在工作中需要的不只是熟悉工作原理，更重要的是对相关仪器设备做出相应的反应。目前，职业院校在硬件配套设施上的不完善将导致学生难以提高对器械的实际操作能力，难以满足制造业发展对职业院校毕业生提出的能力素质需求，毕业生在进入制造业之后，仍需要较长的技术适应期，这对职业院校毕业生的个人长远发展和制造业行业的快速发展都形成了一定的阻碍。

课题组通过问卷调查发现，职业院校学生对学校教学质量的满意度评价结果均值为 3.59 分，其评价高于一般水平而低于较好水平。其中，8.88% 的学生表示非常满意，52.12% 的学生表示比较满意，

---

① 参见周凯《我国中西部地区中职教育办学条件亮红灯》，2011 年 9 月，《中国青年报》（http://zqb.cyol.com/html/2011–09/19/nw.D110000zgqnb_20110919_2–11.htm）。

39.0%的学生做出了一般或不满意的评价（图5—5）。而在这些表示不满意的学生中，有高达6.35%的学生将学校硬件设施落后作为其对教学质量低评价的主要原因，甚至超过了专业课程设置和师资力量的影响。从狭义的角度来说，硬件设置主要包括与专业相关的技能设备等，从广义的角度来说，教学场地、住宿场地等基础设施也涵盖在内，职业院校应合理分配资金，为学生的发展提供必要的支持与保障。

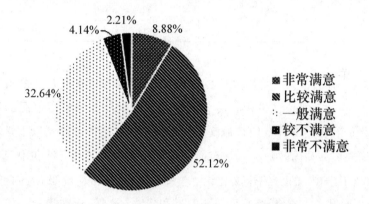

图5—5 职业院校制造业相关专业学生对学校教学质量的满意度评价

第三，制造业相关专业的师资总量不足，质量参差不齐。数量方面，我国职业院校师资队伍数量总量仍存在一定的不足。据国家统计局2013年统计年鉴数据显示[①]，从2005年到2012年，中等职业教育专职教师数从75万人上升到88.1万人，与此同时，由于中等职业教育的大规模扩招，在校学生数从1600万人上升到2113.7万人，专任教师与学生数量的生师比在2009—2011年达到25∶1以上的较高水平，在2012年，这一数据有所回落（表5—7）。在教师精力有限的情况下，过大的生师比差距将导致教师难以充分了解学生的情况，对教学效果以及职业院校学生的成长带来不利影响。

---

① 参见《2013年中国统计年鉴》，中华人民共和国统计局（http://www.stats.gov.cn/tjsj/ndsj/2013/indexch.htm）。

表5—7   2005—2012年中等职业教育师生数量统计

年份	专职教师数（万人）	在校学生数（万人）	生师比
2005	75	1600	21.33：1
2006	79.9	1809.9	22.65：1
2007	85.9	1987	23.13：1
2008	89.5	2087.1	23.31：1
2009	86.9	2195.2	25.26：1
2010	87.1	2238.5	27.70：1
2011	88.2	2205.3	25.00：1
2012	88.1	2113.7	23.99：1

质量方面，其一是职业院校教师的学历水平参差不齐。据国家教育部对中等职业学校（机构）专任教师、聘请校外教师学历情况的统计数据[①]，仍有相当部分专任教师仅具有专科学历或高中阶段及以下学历，与《中华人民共和国教师法》规定的"取得高级中学教师资格和中等专业学校、技工学校、职业高中文化课、专业课教师资格，应当具备高等师范院校本科或者其他大学本科毕业及其以上学历"的标准相比，仍具有一定的差距。据2012年的相关数据表明，中等职业学校专任教师中学历达标比例为86.95%（其中研究生比例仅为5.15%），专科及以下的比例为13.05%；从专任教师职称看，正高级、副高级职称分别只占0.59%、22.39%，而比例最大的为中级职称人员和初级职称人员（表5—8）。其二是职业院校教师的教学经验较为缺乏，资料表明，职业技术院校66.6%的教师是从学校毕业后直接上讲台，有的学校甚至高达96%，大多数教师的实践工作年限偏短，尤其是青年教师大多缺乏专业实践经验和必需的专业技能；有实际工作经验和技能的骨干教师和专业教学带头人匮乏[②]。其三是"双师型"教师的占比问题。"双师型"教师即同时拥

---

① 参见《中等职业学校（机构）专任教师、聘请校外教师学历情况（合计）》，中华人民共和国教育部网站（http://www.moe.gov.cn/publicfiles/business/htmlfiles/moe/s7567/201308/156506.html）。

② 参见解丽娟《中等职业学校师资队伍建设策略研究》，硕士学位论文，浙江师范大学，2010年。

有教师资格和中级以上技术职务（或职业资格）的教师，"双师型"教师队伍建设是我国职业教育教师队伍建设的特色和重点，据 2005 年全国中职学校专任教师调查结果，"双师型"教师仅占 12.45%，有 17 个省份低于全国平均水平，其中西部所占比重较大，据孟令臣等人的调查结果[①]，2010 年在全国抽查的 31 所职业院校中，"双师型"教师所占比例为 29.9%，可见"双师型"教师占比较低，教师技能水平的缺乏将不利于职业院校学生技能水平的提高，进而影响制造业技能人才的供给与培养。

表 5—8　　2012 年中等职业学校专任教师学历情况统计[②]　　单位：人

	合计	博士	硕士	本科	专科	高中及以下
专任教师	684071	792	34425	559588	85177	4089
其中，女	341753	329	19594	286198	34480	1152
实习指导课教师	24893	10	580	16626	6991	686
正高级	4018	207	641	2795	354	21
副高级	153165	302	10306	132511	9800	246
中级	277495	181	13432	229862	32541	1479
初级	191865	33	6311	155599	28503	1419
未定职级	57528	69	3735	38821	13979	924

（3）以校企合作为主的多元化培养方式开始形成，但积极性和效果有待提高

高素质的制造业技能人才必须经过理论与实践结合的多元化方式的培养和训练，在此基础上掌握必要的理论知识和应用技能，能够熟练地从事操作和维修等技能工作。实践表明，充分的校企合作对提升制造业技能人才素质具有重要的意义。从形式上看，目前的校企合作方式多样（资料 5—2），并有制度化的时间作保障；但从效果上看，始终存在着应用技能和操作能力锻炼不足的问题，与满足制造业行业

① 参见孟令臣、曹晔《高职院校"双师型"教师队伍抽样调查分析》，《中国职业技术教育》2012 年第 9 期。

② 参见《2012 年教育统计数据》，中华人民共和国教育部（http://www.moe.gov.cn/publicfiles/business/htmlfiles/moe/s7567/201308/156506.html）。

发展需要以及技能人才的需求目标存在一定的差距，具体包括以下两个方面：

资料5—2　职业院校与企业合作培养制造业技能人才的方式

目前职业院校与企业合作的主要方式包括：订单式委托培养、学生到企业顶岗实习、与职业院校合作培训现有员工、企业到学校进行专场招聘等。

订单式委托培养。即职业院校与用人单位签订用人协议，职业院校根据市场需求进行专业设置调整以及人才的招收与培养，充分利用双方资源，实现预定的人才培养目标。订单式培养的特点是学生录取以及在校学习全程在校企共同管理之下，订单时间较长，生源录取广泛，学校招生等同于企业招工。通过不断的沟通与协调，最终形成符合企业人才需求状况、岗位技能要求的培养方案，此类培养方式是目前职业院校培养中采纳较多的形式。

学生到企业顶岗实习。顶岗实习，是指在基本完成教学实习和学过大部分基础课之后，到专业对口的现场直接参与生产过程，综合运用本专业所学的知识和技能，以完成一定的生产任务，并进一步获得感性认识，掌握操作技能，学习企业管理，养成正确劳动态度的一种实践性教学形式。在《国务院关于大力推进职业教育改革与发展的决定》中提到，中等职业学校在校学生最后一年要到企业等用人单位顶岗实习，高等职业院校学生实习实训时间不少于半年。建立企业接收职业院校学生实习的制度，实习期间，企业要与学校共同组织好学生的相关专业理论教学和技能实训工作，做好学生实习中的劳动保护、安全等工作，为顶岗实习的学生支付合理报酬。

与职业院校合作培训现有员工。职工培训，通常是指对职工进行学历教育以外的一切教育与训练活动，其目的是不断提高职工的本职工作能力，以适应生产、工作的需要。职业院校参与在职员工培训，是指校企双方开展合作，充分利用职业院校的教学设备及师资优势，将职业院校作为员工的培训基地。

企业到学校进行专场招聘。与大型集中招聘会不同，企业专场招聘是指企业根据自身招聘计划，在与学校做好前期沟通的基础上，于特定的时间到相关的院校进行单独的招聘。由于专场招聘建立在企业对学校的专业设置及人才质量有一定了解的基础上，且参加专场招聘的多是相关对口专业、对企业有一定兴趣的学生，因此，专场招聘的效率较高，是目前企事业单位在校园招聘中广泛使用的方式之一。

第一，职业院校难以满足企业需求，企业合作动力弱。企业的目标是创造利润，提高经济效益，与企业开展合作即是对潜在劳动力的投资行为，以期在未来的生产过程中通过人才的竞争力提高企业效益。然而，由于职业院校教学培养等各方面条件的限制，未形成与企业岗位所对应的职业能力相适应的教学体系，其培养学生的能力水平难以在短期内满足企业的需求，甚至对企业形成一定的负担，造成企业的合作积极性低、校企合作关系脆弱。以实习实践环节为例，制造型企业接收职业院校的学生参与实习，为其配备指导教师和安排吃住都需要花费一定的成本，并且在实际操作时，由于学生对相关机器设备的生产操作不熟悉，可能影响制造型企业生产的产品质量和生产成本增加、生产效率的降低，甚至出现安全事故，在管理成本增加的同时也增加了企业的风险。因此，在校企合作中，学校热、企业冷的局面尚存，由于缺少相应的动力和约束条件，职业院校与企业合作不稳定、不深入、不实在的情况没能从根本上改变。

第二，企业未充分重视合作关系，合作层次较浅。职业院校与企业合作过程中，从供需关系看，职业院校处于供应方，而企业处于需求方，按理企业应该比学校更积极，而实际情况却往往是，寻求合作机会的多为职业院校，而企业多处于被动迎合的状态，其合作的意愿较弱，认识不到合作的长期价值，对合作关系不够重视，一旦与一所职业院校的合作出现问题时，便很快选择下一所院校或放弃合作，转而从社会中招聘需要的技能人才以弥补缺口。目前，校企合作仍较多地停留在项目支持和实习基地的提供等浅层次的表面的合作上，而从源头上合作的订单式培养等深度合作开展范围仍相当有限，在专业设置、课程开设、教材选用等课程体系的设置上，缺乏合作与交流，难以建立起学校与企业间可持续发展的循环互动机制，进而影响了学校与制造业行业发展间的循环互动。

3. 职业院校的人才培养对制造业技能人才队伍的贡献率低

职业院校学生作为制造型企业技能人才新生力量的主要来源，其培养成效最终要体现在就业上，职业院校学生的整体就业率，特别是从事制造业技能工人的情况不仅关系到技能人才队伍的总量，也影响其整体质量。调查发现，近年来虽然职业院校学生的整体就业率较高，学生对就业前景也较为乐观，但学生对从事制造业技能工人的积极性不高，职业院校培养的学生对整个制造业技能人才队伍的贡献率低。究其原因，除了社会、行业等环境因素外，学校在就业指导方面的系统性工作缺失也较为明显。

（1）职业院校学生从事制造型企业技能工作的意愿较低

有报告显示，以第二产业中的"制造业"为例，2007—2011 年中职毕业生就业去向统计，共有 600 多万的中职毕业生就业于制造业。[①] 中职毕业生在数量比例上是制造业主要的人力资源。然而，本次抽样调查显示，当问及"毕业之后，你是否愿意到制造型企业一线当技能工人"时，职业院校制造业相关专业学生到制造型企业就业的意愿均值得分只有3.06 分（满分为 5 分），其中，明确表示愿意的仅有 31.8%（其中，非常愿意的占 7.9%，比较愿意的占 23.9%），明确表示不愿意的占 27.3%（其中，不太愿意的占 20.6%，非常不愿意的占 6.7%），另有 40.8% 的学生表示说不清楚态度（图 5—6）。可以认为，职业院校制造业相关专业学生从事制造业技能工作的意愿不高，这为制造业技能工人的长期缺失埋下了前因。

为进一步探讨学生不愿意从事制造业技能工作的原因，课题组对职业院校学生对制造型企业的刻板印象进行了调查，发现职业院校学生对制造型企业技能工作的印象主要是负面印象（图 5—7）：工作又苦又累（49.8%），工作枯燥、乏味（46.8%），工作环境差（37.9%），员工

---

① 参见《中职：贫寒学子撑起产业半边天》，2013 年 2 月，光明网（http://epaper. gmw. cn/gmrb/html/2013－02/28/nw. D110000gmrb_ 20130228_ 1－05. htm）。

地位低（26.1%），危险的行业（24.3%），工作压力大（23.8%），员工学历低、素质低（20.9%），社会声誉较差（14.3%）。正是对制造型企业技能岗位工作的负面印象，大大降低了职业院校学生的就业意愿。

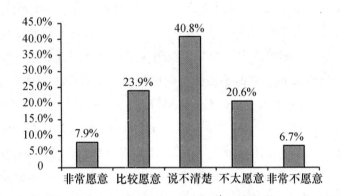

图 5—6　职校学生到制造型企业就业意愿

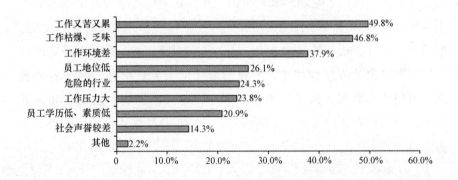

图 5—7　职校学生对制造业技能工作印象

（2）高就业率与低回报值的落差导致职校学生就业稳定性差

由于企业技能人才的整体不足和企业用工的周期性短缺，职业院校学生就业率一直较高。根据各地区公布的数据显示，2007—2012 年，职业院校毕业生就业率一直保持在 95% 以上，高于普通高校毕业生的平均就业率。这在一定程度上推高了职校学生对就业的盲目乐观，特别是对薪酬待遇的过高要求。本次调查发现，在理想薪酬上，职业院校学生所期望的月收入（到手现金收入）水平较高，选择 6000 元以上的占 30.7%，4501—6000 元的占 19.8%，3001—4500 元的占 34.3%，1501—3000 元的占 13.4%，1500 元及以下的占 1.8%，即是说，84.8% 的职校学生期望薪酬水平在每月 3000 元以上。然而，职业院校学生高就业率的背后却是就业质量较低的现实落差，具体体现为：第一，薪酬待遇较低。被调查的技能人才平均到手的年收入为 3 万元，使八成多的职校学生的薪酬期望落空。而调查中职校学生被问及"假如你毕业后进入制造型企业，若薪酬和发展机会都不能满足你的期望，你最多工作多久会离开"时，4.3% 的学生表示一天也不愿意多待，9.7% 的学生选择 1 个月以内，28.7% 选择 1—6 个月，34.7% 会选择 6 个月—1 年，只有 22.5% 的学生表示会留一年以上（图 5—8）。第二，专业对口率低，成长基础弱。职业教育主要培养从事生产一线操作或管理技术工作的人员，其就业的最大资本或优势就是专业特长。但从实际情况看，一半以上的毕业生初次所从事的岗位与自己所学的专业不对口或基本不对口；对制造型企业现存技能工人的抽样调查显示，其从事的工作与职业院校学习的专业不对口率为 52.5%。所学专业技能无用武之地，工作所需技能又要从头学起，削弱了其晋升、成长的基础。第三，工作安全感较差。制造型企业的订单式生产带来的周期性用工，导致部分技能人才长期处于灵活就业状态，即便留下的也充满工作不安全感，就更不用说职业满足感和成就感。这对制造业技能人才的长期培养、社会形象的塑造等产生长远的负面影响。

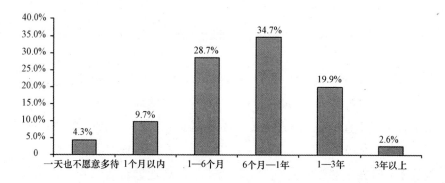

图 5—8 若薪酬和发展机会不能满足期望时职校学生的留职时间

（3）职业院校对学生的就业指导缺乏系统性设计，对从事技能工作的引导不足

职业学校的就业指导是对职业院校学生在就业意愿、择业标准、职业价值观以及成长发展规划等方面进行专业化梳理和专门帮助的过程。对学生的职业选择和求职成败具有重要影响。上面所调查发现的诸如职业院校学生对制造型企业技能岗位过多的负面印象、对薪酬的过高期望、职业稳定性不足等问题，都在一定程度上反映出就业指导工作的不足。调查发现，目前职业院校的就业指导存在的问题主要表现为：

①就业指导的重要性认识不充分，缺乏完善的就业指导机构

现代职业存在着复杂性、多样性、紧张性的特点，这就要求从业者具有较高的心理健康水平和职业承受能力。比如对自己的能力估计恰当，具有正视现实、学习新知识的能力，具有良好的人际关系、愉快稳定的工作情绪、良好的意志品德等。[①] 因此，正确评估自己的能力和性格是适应现代职业的重要前提。然而，目前很多职业技术院校对学生就业指导的重要性认识不到位，仍还没有从真正意义上认识到就业指导对职业院校学生就业的重要性，未给予足够的重视，对就业指导的资金、人员、办公场所等投入较少。

拥有一批专业化的就业师资队伍是做好职业院校学生就业指导工作的关键所在。访谈发现，很多学校的就业指导是由临时班主任进行指导，缺乏专业权威的就业服务机构和就业师资队伍，再加上学校也没有成立培养和培训就业指导师资队伍的机制，对学生就业指导工作缺乏权威性与专业性，导致职业院校学生就业比较盲目，甚至有些职业院校将就业指导简单地等同于毕业前的突击指导和对就业的管理。因此，对学生的就业指导，仅限于提供就业信息、就业政策解说，求职技巧指导、推荐学生就业及办理手续等具体烦琐的事务性工作上，往往专业性的辅导却仅仅依靠于几堂讲座，无法满足学生就业指导的需要。

②就业指导形式单一，未形成系统、科学的就业指导服务体系

系统科学的就业指导体系应包括从入学初期的专业素养、专业认同

[①]　参见李旭才《浅析职业院校学生的就业指导》，《中国教师》2009 年第 1 期。

培养，到切合实际的自我评估和职业环境了解，再到个性化的职业选择指导和求职技巧训练。其目标在于建立起学生自身合理的职业价值观和职业把控能力，促进其自主选择最适合的职业。但调查发现，第一，大多职业院校学生对用人单位和工作环境的了解都仅源于毕业实习，在这之前缺乏有效的信息渠道。第二，部分职业院校将就业指导仅仅理解为毕业实习，甚至为了追求表面的高就业率，简单地将学生往用人单位输送，既没有介绍宣传岗位特点或就业环境，也没有引导学生建立适宜的就业理念，更缺乏实习期间的人性化关怀和跟踪调查，导致职校学生在实习期间心理落差大、职业茫然。因此，在问到职业院校学生"为了实现学生未来顺利适应工作岗位的要求，学校采取的下列措施中，你最认同的是什么"时，"在就业指导层面，重视学生就业、加强就业指导、搭建就业平台及完善的就业信息渠道"成为职校学生的首选，高达 74.1%的学生期望学校加强就业指导来提高岗位适应性（表 5—9）。

表 5—9　　　　　　　　职业院校学生最期望的学校措施（多选）

编号	内容	频率	百分比
1	在就业指导层面，重视学生就业、加强就业指导、搭建就业平台及完善的就业信息渠道	1291	74.1%
2	在学生培养层面，加大培养力度、重视学生素质提升、加强应用型人才培养	1287	71.9%
3	在学校教育层面，加强校企联合，增加企业紧缺人才培养和供给	1001	61.0%
4	在操作层面上，采取各种有效措施如就业实习基地建设、就业形势分析、政策落实等，切实加强学生就业素质培养	1247	71.2%
5	在沟通协调层面上，加强与学生家长的沟通，发挥家长教育、引导作用	308	24.7%

③职业院校简单粗放的顶岗实习，挫伤了学生从事技能岗位的工作积极性

职业院校组织学生到企业实习主要有两种情况：一种是教学过程中的实习，另一种是第三年的顶岗实习。《国务院关于大力发展职业教育的

决定》中也提出了"2＋1"模式，即在学校学习2年，第三年到企业去实习。其目的是提高学生的实际职业技能、促进学生就业。但是访谈发现，很多职业院校把顶岗实习与就业画等号，采取强制实习（不去实习就会拿不到毕业证书），单纯追求就业率，而忽视学生在实习中的感受，导致不少学生在工作任务重、管理缺乏人性化的实习期间对制造型企业技能岗位产生了抵触情绪，从业意愿和工作积极性严重受挫。具体表现为：第一，工作任务繁重。教育部2007年下发的《中等职业学校学生实习管理办法》第五条规定，不得安排学生每天顶岗实习超过8小时，但现实中由于学生所谓的顶岗实习等同于实际工作，再加上制造行业的工作时间普遍较长，使得实习学生长期承担繁重而单调的工作，工作厌倦感快速滋生。第二，企业的功利化用工让学生难以接受。由于顶岗实习的学生技能不熟练，甚至部分是专业不对口，只能从事边缘性、缺乏技术含量的辅助性工作。加上部分企业只把顶岗实习作为缓解用工紧张的手段，缺乏对学生的耐心培养，相关指导不到位。导致学生不但不能在实习中实现教学交替、提高技能的效果，反而有种被利用感和工具感，自尊受到打击。第三，实习过程中的职业适应性心理问题被忽视。学生从单纯的读书学习突然转变为职业人身份，对任务的完成压力、管理制度的遵从压力以及人际关系处理压力等一时间很难适应，产生的困惑、迷茫得不到实习企业和学校的有效疏导，对制造型企业技能岗位产生恐惧感。

　　正是由于上述多方面的原因，致使部分职业学校培养的学生不愿意走进制造型企业，成为技能人才，即便在企业待上一段时间也急于离开。为此，采取有效措施提升职业院校的人才培养质量，激发学生从事技能人才的成就动机，以扩大我国"制造业强国"所需要的高层次技能人才总量实属非常重要。

（二）制造型企业技能人才开发中的问题分析

　　在制造业技能人才的开发中，除了职业院校对相关专业学生的培养外，制造型企业本身对技能人才进行的开发与培训也是提高技能人才质量、吸引技能人才、促进行业发展的重要途径，为人才的开发提供了平台。整体来看，制造型企业对技能人才的开发，遵循一般人力资源开发的基本途径，可分为以下五个方面：（1）储备性开发，通过招聘适度的储备技能人才以随时满足制造型企业发展需要。（2）配置性开发，根据技能人才的具体特点将其配置到恰当的岗位上，为充分发挥技能人才效能提供平台。（3）整合性开发，通过评价、考核等方式，充分挖掘、调动技能人才的效能，优化技能人才队伍的结构。（4）提高性开发，通过教育培训、职业规划等形式提高技能人才的素质与技能，指导其认识自己并明确发展方向，实现技能人才成长与制造型企业发展同步。（5）保持性开发，通过薪酬、奖励、企业文化等方式，使技能人才的付出得以合理回报，从而安心和积极工作。① 根据访谈和问卷调查结果，分别从这五个方面归纳目前制造型企业在技能人才开发中存在的主要问题。

1. 制造型企业技能人才储备性开发中的问题

（1）招聘渠道针对性和投入不足，对技能人才资源挖掘有限

招聘渠道的选择是解决制造型企业对技能人才储备性开发的来源问题，根据行业特点、企业特点以及招聘职位的类型选择合理的招聘渠道，充分利用内外部人力资源，是企业人才供给、实现资源有效配置的保证。然而，从其结果来看，主要存在两方面问题：一是制造型企业在招聘渠道的选择与利用上，仍缺乏足够的针对性；二是制造型企业在面临"招聘难"问题的同时，对招聘的投入与监管不足，难以保证招聘质量。

①制造型企业主要招聘渠道针对性不足，对技能人才缺乏吸引力。从企业角度来看，对制造型企业的抽样问卷调查结果显示，企业吸引技能人才的招聘途径主要有：内部熟人介绍（72.3%）、人才市场招聘（69.5%）、网站广告（39.5%）、校园招聘（24.9%）、政府专场招聘会（20.9%）、职业中介机构（20.3%）、平面广告（6.2%）、政府部门组织推荐（8.5%）。可见，企业招聘技能人才的途径主要依靠内部熟人介绍、人才市场招聘。从农民工和技能人才的就业渠道来看，问卷调查表明，农民工的就业渠道主要为：通过老乡或亲戚朋友推荐（64.9%）、自己到劳动力市场或人才市场找机会（33.9%）、通过电脑上网查找招工信息（27.8%）、用人单位入村招工（22.5%）、自己通过报纸、电视等查

① 参见徐宏《人力资源开发的途径》，《中国人口报》2007年12月21日。

找招工信息（12.2%）、通过政府或中介有组织的劳务输出（7.8%）；职校学生的就业渠道主要为：校园招聘会（39.3%）、学校或老师推荐（38.7%）、社会关系（36.6%）、各种人才市场（33.6%）、网络工具（18.6%）（表5—10）。就制造型企业技能人才的招聘渠道与技能人才供应主体的就业渠道的对应结果来看，一方面，熟人介绍和人才市场招聘成为企业招聘的主要渠道；另一方面，企业招聘的其他渠道，如职业中介机构、平面广告等招聘渠道等，对潜在的技能工人供给群体影响较小，与农民工和职校学生的职业选择媒介间存在一定的差异，制造型企业在储备性人才的开发上，招聘渠道的针对性不足，其开发的经济效益仍有待提高。

表5—10　　　　企业技能人才招聘渠道和技能人才供应主体就业渠道（多选）

主体	渠道	占比（%）
企业技能人才招聘	内部熟人介绍	72.3
	人才市场招聘	69.5
	网站广告	39.5
	校园招聘	24.9
	政府专场招聘会	20.9
	职业中介机构	20.3
	政府部门组织推荐	8.5
	平面广告（如报刊等）	6.2
	其他	6.2
农民工就业渠道	老乡或亲戚朋友推荐	64.9
	劳动力市场或人才市场找机会	33.9
	电脑上网查找招工信息	27.8
	用人单位入村招工	22.5
	报纸、电视、广播等查找招工信息	12.2
	政府或中介有组织的劳务输出	7.8
	其他	1.6

续表

主体	渠道	占比（%）
职校学生就业渠道	校园招聘会	39.3
	学校或老师推荐	38.7
	社会关系	36.6
	各种人才市场	33.6
	网络工具	18.6
	不太清楚	16.6
	其他	1.8

②制造型企业在主要招聘渠道上的投入不充分，招聘匹配性不足。由上述分析可知，制造型企业的招聘渠道以内部熟人介绍和人才市场招聘为主。第一，内部熟人介绍作为制造型企业的主要招聘渠道，主要是指通过企业内部的员工推荐自己熟知的亲人朋友到自己所在企业就职，由于公司内部员工对被推荐者和所在企业的岗位信息和工作性质较为熟悉，可以帮助入职者更好地适应企业工作环境，提高就业匹配率，因此该渠道受到制造型企业的广泛欢迎。从现实状况来看，大型制造型企业在该方面的投入较多，例如，2010 年初，由于金融危机之后的企业订单激增，外来务工人员不足，深圳富士康推出了员工推荐老乡有奖励的方法，包括报销到深圳的路费及奖金 200 元，其他一些大型制造型企业也提出根据被介绍人在企业工作时间对老员工进行经济奖励的方法。但对中小型制造型企业来说，虽然企业将内部推荐视为其人员补充的主要渠道，但其相应的奖励和宣传不足，没有对推荐者形成实质性的奖励，在这样的情况下，所形成的推荐往往出于为朋友亲人争取就业机会的考虑，而作为企业补充技能人才短缺的办法效果不突出，加上本身的薪酬福利等难以与优秀制造型企业抗衡，使这些企业难以形成有竞争力的储备人才的开发。第二，人才市场招聘是制造型企业通过在现场招聘会中设置相应的招聘摊位进行招聘的方法，是企业招聘的主要渠道之一。但从储备性人才开发的角度来看，它也存在一定的局限，一方面，企业人才市场招聘具有不规律性，缺乏一定的监督调节机制，制造型企业的人才市场招聘受内外部环境影响大，多数企业仅在人才紧缺严重或有相关

专场招聘会时到人才市场举办现场招聘活动,而未形成长期稳定的人才市场招聘渠道。另一方面,虽然该种招聘形式比较能集中大量的就业人群,但由于应聘者缺乏对企业事先的考察和研究,对企业了解不充分,针对性较差,很多人抱着"观望"的态度,难以找到合适的单位,企业也难以在短时内找到合适的员工,为人才的留用与开发带来了一定的隐患。

(2)招聘条件竞争性不足,对潜在的技能人才吸引力差

招聘条件是制造型企业在招聘技能人才时提供的直接报酬与间接报酬的体现,是吸引技能人才进入企业工作的重要条件之一。问卷调查结果显示,职校学生在选择工作时,57.3%的学生最看重的因素是工资收入,76.7%的农民工在城镇找工作时最看重的因素是工资收入。可见,面对以"工资收入"为主要择业标准的就业群体,制造型企业在招聘中开出的条件,特别是经济报酬条件的好坏,对技能工人的储备人才的吸引具有至关重要的影响。但实际情况是,制造型企业提供的招聘条件普遍缺乏竞争优势。课题组根据对334家制造业技能人才的招聘广告分析可知,多数企业在招聘广告中列出的信息仅为职位信息和对应聘者素质等要求的信息,对技能人才的薪酬待遇等信息不全或者不充分;其中,给出职位月薪的228家企业中,职位月薪在6000元以上的有22家,其余企业在招聘广告中提供的薪酬以2000—4000元为主,少数企业提及了为员工解决吃住问题。由于薪酬水平不高,加之工作环境条件不好,制造型企业对技能人才的吸引力明显不足。对2333名职校学生调查表明,仅有31.8%的学生表示愿意从事技能工作,其余40.8%的学生觉得说不清楚,27.3%的学生表示不愿意从事技能工作;在农民工调查中,38.1%的农民工表示愿意到制造型企业当技能工人,41.1%的农民工表示说不清楚,20.8%的农民工表示不太愿意到制造型企业当技能工人(图5—9)。总体而言,无论是职校学生还是农民工对技能岗位工作的兴趣都不大。

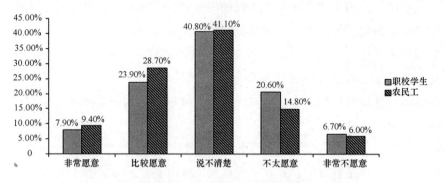

图 5—9 职校学生与农民工从事技能工作意愿

（3）招聘结果不理想，制造业技能人才持续紧缺

招聘结果是技能人才储备性开发评价的直接指标，主要体现在制造型企业的招聘效果如何，是否获得了足质足量的技能人才以满足企业发展的需要。从招聘的结果看，制造型企业的招聘结果并不理想，企业难以通过招聘获得足量的技能人才以满足企业生产发展的需要，人才"供不应求"的状况并未通过有效的招聘得到解决，技能人才的缺口持续存在。

根据中国人力资源市场信息监测中心对全国 103 个城市的就业服务机构市场供求信息的季度监测数据，制造业一线用工短缺的问题已经成为常态。自 2010 年第四季度开始，求人倍率①就一直维持在 1 以上，市场供不应求状况持续。同时，课题组对 178 家制造型企业的问卷调查中，仅有 12.4% 的制造型企业在近两年中从未出现过技能工人紧缺的情况，更有 6.7% 和 17.4% 的企业处于长期紧缺和经常紧缺中。

制造型企业在招聘中，为了解决人才缺口，只能通过放宽年龄限制、学历限制等方法降低招聘条件，部分制造型企业为了缓解用人压力，对一些基础操作岗位，只要是报名的人即予以录用，但即使是这样，企业仍存在用工缺口，同时这样紧急招聘的员工往往对企业缺乏充分的了解，从而造成人员的频繁流动。

——————————

① 求人倍率是指岗位空缺数与求职人数的比值，数值大于 1，通俗来说表示缺人，小于 1 则表示不缺人。

因此，总结制造型企业储备性开发现状，发现企业储备性开发存在以下问题：其一是渠道开发力度不够，招聘渠道有效性有待提升；其二是招聘开出的待遇条件吸引力差，难以吸引到潜在的技能人才供应群体，由此造成制造型企业常常处于技能人才的短缺状态，难以形成储备，对企业的长远发展形成阻碍。

2. 制造型企业技能人才配置性开发中的问题

（1）人员与岗位配置较为粗糙，技能人才能力难以得到充分发挥

人员配置是企业为了实现生产经营的目标，采用科学的方法，根据岗得其人、人得其位、适才适所的原则，实现人力资源与其他物力、财力资源的有效结合而进行的一系列管理活动的总称。合理的人员配置既是实现人力资源效用最大化、提高个体工作效率、促进企业生产发展的保证，同时合理的人员配置也有利于充分发挥人才潜力、提高员工的工作满意度和工作积极性。对 2238 名制造业技能人才的问卷调查表明，在针对"在哪种情况下你会选择离开现在工作的企业"这一问题时，32.6% 的技能工人表示会在缺乏个人发展机会时离开，19.0% 的工人表示会在自身能力得不到发挥时离开，可见配置性开发对人才留用的重要意义，技能人才普遍渴求通过合理的人员配置实现自身能力的开发与提升。

目前，制造型企业的人员与岗位的匹配设置上较为粗糙，停留在简单地将人员分配到岗，岗位的职责清晰度不足、工作绩效评价及奖惩跟不上，影响了技能人才的能力发挥和成就感。技能人才对岗位配置相关条目的满意度均值均在 3 分左右，即维持在一般水平（详见表 5—11，采用李克特五点式量表法，最满意到最不满意，统计时分别按照 5 到 1 分记），与技能人才的预期存在明显落差。进一步比较，男性在配置性开发上的整体满意度高于女性；年轻员工的满意度相对较高，36—55 岁以上员工的工作能够获得成就感较低，该年龄段的员工对工作技能掌握较熟练，个人发展意愿强烈，而他们对配置性开发的满意度较低则反映了企业对个人工作的重视程度不够，员工个人能力难以得到充分的发挥；制造型企业对高学历技能人才（本科及以上学历）给予了较多的重视，而对于更广泛的技能工人主体缺乏充分的管理，岗位配置较粗糙，员工个人发展机会受限，导致中职、高职、大专的技能工人所获得的工作成就

感较低

表 5—11   制造业技能人才满意度调查

满意度条目		个人能力与特长发挥	责任和权力对应情况	工作能够获得成就感	单位的用人机制
均分		3.02	2.94	2.89	2.74
性别	男	3.06	2.97	2.90	2.73
	女	2.97	2.89	2.88	2.78
年龄	25 岁及以下	3.09	3.02	2.95	2.81
	26—35 岁	3.02	2.94	2.89	2.75
	36—45 岁	2.98	2.87	2.85	2.69
	46—55 岁	2.83	2.74	2.68	2.53
	56 岁及以上	2.93	3.13	2.73	2.60
文化程度	初中及以下	3.03	2.02	2.93	2.72
	高中	2.98	2.91	2.84	2.72
	技校/中职	2.96	2.90	2.86	2.75
	高职/大专	3.12	2.93	2.93	2.74
	本科及以上	3.20	3.20	3.02	3.18

（2）岗位调整渠道不足，技能人才的发展需求难以得到满足

随着员工工作能力提高、经验积累，进行岗位调整、畅通员工晋升渠道是留住人才、实现员工成长与企业发展双赢局面的保证。从员工需求角度来看，新时期技能人才，尤其是年轻技能人才也更为关注自身发展，自我成就的需求强烈，渴望获得个人的长远发展和职位的晋升。对2238 名技能人才的问卷调查发现，在再就业重新选择工作的影响因素中，35.3% 的技能工人表示会主要根据发展机会来选择工作，在 35 岁以下的员工中，这一比例更高达 40.3%；同时，在职校学生调查中，表示选择工作时主要看重发展机会的学生占 49.8%。可见，与老一代技能人才相比，新生代技能人才（包括新生代农民工）处在发达的网络信息时代，生活条件较为优越，价值取向更加多元，不仅仅关注企业薪酬待遇水平，更加看重企业晋升机会、发展前景、工作环境、企业文化氛围和职业生涯发展等非经济性薪酬，他们择业不再单纯考虑经济因素，而是综合考

虑经济因素、发展因素、家庭因素等多方面因素。

然而，从制造型企业晋升通道的现状来看，却并没有充分满足技能人才的发展需求。对 2238 名技能工人调查结果显示，对于"当制造业的技能工人没有发展前途"这一说法，表示"非常赞同"或"比较赞同"的技能工人占 67.5%，"不太赞同"或"非常不赞同"的技能工人只占32.5%。调查还表明，技能工人对升职渠道的合理性总体满意度较低（均值为 2.55 分，不满意的占 85.9%），对公司升职机会的公平性也不太满意（均值为 2.65 分，不满意的占 81.8%）。尽管很多企业将员工个人发展机会不足视为企业技能工人流失的主要原因，但在 178 家企业调查中，仅有 23.3% 的企业为了留住技能工人而提升了晋升和发展通道；另外，40% 的企业缺乏对技能人才的职业生涯规划，73.6% 的技能工人对单位的发展前景不满意。加之，技能工人的工作成就感较低（均值为2.89 分，不满意的占 75.4%），更影响了技能工人长期从事该工作的可能性。

由此可见，技能工人职业晋升机会较小，升职渠道的合理性、公平性都有待提升，员工职业发展通道有限，而除了个人发展前景受挫外，制造型企业也未能向员工展现出有激励性的单位发展前景，这样的双重困境更可能导致技能工人工作积极性降低，工作成就感不高，有好机会便离开制造业的恶性循环。发展需求难以得到满足的技能人才缺乏提高工作绩效的内在动力，职业认同感不高，职业兴趣与内在动力不足，进而导致企业技能人才不稳定性问题突出，甚至会影响未来技能人才的长期社会供给，尤其是影响对新生代技能人才的吸引力。

总体来看，制造型企业对技能人才的配置性开发存在以下问题：在人员的任用方面，企业常常将招聘到的员工简单分配到各岗位上，而缺乏对人才的能力和性格特质的充分了解，使技能工人难以充分发挥其个人特长，实现人岗的有机匹配；在人员的发展方面，随着员工在岗位的时间加长，充分了解工作内容后，会产生个人成长的需要，而制造型企业提供给员工的晋升通道有限，往往忽略了员工的自我价值实现，实行粗略的数量化管理，缺乏对人的充分重视，员工在本职岗位上获得的工作动力不足。

3. 制造型企业技能人才整合性开发中的问题

（1）技能人才职业鉴定体系不合理，对技能人才的成长成才缺乏激励

职业技能鉴定是一项基于职业技能水平的考核活动，属于标准参照型考试。它是由考试考核机构对劳动者从事某种职业所应掌握的技术理论知识和实际操作能力作出客观的测量和评价，对合格者颁发技能证书的一项活动。① 技能认证的实施，对技能人才个人而言，有利于技能人才提高理论知识和操作技能，提高个人素质和就业竞争力；对行业发展而言，有利于实现人力资源的充分开发，为劳动力效率的提高和技术的推广、应用、创新提供保证。然而目前，无论是国家对技能的认证层面，还是企业内部对技能认证的推广与应用层面，均存在一定的缺陷，在国家的技能认证尚有待完善的情况下，制造型企业对资格证书的认可度不高，企业内部的认证体系也处于较不成熟的阶段，相关配套奖励与人才建设制度的缺失，使技能人才的能力难以得到有效评价、缺乏目标导向和全面的激励，影响技能人才的成长成才和价值感形成。

①在国家技能认证层面，技能认证标准仍未统一，为技能证书的推广带来了一定的阻碍。以计算机应用的技能认证为例，具有资格证书认证资格的就有教育部、人保部、信息产业部及协会和商业机构等，而各个认证机构对证书要求的技能标准也不尽相同。根据国家统计年鉴数据，2009 年获得职业资格证书的人数为 12320051 人，2011 年获得职业资格证书的人数为 14820504 人，其增长率为 20.3%，特别是普通资格证书的获得人数迅速增长，而技师、高级技师等权威证书获得人数却呈现负增长态势。普通职业资格证书的泛滥，导致证书的含金量大打折扣。

②在企业层面，企业认证体系并未跟上，大部分企业未形成对技能人才的合理评价机制。在技能人才评价方式上，存在比例、年龄、资历和身份界限，没有建立以职业能力为导向，以工作业绩为重点，并注重职业道德和职业知识水平的技能人才评价新体系。一方面，从企业对国家职业技能等级证书的认可程度来看，近年来，虽然我国初步构建了职业技能鉴定体系和国家职业资格证书制度，但是 178 家企业中（图 5—

① 参见陈四英《浅谈高职院校职业技能鉴定存在的问题与对策》，《吉林农业科技学院学报》2013 年第 22 期。

10），仅有61%的企业对技能工人获得的国家颁发的职业技能等级证书相对认可，有38.8%的企业不太认可技能工人获得的职业技能等级证书。同时，进一步研究发现，企业对国家颁发的职业技能等级证书的配套人才管理制度较为缺失。被调查的178家企业在问及"企业有关国家职业技能等级证书工作方面主要采取了哪些制度"时，21.9%的企业表示未采取任何配套制度，46.1%的企业将其作为优先录用为主的参考，作为准入制度的只有15.2%，与工资、晋升挂钩的也较少，分别为29.2%、15.2%（表5—12）。另一方面，从企业内部的职业技能认证制度来看，调查的178家企业中，有71%的企业都没有建立相应的职业技能等级认证制度，只有29%的企业建立了相应的职业技能等级制度，但将技能等级制度与技能人才激励管理体系挂钩的也只有56.8%。

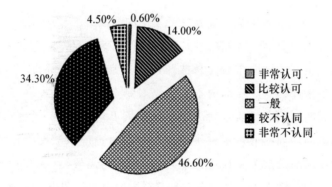

图5—10 178家企业对国家颁发的职业等级认证认可程度

表5—12 178家企业对国家职业技能等级证书采取的配套制度（多选）

制度	频率	百分比（%）
职业等级证书准入制度	27	15.2
职业等级证书优先录用制度	82	46.1
职业等级与工资挂钩制度	52	29.2
职业等级与晋升挂钩制度	27	15.2
定期技能等级鉴定提升制度	24	13.5
技能工人参加职业鉴定奖励制度	15	8.4
基本没有	39	21.9

（2）企业内部薪酬制度的市场敏感性不足，技能人才的稳定性与积极性问题突出

目前我国企业对于技能人才大多采用岗位等级工资制度，由于技能工人所处的技能岗位在企业贡献、岗位素质要求、管理职能等方面的岗位价值评估分数不高，因而岗位等级在企业中一般会低于管理岗位、技术岗位等级水平，导致技能人才在企业的收入水平普遍偏低的现实。在对技能人才的调研中也发现技能人才对工资收入水平的满意度均值为 2.54 分（满分为 5 分），满意度不高。面对技能人才普遍短缺的市场环境，岗位等级工资这一重要经济杠杆难以真正发挥其优化配置资源的导向功能。面对企业内部的收入水平不高，同时外部其他行业薪酬诱惑较大的情况，技能人才的不公平感会不断提升，造成流失严重。

4. 制造型企业技能人才提高性开发中的问题

（1）企业对技能人才素质现状的认可度较低，双方培训意愿强烈

制造型企业的培训作为提高性开发的主要渠道，是制造业技能人才成长的必备条件，企业培训的不到位将对制造业技能人才供需平衡的实现造成不利的影响。目前，制造型企业和员工均表现出了较强烈的培训意愿，这既为培训的开展提供了动力，但同时也应该注意到，强烈的培训意愿背后反映的是企业对技能人才素质现状的忧虑。

从企业的角度来看，根据对 178 家制造型企业的调查，企业对培训表现出了较高的重视程度（图 5—11），24.7% 的企业表示对培训非常重视，53.9% 的企业对培训表示比较重视。表明制造型企业主观上能够认识到培训的价值，愿意对该项工作给予相应的重视。

从员工的角度来看，根据对 2238 位技能人才的调查，整体来看，制造业技能工人具备相应的参训意识，愿意主动参与岗位相关培训，对培训的需求较强，希望通过企业的培训实现自身能力的提升。17.7% 的技能工人对接受岗位相关知识技能培训表示非常迫切，42.7% 的技能工人表示比较迫切，具体统计结果如图 5—12 所示。其中，年龄在 35 岁以下的员工培训需求强于 35 岁以上员工，随着年龄的增长，其培训需求逐渐降低；结合学历发现，高学历员工培训需求较为强烈，各类员工培训需

求程度排序依次为：本科及以上（M① = 3.94）、高职／大专（M = 3.83）、技校／中职（M = 3.74）、初中及以下（M = 3.58）、高中（M = 3.51）。

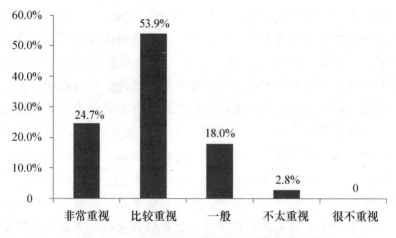

图5—11　178家企业对技能人才培训的重视程度

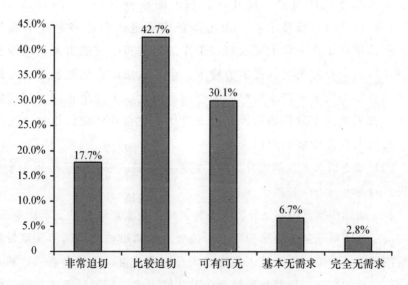

图5—12　技能人才对培训的需求程度

---

①　M为用李克特五点量表调查后计算的均值，范围在1—5，数值越高表明程度越高，下同。

企业和员工强烈的培训意愿在一定程度上反映了目前制造型企业技能人才能力的欠缺，迫切需要通过培训提升工作技能、满足岗位工作需要和个人发展需要。这一点也可以从胜任力调查中找到印证。调查的178家制造型企业表示，仅有36.0%的技能人才的知识技能水平比较能满足所在岗位的工作要求，而对校园招聘的技能工人的能力满足度更低，仅有11.2%。另外，技能人才进入企业之前，参加的职校培养和社会培养不能很好满足企业需求，也是企业与技能人才培训意愿强烈的原因之一。调查发现，企业对社会培训机构培养的技能工人质量的满意程度仅处于中等水平，其均值为3.59，37.8%的制造型企业明确表示社会培养的技能工人质量一般，而较不满意和很不满意的比例则分别达到了4.5%和0.9%，同时，企业对职校培养的技能工人质量与企业实际需求的符合度也不够满意，其满意度均值仅为3.02。从企业员工的素质现状来看，企业对员工的基本素质、职业素养和工作能力的重要性评分分别为3.99、4.49、3.93，而企业现有技能工人的素质的符合程度在这三项上的得分分别为3.45、3.58、3.2（表3—24）。整体上看，无论是新招聘进入制造型企业的新员工，还是正在工作岗位上完成相关工作的老员工，其能力素质均没有达到制造型企业发展对其提出的要求，个人素质的高低限制了企业的生产经营能力发展和技术的应用与创新。因此，无论是企业还是技能工人，都表现出了较强的培训意愿，希望通过企业针对性培训，实现个人提升与企业发展的双赢局面。

（2）缺乏以长期技能提升为核心的系统培训，难以满足技能人才全面提升的需求

员工培训根据其内容划分，主要分为员工技能培训和员工素质培训，其中员工技能培训又分为适应现有岗位要求的初级技能培训和满足发展需要的技能提升性培训；员工素质培训是企业针对员工综合素质、职业品质等进行的培训。目前制造型企业对技能人才的培训过于注重眼前的岗位操作技能，忽视长期技能提升和综合素质的培训，不能满足技能人才的成长需要。

问卷调查结果显示，企业实际的培训内容中，采用最多的是岗位所需的操作技能和岗前企业常识培训，关注的是技能人才对现有岗位要求

的满足；而在涉及长期技能的提升、绩效改进以及晋升等方面的培训普及度较低，甚至有 4.5% 的制造型企业表示从未对企业中的技能工人采取任何形式的培训（表 5—13）。培训周期上，以短期培训计划为主，其他形式的培训措施普及率较低；培训缺乏深入和系统性，极少企业采取设立专门机构或培训基地、配置专业培训人员、开发专门课程等培训措施（表 5—14）。

表 5—13　　　178 家制造型企业技能人才培训主要内容（多选）

内容	频率	百分比（%）
岗前操作技能培训	147	82.6
岗前企业常识培训	135	75.8
岗位资格培训	71	39.9
技术更新培训	71	39.9
转岗培训	58	32.6
以改善绩效为目的的培训	52	29.2
晋升培训	32	18
基本没有	8	4.5

表 5—14　　　178 家制造型企业技能人才培训主要措施（多选）

措施	频率	百分比（%）
实施短期培训计划	87	48.9
制定中长期培训规划	61	34.3
拨付专项培训经费	39	21.9
与外部培训机构长期合作	26	14.6
开发专门的培训课程	24	13.5
配备专职培训教师	23	12.9
基本没有	19	10.7

续表

措施	频率	百分比（%）
配备教学设备器材	11	6.2
成立专门的培训机构	10	5.6
搭建专门的培训基地	10	5.6

　　然而实际上，技能工人对全面培训的需求较为迫切，不仅需要适应初级岗位要求的操作培训，员工更加渴望通过长期技能提升和素质培训获得在工作中的成就感和成长感。据调查，制造业技能工人的情感需要满意度得分仅为2.94分（主要代表技能工人在企业中获得的精神激励的满意度）、发展机会满意度得分仅为2.86分（主要代表技能工人对在企业中所获得的个人能力提升和职业发展机会的满意度），这一现象在年轻员工和中等学历员工（技校/中职、高职/大专）中表现得尤为突出，同时，除高级技师外，其他职业资格证书等级较低或中等的技能工人均对现在在企业中的情感需要满足度和发展需要满足度评分不高。企业培训与员工需求间差异的长期存在，必然导致成长潜力较好的技能人才流失、留存的技能人才质量不高。

　　（3）技能人才培训效果存在企业与技能人才的评价差异，不利于培训优化

　　培训的效果是对培训目标实现情况的检验，同时，也是未来企业培训的改进和完善的基础。培训效果的评估，一方面体现在制造型企业本身对培训效果的认可，是否通过培训达到了提高企业劳动生产率、实现技能工人对岗位适应的需要，是否对企业工作的开展起到了帮助作用；另一方面则体现在技能工人对培训效果的认可，是否通过培训达到了短期的操作技能提升和长期的技术更新发展、个人素质完善的需要。然而目前，企业和技能工人对培训效果的认可程度一般，培训的实质性效果仍有待提升。

　　从制造型企业对培训效果的评价调查看，企业对培训效果较为满意，9.0%的受调查企业表示培训效果很好，46.6%的企业表示培训效果比较好，认为培训效果较差的企业仅占到了4.5%（图5—13）。但对技能人

才的调查看，他们对个人工作能力提升的满意度并不高（均值仅为3.04分）。调查显示制造型企业技能工人在工作中所使用的技能的主要来源包括师傅传授（28.9%）、自我钻研（24.4%）、企业内各种培训（23.9%），企业培训的占比不大（图5—14）。而且，技能人才的多方面培训需求仍未得到满足，表现为技能人才在人际沟通技巧（20.9%）、专业操作技能（18.5%）、专业知识（18.1%）等方面仍有较强需求（图5—15）。"培训机会少"仍然是造成技能工人离开现在工作企业的重要原因之一。制造型企业对培训的高评价，容易使企业自得其乐于培训成效中，而忽略培训优化和深入的培训需求分析；而技能人才的低满意度，则加剧了他们的成长需求和流动动机。双方信息的错位，对制造型企业技能人才的质量提升和长期稳定带来较大影响。

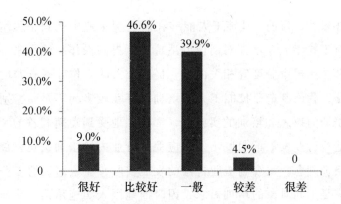

图5—13 制造型企业对技能人才培训效果的满意度

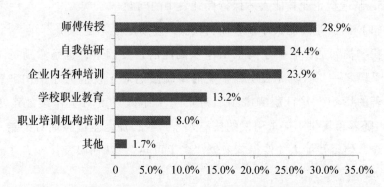

图5—14 制造型企业技能人才工作中所使用的技能的主要来源

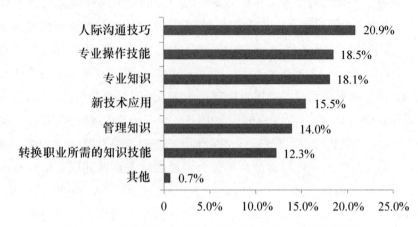

图5—15 制造型企业技能人才认为自身最需求提升的素质

整体来看，目前，技能工人能够在制造型企业中受到相关培训，这些培训对于技能人才增强对岗位的适应性、提高操作技能水平，掌握岗位知识和企业规章制度等相关内容，提高个人的工作效率有着明显的价值。但是，我国制造业技能工人的培训仍存在较多的不足，特别是中小企业在培训的投入和培训的实施上，都较多地受到短期利益的牵制。从促进制造业行业发展的角度出发，应促进行业内的培训文化发展，构建合理的培训理念，结合制造业自身的发展实际，注重培训的专业性和发展性，满足不同对象的培训需求，因时因地因人实施培训，从而真正发挥培训在技能人才供需平衡中的调节作用。

5. 制造型企业技能人才保持性开发中的问题

（1）制造业技能人才薪酬福利较低，物质激励不足

薪酬福利是影响企业员工工作积极性的首要因素，也是激励员工的重要手段之一。有研究表明，企业的薪酬激励对于技能人才工作满意度有显著的影响，并且薪酬激励通过员工工作满意度对工作绩效产生作用。[1] 随着市场供不应求引发的技能人才紧缺，加之全国各地对技能人才的争夺，使得技能人才变得越来越"炙手可热"，从而引发技能人才的涨

———————————

① 参见吕永卫、王珍珍《高技能人才薪酬激励效果的实证研究——基于薪酬激励对工作满意度和工作绩效的影响》，《工业技术经济》2010年第9期。

薪需求。据上海市人力资源和社会保障局、深圳市人力资源和社会保障局等公布的该市劳动力市场工资指导价位可知，技能人才工资持续走高。此外，生活成本的日益增加也导致技能人才本身的涨薪欲望强烈。但从企业给予技能人才的薪酬现状来看，仍存在诸多问题。

其一，制造型企业技能人才工资水平低，福利项目少。被调查的2238 位技能人才中，年收入 10 万元以上仅 13 人，平均年收入为 3.05 万元，薪酬水平整体较低。超过一半的企业给予技能人才的福利也较少，除基本的社会保险外，基本没有其他的专项津贴和住房公积金等。而据国家统计局统计数据显示，2013 年全国城镇非私营单位就业人员年平均工资达到了 51474 元。制造业技能人才的薪酬并不具备足够的优势和吸引力，物质激励机制不足致使人们不愿意从事技能工作。

其二，企业内部薪酬福利水平差距大。企业薪酬管理制度中一贯"重脑力轻体力、重管理轻技能操作"，企业技能人才与管理人员、技术人员薪酬收入水平的差异较大。据 2012 年重庆市主城区人力资源市场工资指导价位可知，管理人才、技术人才的薪资明显比技能人才高。在相关的座谈中了解到，部分制造型企业管理类和营销类人员的薪酬是高技能人才的 4 倍，与初级技能人才比更是悬殊。技能人才薪酬公平感不强，造成技术工人心理严重失衡。与其他岗位的薪酬水平差距大。导致一些熟练技工和高级技术工人钻研和提高技术的积极性严重受挫，要么削尖脑袋往管理队伍里挤，要么跳槽到薪酬更高的单位，造成技能人才的大量流失。

其三，技能工人对薪酬福利的满意度较低，李克特五点量表结果显示，技能工人对工资收入的满意度较低（均值为 2.54 分），其中非常不满意占 19.3%，比较不满意占 23.9%，一般满意占 42.8%，比较满意占 12%，非常满意占 2.1%。技能工人对"五险一金"等法定福利项目的执行满意度同样较低（均值为 3.04 分），其中非常满意占 12.6%，比较满意占 24.1%，一般满意占 32.1%，比较不满意占 17.3%，非常不满意占 14.0%。究其不满意的具体内容所在，发现 53.2% 的技能工人认为工资调整赶不上物价上涨，13.6% 的技能工人认为与企业中同级别的其他员工相比太低，13.4% 的技能工人认为自己的劳动付出与收入相比太低，12.6% 的技能工人则认为和同行业其他企业相比收入太低，即是说，薪酬水平绝对值低，难以满足技能人才的基本生活需要是首要原因（图5—16）。调查显示，这一原因会致使73.9%的员工离开现有企业。可见，提高技能人才薪酬水平、满足基本物质需求是稳定现有技能人才队伍的核心。

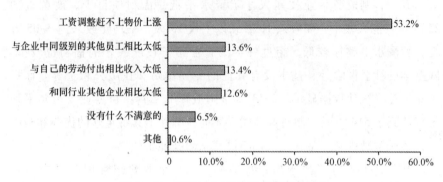

图5—16　技能工人对工资不满意的方面

（2）企业对技能人才精神激励不足，技能人才关爱需求满足度低

精神激励是指企业满足员工的社会和心理方面的非物质需求，如成就、地位、尊重、友谊、安全、健康、自由、成长等。[①] 精神激励可以带来个人得到承认和受到尊重的满意和愉悦，与单纯的物质激励相比，精神激励更加持久、稳定、高效益。然而根据目前制造型企业对技能人才的激励现状来看，在物质激励不足的情况下，其精神激励也处于相对滞后的状态，员工情感需求满足度低，更加不利于技能人才的积极性调动和忠诚度培养。

问卷调查显示，制造型企业对技能人才的奖励（多选题）以现金奖励（79.8%）、晋升奖励（46.8%）、实物奖励（38.7%）为主，而培训奖励（17.9%）、荣誉证书奖励（32.9%）、休假奖励（15.6%）、旅游奖励（16.8%）较少，说明企业对技能人才缺乏系统的精神激励（图5—17）。而对技能人才的满意度调查分析得出，技能工人情感需要整体满意度偏低，均分仅为2.94分。具体来看，满意度评分由高到低依次为：领导对工作的认可程度（M = 3.09）、领导对待下属的方式（M = 3.07）、

---

①　参见罗永泰《技术工人短缺与技能人才激励机制设计》，《经济经纬》2005年第6期。

在单位获得的尊严感（M = 2.91）、工作获得的成就感（M = 2.89）、工作压力程度（M = 2.84），各项满意程度占比见表 5—15。表明技能工人难以在工作中获得成就需要、尊重需要的满足。同时也应注意到，技能工人的内在需求具有差异性，相较而言，年龄在 46—55 岁的员工情感需要满意度较低；高中、技校/中职、高职/大专的员工情感需要满意度低于本科及以上或职业等级为高级技师的员工。

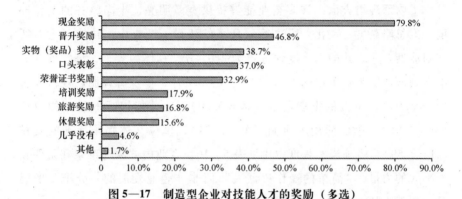

图 5—17　制造型企业对技能人才的奖励（多选）

企业对技能人才精神激励不够重视，技能人才关爱需求满足度低，导致其忠诚度、归属感不强，工作积极性降低，而这些都成为技能人才跳槽频繁的又一主要原因。

表 5—15　　　　　2238 名制造业技能人才情感满意度调查　　　　　单位：%

满意度条目	非常满意	比较满意	一般	较不满意	非常不满意
领导对工作的认可程度	6.9	25.6	44.3	15.9	7.4
工作能够获得的成就感	4.1	20.5	45.5	19.6	10.3
工作压力程度	4.2	17.5	47.3	19.9	11.1
在单位获得的尊严感	4.3	19.4	48.9	17.7	9.7
员工的组织归属感	3.9	17.5	33.4	24.1	21.1
领导对待下属的方式	6.5	26.0	43.4	16.1	8.0

（3）制造型企业内外部环境较差，难以为技能人才工作提供有效支持

组织环境是指影响技能人才工作的内外部环境，包括企业内部的规

章制度、工作条件、企业本身的发展前景以及组织外部的相关因素，例如行业发展前景、行业声誉等。组织环境对技能人才工作开展具有重要影响，良好的组织环境将为技能工人提供充分的物质支持和心理支持，从而使工人更深入地投入工作中，而较少地受到外界环境因素的干扰。然而目前，制造业的技能工人在内部的工作环境以及外部的社会声誉方面，均难以获得足够的支持与保障，更加深了技能人才的心理压力。

①内部环境方面，许多企业能够提供宽敞明亮、干净整齐的工作环境，但忽略制度、文化、民主等软环境的建设。调查中，技能工人对所在制造型企业现状的满意度评分仅为 2.87 分，具体内容上，满意度评分由高到低依次为：单位的人际氛围（M = 3.06）、单位管理制度规范完善（M = 3.04）、单位的发展前景（M = 3.00）、单位能够听取员工的建议（M = 2.81）、单位的用人机制（M = 2.74）、单位文体娱乐活动的安排（M = 2.59），各项满意程度占比见表 5—16。企业内部缺乏维系和留住技能工人的力量，"简单的操作机器人"而非"企业发展的一分子"的感受，让不少技能人才心寒，继而冷漠于企业发展。

表 5—16　　　　2238 名制造业技能人才组织内部环境满意度调查　　　单位:%

满意度条目	非常满意	比较满意	一般	较不满意	非常不满意
单位的用人机制	3.1	14.3	48.2	22.1	12.2
单位文体娱乐活动的安排	3.9	17.5	33.4	24.1	21.1
单位能够听取员工的建议	4.9	19.0	41.6	20.7	13.8
单位的人际氛围	5.8	25.4	45.8	15.2	7.8
单位管理制度规范完善	5.9	25.5	44.6	14.5	9.5
单位的发展前景	7.9	22.3	43.4	15.1	11.4

②外部环境方面，由于长期以来，受传统"劳心者治人，劳力者治于人"观念的影响，社会上普遍存在着重学历教育，轻职业教育；重学历文凭，轻职业技能的传统观念，技能人才在社会上得不到应有的重视和尊重，在企业的地位较低。技能人才调查问卷显示，有 60.3% 的员工认为技能人才的社会地位不高，不受尊重。技能人才的低社会地位对制

造型企业吸引人才形成了一定的阻碍，同时，对已在从事技能工人工作的员工而言，也可能因为外界的压力而对现有工作产生怀疑，降低工作效率，在面临其他选择时，更容易跳槽到其他行业进行工作。

（4）技能人才职业认同度低，制造型企业人才留用堪忧

制造业技能人才的职业认同度不仅是企业保持性开发面临的核心问题，同时也是企业在对技能人才选、用、育、留系列措施效果的直观反映。从现状来看，制造业技能人才对行业与岗位的认同度较低，潜在离职意愿强烈，人才流失率较高，对技能人才的开发提出了严峻的考验。

第一，技能人才对行业和岗位认同度低。职业转换方向代表了员工如果在离开现有企业与岗位的情况下，会进行怎样的职业选择。通过调查职业转换方向，可以了解员工对行业、岗位的认同度。调查发现，行业选择上（表5—17），只有5.8%的技能工人表示在离开本企业后肯定会继续在制造型企业当技能工人，24.1%的技能工人表示可能会继续从事该行业，37.5%的技能工人表示不会从事该行业（其中13.7%表示肯定不会）。可见制造业对现有技能工人的吸引力较低，行业认同度不高。在岗位认同度方面，本调查试图在行业、地区、薪酬既定的情况下，探索岗位对技能工人职业转换方向的吸引力。针对"假如本地区其他制造型企业要您去从事管理岗位工作，而薪酬水平与您现在的相同，您是否愿意去"这一问题，表示非常愿意和比较愿意的工人分别占14.9%和21.9%，表示说不清楚的工人占32.1%，表示不太愿意和很不愿意的工人分别占21.7%和9.2%。整体来看，即使在行业不变、薪酬不变的情况下，技能工人对岗位的较低认同度也会促使其向管理岗位转换。

表5—17　　　　　　　　2238 名制造业技能人才职业转化情况

职业转化情况	选项	占比（%）
行业选择：假如您要离开本企业，您是否还会去制造型企业当技能工人	肯定会	5.8
	可能会	24.1
	说不清楚	32.5
	可能不会	23.8
	肯定不会	13.7

续表

职业转化情况	选项	占比（%）
薪酬水平：假如本地区其他制造型企业要您去从事管理岗位工作，而薪酬水平与您现在的相同，您是否愿意去	非常愿意	14.9
	比较愿意	21.9
	说不清楚	9.4
	不太愿意	9.2
	很不愿意	21.2

第二，技能人才离职意愿强烈。离职意愿是员工对认可度的重要评判指标之一，员工的离职意愿越强，员工对企业、岗位的认同度越低，也反映企业在人才培养与开发中存在的问题较多。离职意愿影响整体队伍的稳定性、动摇军心，也影响员工工作积极性，不利于企业的长远人才储备。调研发现，8.5%的技能工人表示非常想离开目前的工作企业，15.1%的技能工人表示比较想离开目前的工作企业，43.8%的技能工人表示一般，23.1%的技能工人表示很少想离开，仅有9.5%的技能工人表示从未想过离开目前工作单位。通过"在哪种情况下您会选择离开现在工作的企业"一题进一步探究技能人才的离职原因，发现，73.9%技能人才会在工资水平低的情况下离开，53.8%的技能人才会在福利待遇差的情况下离开企业，41.7%的技能人才会在工作环境和条件差的情况下离开企业，可见，生存需要的不完全满足是技能人才离职意愿强烈的主要原因（图5—18）。

第三，制造型企业普遍存在技能人才高流失率。合理范围的离职率有利于企业的成长和壮大，但制造业一线员工的高离职率无疑给企业的生产效率、产品质量和人力资源的管理工作等方面都带来了不同程度的困扰，过高的员工流失，必然会影响企业的稳定性和健康发展，新员工对企业环境和工作岗位的适应都需要一定的时间，除了这种显性的人力成本和时间成本外，新员工的加入在初期也可能会对产品质量和生产效率造成影响。从调查来看，被调查的178家制造型企业中，79.5%的企业表示人才年流失率较高的是生产操作类人员，远远高于技术研发类人员（19.3%）和采购营销类人员（10.2%）。技能人才特别是一线技能人才的流失问题已成为困扰制造型企业发展的重要因素。2010—2012年，许多企业的技能工人年流失率都在 10% 以上，部分企业的流失率甚至达到 60%。

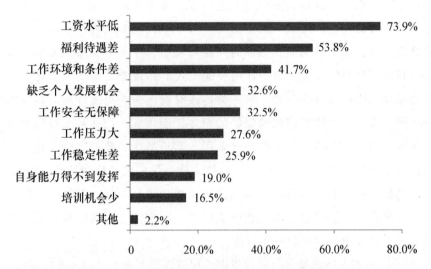

图 5—18　2238 名制造型企业技能人才离职原因调查（多选）

（三）社会机构技能人才开发中的问题分析

目前，技能人才的来源群体主要包括技能型院校的本专科毕业生、中职校学生以及农民工群体，对学生而言，其知识技能的培养与提升主要通过学校培养实现；而对于缺乏系统的学校职业技能教育与训练的群体而言，社会培训机构则是其主要的人才开发机构。目前中国社会培训教育服务对象主要有：高中后群体、中职中技、高职高专后群体、行业部门从业人员、企事业单位在职人员、中小学教师、农村居民群体和农民工群体、军人群体、在校生群体、城镇从业人员以及特殊人群（如残疾人、监所改造人员、老年人群体、家庭主妇）等。[1] 而这些群体中的大多数都是制造业行业的准入者，是技能人才补充的后备军。近年来，社会培训机构在对农民工的技能培训、对转业军人的技能培训、对一些实用技术的技能培训等方面发挥了十分重要的作用，可以说社会培训机构的有效参与将是我国"制造业强国"的战略实现中不可或缺的

---

① 参见许勤、曾青云《中国社会培训教育发展现状与策略》，《中国成人教育》2013 年第 11 期。

一环。

与职业教育相比，社会培训主要是由社会有关培训机构组织提供的有计划、有组织、有目的的职业技能培训，其培训内容主要根据从事工作的性质和需要，针对某一特定的岗位或职业，使参训者掌握相关的职业技能或进行知识的更新，培训时间相对较短，注重个人短期发展的需要。目前，针对以农民工为主体的技能工人群体或准技能工人群体开展社会培训的机构可分为三类，第一类是政府机构为农民工开展的各项培训；第二类是营利性培训机构提供的职业技能培训，例如各民办的培训机构等，参训者需缴纳相应的培训费用；第三类是除政府外的非营利机构提供的培训，例如国家公办的职业技术培训学校以及民间的 NGO 组织的培训机构等。整体来看，我国社会培训机构数目众多，开展的技能培训形式多样，但根据问卷调查和访谈结果，目前社会培训机构在制造业技能人才开发中仍存在着一些问题。

1. 技能工人培训量大与社会培训机构培训覆盖面小之间的矛盾突出

从制造业的准入者——农民工和下岗待就业工人的角度来看，相对而言，这部分群体参与技能培训的意愿强烈，其教育基础较差，知识技能多通过自身经验积累或同伴帮助下学习获得，迫切希望通过系统培训提升技能水平，学到实用的专业技术，以提升在就业市场中的竞争力，在行业中获得更好的发展。针对 888 名农民工的调查中，7.9% 的农民工表示其接受制造业相关技能培训的需求非常迫切，31.0% 的农民工表示比较迫切，仅有 3.9% 的农民工表示完全没有任何接受制造业技能培训的需求（图 5—19）。加之我国农民工总体规模大，使得希望参与培训的农民工数量众多。

从在校学生的角度来看，虽然学校是其接受知识技能培训的主要场所，但为了取得相应的职业资格证书，以及扩充知识面的目的，仍有不少学生希望通过社会培训机构或就业训练中心的辅助培训，适应技能人才的岗位需求。例如，目前职业院校多实行"双证"毕业制度，即同时获得毕业证和职业资格证才能毕业，而用人单位对于招录人才所需的资格证书标准也不同，因此，有不少的在校学生通过社会培训机构培训为就业增加砝码。

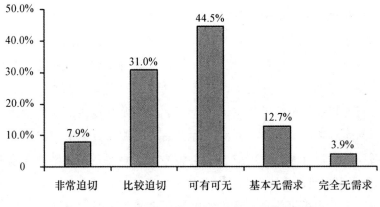

图 5—19　888 名农民工接受制造业相关技能培训需求

从在岗技能工人的角度来看，一些技能工人虽然已经掌握了岗位所需的专业技能，但由于单一岗位对应的技能较单一，且目前企业对资格证书的需求也日渐提高，在岗技能工人也日渐成为社会培训机构的需求者。

然而与此形成对比的是，社会培训机构虽然数目众多，但实际培训覆盖面难以满足农民工强烈的培训需求。据国家统计局统计数据显示，2012 年，我国职业技术培训机构共计 123766 所，结业的学生数为48233605 名，其中职工技术培训机构 2768 所，农村成人技术培训机构100009 所，其他社会培训机构 20989 所。从数量上看，社会培训机构数目众多，但其实际的覆盖率却有限。

以农民工为例，在调查中，在外出务工之前，仅有 20.5% 的农民工接受过制造业相关职业技能培训（含政府组织的培训和自己参加的社会培训），到城里打工以后，也仅有 33.1% 的农民工接受过制造业相关职业技能培训，农民工接受培训的低比例说明了社会培训机构覆盖范围的不足。国家统计局发布的 2012 年农民工监测调查报告显示，在农民工中，接受过农业技术培训的占 10.7%，接受过非农职业技能培训的占 25.6%，既没有参加农业技术培训也没有参加非农职业技能培训的农民工占69.2%，农民工参与技能培训的比例堪忧，为制造业技能人才的开发带来了挑战。

具体来看，其矛盾主要体现在政府培训的覆盖面不足，准技能人才群体参与营利性培训机构培训的意愿不足，而非营利性的培训机构尚未发展壮大成技能人才培训的核心力量。

（1）在政府培训方面，虽然政府对培训机构的补贴加大，特别是鼓励针对待就业群体展开的职业技能培训，例如特别职业培训计划、阳光工程、星火计划、雨露计划等，以提高农民工的专业技能水平，促进他们在各行业特别是制造业中的就业竞争力，帮助其尽快适应岗位工作要求，但从实际情况来看，一方面，对农民工群体而言，由于我国农村劳动力转移的数量巨大，政府对农民工参加培训的补贴金额平摊下来只有人均100—200元；此外，由于信息沟通渠道的错位或不畅，农民工难以获得政府培训的相关信息，许多农民工在进城务工时少有参与政府组织的系统培训。另一方面，除农民工群体外，政府也投入了一定的物力财力资助其他技能人才的社会培训，但整体来看，政府资助的范围仍相当有限，仅针对紧缺行业和特殊人才，现有条件难以覆盖大规模的培训需求，例如，江西省人力资源和社会保障厅于2009年公布由政府资助培养车工、汽车维修工、物流师等11类紧缺工种技能人才，经培训考核合格者，每人可获得2000元紧缺技能人才培训补助代金券，但每个工种计划培养人数不超过500名。

（2）在营利性培训机构的培训方面，第一，营利性培训机构数目众多，但资质不一，规模各异，市场竞争激烈，尚未形成足够的社会声誉和规范的市场环境。第二，职业培训的高投入制约了准技能工人的参与意愿，农民工外出务工多面临着较大的经济压力，其他缺乏稳定收入来源的待就业群体更是缺乏足够的经济保障，在对社会培训机构缺乏足够了解、培训的预期回报不明显的情况下，他们不愿意投入更多的经费参与社会机构的营利性培训。在深圳市劳务工研究会针对53家企业农民工开展的问卷调查中，有22%的农民工表示不愿意参与培训的原因在于挣钱不易、花钱心疼。[①] 对学生而言，有调查发现，约38%的学生认为在高等教育产业化的大背景下，学生家庭在承担了大学的教育费用后，无力再去支付培训费用。

----

① 参见王成辽《新生代农民工培训供给需求与培训意愿综合关系实证研究——对深圳新生代农民工教育培训的调查》，《中国劳动关系学院学报》2011年第4期。

（3）在非营利机构的培训方面，目前，我国针对农民工或下岗工人、残疾人等弱势群体展开的培训，尚处在发展阶段，其起步较晚，发展主要依赖于社会力量的支持，对在岗技能工人或学生的非营利机构基本处于空白状态。非营利机构数量相对其他两类培训机构而言较少，难以成为技能工人培训的主要阵地，而仅作为补充力量存在。同时，这些机构旨在为农民工提供各方面的服务和帮助，技能培训仅是其很小的一部分业务，在技能工人或准技能工人就业群体中的影响力也较小，在农民工中的影响力较小，难以为技能人才的开发提供强有力的支持。

2. 社会培训机构培训内容与方式难以满足制造业技能人才发展需求

就准技能工人的培训需求与社会培训机构的培训供给来看，不仅在数量上存在着矛盾，在培训质量上也存在着一些矛盾。总的来说，以低门槛、覆盖率相对广泛为特色的政府培训，一般都是基础的劳动技能培训，培训的内容较简单，学了之后在就业市场上仍然难有较高的竞争能力。而高收费、专业性强、容易带来高薪的职业技能通常要交付较高的学费才能参加学习，制约了技能工人参与培训的意愿。

（1）在政府培训方面，培训形式化现象严重。第一，政府培训多头管理，劳动保障、扶贫、农业、教育等部门都在组织实施待就业群体的转移培训工作，各部门自成体系，未形成统一的资源整合的培训模式，培训缺乏针对性和实用性，这样的情况会造成课程的重复，对施训方而言，也是一种资源的浪费。第二，培训课程格式化，政府培训的课程设置多在培训班开设前由各省级主管单位统一规划，这意味着课程设计的灵活性较低，办学机构所做的只是按照政府设定的培训"格式"，筛选出符合条件的人员放到培训结构中进行培训，培训针对性和适用性不足。第三，各级政府响应国家号召建立了一批就业培训机构，但这些培训机构从场地、师资、培训措施等各方面均是同地方政府以合同形式创建的，其很大部资金是从政府获得的，这些机构成立后，不存在招不到学员的问题，基本上是政府将所管辖的各个分区的培训任务下达到这些培训中心，培训中心不存在任何培训风险，不仅有获取专项培训经费的嫌疑，其培训的效果也难以得到保障。

（2）在培训机构培训方面，虽然民办的培训机构自由度较高，培训形式和内容比较灵活，但在技能培训方面，也存在着针对性不足的问题。

第一，培训结构对技能人才的需求掌握不足，当前农民工外出务工寻找岗位的主要渠道是通过"熟人社会"介绍，游离于就业服务体系之外，所以立足于就业服务体系前端的培训机构很难掌握农民工的培训需要；而对在校学生而言，学校是其就业诉求的主要接收者，学生对培训机构往往不会提出过多的要求，社会培训机构难以制订适合制造型行业所需要的培训计划。第二，社会培训机构的培训内容对技能人才的培养缺乏针对性。大部分培训机构仍以讲授某一专门行业的纯理论知识，只是在教学中增加了部分工程实践环节，学员们所学到的仍是些本本知识，其具体的工程实践动手能力仍得不到提高。许多培训机构忽视课程建设，舍不得投入，缺少精品课程和培训项目，培训的时间较短，影响了培训效果，表现在培训课程的先进性、完整性、实用性、创造性等尚不能满足市场需求，对培训教学缺乏专门的研究，也没有从事教学研究的专门人员。例如，市面上的一些农民工技能速成班，其培训周期多在10天以内，即使是针对电工、起重机驾驶操作员等专业性较强的岗位，其培训周期也不超过两周，过短的培训周期将不利于受训者对知识技能的掌握，使培训流于形式，难以真正在工作中发挥作用。

（3）就培训与职业鉴定的结合而言，无论是政府培训还是培训机构培训，均未将培训与职业鉴定紧密结合。职业资格证书是劳动者具有从事某一职业所必备的知识和技能的象征，一方面，无论是农民工或是亟须完成从学生到就业群体身份转换的在校学生，他们在就业市场上均处于一定的弱势地位，在缺乏职业资格证书保证的情况下，更难以获得良好的就业机会；另一方面，资格证书在一定程度上是技能水平的保证，制造业的用人单位也需要通过资格证书招聘到合理的人才，为企业的人才开发奠定合理的基础。但目前，社会培训机构仅就培训而培训，缺乏明确的培训目标和考核方式，除了营利性机构参训人员对获取证书的目的性较强以外，对其他的社会培训机构而言，它们并没有对学员灌输足够的获取资格证书的意识，在课程设置上未能将职业技能鉴定的内容与培训相结合，培训效果缺乏足够的保证。以调查数据为例，农民工中接受过制造业相关职业技能培训、未持有任何职业资格证书的比例高达77.2%，即使持证，也以初级工证书为主。参加培训的学员缺乏足够的目标意识，培训未能真正地起到职业技能培训的作用。

3. 技能工人与制造型企业对社会培训的认可度不足，培训效果堪忧

一方面，无论是对准技能工人还是在岗技能工人而言，对社会培训的认可程度均不高。从参训主体来看，以农民工为例，在参与过相关培训的农民工群体中，其对制造业技能相关职业技能培训的认可程度如表5—18所示。整体来看，无论是对于外出务工前接受的技能培训还是进城打工后接受的技能培训，农民工均认为其对未来工作可以发挥一定的作用，但对其作用程度却未给予较高的评价，甚至有6%左右外出务工前的农民工认为培训是基本没用的。同时，在制造业在岗技能工人的调查中，仅有8%的技能工人表示其工作中所使用的技能主要得益于职业培训机构。这在一定程度上反映了培训效果的不佳，农民工难以在社会机构的培训中获得实质性的帮助，培训与工作岗位的实际需求间存在差异。在制造业发展过程中，其科技化改造与信息化改造是产业发展的必然选择，然而农民工却必然面临"产业壁垒"和"知识壁垒"的双重挑战，农民工受教育程度普遍偏低，在社会机构培训中难以获得足够的知识技能的积累和升级，从而在向产业高端流动的过程中面临由于制造业发展高端化而被淘汰的命运。

表5—18　　　　　　　　　　农民工对培训效果评价　　　　　　　单位:%

程度项	外出务工前	进城打工后
非常有用	25.3	26.5
比较有用	39.2	41.2
一般	29.5	26.9
基本没用	6.0	5.5
毫无用处	0	0

另一方面，从制造型企业的角度来看，调查中，58%的企业曾有过与社会培训机构的合作经历，其中，9.8%的企业对社会培训机构培养的技能工人质量表示非常满意，46.1%的企业表示比较满意，44.1%的企业对社会培训机构的培训效果表示不甚满意，整体来看，企业对社会培训机构的认可程度也不高，企业相对更愿意接纳接受过系统培训、能够在上岗后迅速适应工作岗位要求的员工，对短期培训的速成学员，其在

人才市场中缺乏足够的竞争力，上岗后更多地只能从事相对简单的操作岗位。从短期来看，社会机构的短期培训能够使员工在短时间内迅速掌握直接的操作技能，但从长远来看，一旦企业采用新的技术或对岗位提出个性化的要求，从事简单劳动的人员，即存在着失业的危机，不仅个人发展受限，同时受训后的员工作为企业的技能工人，也难以为制造型企业的发展提供足够的支持。

二　基于"制造业强国"技能人才开发
的系统构建

基于上述技能人才开发过程中各方面问题的分析可以看出，要开发出与制造业强国目标相适应的技能人才队伍是一项系统工程，既要靠职业院校从课程设置、专业技能、就业导向上推动，又要依赖制造型企业自身对技能人才选、用、育、留的全方位激励，还需要社会相关机构的支持。

（一）职业院校对技能人才的开发措施

我国技能人才的培养目前主要通过两种渠道，其一是由技工学校、中等职业技术学校和高等职业技术学院培养具有一定学历的人才，其二是由行（企）业和社会的各种中、短期培训班培训的人才。其中，职业院校人才培养具有专业上的针对性和数量上的稳定性，因而在技能人才开发与培养中，成为最重要的主体之一。如何培养出高质量的技能人才以满足制造业发展的人才需要，是职业院校相关专业人才培养亟须解决的主要问题。

从外部需求来看，目前，随着制造业的发展，对技能人才的培养提出了新的需求：第一，企业对高技能人才的需求增加，"十五"期间，我国提出要使制造业的高技能人才从目前的5%提高到20%，如何培养能支撑"世界制造中心"的掌握先进制造技术的高技能人才，对职业教育和职业培训都提出了严峻的挑战①；第二，制造业发展要求人才培养从技能工人培养向复合型人才培养转变，强调学生的综合素质；第三，职业院校培养应转变为面向市场的培养，使培养的人才在数量和质量上具有对市场需求与变化的灵活性和适应性。从内部需求来看，根据对职校学生的调查，在学校为了实现学生未来顺利适应工作岗位要求所采取的措施中，职校学生需求较为迫切的以技能人才为就业目标的培养措施也主要集中在学校内部的培养上，主要包括就业指导、就业实际操作等。基于此，职业院校在自身的培养上，应着重从专业设置、培养条件、培养方式等方面进行优化改革。因此，综合内外要求，职业院校制造业相关专业的人才培养要着力从以下方面提升。

1. 优化以服务制造业为导向的专业设置模式

建立满足制造业需求为目标的职业院校人才培养模式，主要体现在专业设置适应行业发展需要，包括培养目标、课程设置、方式手段、理念等的各方面与行业要求的对接。以培养出制造型企业直接可用的人才，提高就业对口率，降低人力资源管理成本。目前，虽然许多职业院校已经开设相关专业，但专业灵活性不够，始终无法跟上制造型企业发展的要求，需要进一步优化。具体来说，第一，灵活设置专业类别和专业规模。职业院校要充分了解本地区经济发展的需求，例如制造业分为哪些门类，每一门类需要的人才的能力素质结构如何，做好对行业发展趋势的预测与分析，并在此基础上做好人才需求预测，不断优化学校内部的专业结构，形成与不同门类制造业紧密联系的对口专业。同时对行业发展前景进行时时跟踪，根据行业需要灵活调整专业规模，以实验班、对口班的形式满足新兴制造业的人才需求。第二，避免脱离实际状况的理想化的调整，增强专业建设的整体布局。专业设置与调整要充分考虑学校本身办学条件（师资力量、软硬件设施、合作的实习基地），不过度求多，以免力量分散，反而影响向制造型行业输送的人才质量，应该在适量基础上逐渐向特色化方向调整，每个学校可盯准几个工种的需要进行针对性的专业建设与人才培养，达到整体上的专业设置布局合理，才能

①　参见单嵩麟《"中国制造"与高技能人才的培养》，《宁波职业技术学院学报》2003 年第 7 版。

真正满足制造型企业未来对高技能人才的需求。

2. 增强职业院校制造业相关专业的生源吸引力

前面分析可知，职业院校在制造业技能人才专业的生源数量不足，且难以吸引高质量的自愿就读生，缺乏良好的社会效应，直接影响对制造型企业技能人才输出的数量和质量。要提升职业院校制造业相关专业的生源吸引力，一方面是依赖于国家整体对职业教育与制造业的扶持；另一方面是职业院校自身从宣传力度、办学条件、内部管理等方面的自我修炼。首先，加强大范围、有特色的招生宣传。渠道上，不仅依赖于地方政府的宣传与帮扶，还要建立与初级中学等学校的长期合作关系；范围上，在重视本区县生源的前提下，加大吸引市内以及市外生源力度，特别是增强对西部地区的辐射力；内容上，除宣传学校与专业的情况、自身办学条件外，突出制造业就业状况、工作特性与工作发展前景的时时报道，提高生源对制造业相关专业的自愿选择率。其次，加大对报考制造业相关专业的学生的优惠政策。通过专业录取优先、优惠学费、奖学金制度等，鼓励学生加入制造行业，逐步改变"差生读职校"的局面，形成按照兴趣、特长选择学校与专业，通过全面提升职校制造业相关专业的生源质量来促进毕业生质量的提升。最后，通过就业保障提高吸引度。完善学校内部培养机制，与制造业相关企业形成联盟，根据企业要求培养学生，并提前签约，给予学生毕业后的就业保障，在解决出口的前提下提升入口的吸引力。通过这一系列措施，努力形成以学校为主力的招生宣传机制，以灵活的招生方案，保质保量地完成职校对制造业相关专业学生的招生工作。

3. 构建针对制造业技能需要的"双师型"教师队伍

职业院校的教师是技能人才的培育者，教师的专业能力与职业素养直接决定着未来制造业从业人员的能力水平与职业理念。只有建立一支有特色的职业教育的师资队伍，才有可能实现与行业发展相适应的有特色的职业教育。从培养制造业技能人才的需求角度出发，一方面需要教师具有较高的职业道德和素质，在相应的学术领域具有一定的成就；另一方面为满足制造型企业对人才技能水平的要求，则需要教师本身熟悉制造型企业需要并具备较强技能，甚至获得相应的资质证书的认可。在国家大力推进"双师型"教师队伍建设的前提下，结合制造型企业的技术技能发展，通过聘任、学习、考核机制打造有特色的"双师型"教师队伍。

首先，教师引进的专业化。职业院校本身要严把入口关，规范兼职教师的聘任条例，建立必要的学历、资格证书、经验等硬性标准要求体系，加强对优秀教师的引进，从源头处为教师的"高素质"提供保障，特别是对制造业相关的操作技能要求较高的专业而言，更需要教师具备相应的资格证书。其次，教师培训的常态化。树立教师"终身学习"的理念，加强对教师的职业技能培训、专业理论培训与教学能力培训，实行教师在制造型企业实践制度，与专业对应的制造型企业合作，推进"双师型"教师培养培训基地的建设，不断更新教师教育理念、提高教师对最新技能的掌握，实现教师发展与技能人才成长的良性循环。再次，教师考核定期化。职业院校内部要建立对教师的考核机制，通过校企联合定期考核专业教师自身的技能水平和学生指导能力，淘汰多次考核不合格的教师，营造竞争氛围，促进教师不断自我提升。

4. 构建与制造型企业互助的校企合作模式

职业教育的特性决定了教育培训不能脱离企业实践。企业既是职业院校培养的"下单者"，也是"埋单者"。一方面，制造业对技能人才的需求一定程度上决定了职业院校的专业设置、招生数量、培养的方向等；另一方面，相当数量的职业院校学生最终会进入制造业，在生产一线推动企业与行业的发展。因此，加强学校与企业间的互动不仅是实现学生就业的需要，也是促进制造型企业发展、保障人才供给的需要。校企合作可以实现资源共享，最终实现职业院校和企业的"双赢"。充分挖掘"互助型"的人才培养模式，调动双方的合作动力，共同提高人才培养质量，是职业院校制造业相关专业发展和制造型企业解决技能人才短缺的必经之路。

具体说来，（1）深化巩固"订单式培养"模式，使学校逐步从普遍存在的重结果轻过程、重形式轻内容、重学历轻能力的育人框架中解脱出来，与企业及市场需求挂钩，通过植入培养计划、增加考核指标等手段将该培养模式制度化。（2）学校与企业不仅是"供货方"与"验货方"的关系，要丰富合作形式，构建交流平台，加强过程沟通与引导，在实训、实践教学的基础上，通过企业参观交流、企业师傅制、定期召开咨询会议、面向企业聘请兼职教师、开设技能大师工作室等形式加强学生对企业的了解，促进学生"对症下药"完善自身素质。（3）在教学条件允许的情况下，由学校与企业联合制订教学计划和教学大纲，编写培训课程和教材，确定培训考核方法，使企业充分参与学生培养的全过程，也促进学校技能培养的持续更新。

5. 完善以培养职业能力为宗旨的内部培养体系

随着制造业行业发展对技能人才提出综合素质的复合型人才需求，以培养职业能力为核心的培养模式应得到职业院校的广泛采用。对职业院校而言，在保证生源的情况下，其内部的培养体系直接决定了未来制造业一线工作从业水平的质量。职业院校可从教学模式的改进、配套设施的更新、专业课程的开发与就业工作指导四方面进行完善。

第一，充分发挥教学模式的能动性。以技能人才为培养目标的职业教育是操作能力与理论知识并重的技术教育。因此，职业院校在培养过程中，要避免一味灌输与讲授，多开展情景式教学等，充分发挥学生在教学过程中的主动性，既要培养学生的理论水平，又要培养学生的动手能力，并形成"主动学习"的思维习惯。

第二，完善内部软硬件设置，合理分配教育经费的使用，将经费使用在与学生培养紧密相关的项目上，及时更新与行业发展相适应的配套设施特别是相关的操作设备等，提高教育的信息化水平，支持与专业课程配套的仿真实训系统的开发与应用，使学生通过在校的实践操作巩固知识技能，缩小与岗位技能要求间的差异。

第三，建立"以需求为导向"的专业课程开发，要根据行业的生产技术水平和制造业对技能人才的需求情况合理分析实际的技能人才岗位需求情况，合理分解有关的职业综合能力，细化专业培养目标，紧跟需求设置专业课程，突出专业课程特色与核心优势，而非将相关知识撒网式地传授给学生。

第四，完善对学生的就业指导，通过系统的就业指导服务体系培养学生合理的就业观，一方面加强对制造业相关岗位的介绍，通过邀请制造型企业人员现身说法、毕业学生经验交流等形式帮助学生建立适合自身能力水平的就业期待，不仅要为学生顺利就业提供支持与保障，同时也要为学生实现制造业技能人才身份的转变提供系统的指导与帮助；另一方面加强对学生的职业规划辅导、就业心理辅导、就业政策普及，提高学生在制造业相关岗位中的就业竞争力，减小盲目就业导致的心理落差。

（二）制造型企业对技能人才的开发措施

1. 提高制造型企业科技水平，减少技能人才依赖

技术创新是企业赖以生存的支柱及持久发展的动力。改革开放以来，我国制造业始终在探索促进产业技术进步的路径，主要是通过大规模的技术引进以及引进外国投资"以市场换技术"的方式，促进传统产业的技术改造和结构调整，取得了较大成就。但是，由于核心技术和自主知识产权的缺乏，使很多企业仍主要靠廉价劳动力、资源消耗、土地占用和优惠政策赢得竞争优势，制造型企业缺乏核心竞争力，企业技术创新内在动力不足，创新水平低。带来的负面效应就是，对低技能的廉价劳动力需求巨大、不愿意过多投入技能人才的素质能力、工作简单枯燥、薪酬待遇水平较低。这使得企业即便能获取一定数量的初级技能人才，但也会因为工作、薪酬、发展等先天不足而大量流失，陷入不断缺失与流失的陷阱中。因此，制造型企业必须优化产业结构，不断提高科学技术水平，增强自主创新能力，走技术型道路。用高新技术和先进适用技术改造传统制造产业，增加科技含量，减少对技能人才的过度依赖；同时提高工作技术含量、增加产品附加值，为技能人才的工作激励、薪酬激励和发展激励提供空间。

2. 转变用人观念，重塑技能人才的地位

作为人才培养、使用主体的企业，在技能人才的培养开发过程中发挥着至关重要的作用。而一切开发制度的构建和投入，都源于制造型企业的用人观念。对技能人才在企业发展中的作用的确立，以及对技能人才队伍建设规律的认识，决定了技能人才在制造型企业中的境遇。当面对制造型企业技能人才纷纷外流、工作积极性不高等现状时，管理制度背后的用人理念的合理性值得反思。培养和造就一支高素质、具有一技之长的技能型人才队伍对企业的设备更新、技术改造、产品质量和工艺水平提升、效益增加至关重要，是提升企业综合实力，应对市场竞争的重要举措。在日新月异的科技时代，忽视了技能人才的开发和培养，或

者技能人才的开发不能与时代发展的要求相适应，都必将给企业发展带来损失。因此，企业应改变传统的人才观念，树立"大人才"观，将技能工人纳入企业人才的范畴，重视技能人才的价值，切实改变歧视技能人才的错误观念，逐渐形成"尊重劳动、尊重知识、尊重技能、尊重人才"的企业文化。加大对技能人才培养的资金投入，通过重视对技能人才的培养，重塑技能人才的企业地位和形象，树立技能人才的职业自豪感和认同感。

3. 开展校企合作，加大高质量技能人才的供给

高素质技能人才的培养需要学校和企业共同努力，职业教育离不开企业的深度参与。企业的需求就是学校的培养目标，校企合作就是努力将企业的需求变成学校的教学行动。目前，我国缺乏职业学校和企业长效合作的机制，导致职校学生不能满足企业的需求。为此，应建立和完善企业主动参与职业教育的激励和保障机制，加强校企互动，实行订单式培养。一方面，企业与职校签订订单式培养协议，由企业根据实际情况，向职校提出培养需求，在双方签订合作培养协议后，企业为签订协议的学生提供学费补贴以及实习机会，学生培养合格后，直接输送企业。另一方面，企业与职校在职业学校培养目标制定、专业设置、课程改革、学生实习、实训基地建设、教师培养等方面建立共同商讨制度，同时接收教师培训、学生实习或为学校提供实训设备，将企业需求真正与人才培养对接。

4. 加强技能人才的继续培训，提高技能人才素质

加强职业培训是企业进行人才开发的重要手段。美国、德国、日本等制造业强国的企业都非常重视对技能人才的培训，而我国制造型企业的技能人才培训存在重视程度不够、培训投入较少、培训系统性不足、员工参与培训的积极性不高等问题，导致一些希望上进的技能人才失望而走，留下的技能人才又能力不足。首先，企业需要构建技能人才的培训系统，建立健全与技能人才职业发展相适应的培训制度，通过展开养成训练、提高训练、能力再开发训练等让技能人才在技术技能、专业素养、综合能力等方面不断提升。其次，广泛组织开展多形式、多层次的职业技能竞赛活动，对在竞赛中取得优异成绩的，给予晋升职业资格等级及物质和精神等方面的奖励，提高技能员工培训的针对性、有效性和

实用性，切实激发员工参与培训的热情。再次，实施"名师带高徒"活动，筛选技能标杆人才，建立"传帮带"制度，接力棒似的培养下一批合格、优秀的技能人才，提高技能员工整体素质。最后，建立有效的职业培训评估制度，及时发现培训中存在的问题，根据员工自身的特点进行培训，改善培训质量和培训效果，加强培训管理。有条件的企业通过建立技能大师工作室和技师研修制度、自办培训机构或与职业院校联合办学等方式，结合企业技术创新、技术改造和技术项目引进，大力培养高技能人才。

5. 创新技能人才评价体系，拓宽技能人才成长通道

以社会化的职业技能鉴定为主的技能人才评价体系存在着考核评价制度不够完善、考核标准与企业需要有出入、考核鉴定门类覆盖不全等问题，需要制造型企业根据自身特点，创新企业内部技能人才评价体系进行补充。建立以职业能力为导向，以工作业绩为重点，兼顾职业道德和职业知识，更加科学、公正的技能员工评价体系。同时，实行以岗定薪、以能力定工资、以贡献定报酬制度，切实将技能人才评价结果与人事待遇相结合。在公平、公正的技能人才评价体系基础上，积极探索适合技能人才的职业发展通道，达到一方面吸收并留住最优秀的技能人才，一方面激发技能人才工作潜能的目的。例如通过设计管理通道和技术通道的双重职业生涯路径的模式，建立技能人才的技能晋升通道，以享受与管理通道相均衡的薪酬待遇，鼓励技能人才不断提升在某一领域的技能水平，也可建立岗位轮换制度，通过评价体系选拔优秀技能人才进行转岗，接触不同领域的工作、拓展职业发展通道，打造矩阵式的职业发展路径，满足技能人才的成长需要。

6. 完善技能人才的激励体系，增强技能人才稳定性

前面分析得出，由于目前制造型企业缺乏对技能人才激励的系统设计，技能人才的成长空间不大、薪酬激励效果差、对技能人才关爱不够，导致企业的技能人才流失率较高。因此，特意对制造型企业技能人才开发建议进行了调查（表5—19），可以看出无论是职校学生还是技能人才，对制造型企业的人才开发建议覆盖了众多领域。结合技能人才的需求和制造型企业的实际，以吸引、留住技能人才，充分调动工作积极性为出发点，建议从以下方面完善技能人才的系统化激励体系。

表 5—19　　　　　　职校学生和技能人才对制造型企业提升技能
人才开发的建议　　　　　　单位:%

建议	职校学生选择比	技能人才选择比
提高工资水平	56.5	81.6
改善工作环境	52.2	53.4
提供健康安全保障	51.8	48.1
提高福利水平	48.3	73.0
加强对技能工人的重视和尊重	45.6	42.4
提供培训和素质提升	36.4	33.9
营造良好的关系氛围	35.0	32.7
减少加班时间	25.6	32.7
提供晋升和发展通道	25.5	29.9
减小工作强度	25.5	27.8
提高技能工人社会地位	23.7	30.9
实施规范化管理	21.5	19.0
注重精神激励	18.5	16.9
重塑制造业形象	13.8	13.3

（1）建立科学合理的薪酬制度，满足技能人才物质需要

目前，技能人才普遍反映薪酬待遇水平过低，导致很多人不愿意从事技能工作，技能人才流失率较高。81.6%的技能人才认为企业要吸引更多的技能人才，首要是提高技能人才的工资水平。因此，为了留住和抢夺技能人才，企业必须走薪酬市场化道路，合理调整薪酬待遇制度，提升技能人才的薪酬水平，加大对技能人才的物质激励，满足技能人才的薪酬需要，提升技能人才的薪酬满意度。主要包括：①企业制定技能人才薪酬的定期增长制度，合理控制技能人才与管理人员、技术人员薪酬收入水平的差异，提升技能人才待遇，体现薪酬制度的激励性与公平性。②充分发挥职业资格证书在企业工资分配中的凭证作用，对具有职业资格证书的技能人才给予相应的津贴和补贴。③提高高技能人才待遇水平，逐步实现技师、高级技师与相应专业技术人员在工资方面享受同等待遇。

（2）搭建技能人才成长平台，以事业激励技能人才

现代技能人才已经不满足于低技术的简单工作，企业应充分重视技能人才的成长需要，为其做好发展规划、搭建平台。一是鼓励员工创新和不断进修，将技能员工的目标与企业的目标有机结合，使技能人才实现自我价值。如构建技能人才自主网络学习平台，共享网络资源，鼓励技能人才根据自身情况，自主学习，提升技能。二是实施"企业优秀技能人才奖励计划"。如定期开展技能人才竞争大赛，对优秀技能人才给予"技能人才能手""技能人才标兵"等称号，并给予相应的奖励。三是开展竞争机制构建计划，在人才晋升选拔过程中，打破现有的身份、学历等条件限制，让技能人才得到更多参与企业人才选拔的竞争机会，给表现优秀的技能人才以更多更好的成长空间。

（3）优化技能人才工作环境，增强技能岗位吸引力

良好的工作条件和企业环境是吸引技能人才尤其是新生代技能人才的重要因素。调查中，51.8%的职校学生认为企业应该优化工作环境，提供安全的工作保障。"工作环境"在一定程度上是技能人才尤其是高技能人才流失的原因。因此，企业首先应该着力完善用工环境，打造人性化的工作条件。其次是增加配套的公共活动场所基础设施建设，如健身房、休息室等，为技能人才开展有意义的社交活动创造条件，也为技能人才互相交流沟通创造机会，从而丰富技能人才的精神生活，减轻精神压抑。最后是不断完善综合公共服务功能，关心技能人才的生活，降低技能人才在住房、交通、子女教育、医疗等方面的负担，努力为技能人才提供一个安全、舒适的生活环境，切实解决技能人才的后顾之忧。

（4）营造良好的企业文化，加强对技能人才的关爱

调查显示，新时期的技能人才对企业的要求不仅仅满足于薪酬及福利待遇，他们除了看重个人发展和企业提供的优越环境外，越来越重视企业对自身的尊重和关爱。技能人才的社会地位不高，不受尊重，是职校学生不愿意从事制造业技能工作的重要原因。因此，为了提高技能人才的工作积极性和防止他们的流失，企业一方面要以人为本，实施员工关爱计划，及时了解他们的内心需求，帮助其解决心理上、生活上的困惑和困难，增强他们对企业的归属感和信任感，从而增强企业凝聚力。即在满足员工物质需求和发展需求的基础上，提升员工的情感满意度，

满足他们的情感需要，以此调动员工的工作积极性。另一方面企业要营造尊重、重视技能人才的企业文化氛围，创建优秀的企业文化，用人性化管理稳定技能人才队伍，使员工在企业文化的熏陶中营造良好人际氛围，提升技能人才心理安全感，减少员工的流失率。

（5）贯彻落实政策制度，提高对技能人才的保障和支持力度

虽然各地区都出台了一系列技能人才的相关政策，但是部分企业尤其是民营企业对技能人才政策的了解不足、落实不到位。如对技能人才养老保险、医疗保险、失业保险、工伤保险和生育保险等社会保障政策执行不到位，技能人才缺乏社会保障，安全感较低，影响着技能人才队伍的稳定；政府对技能人才的补贴、科技资助等无法落实到人，激励效果大减。因此，企业应该提高认识，从长远角度考虑人力资本投入：第一，贯彻落实和执行国家政策制度，落实各项社会保障制度，提高技能员工的社会保险等社会保障水平，提高技能人才的心理安全感；第二，熟悉和落实技能人才补贴、高技能人才发展支助政策，帮助企业吸引和留住更多技能人才，提高竞争力；第三，通过多种渠道与相关部门沟通，反映技能人才开发中的实际困难，争取更多的技能人才支持政策。

（6）实施特殊聘用制，增加技能人才安全感

我国制造型企业可效仿日本企业的做法，通过灵活的用工制度缓解技能工人的短缺。首先，在企业用工危机时期，对技术工人的裁减有所保留。其次，对特殊技术工人的聘用年限可以适当延长，甚至对某些特殊技术人才聘用到70岁以上或直至本人提出辞职为止。这有助于企业对熟练技术工人和有特殊技术人才的有效利用，避免资源浪费。最后，对于高技能人才实施退休返聘计划，增加其价值感和企业归属感，通过一系列措施保证技能人才的充分利用和稳定的积极性发挥。

（三）社会机构对技能人才的开发措施

1. 强化社会机构与企业之间的联盟，实现专业化教育与行业发展相匹配

社会机构作为培养技能人才的重要辅助手段之一，随着人才供给的市场化提速，未来应发挥更重要的优质技能人才培养作用。社会机构相比于职业院校，应更好地发挥专业设置灵活、市场回应迅速、铺盖面广

泛的特点，强化与企业之间的联盟与合作，实现专业化培训与行业发展相协调。

首先，对高考落榜生、农民工、下岗职工、转岗培训的企业员工或院校学生等主体，通过随时关注企业需求动向、设置相应专业课程，来引导他们的参训内容，起到企业与社会供给之间的导向作用。同时，在专业课基础上，构建制造业通用技能模型并配置相应课程，制造业相关专业的培训人士接受专业学习的同时，需接受通用课程的一体化教学，强化制造业通用能力，以便与企业需求更好对接，从而达到相近专业的培训人士可随时调整。

其次，承接企业培训外包，促进企业员工能力再提升。一方面，企业将部分培训任务，如新入职员工培训、内部转岗员工培训外包给专门的社会培训机构，减少管理成本；另一方面，社会机构通过承接此类培训，更深入地了解企业需求，在培训市场的不断行业细分中站稳脚跟，走出特色。

最后，作为企业与学校之间的专业培训桥梁，社会培训机构能起到弥补培训空缺漏洞的作用。虽然产学联合的重要性日益显著，但是企业主要是针对员工进行培训，学校主要是对学生进行培训，两者之间难免有脱节，学校更倾向于理论，企业偏向于实践，在这样的情况下，社会机构作为连接企业和学校之间的桥梁，能有效避免培训中理论与实践脱节的问题，使在社会机构培训中的人既能做到有扎实的理论基础，又能有丰富的实践经验。

2. 扩展社会机构的培训内容、提升培训深度，保证技能人才的高质量

一方面，大力发展专门的职业技能等级认证。在我国全社会或制造业整体确立对熟练技术工人的认证体制，即对工人所具有的技能程度进行检定并予以公证的国家鉴定制度。通过该鉴定并予以公证后，能为工人提供努力目标，增进其掌握技能的热情，同时提高社会对工人技能和职业训练成果的评价，谋求工人的技能和社会地位的提高。针对这一鉴定认证，我国企业可以在员工录用上，对于有技术学历与没有技术学历、有技术资质与没有技术资质的应聘人员，在录用与否、收入多少等方面，进行严格、公平、公开的区别对待。这对于具有技术学历、技术资质的人有感召力，对没有技术学历和技术资质的人有学习技术、取得技术资

质的激励作用。此外，企业对于熟悉和掌握了一定技术的工人，建立鼓励技术进步的机制。即使是看似简单的重复劳动，也鼓励工人不断提出增加产量和提高效率的合理化建议；另一方面，展开技能人才的升级培训。社会机构作为专门对人才进行系统培训的机构，其培训目标是"一专多能"，形成多层级的技能培训格局，即根据不同的人，设立不同的教育培训内容。例如，针对低素质的技能人才进行基础能力培训，以达到通用能力的扎实，针对高素质技能人才进行能力强化培训，实现能力的再提升。

　　3. 加大社会机构培训的支持力度，提升培养质量

　　从硬件设施、师资实力、质量控制上，狠抓人才队伍建设，增强社会机构对制造业就业人员的吸引力。（1）硬件设施上，政府加大对社会机构发展的支持力度，鼓励各社会机构充分利用发展的有利时机，争取多方支持，改善社会机构现有办学条件，优化社会机构办学环境，更新教学实验设备。（2）师资队伍培养上，加强培训教师的专职化和专业化，改变目前社会机构培训师资队伍的游击式拼凑现象，引进职业认同和有实力经验的专职培训师，形成稳定的师资库。具体实施：①专业优秀教师特聘计划。从社会上招聘一些具有实际动手操作能力的技术人员和能工巧匠，参与机构学员的实习、实训课程当中，给社会机构带来生产、科研第一线的新技术、新工艺、新信息及社会对从业人员素质的新要求，使培训学员了解企业的工作流程、技术要求、行为规范。②退休高级技师返聘计划。高级技师知识积淀深厚、专业造诣精深、实践经验丰富，是人才队伍的重要组成部分。重庆市人社局出台相关政策，鼓励退休的技师、高级技师进入社会机构执教，将多年积攒的丰富操作经验传授给更多人。③企业实操人员聘用计划。从企业中聘请一些具有丰富实践经验的长期企业实操人员，使培训人员更多接触企业的生产过程，寓教于用。（3）质量控制上，要求社会机构严把出口关，以颁发合格证书的形式控制学员的培训质量。例如，对培训不合格的学员不准许结业，不予颁发合格证书，对培训成绩优秀的学员除了颁发合格证书外，授予"优秀学员"称号等。

第六章

中国建设"制造业强国"的技能
人才队伍长效保障机制研究

　　技能人才作为人才队伍的重要组成部分，在知识创新、科技创新和产业转型升级不断加速的时代背景下，其地位和作用越来越突出。我国正处于建设"制造业强国"的重要发展时期，要实现建成"制造业强国"的宏伟目标，解决技能人才问题是关键。培养并使用好技能人才，可以带动整个制造业发展乃至整个地区的经济社会发展，对建设我国"制造业强国"具有重要的战略意义。"中国制造"的差距主要是职业人才的差距。[①] 我国正处于向世界上最大的加工制造业基地转变中，但我国技能人才尤其是高素质的技能人才却严重短缺，二者形成强烈反差。无论是技能人才队伍的数量、质量或结构上，都难以满足当前制造业产业转型升级的要求和实现我国建设"制造业强国"的宏伟蓝图。与欧美发达制造业强国相比，我国技能人才总量短缺矛盾与技能人才素质的不适应现象，对中国制造业竞争力的提升构成了"瓶颈"制约，严重阻碍了我国"制造业强国"发展之路。

　　当前，我国建设"制造业强国"不仅需要进一步明确制造业战略方向，注重顶层设计，更需要注重人才资源的集聚，以此长效保障制造业技能人才队伍的有效机制，从而实现 2025 年我国迈入世界"制造业强国"行列，到 2045 年成为"制造业强国"的战略目标。而这要求我国政府转变职能，不断建立健全保障机制，强化激励保障措施，为助推

---

　　① 参见李克强《职业教育改革要跟上社会步伐》，2014 年 3 月，中国教育在线（http://gaokao. eol. cn/gzkx_ 5420/20140303/t20140303_ 1080568. shtml）。

"制造业强国"培养造就一大批数量充足、结构合理、技艺精湛的技能人才。因此，如何为建设中国"制造业强国"提供技能人才长效保障机制，是中国建设"制造业强国"面临的重要课题和需要着力解决的问题。

有效的机制是做好一切事情的保障。"制造业强国"的技能人才队伍长效保障机制，指的是为保障制造业有足够的技能人才，通过政府有效的政策制度和运行方式，来保障有"总量适度、结构合理、素质优良"的技能人才，以此稳定从事制造业技能工作，保证"制造业强国"技能人才队伍可持续发展机制的建设。提供保障的主体主要是指政府、企业和其他各类组织。政府作为国家宏观政策的制定者和调控者，在人才保障方面发挥着巨大的导向作用；而企业和各类组织是直接面对人才、具体提供保障的微观组织，因此其保障能力的高低直接决定着人才的数量和结构，从而影响着行业的发展水平。建立健全中国"制造业强国"技能人才队伍的长效保障机制是为建设中国"制造业强国"提供人才保障的长远大计，也是一项系统工程，更是一项长期任务。目前，我国技能人才无论是数量还是质量上都达不到"制造业强国"对技能人才队伍的需求，因此，本章结合我国实际情况，在借鉴国外政府技能人才队伍保障措施的优秀经验基础上，从技能人才队伍建设的主导方，即从政府的职能职责角度提出系统构建我国"制造业强国"技能人才队伍建设的长效保障机制，以期为我国经济转型和向"制造业强国"转变提供强大的人才支撑和可持续发展的动力。

一 建设"制造业强国"的技能人才队伍 长效保障机制的目标

建设"制造业强国"技能人才队伍长效保障机制的总体目标需要着重围绕以建设"制造业强国"为核心，加速建设一支"数量充足、素质优良、结构合理"的技能人才队伍，并且带动整个制造业良好发展，逐步形成与"制造业强国"相符合的高、中、低的技能人才合理布局。

（一）技能人才总量充足

数量是队伍建设的基础，当前全世界普遍面临技能人才短缺的现象，作为"制造业强国"首先必须有足够的技能人才总量做保障。唯有如此才能保证制造业朝着做大做强的方向发展。制造业作为我国经济增长的一大主力，在 GDP 的创造中占有很大比重，研究表明，若 GDP 增长 1%，就可为我国创造 100 万个就业岗位，其中需要高技能人才 9 万—10 万人。[①] 根据《高技能人才队伍建设中长期规划（2010—2020 年）》，到 2015 年，全国技能劳动者总量达到 1.25 亿人，其中高级工以上的高技能人才达到 3400 万人（高级技师 140 万人，技师 630 万人，高级工 2630 万人），占技能劳动者的比例达到 27% 左右；到 2020 年，全国技能劳动者总量达到 1.4 亿人，其中高级工以上的高技能人才达到 3900 万人（高级技师 180 万人，技师 820 万人，高级工 2900 万人），占技能劳动者的比例达到 28% 左右。[②] 随着经济发展方式的转变，产业结构的调整和升级，科技进步和管理创新等都将对制造业技能人才队伍的建设提出更高的要求，只有充足的技能人才数量才能保证制造业在经济社会不断进步的时期有良好的发展。

（二）技能人才素质优良

素质是技能人才发挥作用的核心要素，只有质和量统一的技能人才队伍才能确保制造业强国的人才需求，因而建设制造业强国除了保证足够的数量外，必须努力提高技能人才的素质水平。从我国当前的情况看，技能人才中的初级工在企业占比 60%，中级工比例达到 35%，高级工只占 5%，而国外发达国家的初级工占比 15%，中级工占比 50%，高级工占比 35%。根据《高技能人才队伍建设中长期规划（2010—2020 年）》，到 2020 年，我国高技能人才队伍将达到 3900 万人，而从当前的情况看，

---

① 参见何文章、张学英、凌光《经济发展对高技能人才需求规律及趋势研究》，《中国高教研究》2012 年第 7 期。

② 参见《高技能人才队伍建设中长期规划（2010—2020 年）》，2011 年 6 月，中国高职高专教育网（http：//www.tech.net.cn/web/articleview.aspx？id=2011062117540148 1&cata_ id=N002）。

数量差距甚大。为此要努力提升制造业技能人才的素质水平，加强技能人才素质培养，全面提升技能人才中高技能人才的比例，促进技能人才的素质与岗位更加匹配，使中国整个制造业行业的技能人才队伍素质整体获得提升。

（三）技能人才结构合理

技能人才的结构及布局合理是制造业强国技能人才队伍建设的协调性标准，是人力资源效益能够得以充分发挥的保障。技能人才队伍的结构合理即技能人才的年龄结构、知识结构、经验结构、能级结构和专业机构、地区分布结构能够与中国制造业的发展需求相匹配。只有这样才能实现技能人才结构的优化配置并与整个制造业行业结构相适应。

（四）技能人才保障有力

技能人才队伍建设的相关机制和措施是制造业强国技能人才队伍建设的有效保障。只有相关机制和措施有力，才能保证制造业强国所需要的技能人才队伍层出不穷，有效解决制造业急需紧缺的技能人才类型供给，而不至于出现"技工荒"现象，从当前世界各国的情况看，随着产业的发展变化、战略新兴产业的出现，甚至其他国家的人才竞争，都可能导致本国技能人才出现短缺，而要确保技能人才数量、质量、结构能随时保证制造业强国建设的需求，就必须建立有效的技能人才队伍长效保障机制，以确保人才不断层，以持续有效供给制造业队伍建设的需求。

二　建设"制造业强国"的技能人才队伍长效保障机制的原则

（一）战略导向，优先保证

"制造业强国"建设是中国制造业发展，乃至中国经济发展的战略选择，而技能人才队伍是制造业强国建设的"瓶颈"制约，因而必须把技能人才队伍建设作为我国经济社会发展的战略举措加以高度重视，做到技能人才财政投入优先保证，技能人才资本优先积累，技能人才结构优先调整，技能人才资源优先开发，技能人才制度优先创新，技能人才环境优先创建，以使技能人才队伍建设更加适应我国经济社会发展的要求。

（二）统筹兼顾，有效配置

要全面促进中国制造业的发展，需要做好其他产业与制造业之间的统筹协调，以确保制造业所需要技能人才的有效配置。从当前的情况看，地区与地区之间、产业与产业之间人才争夺现象普遍，导致产业低效重叠、人才低效使用情况十分突出。要做大做强做久中国的制造业，就一定要做好我国经济整体发展的宏观设计，形成各产业、各区域产业发展的合理布局，确保制造业和其他需要发展的重要产业能够优先获得充足的人才支撑。就制造业而言，要结合当前和未来的用工特点，立足技能人才的长远发展，统筹整个制造业的发展，在此基础上合理配置制造业区域、制造业的人才资源，以建立一支与制造业发展相协调的高素质技能人才队伍。

（三）优化结构，满足需求

坚持把技能人才培养工作纳入制造业发展总体规划之中，不断优化制造业技能人才队伍的结构，确保技能人才资源能够服务制造业发展的需求。为此，必须充分研究和把握技能人才队伍结构的发展变化规律，优化我国制造业技能人才的学历、职称、专业、年龄等结构，建立一个完善的技能人才队伍结构，不断适应我国制造业战略升级的需要，使技能人才结构调整能够与制造业结构调整相协调，更好地满足制造业强国建设的需求。

（四）创新机制，服务发展

要确保制造业强国发展的技能人才保障，就必须改变人才培养方式，创新技能人才开发与激励机制，营造技能人才快速高效成长的良好环境，构建与制造业强国战略相适应的技能人才工作新格局和体制机制，重点突破技能人才开发、培养和使用等方面的制度"瓶颈"。当前要围绕制造业技能人才需求推进人才资源开发，优化技能人才培养模式，把满足制造业人才需求作为技能人才工作的根本出发点和落脚点，不断提高技能人才开发对制造业行业的贡献率,以实现制造业的全面、协调、可持续发展。

三 建设"制造业强国"的技能人才队伍长效保障机制的系统构建

(一) 机制、体制、制度概念分析

1. 机制

从词的来源上讲,"机制"一词最早源于希腊文 mechane,意指机器、机械、机构。英文为"mechanism",指机械的结构及其工作原理。《现代汉语词典》从四个方面对"机制"一词进行了阐述:一是指机器本身内部的构造以及它的工作原理,如计算机机制;二是指有机体之间的构造、功能与其相互关系,如动脉硬化的机制;三是泛指一个复杂的工作系统与某些自然现象的物理化学规律的结合,如优选法中优化对象的机制;四是指一个工作系统的组织或部分之间相互作用的过程和方式,如市场机制。① 机制在用于自然科学时,指的是机械和机能的相互作用过程及功能,在用于社会科学中,常被理解为机构和制度,而在更宽泛的领域,可以指事物自身的构成及其运动中的某种由此而彼的必然联系和规律性。

对于"机制"一词需要从两点对其把握:第一,事物各部分的存在是机制存在的前提。只有当事物各个部分存在时,各个部分之间才能够紧密联系起来;第二,一种具体的运行方式必然需要协调各部分之间的关系。而机制恰好便是将本身各部分以一定的运作方式联系起来,并使其协调运行而发挥作用的体系。

2. 体制

单从字面意义上对"体制"一词进行定义,可以将"体制"一词分开理解,首先,"体"即身体,也可延伸理解为事物存在的形式,如物体。其次,"制"就名词意义上可理解为一种"形状"或者"式样"。将

---

① 参见陈静漪《中国义务教育经费保障机制研究——机制设计理论视角》,博士学位论文,东北师范大学,2009 年。

这两个字联系起来，"体制"便可被定义为社会活动的组织体系和结构形式，包括特定社会活动的组织结构、权责划分、运行方式和管理规定等。① 而从管理学角度来说，"体制"指的是国家机关、企事业单位的机构设置和管理权限划分及其相应关系的制度。②

3. 制度

《现代汉语词典》对"制度"一词从两方面进行解读：狭义上，制度指组织或某个团体制定要求成员共同恪守的规章或行为准则，如工作制度；广义上，制度指在一定历史条件下形成的政治、经济、文化等方面的体系，如社会主义制度。

4. 机制、体制、制度之间的区别

根据上述提到的机制、体制、制度的含义，我们可从社会的宏观、中观、微观三个视角对这三个词进行区分，首先，"机制"属于社会的微观层面，侧重于社会的运行；其次，"体制"属于社会体系的中观层面，强调社会的形式。最后，"制度"位于社会体系的宏观层面，着重突出社会的基础结构。

5. 机制、体制、制度之间的联系

第一，机制在任何一个包含有体制或者机制的系统中主要起着基础性、根本性的作用。之所以这样说，是因为机制隶属并内涵在体制和制度中，因此，在不同的体制和制度下有着不同的运行机制。

第二，体制是制度的表现形式，它受制度的制约，但反之，对制度的实施和完善具有重要的促进作用。如对于制度所规定的章程需要体制将其细化并易于操作；同时，体制又能对制度的践行起到巩固、发展与完善的作用。

（二）"制造业强国"建设的技能人才保障机制构建

从上述概念的辨析可以发现，构建一种机制实质上是基于一定的制度和体制，构建促使组织更好运行的方式方法系统。作为系统，即

---

① 参见赵理文《制度、体制、机制的区分及其对改革开放的方法论意义》，《中共中央党校学报》2009 年第 5 期。

② 参见《体制》，2014 年 9 月，百度百科（http://baike.baidu.com/view/79359.htm）。

多要素的有机组成，必须充分考虑子系统与整体之间的协调发展。因此，技能人才队伍保障机制的构建是一项宏大复杂的系统工程，涉及组织保障、制度保障、财政保障、环境保障等各个方面及各要素的协调运行。同时，涉及政府、企业、学校等多主体之间的相互关系和作用。其中政府作为国家宏观政策的制定者和调控者，在制造业技能人才保障方面发挥着巨大的作用；企业，尤其是制造型企业肩负着技能人才使用和培养的重任，在技能人才队伍建设方面发挥着引领性的作用；学校是人才培养的基地，对未来制造业技能人才能否得到有效保障、技能人才队伍实质能否满足制造业强国发展的需求肩负着不可推卸的责任。

目前政府职能相对缺失，在战略上对技能人才队伍建设的重视程度不够。因此，面临制造业技能人才短缺的现状，政府职能的转变显得尤为迫切。十八大提出要加快转变我国政府职能、深化行政体制改革。"制造业强国"的技能人才队伍长效保障机制的构建同样需要转变政府职能，合理界定政府的职能定位和作用边界，从而为制造业发展创造优良的"软、硬"环境。政府的角色，就是要从原来单一部门转变为政府综合统筹协调部门，营造好建设"制造业强国"的大环境，为技能人才提供公共服务，充分发挥政府、企业、社会的整体合力作用。

企业要发挥技能人才队伍建设的引领作用，需根据企业的发展向学校提出自身的要求，不断反馈学校其人才培养质量状况。同时，通过建立自身的人才培养体系，促进技能人才素质的全面提升。学校，尤其是职业技术院校要根据制造型企业的需求，密切与企业的联系，在政府的指导下全面提升技能人才的素质。

要确保制造业技能人才队伍能够持续稳定地满足"制造业强国"建设对技能人才的需求，就必须使制造业技能人才队伍的建设有方向、有动力、有评价、有控制、有协调。为此，要构建"制造业强国"技能人才队伍建设的长效保障机制五要素系统（图6—1），具体由导向机制（正向引导的舆论导向机制、重视人才的企业文化导向机制、以就业为主的职校专业导向机制）、动力机制（公平合理的薪酬福利机制、系统规范的劳动保障机制、综合多元的激励机制、完备优化的培训机制）、评价机制（科学完善的人才评价机制、政府绩效考评机制）、控制机制（产业调控机制、教育结构改革机制、政策落实的监管机制、及时准确的人才需求预警机制)、协调机制（多渠道的资金投入机制、部门协作的联动机制、公开公正的信息共享机制）组成。

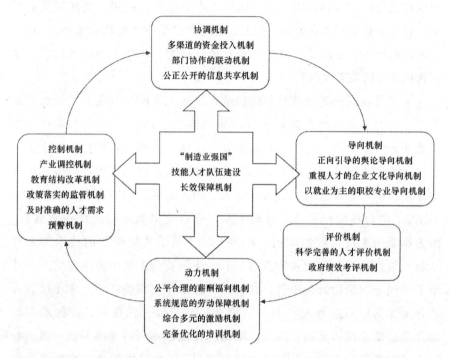

图6—1　"制造业强国"技能人才队伍建设的长效保障机制系统

1. 导向机制

探究我国技能人才短缺的原因，追根溯源发现，我国人民历来认为"劳力者"就是指那些具有实践操作经验和一技之长的工人，而"人才"则是指那些具有较高知识水平与学历的知识型分子。由于受"劳心者治人，劳力者治于人"传统观念的影响，重视"白领"精英，轻视"蓝领"技工的现象在社会上普遍存在，这不仅造成了人才结构的不合理，也在源头上流失了技能人才。[①] 另外，技能人才紧缺的一个重要原因是社会和家庭教育普遍对技能工人这一角色抱有偏见，存在明显的负面刻板

① 参见王定瞳、王萍《辽宁装备制造型企业技工短缺问题及对策》，《党政干部学刊》2009年第5期。

印象，认为当工人是一种无能的表现，干这行没有出息没有前途，以致在社会中形成了不愿当工人的风气。甚至许多家长不提倡也不赞成子女去职业学校读书，造成一些技工学校因为缺少生源而被迫关闭的情况。而现在盛行的"本科起步、硕士达标、博士吃香"的用人格局使人们就业的目光和精力聚焦在学历文凭上，容易忽视最重要的技能水平。① 这样一来，就导致了技能工人缺乏社会价值认同感，工作得不到保障，工作积极性大大降低甚至改行。

由于受我国长期封建思想的影响，许多人头脑中形成了"劳心者是人才，劳力者非人才"这样根深蒂固的观念，这也导致劳心者和劳力者之间始终存在着一条不可逾越的社会鸿沟，进而使得社会上重仕途轻工匠，重书本轻实践这种愚昧落后的封建世俗意识风气大行其道，甚至至今还影响着企业选人、育人、识人、用人制度。中国自古以来的文凭至上，"学而优则仕""万般皆下品，唯有读书高"的传统观念盛行。因为深受历史及传统的影响，社会上对"凭手艺吃饭"的技术工人看不起，他们也得不到企业的重视，其经济和社会生活中的地位低下，甚至不及同等职级的其他人员。在我国，几十年来高级技能人才在社会人才评价体系中不被列入"人才"之列，与干部、管理人员、技术人员的身份、地位都不相同，工资、奖金、住房、福利待遇也不似干部和管理人员有既定标准，而是完全由市场调节。② 在这样的社会价值观主导的大环境之下，建设中国"制造业强国"的环境便显得不太乐观，要踏上我国的"制造业强国"之路，就需要社会、政府、企业、学校等各方的引导来转变人们一些落后的观念，为"制造业强国"的建设营造积极乐观的氛围。

（1）正向引导的舆论导向机制

舆论是社会中一种普遍的、隐蔽的和强制的力量，社会舆论作为一种社会意识现象和无形的社会力量，是社会控制的重要工具和形式。③ 舆

---

① 参见李坤、何跃《中国制造业窘临"等米下锅"——由技工人才短缺引发的思考》，《中国高新技术企业》2006 年第 6 期。

② 参见李丹《高级技能人才的现状与对策研究》，硕士学位论文，天津大学，2003 年。

③ 参见白书祥《应对突发事件的思想政治教育舆论导向机制建设探析》，《探索》2010 年第 3 期。

论导向又称舆论引导，即运用舆论引导人们的意识及行为，使他们按照社会管理者制定的路线、方针、规章从事社会活动的传播行为，具有对社会意识的指引作用。[①] 舆论导向机制在建设中国"制造业强国"技能人才队伍的保障机制中，属于引导大方向的基础地位，用舆论引导着人们的意识，从而影响人们的行为。本文的舆论导向具体包括三方面的内容：一是评价当前的社会舆论；二是引导当前社会舆论和舆论行为；三是制造关于某一社会事实方面的舆论。积极正向的舆论能够推动和促进社会的发展，反之，消极负向的舆论则会破坏和阻滞社会的发展。伴随经济全球化的深入发展，发达工业化国家开始全速将劳动和资源密集型的制造业向发展中国家转移，而我国巨大的市场空间和丰富的劳动力资源无疑正成为承载新一轮国际产业结构调整和转移的重要载体。尤其是加入WTO 以来，我国正逐渐成为"世界制造业的中心"。在经济全球化的大背景下，为了适应全球化的发展，国家以及行业需要更新有关的知识和概念，其中的人才更加应该及时更新相关的观念意识以顺应发展，政府只有通过构建客观真实性的舆论导向，才能为技能人才更新观念意识、获得社会认同感提供保障。

研究表明，政府通过各种媒体、媒介向民众进行舆论宣传时，对某一事物的语言评价很容易影响民众看待这一事物的观念和意识，为确保民众能够积极正面地看待技能人才，政府可以从以下几方面引导：①在舆论导向上，通过各种媒体大力宣传技能人才是将现代科技发明成果转化为现实生产力的中坚力量，是制造业生产与财富创造的直接承担者，是生产力各要素中最活跃的因素，更是人才队伍的重要组成部分。②在舆论调控上，通过坚持正面引导，充分利用电视、报纸杂志、广播、网络、微博等多种新闻媒体及宣传途径，奖励做出突出贡献的技能人才、企业培训机构以及职业院校，同时，广泛宣传培养技能人才的政策措施，对某些偏离正向的舆论进行调控，消除社会大众对技能人才的一些传统偏见，从而做到舆论导向正确，进而消除社会上一些冲动、感性、不理智的负面评论，营建一个全社会崇尚技能、重视技能人才的良好社会氛围，为技能人才未来的发展创造健康的成长环境及正面的舆论效

---

① 参见甄珍《论突发事件中政府舆论导向机制》，《新闻与传播研究》2010 年第 9 期。

应，达到改善从事技能人才工作的宏观环境，并提高技能人才社会地位的目的。③坚决杜绝"唯学历""唯资历"的片面宣传，改变过去只重视知识不重视技能的错误舆论导向，让全社会都知道"技能与技术同等重要""职业学校与普通学校一样受人尊敬"，从而使更多的家长愿意把子女送到职业技术学校学习技能，而不是过去的"不得已选择"。

资料6—1 2014 中国·重庆焊接技术交流论坛在重庆能源工业技师学院成功举办①

> 2014 年 11 月 28 日，"2014 中国·重庆焊接技术交流论坛"在重庆能源技师学院举行。此次论坛是在重庆市人社局、市经信委、市煤管局指导下，由重庆市职工教育和职业培训协会、重庆校企融合协会、重庆市职工焊接技术协会主办，重庆能源工业技师学院、重庆人力资本发展银行承办的焊接技术交流盛会，论坛的主题是：焊接——助燃世界工业文明。来自国内外的 21 位焊接技术专家，全市 18 个行业协会，63 家企业，56 所技工院校和中高职职业院校的老师和学生代表，共计 200 余人参加了此次论坛。本次论坛得到了政府有关部门的大力支持和关注，全国人大常委、全国人大法律委员会副主任委员、中国职业教育和职业培训协会孙宝树会长，中国职工教育和职业培训协会毕结礼常务副会长亲临论坛现场指导，重庆市人力资源和社会保障局党组书记、局长陈元春，副局长吕经建，重庆市经济和信息化委员会总工程师赵刚，重庆市煤监局、煤炭管理局副局长李敏等相关领导出席。
>
> （注：此焊接协会的举办，极大地鼓舞了从事焊接工作的技能人才，产生了非常好的舆论效果）

（2）重视技能人才的企业文化导向机制

技能人才的开发是同企业的大力支持、高度重视与技能人才的主动参与分不开的。企业作为人才培养、使用主体，在技能人才的培养开发

---

① 参见叶倩《"2014 中国·重庆焊接技术交流论坛"举行》，2014 年 12 月，中国工程建设焊接协会（http://www.cecwa.org.cn/htmls/news/dongtai/2014/1203/309.html）。

过程中扮演着至关重要的角色。然而，我国技能人才匮乏的原因，一部分是由于企业在劳动用工、人才选拔中存在片面追求学历而轻视技能的现象，制造型企业对人才培养的重视程度不够，培训意愿较弱，培训投入普遍不足，尤其是一线工人获得培训的机会有限，教育培训经费使用中"重干部、轻工人"的现象严重。① 现如今，社会上普遍轻视技能人才，对技能人才从事的工作存在严重的误解，不了解他们的工作性质，甚至对技能工人的评价是"脏、乱、差"，这直接造成企业中技能人才得不到应有的尊重，职业上升空间狭小，工作积极性大打折扣。

综观制造业强国发展的共同战略路径，各国都十分重视营造尊重制造业、尊重技能工人的文化环境。例如：美国"工业立国"的思想从根本上确认了制造业在美国的地位和经济发展的方向；日本强调"技术立国""教育立国"的思想，主张开拓创新，重视创建和谐的企业文化；德国人"尊重制造业"的文化是德国制造业繁荣的强大武器，制造业的长期发展中又积累了优秀的制造业文化。因此，要引导企业从企业文化建设着手强化文化引导作用，促进企业管理者转变观念。①企业要从观念上认识到培养和造就一支高素质、具有一技之长的技能型人才队伍对企业的设备更新、技术改造、产品质量和工艺水平提升、效益增加至关重要，建设这样的人才队伍是提升企业综合实力、应对市场竞争的重要举措。作为企业管理者要充分认识到，在日新月异的科技时代，企业如果忽视了技能人才的开发和培养导致技能人才的开发不能与时代发展的要求相适应，这将给企业发展带来损失。②企业要主动改变传统的人才观念，强化对技能人才作用的认识，将技能人才作为企业重要的人才资源加以重视，切实改变并纠正歧视技能人才的错误观念，逐渐形成"尊重劳动、尊重知识、尊重技能、尊重人才"的企业文化，只有形成尊重知识、尊重人才的企业氛围，才能充分调动技能人才工作的积极性。

（3）以就业为主的职校专业导向机制

要达到满足社会需求的目的，职校教育除了需要做到其培养目标同社会经济发展对人才素质的要求相一致外，还应使学校的专业设置与市

① 参见秦浩、王寰瞳《辽宁装备制造业技能人才开发研究》，《第一资源》2012 年第 6 期。

场经济发展变化相适应。专业设置是与一定时期社会经济发展和产业结构相联系的，反映了该时期国家现实经济的情况与社会发展的需要和经济结构的特点，因此，学校对于专业设置是否合理的根本标准就在于其是否适应当前社会经济的发展。此外，衡量职校学生能力的一个重要指标是对专业能力进行测试。综上所述，职业院校要想培养对口的专业人才，必须使专业设置符合国家、地区产业的发展，这样培养出来的人才才会受到用人单位的欢迎与支持，进而推动本地经济的发展。

职业院校在进行专业设置时，应考虑围绕就业为主，这就要求职业院校必须做到其专业设置能较好地服务于本地区的经济建设。①由于职业院校是面向市场办学，因此，其当前首要必须做的是深入了解本地区经济发展的产业结构现状及需求，例如，第一、第二、第三产业分别是哪些门类，劣势次要产业是哪些，基于这些现状的基础上做好人才的需求预测。②职业院校应秉承科学发展观对本地区产业结构的未来发展变化趋势进行深入分析，对本地区发展潜力大的产业、即将被淘汰的产业和必然要兴起的产业进行归类划分。③职业院校需要根据社会发展变化趋势，不断调整服务的方向，优化专业结构，增加社会急需的新专业，改造就业形势差的旧专业，取消没有就业市场的老专业，让新旧专业相辅相成，合理搭配；专业设置除了要着重考虑学校本身的办学条件，如现有的师资、设备及原有的办学专业基础外，还应注意保持专业设置数量的适当，既要避免专业过多和力量分散造成培养实用型人才质量的下降和就业压力的增加，又要注意专业数不能太少，学科设置单一，影响办学的经济效益。①④职业院校给予制造类紧缺专业学生必要的学费补贴和生活补贴，以期达到吸引更多的优秀生源进入制造类专业学习技能，并使职业教育结构适应经济社会发展要求的目的。总之，职业院校的专业设置应跟随时代需求的脚步而不断改变，与科技、经济、社会的发展相适应。例如，第一章中提到的美国的社区学院、德国的"双元制"、日本的企业内职业教育培训，虽然各国的职业教育体系各具特色，但是它

---

① 参见方定鹿《专业结构调整优化的探索与实践》，2015 年 1 月，百度文库（http：// wenku. baidu. com/link？ url ＝ 0M6kj9LRAV76YazYQFOZhKuxTM0rPVnpfyiG3wXzNluksR4DbC-wOX-qkuBO38dd49hkXb1UseTyYU4wPeFhDNkGHUzHzudwcHLoIDSWrBiq）。

们都有一个共同的特点——以市场需求为导向。因此，我国职业院校应牢牢把握市场需求的方向，设置与科技、经济、社会发展相适应的专业。

资料6—2　以市场需求为导向，创新职业教育体系①

在解决技能人才短缺的过程中，欧美国家通过创新本国职业教育体系，为解决技能工人短缺及产业发展做出了巨大贡献，并一直作为人才培养的模式延续下来。

英国政府大力提倡教育与工商企业间的有效联系，要求教师到工商企业中进行工作体验。国家行会组织决定所属部门就业培训需求，参与相关课程和职业资格标准的开发，目前已有70多个行业组织覆盖90%以上的工种。法国职业教育文凭的设置由各行业专家构成的职业咨询委员会与教育部门共同确定，使培训内容与实际要求相适应。学徒培训中心的教学方式实施半工半读的职业培训，教学时间约占整个培训时间的四分之一至三分之一，学员必须与雇主签订学徒培训合同，结业时通过国家和行业联合组织的考试后获得职业能力证书（CAP）。美国社区学院的课程设置和专业设置具有高度的开放性和灵活性。其专业和课程设置以满足社区需要为原则，特别关注科技进步和经济发展对人才需求的变化，使专业和课程设置处于相对稳定和不断更新的状态。另外，有70%以上的社区学院在企业所在地开设课程，学院与企业开设联合课程，以利于提高学生的职业能力并增加就业机会。德国的"双元制"和日本的企业教育更依靠企业内部力量培养技术工人，人才培养的专业化程度高，针对性强，受到产业界的普遍认可。

2. 动力机制

因为社会对技能人才的轻视，技能人才的自身价值得不到回报，使技工职业对人们吸引力越来越小，人们从事技工职业的动力也越来越不足。探究技能人才短缺的原因，关键在于薪酬水平太低，无法满足技能人才的物质要求。在企业的收益分配中，一线的高技能劳动者一直处于

---

① 参见李志《重庆市巴南区重点产业人力资源需求调研报告》，重庆市巴南区重点产业人力资源需求调研项目，重庆大学，2012年。

弱势地位，不但他们的工资收入远远低于管理技术人员的薪酬，而且部分非公企业大量存在工作时间长、定额标准高和劳动条件差等问题。其次，企业激励机制不健全，对技能人才的激励体系不完善。有的企业高级技工与普通操作工的工资水平没什么差距，无法激励工人钻研技术，有时甚至倒挂，出现了谁学得多、技术好，谁就干活多、受累多的情况，挫伤了技术工人自我提升、学习技术的积极性，使得大多数技术工人满足现状，不思进取。① 另外，许多制造型企业在精神激励方面流于形式。有限的激励手段仅停留在做思想政治工作、进行职业道德教育或者少量表彰先进等传统激励方式的表面功夫上，这些精神鼓励根本没办法产生持久的长余波效应式的激励作用。除了薪酬和激励机制外，制造型企业的技能人才还存在晋升机制的僵化问题。目前一些制造型企业，尤其是国有中小型制造型企业，在干部的选拔任用中实行的仍是论资排辈、平衡照顾，导致干部能上不能下，缺乏责任心和危机感，管理中的铁饭碗、铁交椅、铁工资难以彻底废除，也使得公平、公开、公正的用人机制始终未能真正落实。而且在实施过程中形成较浓厚的"官本位"意识，对专业职务的晋升重视不足，不鼓励专业技术人才的能力发挥，造成晋升渠道狭窄，使得技能人才职业发展严重受阻。② 由此可以看出，为把我国建设成为"制造业强国"，技能人才的激励机制至关重要。政府应从以下几方面入手，构建完善的技能人才动力机制。

（1）公平合理的薪酬福利机制

技能劳动者对企业的贡献和为社会创造的财富远远高于他们在企业受益分配中所获得的收益，这一不公平薪酬待遇分配的现实在企业中屡见不鲜。技能工人不仅收入待遇远远比不上管理技术人员，甚至面临工作环境恶劣、经常加班等问题。此外，基本养老保险待遇与劳动者个人缴费的工资成正比，而技能劳动者的工资又普遍较低，因此，如果将基本养老保险待遇比喻成金字塔，分层级的话，可以说技能劳动者的基本养老保险等待遇一直处于"塔底"的位置，可见，技能劳动者在企业的

---

① 参见马伟《企业技能人才呼唤健康成长环境》，《企业活力》2004 年第 3 期。
② 参见张建《中小型制造企业高级技能人才激励机制研究》，硕士学位论文，天津财经大学，2006 年。

生存环境步履维艰，过低的社会保险与薪酬福利，严重阻碍了低技能劳动者往高技能人才的方向成长和发展，这也是广大学生不愿上技校进行技能培训及毕业后不愿从事蓝领职业的根本原因。①

为从源头上给制造业技能人才队伍的建设提供动力，政府应构建公平合理的薪酬福利制度，引导企业健全与技能人才有关的工资福利待遇政策，实行以岗位工资为主的收入分配制度，达到使从事技能岗位工作的人才获得与其劳动贡献相符的报酬。①建立劳动力市场"工资指导价位"制度，宏观指导和调节市场劳动力工资指导价位水平，形成合理的工资引导激励机制，使技师、高级技师在工资福利方面的待遇相似于或者高于工程师、高级工程师的待遇。②比照企业其他有关科技人员的政策，引导有条件的企业建立以绩效为基础的技能人才薪酬体系②，缩小同级别技能岗与管理岗的薪酬差距，拉大不同技术等级之间的差距，以提高技能人才待遇水平，创造有利于技能人才成长的工作环境。③逐步建立完善技能人才福利待遇，如给予特殊津贴、带薪休假、企业年金等，通过对技能劳动者经济收入和社会地位的不断提高，激发他们的工作热情和岗位荣誉感，增强钻研技术业务的积极性。

（2）系统规范的劳动保障机制

劳动保障部在2003年底颁布的《关于贯彻落实中共中央国务院关于进一步加强人才工作决定做好高技能人才培养和人才保障工作的意见》中提出"积极争取地方政府建立津贴制度，提高高技能人才待遇水平"的原则要求。③但目前的情况是企业尤其是民营企业对技能人才的社会保障执行较差，若干有关政策文件对高技能人才的劳动保障问题的规定普遍难以落实，缺乏具体的可操作性的配套政策措施，且前瞻性和力度不够，总体来讲，技能人才保障政策力度较小、未成体系。④可以说，过低的社会保险与薪酬福利是严重阻碍技能人才的成长和发展，并成为广大

---

① 参见华迎放《高技能人才的劳动保障政策》，《中国劳动保障报》2007年。

② 参见孔凡柱、罗瑾琏、赵莉《基于知识管理的企业技能人才开发模型及实施策略》，《科技进步与对策》2010年第7期。

③ 参见华迎放《高技能人才的劳动保障政策》，《中国劳动保障报》2007年。

④ 参见华迎放、韩永江《高技能人才队伍建设良性发展的保证》，《中国劳动》2006年第11期。

学生不愿意上技校进行技能培训以及毕业后不愿意从事技能岗位工作的罪魁祸首。

系统规范的劳动保障机制对建设中国"制造业强国"的技能人才队伍具有推进和保障的作用。以世界制造业强国日本为例，其颁布实施的《雇佣对策法》对促进劳动人口的自我提升起到了积极的作用；颁布的《高龄者就业安定法》采取的将退休领取养老金的年龄从 60 岁推迟到了 65 岁，并在部分企业开展 70 岁退休的试点工作，促进中高年龄的人们再就业，禁止企业在招工时设置年龄限制，促进老龄者实现多样化就业等措施有效解决了企业人才队伍青黄不接的现象。① 因此，建立系统规范的劳动保障机制对促进我国制造业发展的重要意义不言而喻。①建立健全技能人才的相关薪酬政策、保险福利政策、退休政策、促进就业政策等，政府通过法律法规保护技能人才的劳动保障。②除了"五险一金"等社会保障，国家应鼓励有条件的企业尽快建立企业年金制度，允诺对技能人才在缴费、待遇享受等方面进行适当倾斜。③提倡企业向技能人才补办医疗保险，提高其健康水平与生活质量。另外，鉴于我国目前技能人才稀缺的现实情况，为促进人力资源效用发挥的最大化，对技能人才的用工实行灵活退休制度，允许身体健康、企业急需的技能人才，特别是高技能人才延迟退休。

（3）综合多元的激励机制

加紧建立以政府奖励为导向、单位奖励为主体，社会奖励为补充的技能人才奖励制度。①创办竞赛表彰机制。通过练兵比武、技能竞赛与技术创新活动，完善技能人才的评选与表彰奖励制度，扩大表彰的规模，另外，对在技能竞赛中表现出众的优秀技能人才，除了给予精神和物质奖励外，可按有关规定直接晋升职业资格或者允许其优先参加技师、高级技师考评。②建立对技能型人才的政府津贴奖励机制。对做出突出贡献的技能型人才发放津贴或补贴，实施紧缺职业工种的技能人才培训补贴制度，逐步形成以政府奖励为主体、用人单位和社会力量为主体的技能型人才奖励体系。③建立荣誉激励机制。对在技术创新和实现成果转

① 参见常荔《日本劳动就业政策》，2011 年 4 月，学人堂（http://lpsi.whu.edu.cn/dfzf/ywcz/2011 – 04 –17/159.html）。

化方面有突出贡献、并取得重大经济社会效益的技术能手给予表彰和奖励。④建立公平竞争的晋升机制。针对技能人才晋升制定有关政策,积极引导用人单位打破干部与工人的身份界限,对做出突出成绩和重大贡献的技能人才,根据其能力在培训的基础上委以技术、生产乃至经营管理领导岗位,推举一批德才兼备的企业技能人才作为职工代表、人大代表、政协委员,让他们参与社会政治事务。

资料6—3 重庆市对高技能人才的激励机制

1. 将高技能人才纳入享受国务院颁发的政府特殊津贴人员的选拔范围,包括有国家一级职业资格(高级技师)或相应高级职业技能水平,长期工作在生产服务岗位第一线,并得过中华技能大奖、高技能人才楷模、全国技术能手等荣誉或在省(行业)技能表彰,业绩突出,影响广泛。(国人社〔2008〕24号)

2. 倡导有条件的企业实施内部技能人才津贴制度,对具有高级工及以上职业资格证书的在岗人员可按月发放岗位技能津贴。津贴参考标准:高级工、技师、高级技师分别为180元、280元和480元。(渝人社发〔2012〕186号)

2. 企业在聘技师、高级技师在工资、带薪学习、培训、休假、出国进修等方面分别享受工程师、高级工程师同等待遇。渝委办发〔2007〕5号)

3. 对获得"中华技能大赛"和"全国技能大赛"表彰的选手分别给予5万元和2万元的一次性奖励,对获得"中华技能大赛"并在渝工作的高技能人才每月发放政府岗位津贴1000元,对参加世界技能大赛并获奖的选手及其指导教师给予一次性重奖。(渝人社发〔2012〕186号)

4. 重庆市每两年组织开展一次"中国重庆职业技能大赛",对获得大赛各类别职业工种一、二、三等奖的选手分别给予1万元、5000元、3000元的一次性奖励,并按竞赛命题标准相应等级颁发高一等级职业资格证书。(渝人社发〔2012〕186号)

5. 重庆市每两年开展一次杰出(优秀)技能人才评选表彰活动,每次评选 30 名 "杰出技能人才"、70 名 "优秀技能人才",分别给予 1 万元、3000 元的一次性奖励。(渝人社发〔2012〕186 号)

6. 引进 "中华技能大赛" 获奖者,与用人单位签订 5 年以上聘用合同的,可享受一次性安家补助费 30 万元,并可享受每月津贴 1000 元等其他待遇;调入 (迁入) 或柔性引进每年在渝工作半年以上的,由用人单位提供住房供其使用,建筑面积不少于 120 平方米。对 "中华技能大赛" 获得者,用人单位每年资助资料等经费 4 万元;保证其工作和生活用车,每年提供应邀参加 2 次以内的国际学术技术交流与合作的差旅费。(渝府发〔2009〕58 号)

7. 通过初次职业技能鉴定,职业 (工种) 为国家已颁布职业标准的所有职业 (工种),城镇登记失业人员、农村专业就业劳动者,毕业年度高校毕业生、城乡未继续升学的初高中毕业生和退役士兵 (士官),按规定享受一次性职业技能鉴定补助,由财政部门按照物价部门核定的收费标准给予补贴。(渝委办发〔2012〕247 号)

(4) 完备优化的培训机制

培训是人力资源开发的重要手段,对于提升技能人才素质有着非常重要的价值。当前中国制造业技能人才文化水平、技能素质整体不高,加强技能人才的培训实属重要而且必要,对此必须构建有效机制以切实提升技能人才队伍素质问题。

①建立多方主体支持的培训开发机制。政府制定技能人才开发战略,充分利用多种教育培训资源,诸如职业技术院校、社会培训机构以及网络教育平台等,对各类技能人员进行系统的教育培训,加大人才培养力度,拓宽培养渠道。

②建立健全产学研协同创新机制。通过加快建立完善各主体、各方面、各环节有机互动、高效协同的体制机制,促进科技、教育和产业发展深度融合。一方面,职业院校应结合当地的市场需求,主动调整专业以服务地方产业经济的发展;另一方面,政府及相关部门应对社会紧缺类专业如制造业相关专业等投入大量资金,同时对企业投资紧缺型制造加工类专业方面适当进行政策倾斜,给予税收政策上的优惠,这样双管

齐下以达到降低学校成本的目的。

③建立因地制宜的校企合作机制。在政府推动的助力下，企业借助职业院校提供培训与技术服务、宣传窗口以及订单教育等服务项目实施其"品牌战略"，同时，企业为职业院校的专业建设提供诸如实习基地、仪器设备、奖学金、教师挂职锻炼岗位等，从而形成密切的产学合作关系，达到企业充分利用学校的教育教学资源为企业服务，学校的教学质量提高，学生实际工作能力提升这样一个三方共赢的局面。

资料6—4　健全企业技能人才激励体系，增强技能人才稳定性[①]

1. 建立科学合理的薪酬制度，以薪酬激励安抚技能人才

①企业制定技能人才薪酬的定期增长制度，合理控制技能人才与管理人员、技术人员薪酬收入水平的差异，提升技能人才待遇。②充分发挥职业资格证书在企业工资分配中的凭证作用，对具有职业资格证书的技能人才给予相应的津贴和补贴。③提高高技能人才待遇水平，逐步实现技师、高级技师与相应专业技术人员在工资方面享受同等待遇。

2. 搭建技能人才成长平台，以事业激励技能人才

一是鼓励员工创新和不断进修，将技能员工的目标与企业的目标有机结合，使技能人才实现自我价值。如构建技能人才自主网络学习平台，共享网络资源，鼓励技能人才根据自身情况，自主学习，提升技能。二是企业定期实施"企业优秀技能人才奖励计划"。引导企业定期开展技能人才竞争大赛，对优秀技能人才给予"技能人才能手""技能人才标兵"等称号，并给予相应的奖励。三是开展企业良好竞争机制构建计划。

3. 优化技能人才工作环境，增强技能人才吸引力

一是完善企业用工环境，打造人性化的工作条件。二是增加郊区公共娱乐场所的基础设施建设，如健身房、电影院等，为技能人才开展有意义的社交活动创造条件，也为技能人才互相交流沟通创造机会，从而

---

① 参见李志、邱萍、蒋雨珈《企业技能人才队伍的"瓶颈"制约及解决对策——基于重庆市363家企业的调查》，《科技进步与对策》2014年第12期。

丰富技能人才的精神生活，减轻精神压抑，感受生活的乐趣。

4. 加强对技能人才的关爱，以情感挽留技能人才

企业一方面要以人为本，实施员工关爱计划，及时了解他们的内心需求，帮助解决技能人才心理上、生活上的困惑和困难，增强技能人才对企业的感情，增强他们对企业的归属感和信任感，从而增强企业凝聚力。另一方面，企业要营造尊重、重视技能人才的企业文化氛围，创建优秀的企业文化，用人性化管理稳定技能人才队伍，使员工在企业文化的熏陶中营造良好人际氛围，减少员工的流失率，促进技能人才的积极性和稳定性。

5. 建立有效的职业培训评估体系，提高企业培训质量

首先，建立健全职工培训体系，完善企业培训制度，企业培训内容要根据员工自身特征、工作本身、企业文化等相结合，提前做好培训规划和培训需求调查，探索适合本企业在岗职工的培训制度。其次，建立有效的职业培训评估系统，及时调整培训内容和采取丰富多样的培训方法，提高技能员工培训的针对性、有效性和实用性。如定期选送有潜质的技能员工进修深造学习，把培训与技能员工的晋升相联系，切实激发员工参与培训的热情。提高职业培训的效果，使技能员工真正得到技能的提升，达到企业培训的预期目标。

3. 评价机制

我国最初建立的职业技能鉴定制度，实行的主要是工人技术等级考核和工人技师评聘这两种形式。随着劳动制度改革的深入，才逐渐出现和形成职业技能鉴定的完整形态，同时实施的有关职业技能鉴定的政策开始与职业标准、职业资格证书、劳动力产权以及劳动力市场等概念紧密联系。目前，我国对技能人才的评定严重滞后于社会发展的需要，妨碍了技能人才未来的成长。例如，首先，企业普遍反映，由于职业技能鉴定评价工作未能及时跟上时代步伐，多数技能工人虽然技能已经达到高级工以上水平，却仍然被认定不具备相应的职业资格，造成其能力和才干得不到相应的认可，最终成长受限，这大大损伤了他们的工作积极性、主动性和创造性；其次，技能人才的评价鉴定工作质量不高，鉴定

质量"假、次、低"问题普遍存在。职业技能鉴定工作的质量问题是与技能人才的社会声誉密切相关的，如果技能人才在技能评价与培养、使用、激励等环节没有形成有效联动，会导致评价难以发挥应有的作用。

通过对制造业强国及其技能人才队伍建设的研究发现，制造业强国的职业技能鉴定体系都十分完善，例如日本建立了"职业技能鉴定制度"，以立法的形式将职业技能鉴定和技能培训结合起来，两者互相促进，在开发、提升技能人才上发挥了极大的作用。结合中国现阶段的国情和制造业的现状，基于"制造业强国"的技能人才评价应该作为岗位使用与待遇的依据，并能够引导劳动者积极参加培训，提高技能。

（1）科学完善的人才评价机制

技能人才的科学评价机制对于技能人才岗位使用、确定薪资待遇以及引导技能人才发展有着非常重要的作用。政府应加强职业技能鉴定社会化管理，提高职业技能鉴定的质量。①国家人力资源和社会保障部应完善职业技能鉴定相关规定，明确地方人社部门对行业特有工种鉴定机构的指导职能，要求行业特有工种鉴定机构将其信息包括机构概况、设施设备、鉴定人员、获证情况等，定期报送所在省市人社部门，便于各省市对鉴定机构进行统筹管理。②加强国家与省市职业技能鉴定的协调管理，努力做好简政放权，赋予各地人社部门更多的管理权限，使之能更好地统筹管理属地鉴定机构的日常工作。③充分发挥行业协会的鉴定机构作用，人社部门负责统筹规划、统一指导，确保辖区内各职业技能鉴定机构有效、有序地开展职业技能鉴定工作。同时，积极探索建立以工作业绩为重点和以职业能力为导向，职业道德和职业知识水平兼顾的技能人才评价新体系。④加快高级技能人才的考核和评聘制度的改革，秉承"自主申报、统一标准、社会考核、单位聘任"的原则，打破资历和年龄身份限制，撤销技师报考的比例限额，进一步扩大评聘范围，同时改进考评方法，充分调动技术技能劳动者，尤其是青年技术技能劳动者的积极性与主动性，提高他们的技术技能水平，拓宽技术技能人才的成长通道。①

---

① 参见《高技能人才培养管理意见》，2015 年 1 月，公务员之家（http：//www. gw-yoo. com/Article/shuzhibaogao/yijian/201203/502928. html）。

（2）政府绩效考评机制

考评是发现问题、改进工作、实现目标的重要手段。绩效考评作为现代管理手段，在落实政府责任，提升技能人才队伍建设质量中有着非常重要的作用。要努力建立科学的技能人才建设的政府绩效考评机制。

将技能人才队伍建设问题纳入政府绩效考核制度，对推进技能人才队伍建设长效运行机制的有效运行提供了强有力的动力。①把发展职业教育和培训、技能人才队伍建设纳入各级政府和部门的考核范畴中，建立一套科学的技能人才工作评估体系。②有效引导各级政府的技能人才工作，增强其对技能人才培养重要性、紧迫性的认识，使其从关注社会发展长远目标的高度推动制造业职业教育和培训的健康、快速发展，全面提升地区技能人才队伍建设质量，为技能人才队伍建设提供长效动力。

4. 控制机制

（1）产业调控机制

产业结构的调整和升级与人才结构的优化是一个相互影响、相互制约的过程。目前，我国已经成为制造业大国，制造业的快速发展，带动了国内其他产业的创新和发展，在扩大就业、增加收入和改善人民生活等方面发挥了巨大作用，有力地推动了我国工业化和现代化进程。但是，随着全球经济结构的深度调整及科学技术的创新，我国制造业发展中的问题日益凸显。尤其是从产业结构问题看，我国制造业主要处于国际产业分工中加工制造业的中低端环节；产业集中度低，钢铁、船舶、水泥行业前十大企业产业集中度分别只有46%、50%和31%，仅有汽车行业为86%；产业结构不合理，原材料型、高能耗型行业产能过剩；制造型企业发展方式粗放，缺乏核心竞争能力。① 而这与我国产业的重复性建设和低端投入有很大关系。尤其是在高速推动经济发展的现今，各地区都出台了相应的产业规划，但是与人力资源规划相脱节的产业规划，反而不能很好地聚集人才，还会加剧对技能人才的盲目争夺。

---

① 参见苗圩《在全面深化改革中打造制造业强国》，2014 年 3 月，凤凰财经（http：//finance. ifeng. com/a/20140303/11791680_ 0. shtml）。

因此,政府应该从以下几方面进行产业调控:①优化产业顶层设计,出台相关优惠政策引导企业根据市场需求确定投资并形成合理产能,控制产业的重复建设,鼓励地区转变经济增长方式,调整制造业产业结构,重点使经济结构与人才结构达到相互协调。②产业政策与市场机制要相互促进,要充分发挥市场机制在淘汰落后产能、企业兼并重组、化解产能过剩中的作用,提高制造业产业发展的质量和效益。充分发挥战略、规划、政策的引导作用,强化节能、节地、节材、节水的政策约束,严格实施环境、技术、安全等市场准入标准,有效化解产能严重过剩等问题,促进制造业可持续发展①,从而培育出具有国际竞争力的企业群体和优势产业。③借鉴发达国家制造业发展经验,通过产业政策的引导,鼓励和扶持那些科技含量高、资源消耗低、环境污染少、发展前景好的新兴制造业,加强对那些高能耗、高污染、低产出的产业的审批和限制条件,提高其市场进入门槛。④鼓励土地、技术、资金、人才等要素流向这些有发展前景的制造业,从而促进我国制造业的整体实力发展。政府通过对资金、土地以及行业规划、产业政策、区域经济政策等关系资源使用方向的调控政策,如环保的要求、政府规定的专项贷款、对土地的使用方向、使用条件等,来鼓励和限制某些产业的发展。

(2)教育结构改革机制

职业技术教育作为培养技能人才的主要渠道,是发展科学技术和培养技能人才的基础工程,在制造业强国建设中发挥着重要作用。当前中国制造业技术水平与技能人才素质均不高,使中国制造、中国制造产品的质量还存在许多缺陷,与欧美发达国家的中高端产品相比,仍有很大差距。通过对制造业强国技能人才职业教育体系的研究发现,美国、德国、日本职业教育的成功机制都包含完善的法律约束、强而有力的资金保障、对人才培养和职业教育的重视以及终身学习理念的导向,他们的这些经验十分值得借鉴。我国要成为"制造业强国",就要确保制造业对高素质技能人才的数量和质量需求,而这仅凭基础教育和学术教育是无法达到的,必须建立完备的制造业培训体系,尤其应重视制造业职业技

① 参见苗圩《在全面深化改革中打造制造业强国》,2014年3月,凤凰财经(http://finance.ifeng.com/a/20140303/11791680_0.shtml)。

术教育。因此，要不断加大教育结构的调整和优化，在改革中加快发展职业技术教育，进一步深化职业教育改革，实现教育供给与社会需求的有效结合。

①继续深化改革现行的教育结构，调整职业教育结构布局，使职业教育与基础教育/学术教育有合理的比例结构。要努力打通职业教育与学历教育的通道，使职业教育和学历教育能够相互融合、协调发展。②出台相关的教育政策，利用政策的导向作用来提升职业教育的地位，促使更多优秀的初、高中毕业学生愿意报考职业院校，从政策导向上改变把职业教育和职业培训当作"二流教育"的落后观念。③合理分配教育资源，重视职业教育，把职业教育提高到与大学教育同等的地位，加大对职业教育的财政支持和重视程度，根据社会实际需求设置制造业相关的专业课程，培养制造业相关的专业师资力量，提高制造业学生的实践时间，鼓励制造业企业和社会力量参与办学、教学与实践，而对于社会急缺的制造业专业实施国家补贴和企业定向培养相结合的方式予以支持。①④把职业技术学校毕业生的待遇提升到与大学毕业生同样的水平，在薪资水平、社会保障、职称评定等方面与大学毕业生处于平等的地位，改变"考不上大学才读职业学校"的旧观念，这样才会有人愿意去读技工学校，为广大农村学生提供更多选择。②

（3）政策落实的监管机制

贯彻落实政策制度是机制运行的重要保障。在技能人才队伍的建设中，政府相关部门的执行和监督起着关键的作用。只有建立和落实行政执法责任机制，实现依法行政，保证法律、法规的正确，才有利于促进政府行政管理部门依照法定权限和程序管理制造业，做到既不失职，又不越权；既保护制造业经营者的合法权益，又提高行政效率，维护劳动者合法权益和社会经济秩序，促进制造业的健康有序发展。

①各级政府严格执行相关法律法规，落实相关政策规定。如严格执行"城市教育费附加安排用于职业教育和培训的比例一般地区不低于

---

① 参见《关于改革教育结构、完善职业技术教育体系的建议》，2013 年 3 月，中国新闻网（http：//finance. chinanews. com/cj/2013/03 – 01/4608152. shtml）。

② 同上。

20%"。职业教育和培训各项经费，如政府的财政性经费、人均事业经费和专项经费、城市教育费附加一定比例的教育培训经费等。凡是国家实行就业准入制度的职业（工种），必须持国家职业资格证书上岗；没有取得职业资格证书的人员，各类职业中介机构不得介绍就业，用人单位不得录用。① ②认真落实新技师培养带动计划、下岗失业人员技能再就业计划、农村劳动力技能就业计划、国家技能资格导航计划等。③加强监管，督促企业落实技能人才的"五险一金"等社会保障和实施严格的就业准入。政府相关部门要促使用人单位将技能型人才的职业资格与其待遇挂钩，督促制造型企业尤其是中小型民营企业落实技能人才社会保障等政策的实施和执行情况，保障技能人才的合法权益。④加强职业资格鉴定的监督检查，对职业资格证书的获取过程实行监督机制，提高职业资格证书的社会认同度。

（4）及时准确的人才需求预警机制

提前做好制造行业人才供需预测分析工作，构建人才需求预警机制，使社会和职业院校能及时了解人才需求的现状并适当预测其发展趋势。

①加强技能人才相关的研究和交流活动。根据社会经济发展需要以及劳动力市场的发展变化，定期研究和解决技能人才培养的重大问题，整合各有关部门的力量以服务高校，建立年度人才使用情况的政府公告制度。②研究促进技能人才培养和激励的长效发展机制，并为技能人才开展同业技术交流以及绝招绝技和技能成果展示搭建平台。③构建技能人才需求预警机制。通过对企业、事业、政府等用人情况的定期汇总统计，建立定期发布高技能人才资源就业状况和需求信息，以指导高职院校专业设置、调整，指导学生的专业报考选择。

5. 协调机制

（1）多渠道的资金投入机制

技能人才的培养离不开多方支持。必须牢固树立人才投资优先保证理念，健全政府、用人单位、社会和个人多渠道的技能人才投入机制，

---

① 参见新华网《关于进一步加强全区高技能人才工作的意见的通知》，2014 年 3 月，新华网（http：//www. nmg. xinhuanet. com/zt/2014zt/rcgz/2014 – 03/21/c_ 119879223. htm）。

保障技能人才资金充足。

①政府要进一步加大和争取技能人才工作经费投入，成立专门的技能人才专项经费保障，对技能人才师资培训、评选、表彰、鉴定等工作给予必要的经费支持。②完善发展制造业职业教育的经费保障机制，逐步实行中等职业教育减免学费和学费补助政策，鼓励支持更多劳动者接受职业技术教育和培训。③对积极开展校企合作、承担实习见习任务、培养各类技能人才成效显著的民营企业，由政府给予适当奖励。④鼓励和支持行业学会、企业和社会组织建立技能人才发展基金，为开展技能人才培养研究、创新交流、带徒传技等活动提供支持。

（2）部门协作的联动机制

在建设中国"制造业强国"的保障机制中，各部门需要建立起联动协作的关系。建立统筹协调机制是形成政府管理新格局，有效整合各部门管理力量，保证信息畅通重要的制度化手段。

①加强各部门之间的信息沟通，有效合理利用资源。做好与技能人才培养和使用等相关部门的组织协调工作，联合发改委、人力社保部、财政部、教育部等部门，积极配合，密切合作，形成工作合力。②出台重点制造型企业定期联系制度，经常性深入重点制造型企业，帮助制造型企业解决人才方面的困难。各部门统一制度政策、统一缴费标准、统一支付项目、统一计发办法、统一管理规程，为建设"制造业强国"创造良好的运行条件。③制定制造业技能人才队伍建设实施细则，分解落实各项目标任务。

（3）公正公开的信息共享机制

随着国家现代化进程的加快，保持现代化人力资源与时俱进的发展对于建设中国"制造业强国"也具有重要意义。在人才队伍建设过程中，许多问题的协调和解决是通过信息为载体的各类平台解决的，因此，公正公开的信息共享机制对于"制造业强国"技能人才现代化的发展也有重要意义。

①加快技能人才信息平台建设，开发技能人才数据库，实现信息共享。针对各地区的技能人才流动现象，政府应出台并形成较为完善的信息保障措施，建立全国技能人才信息网络，积极推进技能人才服务信息工程，逐步实现对全国技能人才的动态管理。②对全国技能人才总量供

需、发展状况、员工需求特点、市场走势等进行客观调查、分析。定期
发布更新技能人才相关信息，帮助企业及时了解技能人才市场的最新状
况，为企事业单位和从业人员搭建人才服务桥梁和信息交流纽带，为进
一步推动制造业的发展和技能人才的培养、储备等提供良好的信息保障。
③各地区政府应带头逐步完善技能人才公共信息服务体系建设，建立健
全技能人才的人事代理、社会保险代理、劳动争议调解仲裁、人事档案
管理、就业服务等公共信息服务平台，强化相关的信息服务。[①]

---

① 参见《关于印发〈高技能人才队伍建设中长期规划（2010—2020 年）〉的通知》，2013 年 1
月，中国人才网（http：//cpc. people. com. cn/BIG5/n/2013/0129/c244819 - 20363337. html）。

参 考 文 献

Anne E. Green and David Owen, *Skill Shortages: Local Perspectives from England*, Regional Studies, 2003.

Arnold Packer, *Skill deficiencies problems policies and prospects*, Journal of Labor Research, 1993.

Benjamin A. Todd, *A Global Talent Shortage: Myth or Reality?* United States: University of Tennessee, 2013.

Clarke Linda and others, *Politico-Economic Aspects of Vocational Education: The Federal Republic of Germany and Great Britain Compared*, Zeitschriftfur Padagogik, March 1994.

David Neumark & Hans Johnsond & Marisol Cuellar Mejia, *Future skill shortages in the U. S. economy*, Economics of Education Review, 2013.

Francis Green, David Ashton, *Skill Shortage and Skill Deficiency: A Critique*, Work, Employment and Society, June 1992.

Geoffrey Ducanes & Manolo Abella, *Labour Shortage Responses in Japan, Korea, Singapore, Hong Kong, and Malaysia A Review and Evaluation*, International Labour Organization, January 2008.

Inagami T, *Gastarbeiter in Japanese Small Firms*, Japan Labor Bulletin, March 1992.

Jonna Kit-Chun Lam, *Shortage of highly skilled workers in Hong Kong and policy responses*, Hong Kong: Hong Kong Baptist University, 2000.

Matsui R, *Employment Measures for Persons with Disabilities in Japan: Recent Developments*, Japan Labour Bulletin, No. 8, 1993.

白书祥:《应对突发事件的思想政治教育舆论导向机制建设探析》,《探索》2010 年第 3 期。

毕结礼：《未来五年高技能人才缺口有多大——关于企业高技能人才开发途径和需求趋势的报告》，《职业技术教育》2005 年第 36 期。

陈爱平、安和平：《中国人口时间序列预测模型的探讨》，《人口与经济》2006 年第 6 期。

陈长江：《德国职业教育的特点及启示》，《科技创业月刊》2005 年第 2 期。

陈广英：《基于高新技术产业视角的山东科技人才需求预测研究》，博士学位论文，中国海洋大学，2012 年。

陈国军：《德国双元制职业教育的分析与启示》，《天津电大学报》2008 年第 1 期。

陈静静：《从社会分层的视角探微我国中等职业学校招生难题》，《职业教育研究》2007 年第 7 期。

陈静漪：《中国义务教育经费保障机制研究——机制设计理论视角》，东北师范大学，2009 年。

陈淑丽：《社会文化环境对人才成长的影响探析》，《理论研究》2010 年第 6 期。

陈四英：《浅谈高职院校职业技能鉴定存在的问题与对策》，《吉林农业科技学院学报》2013 年第 22 期。

代伟：《职业技能鉴定工作中存在的问题及应对思路》，《职业技术教育》2005 年第 32 期。

邓聚龙：《灰预测与灰决策》，华中科技大学出版社 2002 年版。

翟家保、周庭锐、曹忠鹏：《一线服务员工努力意向影响因素研究》，《华东经济管理》2009 年第 5 期。

董书礼：《美国制造业：在创新中调整和发展》，《求是》2006 年第 23 期。

樊亢、宋则行：《外国经济史近代现代》（第二册），人民出版社 1965 年版。

封莉：《区域经济发展中的人才需求影响因素分析》，硕士学位论文，吉林大学，2012 年。

甘蓉蓉、陈娜姿：《人口预测的方法比较——以生态足迹法、灰色模型法及回归分析法为例》，《西北人口》2010 年第 1 期。

高丽：《英国高技能人才培养政策研究》，硕士学位论文，华东师范大学，2005 年。

高鲁民：《德国的职业教育和职业技能鉴定》，《山东劳动保障》2002 年第 1 期。

高强：《日本美国城市化模式比较》，《经济纵横》2002 年第 3 期。

葛树荣、陈俊飞：《德国制造业文化的启示》，《企业文明》2011 年第 8 期。

勾国华：《灰色神经网络模型在河南省未来人口总量预测中的应用》，《决策咨询》2013 年第 4 期。

国家发改委东北振兴司赴德职业教育培训团：《感受"双元制"德国职业教育考察报告》，《职业技术教育》2013 年第 6 期。

韩毅、张琢石：《历史嬗变的轨迹：美国工业现代化的进程》，辽宁教育出版社 1992 年版。

韩玉：《高就业率为何换不来高职教育的吸引力——以高职粮油专业为例》，《职业技术教育》2011 年第 19 期。

何文章、张学英、凌光：《经济发展对高技能人才需求规律及趋势研究》，《中国高教研究》2012 年第 7 期。

何培元：《美国社区学校的历史发展与改革研究》，硕士学位论文，福建师范大学，2013 年。

贺修炎：《高职院校高技能人才培养：问题与对策》，《高教探索》2008 年第 1 期。

何亦名、张炳申：《我国技能型人才供给不足的制度分析》，《教育与职业》2008 年第 2 期。

洪列平：《我国职业技能鉴定工作中存在的问题及对策》，《职教论坛》2012 年第 10 期。

胡永东：《德国职业教育的经费模式》，《中国职业技术教育》1996 年第 5 期。

华迎放、韩永江：《高技能人才队伍建设良性发展的保证》，《中国劳动》2006 年第 11 期。

姜立之：《职业院校校企合作存在的问题与对策探析》，《职业时空》2009 年第 11 期。

金波：《主要资本主义国家近现代经济发展史》，北京当代中国出版社。

金明善：《现代日本经济问题》，辽宁人民出版社 1983 年版。

孔凡柱、罗瑾琏、赵莉：《基于知识管理的企业技能人才开发模型及实施策略》，《科技进步与对策》2010 年第 7 期。

孔伟艳：《制度、体制、机制辨析》，《重庆社会科学》2010 年第 2 期。

廉锦英：《如何防止企业高技能人才流失》，《企业家天地下半月刊（理论版）》2007 年第 2 期。

李丹：《高技能人才的现状与对策研究》，硕士学位论文，天津大学，2003 年。

李丹：《美国社区教育及其借鉴》，《绍兴文理学院学报》（哲学社会科学）2006 年第 2 期。

李红琼：《德国"双元制"职教模式研究》，硕士学位论文，四川师范大学，2009 年。

李卉、李彬：《基于制造业结构发展的大学生就业关联性问题研究》，《华东经济管理》2012 年第 10 期。

李坤、何跃：《中国制造业窘临"等米下锅"——由技工人才短缺引发的思考》，《中国高新技术企业》2006 年第 6 期。

李廉水、杜占元：《中国制造业发展研究报告 2006》，科学出版社 2006 年版。

林景亮：《沿海中职校学生就业观念及现象调查》，《福建轻纺》2008 年第 10 期。

凌云、王立军：《先进制造业基地建设的理论与实践》，中国经济出版社 2004 年版。

李青：《美国职业教育的历史与现状》，《杭州师范学院学报》（社会科学版）2002 年第 5 期。

李秦阳：《德国制造业发展战略对中国的启示》，《生产力研究》2006 年第 6 期。

李涛、黄晓蓓、王超：《企业科研投入与经营绩效的实证研究——信息业与制造业上市公司的比较》，《科学学与科学技术管理》2008 年第 7 期。

刘佳丽：《自然垄断行业政府监管机制、体制、制度功能耦合研究》，博士学位论文，吉林大学，2013 年。

刘天纯：《日本产业革命史》，吉林出版社 1984 年版。

刘尧：《美国职业教育特点述评》，《世界教育信息》2007 年第 9 期。

李潇、王钰莹：《英国的成人教育法律法规》，《继续教育研究》2010 年第 2 期。

厉以贤：《社区教育原理》，四川教育出版社 2003 年版。

李志：《三峡库区人力资源开发》，重庆出版社 2010 年版。

李志、梁德全等：《人才资源开发与管理实证研究》，中央文献出版社 2012 年版。

李志、邱萍、蒋雨珈：《企业技能人才队伍的"瓶颈"制约及解决对策——基于重庆市 363 家企业的调查》，《科技进步与对策》2014 年第 12 期。

李志、徐涵：《重庆地区技能人才队伍建设研究》，《重庆大学学报》（社会科学版）2013 年第 1 期。

罗莹：《德国现代化进程研究》，中国物价出版社 2004 年版。

罗永泰：《技术工人短缺与技能人才激励机制设计》，《经济经纬》2005 年第 6 期。

马慧丽、胡春平：《基于灰色理论的甘肃省非师范类人才有效供给预测》，《中国管理信息化》2011 年第 17 期。

毛勇：《重庆市中职学校收费情况及生均公用经费标准制定调查报告》，《科学咨询》2012 年第 27 期。

马伟：《企业技能人才呼唤健康成长环境》，《企业活力》2004 年 3 月版。

［美］H. N. 沙伊贝、H. G. 瓦特等：《近百年美国经济史》，彭松建，熊必俊等译，中国社会科学出版社。

孟东方、李志：《学生家庭地位与高校学生专业选择关系的研究》，《青年研究》1996 年第 11 期。

孟令臣、曹晔：《高职院校"双师型"教师队伍抽样调查分析》，《中国职业技术教育》2012 年第 9 期。

吕永卫、王珍珍：《高技能人才薪酬激励效果的实证研究——基于薪酬激励对工作满意度和工作绩效的影响》，《工业技术经济》2010 年第 9 期。

彭爽：《美国职业教育立法及其启示》，《湖南经济管理干部学院学报》2006 年第 2 期。

齐义山、田洪声：《基于区域经济的高技能人才整合性开发系统研究》，《工业技术经济》2009 年第 2 期。

秦浩、王蹇瞳：《辽宁装备制造业技能人才开发研究》，《第一资源》2012 年第 6 期。

任钢建：《美国社区学院升学与就业双重功能研究》，博士学位论文，西南大学，2008 年。

任晓：《温州新兴制造业发展重点的选择及其战略》，《浙江工贸职业技术学院学报》2009 年第 8 期。

[日] 统计指标研究会：《日本经济统计分析》（上卷），新日本出版社 1978 年版。

森岛通夫：《日本为什么"成功"》，四川人民出版社 1986 年版。

单嵩麟：《"中国制造"与高技能人才的培养》，《宁波职业技术学院学报》2003 年 7 月版。

沈学初：《当代日本职业教育》，山西教育出版社 1996 年版。

孙林岩等：《全球视角下的中国制造业发展》，清华大学出版社 2008 年版。

孙琰：《德国双元制职业教育管理体制中的政府角色》，《职业技术教育》2012 年第 19 期。

孙中义、刘英民：《浅析美国职业教育模式及其思考》，《安徽电气工程职业技术学院学报》2008 年 2 月版。

苏志刚：《对完善高技能人才队伍建设的思考》，《经济问题》2003 年第 8 期。

唐智彬、石伟平：《农村职业教育发展现状及问题分析》，《职业技术教育》2012 年第 28 期。

王成辽：《新生代农民工培训供给需求与培训意愿综合关系实证研究——对深圳新生代农民工教育培训的调查》，《中国劳动关系学院学报》2011 年第 4 期。

王垂仍：《科学、技术、能源》，中国对外翻译出版公司 1986 年版。

王丹、杨月洁：《简析制造业灰领人才危机》，《人口与经济》2004 第

2 期。

王定瞳、王萍：《辽宁装备制造业企业技工短缺闭题及对策》，《党政干部学刊》2009 年第 5 期。

王竞楠：《德国标准化与德国崛起》，硕士学位论文，山东大学，2013 年。

王洪军：《建立高技能人才培训基地》，《人力资源开发》2011 年第 5 期。

王俊恒：《试论我国职业技能鉴定工作中存在的问题及策略》，《人力资源管理》2014 年第 7 期。

王莉：《德国职业教育体系的特色及借鉴》，《中国成人教育》2013 年第 4 期。

王维：《基于教育的四川省人才预测与分析》，硕士学位论文，电子科技大学，2005 年。

王雁琳：《英国技能短缺问题的因素分析》，《比较教育研究》2005 年第 8 期。

王亚琼、周丹：《美国社区教育的经验及其对我国社区教育的启示》，《湖北广播电视大学学报》2012 年第 8 期。

王志：《美、日、印装备制造业政策比较与借鉴》，《北方经济》2009 年第 21 期。

魏航：《中国制造业农民工管理模式变迁——基于人性假设论视角》，《中国集体经济》2012 年第 13 期。

文东茅：《家庭背景对我国高等教育机会及毕业生就业的影响》，《北京大学教育评论》2005 年第 3 期。

吴邑湘：《广州市高技能人才培养问题研究》，硕士学位论文，华南理工大学，2012 年。

肖士恩：《河北省制造业技能型人才问题研究》，《石家庄经济学院学报》2009 年第 1 期。

解丽娟：《中等职业学校师资队伍建设策略研究》，硕士学位论文，浙江师范大学，2010 年。

谢平楼：《中国企业高技能人才开发研究》，硕士学位论文，湖南农业大学，2005 年。

辛斐斐：《德国职业教育财政政策述评及对我国的启示》，《外国中小学教育》2010 年 1 月版（http：// www. jnocnews. jp/news/show. aspx？id =

72051)。

郗永勤、陈荔:《我国高技能人才培养模式的探讨》,《中国行政管理》2008 年第 5 期。

许标、吴春芳:《职业教育校企合作问题分析与对策》,《辽宁高职学报》2008 年第 6 期。

徐建新、严勇、严富海:《指数平滑法在典型城市 GDP 预测中的应用》,《水利科技与经济》2008 年第 7 期。

徐建一、周玲:《英国"技能立国"理念下的高技能人才开发新举措》,《职教论坛》2010 年第 1 期。

许勤、曾青云:《中国社会培训教育发展现状与策略》,《中国成人教育》2013 年第 11 期。

许兴军、颜钢锋:《基于 BP 神经网络的股价趋势分析》,《浙江金融》2011 年第 11 期。

杨冬民、韦苇:《社会排斥视角的农民工类别差异与政策选择》,《西安石油大学学报》(社会科学版)2006 年第 4 期。

杨长湧:《美国重振制造业战略对我国可能的影响及我国的对策研究》,《国际贸易》2011 年第 2 期。

杨海洋:《德国制造业优势产生并保持的原因分析》,《改革与战略》2013 年第 1 期。

杨克:《中国制造业多元制技能人才培养模式研究》,博士学位论文,武汉理工大学,2009 年。

杨奇美:《美国社区教育对舟山职业教育发展的启示》,《浙江国际海运职业技术学院学报》2005 年第 1 期。

杨群祥:《德国职业教育技能培养模式及启示》,《职教论坛》2002 年第 15 期。

杨生茂、陆境生:《美国史新编》,中国人民大学出版社 1990 年版。

杨伟国:《全球遭遇技能短缺》,《求是》2007 年第 8 期。

杨伟国、孙媛媛:《英国应对技能短缺的政策选择及其对中国的借鉴》,《中国人口科学》2006 年第 2 期。

杨卫疆、周桂荣、王雪萍:《我国人才需求预测模型的构造》,《天津师范大学学报》(自然科学版)2003 年第 4 期。

382 / 基于中国"制造业强国"建设的技能人才队伍建设研究

严慧:《船舶制造业技能人才供需问题及对策研究》,《江苏船舶》2014年第 2 期。

易峥英:《德国"双元制"校企合作的成功因素及其对我国的启示》,《职业技术教育》2006 年第 17 期。

于晓东:《"中国制造"面临的发展困境分析》,《商业时代》2010 年第 15 期。

喻永红、李志:《当代大学生职业价值观的特点与教育对策研究》,《教育探索》2003 年第 12 期。

曾建权:《我国高技能人才开发面临的问题与对策》,《中国人力资源开发》2008 年第 6 期。

张炳阳:《日本企业怎样开发高技能人才》,《理论导报》2008 年第 10 期。

张春龙:《现代性与边缘化:新生代农民工特点、问题及出路探讨》,《中州学刊》2011 年第 2 期。

张建:《中小型制造企业技能人才激励机制研究》,硕士学位论文,天津财经大学,2006 年。

张凯竣、雷家骕:《中国光伏制造业国际竞争力评价分析》,《科技促进发展》2013 年第 2 期。

张蕾:《制造业升级中提高产业工人技能问题研究》,《继续教育研究》2012 年第 6 期。

张丽杰:《中国制造业就业人数的波动预测》,《统计与决策》2012 年第 3 期。

张勉:《企业雇员离职意向模型的研究与应用》,清华大学出版社 2006 年版。

张全雷:《英国技能战略白皮书研究》,硕士学位论文,首都师范大学,2005 年。

张双娜:《山东省高技能人才培养经费问题探析》,《中国集体经济》2012 年第 16 期。

张锁柱:《日立公司经营管理的特点》,《日本问题研究》1990 年 4 月版。

张燕:《日本企业内职业教育与培训的文化透视》,《中国职业技术教育》2007 年第 26 期。

张以清:《职校学生就业与择业心理教育现状的分析与思考》,《湖北广播电视大学学报》2013 年 3 月版。

张震：《提升广东先进制造业产业工人职业能力的对策研究》，硕士学位
    论文，华南理工大学，2012 年。

张志强：《校企合作存在的问题与对策研究》，《中国职业技术教育》2012
    年第 4 期。

张卓元：《政治经济学大辞典》，经济科学出版社 1998 年版。

赵进文：《中国人口总量与 GDP 总量关系模型》，《中国人口科学》2003
    年第 3 期。

赵磊、王影、王婷等：《贵州省装备产业技术创新与创业环境之间互动关
    系探析》，《贵州师范大学学报》2013 年第 3 期。

赵理文：《制度、体制、机制的区分及其对改革开放的方法论意义》，《中
    共中央党校学报》2009 年第 5 期。

赵敏：《美国职业教育立法研究》，硕士学位论文，苏州大学，2008 年。

赵晓芬：《灰色系统理论概述》，《吉林教育学院学报》2011 年第 3 期。

赵新道，赵雄斐：《用工荒背景下劳动密集型企业技能人才流失率管控研
    究》，《现代商业》2014 年第 17 期。

甄珍：《论突发事件中政府舆论导向机制》，《新闻与传播研究》2010 年
    第 9 期。

中国工程院"中国制造业可持续发展战略研究"咨询研究项目组：《中国
    制造业可持续发展战略研究》，北京机械工业出版社 2010 年版。

中山大学社会科学调查研究中心：《中国劳动力动态调查 2013 年报告》，
    北京社会科学文献出版社 2013 年版。

周保民、王璐：《产业结构调整对高技能人才的需求趋势研究》，《职业教
    育研究》2013 年第 10 期。

朱树婷：《区域科技人才需求预测模型研究》，硕士学位论文，天津大学，
    2008 年。

总务省统计局：《日本统计年鉴（平成 26 年第六十三回）》，《东京：日本
    统计协会 & 每日新闻社》2014 年版。

左星：《美国社区教育的内涵、实施及特色》，《西南科技大学高教研究》
    2008 年 4 月版。